디지털 트랜스포메이션

LEADING DIGITAL: Turning Technology into Business Transformation
by George Westerman, Didier Bonnet, Andrew McAfee

Copyright ⓒ 2014 George Westerman, Didier Bonnet, Andrew McAfee All rights reserved.

This Korean edition was published by Purun Communication in 2017 by arrangement with Harvard Business Review Press through KCC(Korea Copyright Center Inc.), Seoul.

이 책은 (주)한국저작권센터(KCC)를 통한 저작권자와의 독점계약으로 푸른커뮤니케이션에서 출간되었습니다. 저작권법에 의해 한국 내에서 보호를 받는 저작물이므로 무단전재와 복제를 금합니다.

디지털 트랜스포메이션
DIGITAL TRANSFORMATION

4차 산업혁명, 당신의 기업은 무엇을 준비해야 하는가?

조지 웨스터먼, 디디에 보네, 앤드루 맥아피 지음 | 최경은 옮김 | 김형택 감수

e 비즈북스

차례 ✱

서문 _ 6

CHAPTER 01 디지털 마스터리란 무엇인가?　　　　　　　17

PART I 디지털 역량을 구축하기　　　　　　43

CHAPTER 02 강력한 고객 경험을 창출하기　　　　　　45
CHAPTER 03 핵심 운영의 힘을 활용하기　　　　　　　67
CHAPTER 04 비즈니스 모델을 재창조하기　　　　　　99

PART II 리더십 역량을 구축하기　　　　　　129

CHAPTER 05 디지털 비전을 수립하기　　　　　　　　131
CHAPTER 06 조직의 대규모 참여를 이끌어내기　　　　155
CHAPTER 07 디지털 트랜스포메이션과 거버넌스　　　179
CHAPTER 08 기술 리더십 역량을 구축하기　　　　　　203

PART III 다시 사무실에서:
　　　　 디지털 트랜스포메이션을 위한 비즈니스 리더의 플레이북
　　　　　　　　　　　　　　　　　　　　　　　　　　229

　　CHAPTER 09　디지털 도전과제의 틀을 구성하기　　　233
　　CHAPTER 10　투자를 집중하기　　　　　　　　　　251
　　CHAPTER 11　조직을 동원하기　　　　　　　　　　275
　　CHAPTER 12　디지털 트랜스포메이션을 유지하기　　295

에필로그 지금까지는 시작에 불과하다 _ 319

부록 디지털 마스터리 — 자가 진단 _ 327

감사의 말 _ 331

주석 _ 335

서문

 오늘날 비즈니스에서 테크놀로지는 단연코 가장 큰 화두다.
 물론 다른 화두들도 있다. 일례로 2007년에서 2009년까지의 대침체와 이에 따라 발생한 국가 재정 위기는 정말 중요한 사건들이었다. 이는 수많은 사람들과 기업들의 운명에 영향을 미쳤고, 그 여파는 아직도 지속되고 있다. 또한 세계화와 오프쇼링offshoring(기업들이 경비를 절감하기 위해 생산, 용역, 일자리 등을 해외로 내보내는 현상)은 전략과 구조 형성에 핵심적인 힘으로 작용하며, 이러한 현상은 앞으로도 한동안 지속될 것이다. 인구 구조 역시 시장에 깊숙하고 지속적인 변화를 야기하는 방향으로 달라지고 있다.
 이 모든 것들도 커다란 이슈이기는 하지만, 기술은 그보다도 더욱 거대한 이슈다. '디지털적인 모든 것all things digital'을 향한 최근의 진보가 제약을 없애고 흥미롭고 새로운 가능성들을 이끌어내고 있으며, 이는 실로 모든 기업들과 우리 모두의 삶에 영향을 미치기 때문이다. 설문조사나 포커스 그룹의 좁은 시야를 벗어나 고객들의 생생한 목소리를 듣고 싶은가? 그렇다면 소셜 미디어를 활용하라. 모든 직원들이 어디에 있든지 생산적으로 일하게 하고 싶은가? 모바일을 활용하라. 핵심 영역에 대한 예측, 판단 및 결정 능력을 눈에 띄게 향상하고 싶은가? 빅 데이터를 활용하라. 참신한 조직 구조, 비즈니스 프로세스와 고객 오퍼링$^{customer\ offering}$◆을 선보이고, 향후 여건의 변화에 따라 신속하게 이를 수정하고 싶은가? 우리는 이 모든 일들이 가능하다는 사실을 알고 있다. 이미 이 모든 일들을 해낸 기업들을 목격했기 때문이다.

　기술의 물결$^{tech\ wave}$은 오랜 시간에 걸쳐 진행되어왔지만 특히 최근 몇 년간 그 흐름이 가속화되고 있다. 지난 10년간 디지털 기술은 정말 놀라운 진보를 거듭해왔다. 2004년부터 널리 쓰이기 시작한 웹 2.0$^{Web\ 2.0}$이라는 용어는 월드 와이드 웹에서 일어나고 있는 심도 있는 변화, 즉 콘텐츠 창작의 민주화를 뜻한다. 페이스북, 트위터, 위키피디아를 비롯해 사용자 제작 콘텐츠로 가득 찬 수많은 유틸리티의 부상은 정말로 새로운 버전의 웹이 존재한다는 사실을 보여준다. 더 나아가 새롭게 등장한 디바이스들은 지난 수십 년간 지식 근로자들의 업무 영역을 지배해온 퍼스널 컴퓨터의 아성에 도전하고 있다. 어쩌면 그 아성을 완전히 무너뜨릴지도 모르겠다. 쌍두마차 격인 애플의 아이폰(2007년)과 아이패드(2010년) 출시는 스마트폰과 태블릿의 시대를 활짝 열어젖혔고, 모바일의 오랜 가능성들을 현실화했다. 이러한 기술적 진보는 그 자체로도 매우 놀랍지만, 기술의 진정한 충격은 우리가 살아가고 일하는 방식을 변화시킨다는 것이다. 기업들과 사람들은 10년 전만 해도 불가능했던 일들을 이제는 해낼 수 있다.

　클라우드 컴퓨팅이 급속도로 부상함에 따라, 최근 수년간 데이터 센

◆ 기업이 고객의 행동을 유도하기 위하여 제공하는 다양한 혜택들(쿠폰, 할인서비스 등)

터도 데스크톱만큼이나 엄청난 변화를 겪었다. 이제는 서버, 운영 체제, 애플리케이션 등 기술을 소유해야만 그것들을 사용할 수 있다는 기본 전제 자체가 흔들리고 있다. 기업 애플리케이션, 소셜 네트워크, 모바일 디바이스, 센서를 비롯한 현대의 모든 디지털 인프라는 수많은 데이터를 생성한다. 그 양이 너무나도 방대해서 현 시대의 특징을 뚜렷하게 나타내기 위해 데이터라는 용어 앞에 '빅'이라는 수식어를 붙일 정도다. 이러한 것들을 포함해 여러 혁신들이 한데 모여 공유 경제sharing economy, 게임 쇼에서 승리를 거두는 인공지능, 자율 주행 자동차 등 수많은 새로운 것들이 현실화되고 있다. 그 결과 비즈니스 구조, 인건비, 인간과 기계의 관계에 대한 우리의 생각이 근본적인 도전을 받고 있는 실정이다.

이 정도의 기술적 혁신이 비즈니스 업계를 강타한 것은 산업혁명이 최초였고, 이번이 두 번째다. 산업혁명 당시의 새로운 기계들은 상업과 자본주의, 심지어 인류의 역사까지도 바꾸어놓았다. 이 책의 공동 저자인 앤드루 맥아피Andrew McAfee가 에릭 브린욜프슨Erik Brynjolfsson과 함께 2004년에 발간한 동명의 저서에서 언급한 바 있듯이, 오늘날 디지털 기술의 혁신은 '제2의 기계 시대the second machine age'◆로 우리를 인도하고 있다.

여러분은 제2의 기계 시대를 맞이할 준비가 되어 있는가? 외람된 말이지만 아마도 아닐 것이다.

지난 3년간 우리 저자들은 전 세계 여러 업계의 기업들이 디지털 기술을 어떻게 활용하고 있는지에 관해 조사해왔다. 수백 개에 달하는 기업들의 데이터를 수집하고 수많은 사람들을 인터뷰했다. 경영진과

◆ '제2의 기계시대'의 개념은 현재 전 세계적으로 제조업과 정보통신기술(ICT)을 융합한 차세대 산업혁명인 '4차 산업혁명(Industry 4.0)'으로 진행 중이다.

이야기를 나눴으며 기업의 성과를 면밀히 분석했다. 기업들이 '디지털 적인 모든 것'에 어떻게 접근하고 있는지, 그들의 노력에 따른 결과가 어떠한지를 연구했다.

이를 통해 우리는 가장 근본적인 결론에 도달했다. 즉 디지털 기술을 활용하여 수익, 생산성 및 성과를 눈에 띄게 향상하는 디지털 마스터Digital Master는 분명히 존재하지만 매우 드물다는 것이다. 그 이유에 관해서는 이후에 설명하겠지만, 대다수의 기업들은 디지털 마스터리digital mastery가 부족하다. 이는 나쁜 소식이다. 여러분이 4차 산업혁명에서 살아남고 성공할 준비를 갖추지 못했을 것이라고 저자들이 추측하는 까닭이기도 하다.

하지만 좋은 소식도 있다. 기업들에 디지털 마스터리가 부족한 이유들은 이해하기 어렵지도, 지나치게 많지도 않다. 사실 이러한 이유들은 매우 쉽게 파악할 수 있다. 진정한 디지털에 도달하는 데 어려움을 겪는 기업들은 색다른 방식으로 일할 수 있는 디지털 역량의 개발이 미흡하다. 또한 비전을 설정하고 이를 실행하는 데 필요한 리더십 역량의 개발이 부족하다. 디지털 역량과 리더십 역량 모두에서 뛰어난 성과를 내는 기업들이 바로 디지털 마스터다.

기술 관련 비즈니스 매체를 읽다 보면 여러분은 대다수의 디지털 마스터들이 미국에 있다고 생각할지도 모른다. 또한 미국의 디지털 마스터들 중 대부분은 캘리포니아 북부, 퍼시픽 노스웨스트 및 뉴잉글랜드 지역에 위치하며, 아마도 이들 중 대다수는 하드웨어 및 소프트웨어 비즈니스 업계에 있다고 추측할 것이다. 물론 애플이나 페이스북, 아마존 같은 거대 기업들과 샌프란시스코 및 보스턴 등지의 스타트업들은 기술을 활용하는 데 매우 뛰어나다. 하지만 이 책에서 말하는 디지털 마스터는 이러한 기업들이 아니다.

실제로 이러한 기업들은 애초부터 조사 대상에 포함하지도 않았다. 우리는 IT 업계에 전문적으로 종사하지 않는, 경제의 90% 이상을 차지하는 일반 기업들이 어떻게 기술을 도입하고 활용하는지 알고 싶었다. 따라서 우리는 실리콘밸리의 스타들에 주목하지 않았다. 또한 스타트업이나 다른 중소기업에도 관심을 두지 않았다. 이러한 기업들에 기술과 관련된 기회와 도전과제는 대기업의 경우와는 사뭇 다르기 때문이다.

우리는 금융업에서 제조업과 제약업에 이르기까지 다양한 업계의 대기업을 집중 분석했다. 이러한 기업들은 경제의 상당 부분을 이끌어 나가지만, 기술 관련 뉴스에서는 거의 언급되지 않는다. 모든 기업들이 디지털 마스터인 것은 아니지만, 많은 기업들이 기술을 활용해 놀라운 성과를 이루어내고 있다. 또한 우리는 미국 이외의 지역에 대해 연구하는 데 많은 시간을 할애했다. 당연한 말이겠지만 미국을 제외한 지역이 세계의 대부분을 차지하기 때문이다. 비즈니스 기술의 확산은 전 세계적인 현상이며, 우리는 전 세계에서 어떤 일들이 일어나고 있는지를 알고 싶었다. 따라서 전 세계의 대기업들에 관해 조사했고, 이들이 최근 정보·통신 기술 분야의 혁신들을 어떻게 활용하고 있는지 그 접근방식을 이해하고자 했다. 또한 어떤 접근방식이 가장 효과적이었는지를 파악하고자 했다. 이 과정에서 우리는 다양한 기업들에 관해 알 수 있었다. 디지털화라는 엄청난 도전과제 앞에서 힘겨워하는 기업들도 있었고, 성공가도를 달리는 기업들도 있었다. 앞서 설명한 바와 같이, 업계와 분야를 막론하고 디지털화에 성공을 거두는 기업들을 이 책에서는 디지털 마스터라고 부른다. 디지털 마스터는 다른 기업들에 비해 뛰어난 성과를 보인다. 우리의 연구 결과에 따르면 디지털 마스터는 동종업계의 경쟁기업들에 비해 이익이 26% 더 높다. 기존의 물리적 생산능력으로도 9% 더 높은 매출을 올리며, 기존 제품과 프로세스의 효율성을 더욱 높인다.

앞으로 차차 설명하겠지만, 디지털 마스터리를 달성하기란 결코 불가능하지 않다. 여기에 신묘한 비법이 필요한 것도 아니다. 구글의 핵심 인재들을 스카우트해 오거나 매년 매출액의 20%를 기술에 투자할 필요는 없다. 물론 어느 정도의 인적 자본 및 투자는 필요하겠지만 시간, 끈기 및 리더십이야말로 핵심 요소들이다. 이러한 것들을 갖춘다면 똑똑한 기업들은 기술적 진보의 여러 요소들을 한데 모아 멋진 모자이크로 짜 맞출 수 있다. 일회성이 아니라, 오랜 시간에 걸쳐 지속적으로 그렇게 할 수 있을 것이다. 간단히 말하자면, 디지털 마스터는 설령 디지털 기술 자체는 계속 변화한다 하더라도 궁극적으로 기술이 기업을 위해서 지속적으로 일하게 만든다.

우리는 연구를 통해 그 어떤 기업이라도 디지털 마스터리라는 목표를 달성할 수 있다는 확신을 얻었다. 그리고 이 책을 통해 독자 여러분에게도 그런 확신을 주고자 한다. 디지털 마스터리란 어떤 것인지, 디지털 마스터리가 왜 중요한지, 디지털 마스터리를 어떻게 개발할 수 있는지에 관해 앞으로 다양한 사례를 들어 설명할 것이다. 여러분도 이러한 사례들이 설득력 있다고 느끼기를 바란다. 또한 우리의 연구 결과가 여러분 스스로 디지털 마스터가 되는 여정을 시작하는 데 도움이 되기를 바란다.

이 여정은 정말 중요하다. 디지털 기술이 비즈니스 업계에 미치는 영향을 생각할 때, 지금까지는 시작에 불과했기 때문이다. 지난 10년간의 혁신과 파괴적 변화는 진정으로 놀라웠지만, 앞으로 다가올 일들에 비하면 그저 준비운동 수준일 뿐이다.

로봇은 민첩성과 이동성이 더욱 높아지며, 주변 환경을 더욱 잘 인식하게 될 것이다. 그에 따라 공장의 작업 현장뿐만 아니라 크고 작은 창고 및 리테일 환경에서도 로봇의 활용이 더욱 늘어날 예정이다. 또한 외딴 지역에서 시작해 점차 인구 밀집 지역에서도 로봇의 사촌 격인 자율 주행 자동차 및 자율 운항 비행기가 쓰이리라 본다.

우리 주변의 거의 모든 것에 센서가 장착됨에 따라, 이러한 드론이 생성하는 데이터는 수없이 많은 센서의 스트림stream 데이터와 결합될 것이다. 길 엘바즈Gil Elbaz라는 기업가의 말처럼, 결국 "세상은 하나의 빅 데이터 문제다."[1] 이 말에 다소 과장이 섞여 있을지는 몰라도 상당 부분은 사실임을 향후 몇 년 안에 알게 될 것이다. 디지털 마스터는 이렇게 쏟아져 나오는 데이터를 인공지능AI, 머신 러닝machine learning 및 시각화visualization 분야의 첨단 혁신들과 결합할 것이다. 또한 여기서 얻은 통찰을 바탕으로 더욱 스마트한 결정을 내리고, 더욱 명확하게 미래를 예측하며, 비효율을 제거하고, 고객에 대한 이해를 더욱 높일 것이다. 디지털 마스터를 제외한 모든 이들은 뒤처지게 될 것이다.

그 누구도 앞으로 어떤 디지털 혁신이 일어날지를 모조리 예측할 수는 없겠지만, 2011년에 발명가이며 기업가이자 벤처 캐피털리스트인 마크 안드레센Marc Andreessen이《월스트리트저널》에 기고한 '왜 소프트웨어가 세상을 집어삼키고 있는가(Why Software Is Eating the World)?'[2] 라는 제목의 글에 실린 내용을 확장해 본다면 전반적으로 미래에 대해 가장 훌륭한 예측을 할 수 있다. '소프트웨어, 하드웨어, 네트워크, 데이터 등 디지털 세상의 요소들이 비즈니스 업계에 매우 빠른 속도로, 광범위하게, 깊이 스며들고 있다'는 그의 견해에 우리 저자들은 전적으로 동의하며, 이를 좀 더 확장해 보고자 한다. 업계와 지역을 막론하고 기업들은 앞으로 더욱더 디지털화될 것이다. 이러한 추세를 거스를 수 없다는 점을 감안하면, 지금 당장 디지털 마스터리를 갖추기 위한 노력을 기울여야만 한다.

디지털 마스터가 되고 싶은 독자들은 계속 이 책을 읽어나가라. 제1장은 디지털 마스터리의 정의를 다룬다. 디지털 마스터리가 무엇이며 어떤 것을 의미하는지, 기업마다 업계마다 어떤 차이가 있는지를 알려준다. 우리는 연구를 통해 디지털 마스터의 핵심 특징들을 파악했다. 이들과 비슷한 길을 걷고자 하는 기업이라면 (물론 그 과정은 녹록치 않겠지만) 디지털 마스터들이 실시한 조치들을 얼마든지 도입할 수 있다. 디지털 마스터들은 두 가지 핵심 역량 측면에서 뛰어난 모습을 보인다. 자사의 비즈니스 프로세스, 고객 참여customer engagement 및 비즈니스 모델을 재고하고 향상함으로써 디지털 역량을 갖춘다. 또한 트랜스포메이션을 상상하고 추진하기 위한 강력한 리더십 역량을 갖춘다. 디지털 역량과 리더십 역량은 각기 그 자체로도 중요하며, 이 두 가지를 갖추면 디지털 마스터가 된다.

이 책의 제1부와 제2부는 디지털 마스터리의 DNA를 구성하는 이 두 가지 핵심 역량을 하나씩 차례로 살펴본다. 제1부는 디지털 역량을 집중적으로 다룬다. 디지털 역량은 디지털 마스터리의 '무엇what'에 해당하며, 기업의 운영 방식을 변화시키기 위한 경영진의 투자와 이니셔티브를 뜻한다. 제2장에서는 디지털 역량들 중에서 가장 가시적인 측면, 즉 '고객 참여를 이끌어내는 방법'에 관해 알아본다. 이 역량은 웹사이트와 모바일 앱에서 더 나아가, 고객 경험을 진정으로 변화시킨다. 제3장에서는 이보다는 덜 가시적이지만 똑같이 중요한 디지털 역량의 구성 요소인 운영 프로세스를 살펴본다. 디지털 기술을 통해 기업들은 운영효율성operational excellence과 관련된 기존의 역설을 일정 부분 탈피할 수 있다. 효율성과 민첩성을 향상하고, 새로운 고객 참여를 추진하며, 새로운 비즈니스 모델을 가능하게 하는 역량들을 갖출 수 있다. 또한 이런 변화들은 잘 드러나지 않기 때문에 경쟁기업들의 이목을 피할 수 있다는 이점이 있다. 마지막으로 제4장은 딜리버리 모델의 재구성 reconfiguration에서 신규 제품 및 서비스 창출, 심지어 업계 전체의 재창조에 이르기까지 새로운 비즈니스 모델을 다룬다. 이러한 모델을 통해 경쟁기업 대비 우위를 점할 수 있고 신규 진입자들보다 한 수 앞서 나갈 수 있다.

제2부는 또 다른 핵심 차원인 리더십 역량에 초점을 맞춘다. 리더십 역량은 디지털 마스터리의 '어떻게how'에 해당하며, 경영진이 변화를 추진해나가는 방안들을 가리킨다. 대기업들은 관성(타성)과 엔트로피의 영향을 받는다. 일단 무언가를 시작하기가 어렵고, 겨우 시작한다 하더라도 모든 것들이 계속 한 방향으로 나아가도록 하기는 더욱더 어렵다. 우리의 연구에 따르면 트랜스포메이션 추진에 효과적인 유일한 방법은 경영진 주도의 탑다운top-down 방식이다. 임원진의 강력한 주도 아래 변화를 이루어낼 수 있도록 다양한 방법을 동원하여 직원들의 참여를 이끌어내야 한다. 제5장에서는 디지털 트랜스포메이션 비전trans-formative digital vision의 수립 방안을 살펴본다. 트랜스포메이션을 추진하는 데 기업의 포부를 설정하는 핵심적인 역할을 하는 비전이 결여된 기업들이 많다. 제6장은 참여에 관한 독특한 접근법을 다루며, 비전을 현실화하기 위해 직원들의 사기를 북돋는 과정에 관해 알아본다. 제7장에서는 디지털 거버넌스를 살펴본다. 비전과 참여는 리더십 역량에 관한 이야기의 일부에 불과하다. 직원들의 사기가 진작되고 모두가 공유된 비전을 굳게 믿는다 하더라도 조직은 수많은 다른 방향으로 나아갈 수 있다. 거버넌스는 트랜스포메이션이 올바른 길을 벗어나지 않고 차질 없이 진행되도록 하는 가드레일이자 운전대 역할을 한다. 마지막으로 제8장은 트랜스포메이션을 힘차게 추진하는 데 필요한 기술 리더십 역량을 다룬다. 디지털 마스터의 IT 리더들과 비즈니스 리더들 간의 견

고한 협력 관계를 살펴보고, 내부 플랫폼과 디지털 스킬의 변화를 추진하는 데 이를 어떻게 활용하는지를 보여준다.

제3부는 디지털 트랜스포메이션을 위한 비즈니스 리더의 플레이북leader's playbook for digital transformation으로 구성되어 있다. 핵심 사항들을 한데 모은 제3부는 앞서 다룬 내용에서 얻은 통찰력을 바탕으로, 여러분 스스로 디지털 우위를 창출하는 데 도움이 될 만한 경영 관련 조언을 제공한다. 제9장은 출발점에 해당하며, 디지털 도전과제의 구성framing을 다룬다. 디지털에 대한 인식을 제고하고, 자신의 출발점을 파악하며, 비전을 수립하고, 경영진 전체가 이를 공유하게 하는 방안을 살펴본다. 제10장은 투자를 집중하는 방법을 보여준다. 비전을 행동으로 실현하고, 필요한 거버넌스를 구축하며, 트랜스포메이션을 위한 자금을 조달하는 방안에 관한 조언이 실려 있다. 제11장에서는 트랜스포메이션을 이루어내기 위해 조직을 동원하는 방법에 관해 알아본다. 야심찬 목표에 관해 알리고, 개입할 권리를 확보하며, 새로운 행동을 설정하고, 기업 문화를 개선하는 것에 대해 다룬다. 마지막으로 제12장에서는 변화를 지속시키는 방안에 관해 논의한다. 기본 스킬 구축, 인센티브 및 보상 체계 조정, 진전 상황에 대한 지속적인 모니터링 등이 이에 포함된다. 제3부에서 다룬 각 주제에 관해서는 따로 책 한 권을 쓸 수 있을 정도지만, 일단 여러분이 처음 시작하는 데 도움이 될 만한 자가 진단 테스트 및 유용한 사례와 테크닉을 각 장에 수록했다.

우리의 연구 및 이 책의 결론은 결국 짤막한 이 한마디로 귀결된다 ― 지금까지는 시작에 불과했다. 향후 10년 안에 수많은 기술이 쏟아져 나와 여러 산업과 경제, 심지어 사회 전체에 걸쳐 상당한 변화가 일어날 것이다. 얼마 전까지만 해도 공상과학 소설에나 등장하던 기술이 이제는 비즈니스 세계에 성큼 들어서고 있으며 비즈니스 업계를 재편하고 있다. 디지털 마스터가 되기란 쉽지 않지만 지금보다 더 나은 도전 시기는 없다. 시간을 지체할수록 디지털 마스터가 되기는 점점 더 어려워질 것이다.

CHAPTER 1

디지털 마스터리란 무엇인가?

지금의 실력^{mastery}을 얻기 위해
내가 얼마나 열심히 노력했는지를 사람들이 알게 된다면
내 작품이 그렇게 훌륭하게 보이지는 않을 것이다.

미켈란젤로

스포츠용품 전문 기업인 나이키는 혁신을 기반으로 비즈니스를 구축해왔다. CEO인 마크 파커$^{Mark\ Parker}$는 이렇게 말한다. "우리는 혁신 기업입니다. 혁신과 디자인은 우리가 하는 모든 일의 핵심이지요."[1] 나이키는 제품뿐만 아니라 고객 관계 및 내부 운영을 관리하는 방식에 관해서도 혁신에 가장 중점을 두고 있다. 아울러 디지털 기술 덕분에 새로운 형태의 혁신이 가능해지고 있다.[2]

이제 고객들은 온라인으로 맞춤 제작 신발을 주문할 수 있고, 수백 가지의 색상 조합을 선택할 수 있다. 제품 디자인과 생산은 디지털 도구들 덕분에 그 어느 때보다도 더욱 신속화, 효율화되었다. 또한 디지털 역량을 활용하여 나이키는 운영상의 가시성^{visibility}을 높이고 성과를 향상시킬 수 있었다. 그 결과, 효율성이 높아지고 폐기물이 줄어들었으며 글로벌 공급망에서 기업의 사회적 책임^{CSR}이 제고되었다.

소셜 미디어 덕분에 나이키는 주요 스포츠, 스포츠 행사 및 의류에 관한 대화의 중심이 된다. 퓨얼밴드^{FuelBand}(운동량을 체크하는 팔찌형 웨어러블 기기 - 역주)를 비롯한 나이키의 디지털 제품들을 활용하는 사람들은 자신의 운동 현황을 확인하고 성과를 온라인으로 공유할 수 있으며, 디지털 '코치'들한테서 조언을 받을 수도 있다. 소셜 미디어와 디지털 제품들은 고객 신상과 그들의 활동 및 선호도에 대한 풍부한 데이터를 나이키에 제공한다.

끊임없이 새로운 개선 방안을 모색하는 경영진의 지원과 노력에 힘입어, 이러한 혁신은 나이키 내 여러 부문에서 일어나고 있다. CEO의 말을 들어보자. "내가 늘 말하듯이, 우리는 우리 자신의 가능성에 주목한다. 우리와 경쟁업체와의 간격이 아니라, 우리 자신의 현 위치와 잠재력 사이의 간격이 중요하다. 여기가 바로 리더의 역할이 필요한 자리다. 그 공간에 주목한다면 엄청난 일들을 이룰 수 있을 것이다."[3]

2010년에 나이키의 중역들은 색다른 사업에 투자하기로 결정했다. 나이키 디지털 스포츠라는 신규 사업부를 출범시킨 것이다. 이 사업부는 디지털 신제품들을 만들어내고, 사내 여러 부문에 걸쳐 고객 관계 강화를 위한 새로운 방법을 모색한다. 마케팅 담당자들, 디자이너들, 엔지니어들이 힘을 합쳐 제품을 개발하고, 이렇게 개발된 제품은 나이키 플러스Nike+ 라인으로 출시된다. 또한 나이키 디지털 스포츠는 사내 다른 부서들의 디지털 관련 활동을 지원한다. 이 사업부 산하의 '이노베이션 키친innovation kitchen(나이키 내부의 혁신 조직 - 역주)'은 마케팅부터 생산까지 다양한 분야에서 새로운 디자인과 테크닉을 만들어내고, 엑셀러레이터 프로그램(신생 벤처기업에 멘토링, 사무 공간 등을 지원하는 프로그램 - 역주)은 나이키의 디지털 생태계ecosystem를 구축하고 있다. 나이키는 디지털 제품 및 마케팅 활동에서 얻은 방대한 데이터를 분석해서 전 세계의 고객들에게 더욱 가까이 다가가고자 한다.

나이키의 글로벌 디지털 브랜드 및 혁신 책임자인 제시 스토락Jesse

Stolak은 이렇게 말한다. "나이키의 탄생 이래로 우리의 목표는 변한 적이 없습니다. 그건 바로 운동을 하는 사람들과 교류하고, 그들에게 영감을 주고 그들이 더 나은 성과를 낼 수 있도록 지원하는 것입니다."[4] 이제 나이키는 단지 제품을 판매하는 기업에 머무르는 것이 아니라, 고객들에게 삶의 일부가 되어가고 있다.

그런데 이러한 이야기는 나이키에만 국한된 것이 아니다. 아시안 페인트Asian Paints는 인도 최대이자 아시아 3위 규모의 페인트 제조업체로, 매출이 무려 18억 달러에 달한다.[5] 이 회사는 세계화에 성공하여 10년간 매년 15퍼센트 이상의 고속 성장을 기록해왔으며, 이와 동시에 효율성을 제고하고 고객 경험을 변화시키며 환경에 미치는 영향을 점차 줄여왔다.[6]

아시안 페인트는 인구가 10억 명이 넘는 인도의 경제에서 디지털 우위를 점한 것을 바탕으로 전 세계 17개국에 진출했다. 최근 10년간 수차례에 걸친 디지털 트랜스포메이션이 없었다면 이 모든 것들은 불가능했을 것이다.

CIO 겸 전략 책임자인 마니시 촉시Manish Choksi에 따르면, "120개 지역에서 활동하고 2~3만 개의 소매업체들과 직접 거래하면서도 효율성을 높이고 성장을 촉진하는 것"[7]이 큰 도전과제였다고 한다. 일단 제품 생산, 주문 처리 및 공급망을 관리하는 강력한 IT 시스템으로 회사의 업무를 통합했다. 그 결과 훌륭한 성장 기반이 마련되었고 여러 변화가 일어났다. 고객 주문 접수 등 일상적인 업무를 통합 콜센터로 일원화하여 처리하니 효율성이 높아졌고 고객 서비스가 향상되었다. 이제 영업 담당자들은 예전처럼 그저 서류를 들고 다니며 주문을 받는 것이 아니라 언제나 소통 가능한 고객 관계 관리자로 변신했다. 자동화된 신규 공장에서 생산되는 제품들은 과거의 노동집약적 공장들에 비해 품질이 월등히 높았고, 환경 안전 측면에서도 훨씬 나았다. 또한 페인트 제품 판매뿐만 아니라 페인트칠 서비스로까지 사업을 확대함에 따라, 신규 매출이 발생한 것은 물론이고 이밖에도 많은 혜택을 얻게 되었다. 페인트칠 서비스를 통해 고급 제품이 제대로 활용되니 고객 만족도가 향상되었고, 그간 평소에 직접 대면할 일이 별로 없었던 최종 소비자들에게 더욱 가까이 다가갈 수 있었다.[8] 아시안 페인트의 웹사이트에도 나와 있듯이, 디지털 트랜스포메이션은 앞으로도 지속될 것이다. "우리의 향후 과제는 공급업체, 직원, 고객을 포함한 모든 관계자들을 통합하고 우리 회사의 활동영역을 확대하는 것입니다."[9]

나이키와 아시안 페인트는 서로 전혀 다른 업계에서 활동하는 기업들이다. 이들의 제품과 고객, 역사 또한 사뭇 다르다. 그런데 이 두 기업의 공통점이 있다. 바로 사업 추진을 위해 디지털 기술을 활용하는 방식이다. 나이키와 아시안 페인트는 디지털 마스터로, 디지털 기술을 통해 사업 방식을 완전히 변화시키고 있다. 디지털 마스터는 경쟁업체에 비해 기술을 훨씬 효과적으로 활용하며 이로써 엄청난 혜택을 누린다. 고객과의 상호작용처럼 눈에 잘 띄는 부분뿐만 아니라, 눈에 잘 띄지 않는 내부 운영에까지 이러한 혜택이 미치게 된다. 이들 기업의 강점은 재무 성과에서 명백하게 드러난다. 즉 디지털 마스터는 경쟁업체에 비해 훨씬 더 높은 수익을 거둔다.[10]

그렇다면 디지털 마스터는 과연 무엇이 다른가? 어떻게 하면 디지털 마스터가 될 수 있는가? 나이키와 아시안 페인트가 처음부터 디지털 마스터였던 것은 아니다. 이들은 점진적으로 디지털 우위를 구축해왔다. 이들이 디지털 마스터가 되기까지 각자 걸어온 길은 다르지만, 두 기업 모두 우리가 연구를 통해 밝혀낸 사실을 깨닫게 되었다. 즉 디지털 마스터는 디지털 역량에 투자할 뿐만 아니라, 디지털 활동을 최대한 활용할 수 있도록 리더십 역량을 구축한다. 구체적인 방법에 관해서는 앞으로 설명하도록 하겠다.

✚ 디지털 마스터의 DNA

이 연구는 단순하지만 광범위한 질문 하나에서 시작했다. "전 세계의 대기업들은 빠르게 진화하고 있는 새로운 디지털 기술을 어떻게 비즈니스에 활용하고 있는가?" 처음 연구를 시작할 때는 어떤 특정한 차원이나 사례를 염두에 두지는 않았다. 다만 대기업들이 언론에서 보도되는 것보다 더욱 많은 일들을 해내고 있다는 사실만은 분명했다. 또한 빠른 속도로 변화하는 디지털 기술 업계와 이에 비해 느린 속도로 심사숙고하는 다른 여러 업계 대기업들의 문화가 대조되는 양상이 흥미로웠다.

수년간의 연구 끝에 우리는 이러한 사실을 깨달았다 — 분명한 정답이 없는 거대한 질문에 직면했을 때는 기업 경영진이 이 질문에 스스로 어떻게 답하고 있는가를 살펴보는 것이 가장 훌륭한 대처 방안이다. 이에 우리는 전 세계 50개 대기업의 경영진 150명을 인터뷰했다. 이들 비즈니스 리더들이 새로운 디지털 도전과제에 대해 어떻게 생각하는지, 새로운 기술을 어떻게 활용하고 있는지를 알아보았다.

조사 대상 기업 중 대다수가 소셜 미디어, 모바일, 애널리틱스, 임베디드 기기$^{embedded\ device}$ 등 기술에 이미 투자하고 있었다. 그런데 우리가 디지털 마스터라고 부르는 일부 기업들은 다른 기업들에 비해 월등한 진전을 이루어내고 있었다. 이런 기업들과 그 밖의 다른 기업들을 비교하는 과정에서 우리는 디지털 마스터가 어떻게 디지털 활동을 개념화하고 관리하는지 그 차이점들을 파악할 수 있었다. 디지털 마스터가 되기 위해서는 어떤 부문에 투자하는가가 아니라, 어떻게 변화를 이끌어 가는지가 중요하다는 사실을 알게 되었다.[11] 이러한 이론을 전 세계 400여 개 기업을 대상으로 한 설문조사에 적용해본 후에 우리는 더욱 굳은 확신을 갖게 되었다.

디지털 마스터는 두 가지 핵심 차원에서 뛰어난 모습을 보인다. 기술의 '무엇what'에 해당하는 디지털 역량digital capabilities과 '어떻게how' 변화를 이끌어나가는가에 해당하는 리더십 역량leadership capabilities이 바로 그것이다. 디지털 역량과 리더십 역량은 디지털 마스터리에서 뚜렷이 구별되는 두 가지 차원이며, 각기 다른 역할을 수행한다. 물론 어떤 부문에 투자하는가도 어느 정도는 중요하지만, 기업을 변화시키기 위해 투자를 어떻게 활용하는가에 성공의 비결이 달려 있다. 두 가지 중 어느 하나만으로는 부족하다. 디지털 역량과 리더십 역량은 각기 다른 재무성과와 관련이 있으며, 둘 중 하나로는 부분적인 우위밖에 점하지 못한다.[12] 반드시 이 두 가지가 결합되어야만 디지털 마스터가 경쟁기업에 비해 확실한 우위를 점할 수 있게 된다.

디지털 역량

디지털 마스터는 디지털 관련 기회의 어떤 부분에 어떻게 투자해야 하는지를 안다. 투자의 규모보다 투자의 이유와 투자에 따른 파급 효과가 더욱 중요하다. 디지털 마스터는 기술을 고객 참여, 내부 운영, 비즈니스 모델 등 자사의 비즈니스 방식을 변화시키는 수단으로 인식한다. 이러한 기업들에게 소셜 미디어, 모바일, 애널리틱스 등 새로운 기술은 그 자체로 달성해야 할 목표가 아니며, 고객과 투자자들에게 전달해야 하는 신호도 아니다. 이러한 기술들은 고객에게 더욱 가까이 다가가고, 직원들에게 더 많은 힘을 부여하고, 내부 비즈니스 프로세스를 혁신하는 도구다.

그런데 필요한 것은 기술뿐만이 아니다. 스마트한 디지털 관련 투자를 통해 놀라운 변화를 이루어낼 수 있지만, 그것만이 전부는 아니다.

적절한 분야에 투자하는 기업들은 사람, 설비 등 기존의 물리적 생산능력 단위당 경쟁업체에 비해 매출액은 높지만 이익이 더 높은 것은 아니다. 또한 진정한 디지털 우위를 얻기 위해서는 리더십이 반드시 필요하다.

리더십 역량

디지털 마스터에게 헌신적인 리더십은 단지 수사에 그치는 것이 아니라, 기술을 트랜스포메이션으로 변화시키는 수단이다. 경영학계의 여러 구루들은 기업 안에서 '온갖 꽃이 만발하게 하라'고 조언하지만, 우리는 트랜스포메이션이 바텀업$^{bottom-up}$ 방식으로 성공리에 이루어진 사례를 발견하지 못했다. 오히려 모든 디지털 마스터의 경영진은 강력한 탑다운$^{top-down}$ 리더십을 통해 트랜스포메이션을 이끌어나갔다. 방향을 설정하고 추진력을 쌓아나가서 끝까지 목표를 달성할 수 있도록 했다.

탑다운 리더십이라고 해서 처음부터 세부사항까지 완벽하게 트랜스포메이션을 계획해야 한다는 의미는 아니다. 또한 단지 기업에 활기만 불어넣은 다음에 멋진 일들이 저절로 일어나기를 기다린다는 뜻도 아니다. 우리가 연구한 디지털 마스터의 리더들은 명확하고 광범위한 향후 비전을 세우고 핵심적인 이니셔티브를 시작하며, 충분한 시간을 들여 이러한 비전을 실현해나갈 수 있도록 직원들을 독려한다. 리더들은 트랜스포메이션의 전 과정에 적극적으로 참여하며, 변화의 필요성을 주장하고, 변화를 추진해나가며, 비전과 어긋나는 활동과 행동을 바로잡는다. 또한 그들은 비전을 확대해서 기업을 디지털 우위의 다음 단계로 끌어올릴 방안들을 지속적으로 모색한다. 아시안 페인트와 나이키를 비롯한 여러 기업들이 경험한 바와 같이, 트랜스포메이션으로 향하는 길 위의 한 걸음 한 걸음은 모두 기업의 디지털 우위를 활용하고 확대할 수 있는 새로운 기회들을 활짝 열어젖힌다.

탑다운 리더십은 강력한 거버넌스와 조율을 의미한다. 복잡한 기업의 모든 부서가 올바른 방향으로, 올바른 속도로 나아가도록 하는 것은 매우 어렵다. 각기 다른 부서의 사람들은 종종 자기 마음대로 일을 처리하거나, 새로운 행동 방식을 적극적으로 받아들이지 않고 미적거린다. 서로 다른 디지털 관련 활동들을 서로 연계해야만 진정한 디지털 우위를 누릴 수 있다. 그러기 위해서는 모두가 합심해야 한다. 나이키는 사내의 다양한 디지털 관련 노력에 대한 조율, 혁신 및 공유 자원을 제공하기 위해서 2010년에 나이키 디지털 스포츠를 설립했다.[13] 커피업계의 거대 기업인 스타벅스 또한 같은 이유로 2012년에 최고 디지털 책임자(CDO, chief digital officer) 직위를 신설했다.[14] 아시안 페인트는 최고 정보 책임자(CIO)의 역할을 확대했고, IT뿐만 아니라 전략 업무까지도 맡겼다. 디지털 운영위원회(digital steering committee)만으로도 충분하다고 생각하는 기업들도 있다. 역할의 명칭이 중요한 것이 아니라 결과가 더욱 중요하다. 모든 디지털 마스터는 완전히 새로운 미래에 대한 명확한 비전을 구축하고, 목표를 달성하기 위해 직원들의 참여를 독려한다. 기술 담당자들과 비즈니스 담당자들 간의 끈끈한 유대관계를 조성하며, 강력한 거버넌스를 통해 기업을 이끌어나가기 위한 방안을 모색한다.

➕ 디지털 마스터리의 4단계

나이키, 아시안 페인트와 같은 디지털 마스터는 디지털과 리더십 이 두 가지 차원 모두에서 탁월한 성과를 기록한다. 그러면 다른 기업들은 어떨까? 차원마다 각기 다르며, 각기 중요한 이유도 서로 다르다. 이 두 가지 차원을 한데 합치면 디지털 마스터리의 4단계를 얻게 된다(그림 1-1 참조). 디지털 마스터는 두 가지 차원 모두에서 우수하지만, 그렇지 못한 기업들이 대다수다. 어떤 기업들은 디지털 역량은 뛰어나지만 리더십 역량은 취약하며, 다른 기업들은 이와 정반대의 모습을 보인다. 또한 두 가지 차원 모두에서 취약한 기업들도 있다. 이런 기업들은 아직 디지털 여정을 시작하지 않은 것이다.

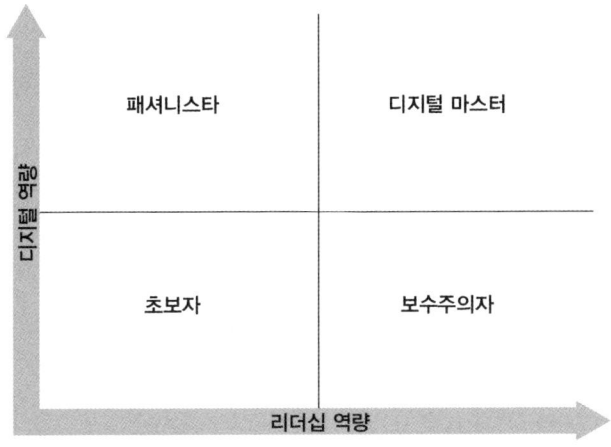

[그림 1.1] 디지털 마스터리의 4단계

출처: George Westerman, Maël Tannou, Didier Bonnet, Patrick Ferraris, and Andrew McAfee, "The Digital Advantage: How Digital Leaders Outperform Their Peers in Every Industry," Capgemini Consulting and MIT Center for Digital Business, November 2012.

초보자^{beginner}는 이제 막 디지털 여정의 도입부에 서 있다. 대다수의 초보자들은 '관망wait-and-see' 전략을 채택한다. 행동을 취하기에 앞서 확실성을 얻고자 하는 것이다. 어떤 초보자들은 디지털 관련 기회가 다른 업계에는 적용되지만, 자신이 속한 업계에는 해당되지 않는다고 생각한다. 또 다른 초보자들은 변화를 이끌어낼 만한 리더십이 부족하다. 결과적으로 초보자들은 매우 기초적인 디지털 역량만 갖게 되며, 여러 가지의 재무 성과 지표에서 경쟁 기업에 뒤처지게 된다.

초보자들은 적극적인 행동을 취하지 않는 이유로 관련 규제나 프라이버시를 들어 변명을 하곤 한다. 그러나 경쟁기업들도 마냥 손 놓고 기다려주지는 않는다. 대다수의 보험회사들은 보험설계사들이 블로그 및 소셜 미디어를 활용하는 것과 관련하여 규제와 관련된 어려움을 토로하며 소셜 미디어 도입에 소극적이었다. 그런데 노스웨스턴 뮤추얼Northwestern Mutual은 자사의 보험설계사들이 링크드인LinkedIn에서 활동할 수 있게 하는 안전한 방법을 찾아냈다. 이를 통해 재무 설계사들이 고객과의 관계를 구축하고 유지할 수 있게 되었다.[15] 이와 비슷하게, 여러 의료 및 제약회사들은 소셜 미디어 활용과 관련하여 규제 및 프라이버시에 대한 문제들을 우려하고 있는 실정이다. 그런데 한 의료기기 회사가 소셜 미디어를 활용하여, 기존 미디어에 비해 훨씬 더 신속하게 의료 제공자들에게 업계의 판도를 바꾸어놓을 만한 새로운 기기를 알린 사례가 있다.[16]

패셔니스타fashionista는 그저 손 놓고 기다리지는 않으며, 디지털과 관련된 새로운 것들은 모조리 사들인다. 자신이 기술과 관련된 최신 유행을 따른다는 점을 과시하지만, 그 이면의 본질적인 부분은 바꾸지 않는다. 패셔니스타에는 강력한 디지털 리더십과 거버넌스가 부재하기 때문에, 디지털 관련 활동에 들인 비용의 상당 부분을 낭비하게 된다. 또는 자신의 역량을 통합하고 확장하려면 그동안 자신이 취한 조치들을 거꾸로 되돌려야 한다는 사실을 깨닫게 된다. 어떤 기업은 각기 다른 부서별로 직원 협업 플랫폼을 구축하는 데 서로 호환 불가능한 기술을 적용했다. 그 결과, 소속 부서 내에서는 직원들의 협업이 가능했지만 전사적으로 지식을 공유할 수는 없었다. 또 다른 기업은 각기 다른 부서별로 세 가지의 모바일 마케팅 이니셔티브를 추진했는데, 그 대상이 되는 시장이 중첩됐다. 모바일 솔루션들의 벤더vendor와 기술이 서로 달랐기 때문에 시너지 효과를 낼 수 없었다.

　최상의 해결책을 찾기 위해 여러 가지로 실험을 해보는 것이 잘못은 아니지만, 이러한 패셔니스타들에게는 자신의 활동을 조율하거나 투자 부문 간의 시너지를 구축할 수 있는 메커니즘이 없었다. 호환 불가능한 프로세스와 시스템을 다양하게 구축하는 것은 얼핏 보면 진전을 이룬 것처럼 보이나, 결국에는 더욱 커다란 기회를 제한하게 된다. 이 호환 불가능성 때문에 고객 참여와 관련하여 하나로 조율된 접근방식을 적용하기가 어려워지고, 운영 활동에 대한 통합적인 시각을 갖기가 어려워진다.

　보수주의자conservative의 역량은 패셔니스타와는 정반대의 양상을 보인다. 보수주의자들은 유용하게 활용할 수 있는 디지털 리더십 역량을 갖추고 있지만, 지나치게 신중한 탓에 강력한 디지털 역량을 구축하지 못한다. 이들 기업은 기술의 유행에는 관심이 없으며, 디지털과 관련된 모든 투자를 신중하게 고려하고 강력하게 조율하는 데 초점을 맞춘다. 이러한 기업의 리더들은 자신의 한정된 시간과 노력, 자금을 낭비할 수도 있는 실수를 저지르고 싶어 하지 않는다. 의료·보건, 금융 서비스 등 엄격한 규제를 받는 업계라면 이러한 신중함이 필요할 수도 있다. 하지만 그 결과 거버넌스 측면에서 진전보다는 통제와 규율에 더욱 집중하게 되는 우를 범하게 되기도 한다. 보수주의자들은 통제와 확실성에 초점을 맞추므로, 고위 경영진과 조직 전체가 디지털 트랜스포메이션을 통해 얻게 될 더욱 큰 성과를 인식하도록 하기가 어렵다. 실패를 피하기 위해 애쓰는 과정에서 결국 이러한 기업들은 별다른 진전을 이루어내지 못하게 된다.

✚ 디지털 마스터리의 중요성

디지털 마스터는 경쟁기업들에게 도전과제로 작용하는 어려운 상황들을 극복해냈다. 디지털 마스터는 어디에 어떻게 투자해야 할지를 알고, 디지털 마스터의 리더들은 미래의 디지털 세상을 향해 헌신적으로 기업을 이끌어나간다. 그들은 이미 자신의 디지털 우위를 활용하고 있으며, 해당 업계의 경쟁 속에서 우월한 자리를 구축해나간다.

디지털 우위를 계량화하기 위해서 30개국 391개의 기업을 대상으로 설문조사를 실시했다.[17] 조사 대상은 매출액 5억 달러 이상의 대기업으로 한정했다. 설문 조사의 특정 항목에 통계적 방법을 활용하여 디지털 마스터리의 두 가지 차원을 이루는 하위 요소들을 나타내는 요인을 구성했고, 성분 요인을 클러스터 분석했다. 그리고 두 가지 차원이 통계적으로 최대한 서로 독립적일 수 있게끔 했다. 그런 다음 각 차원의 중앙값^{median}을 기준으로 샘플을 나누고, 각각의 기업을 네 가지 카테고리 중 하나에 위치시켰다. 각 카테고리에는 약 25%의 기업이 속한다.

다음으로, 샘플 중에서 상장 기업 184개의 재무 상황을 분석했다. 동종업계에서 연간 매출액이 5억 달러 이상인 모든 기업의 평균 성과를 차감하는 방식으로 기업별 성과의 평균을 조정했다. 그런 다음 각 사분면에 해당하는 기업들의 조정 평균 성과의 평균치를 비교했다.

그 결과 우리는 디지털 마스터가 놀라울 정도로 차별화된 성과를 보인다는 사실을 발견했다(그림 1.2 참조). 디지털 마스터리의 두 가지 핵심 요소인 디지털 역량과 리더십 역량은 다양한 형태의 성과와 연관되어 있다. 특정한 차원에서 탁월함을 발휘하는 기업들은 몇몇 성과 지표에서는 업계 내의 경쟁기업들을 능가하지만, 다른 지표들에서는 뒤처진다. 한편 두 가지 차원 모두에서 탁월함을 발휘하는 기업인 디지털 마스터는 가장 뛰어난 성과를 보이며, 다양한 재무 지표에서 다른 기업들을 훨씬 앞지른다. 디지털 마스터는 동종업계의 다른 기업들에 비해 이익이 26% 더 높으며, 기존의 물리적 자산으로도 9% 더 높은 매출을 올린다.[18]

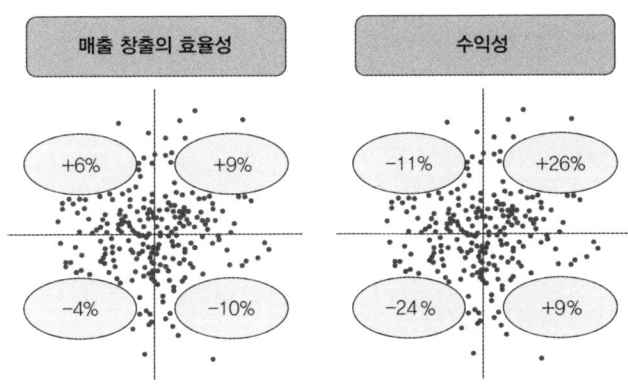

지표 바스켓:
- 종업원 1인당 매출액
- 고정자산 회전율

지표 바스켓:
- 이자 및 세전 이익 EBIT margin
- 순이익

참고: 각 사분면에 해당하는 기업들의 평균 성과 vs. 동종업계 내 모든 대기업의 평균 성과
(샘플 중 상장기업 184개를 대상으로 함.) EBIT: 이자 및 세전 이익

[그림 1.2] 디지털 마스터는 다른 기업들에 비해 월등한 성과를 올린다

출처: George Westerman, Maël Tannou, Didier Bonnet, Patrick Ferraris, and Andrew McAfee, "The Digital Advantage: How Digital Leaders Outperform Their Peers in Every Industry," Capgemini Consulting and MIT Center for Digital Business, November 2012.

디지털 역량과 매출 창출

보다 강력한 디지털 역량을 갖춘 기업들은 기존의 물리적 자산으로 매출을 끌어올리는 데 더욱 뛰어난 모습을 보인다. 종업원 1인당 매출액, 고정자산 회전율 등 기준 바스켓에서 패셔니스타와 디지털 마스터는 업계 평균에 비해 각각 6%, 9% 더 높은 성과를 올린다. 한편 디지털 역량 측면에서 뒤처지는 초보자들과 보수주의자들은 업계의 경쟁기업들에 비해 각각 4%, 10% 뒤진다.

이렇게 높고 낮은 디지털 역량에 따른 차이를 보면 알 수 있듯이, 디지털 관련 활동은 물리적 활동을 향상할 뿐 아니라 그 활동 범위를 확장한다. 전자 상거래 덕분에 이제 크고 작은 기업들은 전 세계의 시장에 자사의 제품과 서비스를 선보일 수 있다. 디지털 비즈니스는 기업들이 기존의 물리적 생산능력 단위당 더 많은 양을 처리할 수 있도록 도와준다. 또한 디지털 역량 덕분에 기업들은 신규 고객들에게 다가가거나 기존 고객들과의 관계에 새로운 방식을 적용함으로써 매출을 높일 수 있다. 나이키가 소셜 미디어를 통해 입소문을 만들어 내거나 아시안 페인트가 콜센터 및 모바일 기기를 사용하여 영업 담당자들을 최대한 활용하는 것과 같이, 직원의 수를 늘리거나 설비를 확대하는 데 투자하지 않고서도 매출을 신장할 수 있다.

이러한 매출 창출의 차이는 상당하다. 예를 들어 디지털 투자에는 강하나 리더십은 강하지 않은 패셔니스타는 투입 인원 및 물리적 자산의 단위당 매출이 보수주의자에 비해 16% 더 높으며, 초보자에 비해서는 10% 더 높다. 보수주의자는 디지털 투자에는 약하고 매출 레버리지는 더 낮지만 다른 측면에서 뛰어난 모습을 보인다.

리더십 역량과 수익성

이번에는 다른 차원으로 이동해보자. 리더십 역량이 뛰어난 기업들은 경쟁기업들에 비해 훨씬 더 높은 수익을 올린다. 보수주의자와 디지털 마스터는 이자 및 세전 이익과 순이익을 포함한 여러 측정 지표에서 업계 경쟁기업의 평균에 비해 각각 9%, 26% 이익이 높다. 한편 리더십 역량이 취약한 초보자와 패셔니스타는 이러한 수익성 관련 지표에서 경쟁기업들에 비해 각각 11%, 24% 뒤처진다.

뛰어난 리더십 역량을 갖춘 기업들은 강력한 비전과 체계적인 거버넌스를 통해 디지털 관련 투자를 일관된 방향으로 이끈다. 이러한 기업들은 변화된 기업의 미래에 대한 비전과 상충되는 활동들을 없애며, 성공적인 투자를 전사적으로 확장한다. 또한 직원들이 새롭고 중요한 기회들을 발견해낼 수 있도록 독려한다.

아시안 페인트는 강력한 거버넌스와 IT-비즈니스 연계를 통해서 얻은 효율성을 바탕으로 새로운 디지털 역량을 도입했고, 이로써 디지털 마스터의 반열에 올랐다. 나이키의 디지털 사업부는 디지털 제품과 역량을 개발하고, 다른 부서를 지원하며, 사일로^{silo}(회사 안에 성이나 담을 쌓고 외부와 소통하지 않는 부서를 비유적으로 가리키는 용어 - 역주)들을 넘어서서 조직 전체적으로 디지털 관련 활동을 관리한다. 두 회사 모두, 디지털화를 위한 노력에 있어서 강력한 디지털 리더십이 효율성과 확장성^{scalability}을 가져다준다는 사실을 깨닫게 되었다.

✚ 디지털 마스터의 성과적 이점

각각의 차원에서 뛰어난 모습을 보이는 기업들은 구체적으로 각기 다른 방식으로 경쟁기업들을 앞지른다. 두 가지 차원 모두에서 뛰어난 모습을 보이는 디지털 마스터는 다른 기업들에 비해 성과가 월등하다. 디지털 마스터는 동종업계의 경쟁기업들에 비해 평균적으로 이익이 26% 더 높다. 기존의 직원 및 물리적 자산으로도 9% 더 높은 매출을 올린다. 조사 대상으로 삼은 매출액 5억 달러 이상의 전통적인 대기업들의 경우, 이러한 차이에 따라 수백만 달러에 달하는 순이익이 왔다 갔다 할 수도 있다.

 디지털 마스터는 디지털 역량과 리더십 역량을 결합함으로써, 각각의 차원에서 이뤄낼 수 있는 것보다 더욱 커다란 성과를 달성한다. 강력한 디지털 역량은 새로운 디지털 관련 이니셔티브를 보다 수월하고 상대적으로 안전하게 추진할 수 있도록 해줄 뿐 아니라, 새로운 현금을 창출할 수 있는 매출 레버리지를 제공한다. 한편 강력한 리더십은 시너지를 창출하여 자금 투자를 이끌어내고, 직원들로 하여금 새로운 기회를 발견하도록 독려한다. 이 두 가지 역량이 한데 모이면 디지털 우위가 점점 커지는 선순환이 생겨난다.

 인과관계가 아니라 상관관계를 보여준다. 디지털 역량과 리더십 역량에서 뛰어난 모습을 보이는 기업은 더욱 높은 재무적 성과를 얻을 수 있다. 반면에, 재무적 측면에서 경쟁기업들을 능가하는 기업들이 디지털 마스터리의 두 가지 차원에서 뛰어난 모습을 보이는 경향이 나타날 수도 있다. 인과관계의 방향은 학문적 연구의 관점에서는 중요하지만, 경영적 관점에서 보자면 어느 방향으로 인과관계가 성립하든 간에 동일한 조언으로 귀결된다.

따라서 이렇게 말할 수 있다. 전 세계에서 가장 훌륭한 경영이 이루어지고 있는 기업들, 매출 창출 및 수익성 모두에서 경쟁기업들을 훨씬 앞지르는 기업들은 일관된 방식으로 디지털 관련 활동을 관리하는 경향이 있다. 이러한 기업들은 다른 기업들에 비해 월등한 디지털 역량과 리더십 역량을 쌓아나간다. 전 세계에서 가장 훌륭한 경영이 이루어지고 있는 기업들이 이런 방식으로 디지털화를 추진한다면, 여러분도 이렇게 디지털 관련 활동을 관리하는 편이 바람직할 것이다.

➕ 과연 우리에게 기다릴 여유가 있을까?

어떤 업계에서는 다른 업계에 비해 디지털 트랜스포메이션이 훨씬 더 빠른 속도로 진행되고 있다. 여행업계나 출판업계 종사자라면 이미 수년 전부터 디지털 경쟁기업과 디지털 판매를 접해왔을 것이다. 하지만 아직 강력한 디지털 위협이 피부로 느껴지지 않는 제약업계나 공공 서비스 분야라면 어떨까? 과연 기다릴 만한 여유가 있을까?

[그림 1.3]은 설문조사에 따른 디지털 마스터리를 업계별로 보여준다. 각각의 점은 우리가 20건 이상의 데이터를 확보한 업계 내 기업들의 평균 마스터리를 나타낸다. 이미 확고하게 디지털 마스터에 해당하는 사분면에 자리를 잡은 업계가 있는가 하면, 아직 뒤처진 업계도 있다.

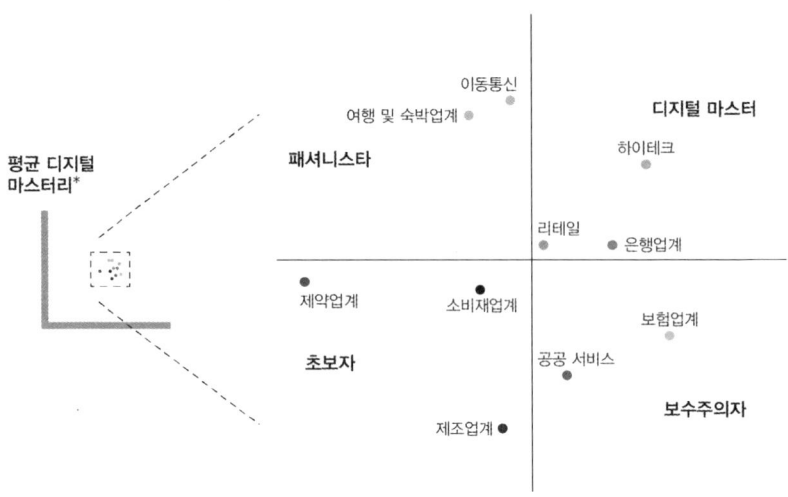

* 설문조사에 대한 응답이 20건 이상 접수된 업계들의 평균 디지털 마스터리

[그림 1.3] 업계별 디지털 마스터리

출처: George Westerman, Maël Tannou, Didier Bonnet, Patrick Ferraris, and Andrew McAfee, "The Digital Advantage: How Digital Leaders Outperform Their Peers in Every Industry," Capgemini Consulting and MIT Center for Digital Business, November 2012.

하이테크 업계에 속한 많은 기업들은 이미 디지털 마스터가 된 반면, 제약업계의 디지털 마스터리는 훨씬 더 낮은 실정이다. 이동통신 및 소비재 업계는 디지털 마스터리의 경계에 서 있는데, 그 안으로 들어서기 위해서는 디지털 역량이나 리더십 역량이 더욱 필요하다.

만약 여러분의 기업이 업계의 평균 디지털 마스터리에 비해 뒤처지고 있다면 서둘러서 조치를 취해야 할 것이다. 그런데 여러분이 업계에서 뒤처지고 있지 않다면 어떻게 해야 할까? 소비재업, 제약업, 제조업 등 초보자 단계의 업계에 해당하는 경영진이라면 아직은 기다릴 만한 여유가 있다고 착각하기 쉽다. 결국 업계 전체가 뒤처지고 있는 상황이라면, 과연 디지털 마스터가 되기 위해 비용과 노력을 투자해야 할까? 이런 생각을 할 수도 있겠지만, 그 생각은 틀렸다.

만약 자신이 속한 업계가 디지털 마스터에 해당하는 사분면에 위치하지 않는다면, 여러분에게는 다른 누구보다도 먼저 디지털 우위를 점할 기회가 있다고 생각할 수도 있다. 이런 생각은 조금 더 정확하기는 하지만, 이 역시 잘못된 생각이다.

심지어 여러분은 일단 경쟁기업들의 동향을 지켜본 다음에 패스트 팔로어fast follower가 되어야겠다고 생각할지도 모른다. 이러한 태도 또한 올바르다고 하기는 어렵다. 모든 경쟁기업들보다 먼저 선수를 치기에는 너무 늦었고, 디지털 마스터리에 있어서 패스트 팔로어가 되려면 이미 디지털 마스터리를 갖춘 상태여야 한다.

[그림 1.4]는 업계별로 각 사분면에 해당하는 기업들의 비율을 나타낸다. 여러분이 디지털 마스터가 아니라면 정말 큰일이다. 대다수의 업계에서 모든 대기업들의 1/4 이상이 이미 디지털 마스터다. 더욱 중요한 것은 모든 업계에 최소한 하나 이상의 디지털 마스터가 있다는 사실이다. 즉 제약업에서 제조업, 하이테크에 이르는 모든 업계에서 어떤 기업은 이미 디지털 우위의 혜택을 누리고 있으며, 다른 모든 기업들은 뒤처지고 있다.

이러한 상황은 우리의 행동을 촉구한다. 한번 생각해보자. 여러분이 디지털 마스터가 되기까지 단지 3~4년이 걸린다 할지라도, 여러분이 속한 업계의 어떤 기업들은 이미 디지털 우위를 누리고 있다. 더욱 심각한 것은, 여러분이 필요한 역량을 이제야 구축하기 시작하는 반면 디지털 마스터들은 이미 보유하고 있는 역량을 활용할 수 있다는 점이다. 여러분이 이들을 따라잡기 위해 애쓴다 하더라도 이러한 기업들은 여러분을 훨씬 앞질러 나갈 수 있다.

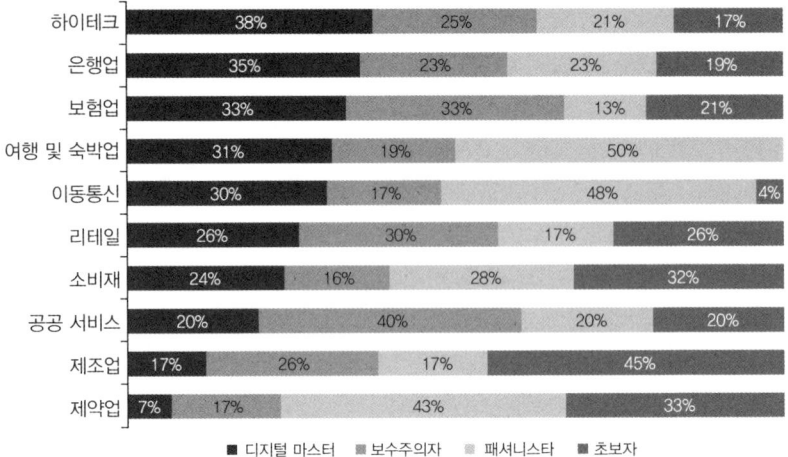

■ 디지털 마스터 ■ 보수주의자 ■ 패셔니스타 ■ 초보자

참고: 20개 이상의 기업이 설문조사에 응답한 모든 업계의 디지털 마스터리 분포를 나타낸다. 모든 조사 대상 업계에 디지털 마스터가 존재한다는 점에 주목하라.

[그림 1.4] 업계별 디지털 마스터리

출처: George Westerman, Maël Tannou, Didier Bonnet, Patrick Ferraris, and Andrew McAfee, "The Digital Advantage: How Digital Leaders Outperform Their Peers in Every Industry," Capgemini Consulting and MIT Center for Digital Business, November 2012.

✚ 지금 당장 어떻게 시작할 것인가?

디지털 마스터리는 중요하며, 모든 업계가 마찬가지다. 디지털 마스터의 DNA는 뚜렷하며, 이는 모든 기업에 적용할 수 있다. 그런데 디지털 마스터가 되기까지는 시간이 걸리며, 많은 기업들에게 시간은 빠르게 줄어드는 재화다.

여러분은 어떻게 하면 디지털 마스터가 될 수 있을까?

디지털 마스터가 되는 길은 기업마다 다르다. 나이키는 디지털 마스터가 되기 전에는 패셔니스타였다. 처음에는 각각의 사일로에서 디지털 역량을 개발했지만, 이후에 나이키 디지털 스포츠라는 사업부를 통해 새로운 리더십 역량을 갖추게 되었다. 이로써 사일로들을 서로 연결하고 새로운 디지털 역량을 도입했다.

아시안 페인트는 이와는 반대로 처음에는 보수주의자였다가 나중에 디지털 마스터가 되었다. 아시안 페인트의 경영진은 조직을 통합하겠다는 비전을 수립했고, 이러한 목표를 달성하는 데 필요한 거버넌스와 IT 역량을 구축했다. 그런 다음 자사의 역량을 바탕으로 고객 관계, 내부 운영 및 비즈니스 모델을 지속적으로 변화시켰다.

이렇듯 아시안 페인트와 나이키 두 기업 모두 디지털 마스터리의 엄청난 혜택을 누리고 있다.

보기 드문 경우이기는 하지만 초보자에서 디지털 마스터로 비약적인 성장을 이룬 기업들도 있다. 이러한 기업들은 중간 단계에서 멈추지 않았다. 제2장에서 살펴볼 버버리가 바로 이런 경우에 해당한다. 직접적인 도약을 이루어내기가 어렵고 위험하기는 하지만, 때로는 이것이 유일한 방법이기도 하다. 특히 미디어, 엔터테인먼트, 정보 서비스 등 소위 '불타는 플랫폼 burning platform'◆과 같은 위기 상황에 처한 상황이라면 더욱 그렇다. 이러한 경우에는 도약하는 것이 가장 훌륭한 탈출법이다.

[그림 1.5]는 디지털 마스터리의 네 가지 사분면을 더욱 구체적으로 보여준다. 각 사분면이 직면한 도전과제들도 여기에 포함되어 있다. 잠시 생각할 시간을 가져보자. 여러분의 기업은 어느 사분면에 해당하는가? 먼저 스스로 판단해보고, 다음에는 동료들에게도 물어보아라.

◆ 1988년 영국 북해 유전에서 석유시추선에 화재가 발생해 168명이 사망한 사고가 발생했는데 '앤디모칸'이라는 사람이 유일하게 살아남았다. 그는 다른 사람들이 불타는 갑판 위에서 우왕좌왕할 때 혼자 북해의 차가운 바다로 과감하게 뛰어들어 생존했다. '불타는 플랫폼(burning platform)'은 '위기상황에 가만히 있기보다는 새로운 변화 및 도전을 하는 접근 방법'을 말할 때 사용된다.

여러분의 디지털 관련 노력이 기업 내에서 진정한 변화를 이끌어내고 있는가? 아니면 그저 반짝거리는 새로운 것들에 불과한가? 지나치게 신중을 기하는 바람에 디지털 관련 기회를 놓치고 있지는 않은가? 부록에 실린 자가 진단을 활용하면 매트릭스에서 자신의 위치를 파악하는 데 도움이 될 것이다.

만약 여러분의 기업이 패셔니스타에 해당한다면, 리더십 역량을 구축하고 다양한 디지털 관련 노력을 통해 시너지를 확보해야 한다. 통합 비전을 찾아내고 전사적으로 업무를 조율할 수 있도록 거버넌스에 투자해야 한다. 스타벅스처럼 CDO를 고용하거나 나이키처럼 디지털 사업부를 설립할 수도 있다.

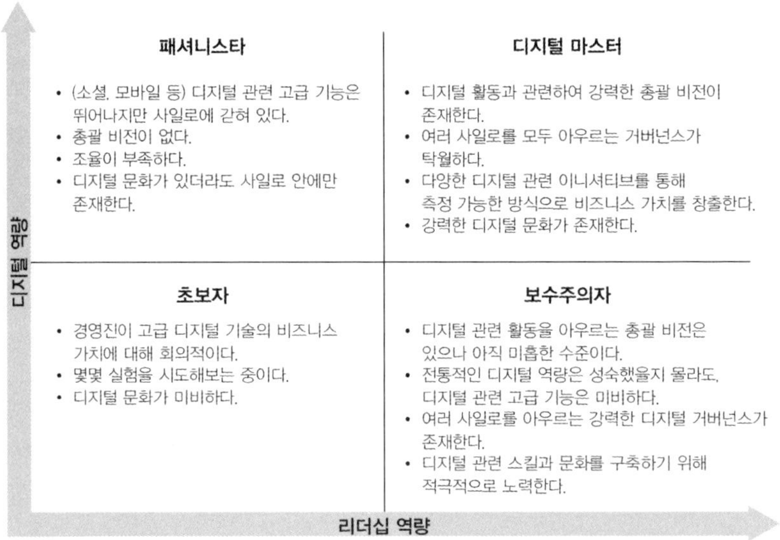

	패셔니스타	디지털 마스터
	• (소셜, 모바일 등) 디지털 관련 고급 기능은 뛰어나지만 사일로에 갇혀 있다. • 총괄 비전이 없다. • 조율이 부족하다. • 디지털 문화가 있더라도 사일로 안에만 존재한다.	• 디지털 활동과 관련하여 강력한 총괄 비전이 존재한다. • 여러 사일로를 모두 아우르는 거버넌스가 탁월하다. • 다양한 디지털 관련 이니셔티브를 통해 측정 가능한 방식으로 비즈니스 가치를 창출한다. • 강력한 디지털 문화가 존재한다.
	초보자	보수주의자
	• 경영진이 고급 디지털 기술의 비즈니스 가치에 대해 회의적이다. • 몇몇 실험을 시도해보는 중이다. • 디지털 문화가 미비하다.	• 디지털 관련 활동을 아우르는 총괄 비전은 있으나 아직 미흡한 수준이다. • 전통적인 디지털 역량은 성숙했을지 몰라도, 디지털 관련 고급 기능은 미비하다. • 여러 사일로를 아우르는 강력한 디지털 거버넌스가 존재한다. • 디지털 관련 스킬과 문화를 구축하기 위해 적극적으로 노력한다.

세로축: 디지털 역량 / 가로축: 리더십 역량

[그림 1.5] 여러분의 디지털 마스터리 수준은 어떠한가?

출처: George Westerman, Claire Calméjane, Didier Bonnet, Patrick Ferraris, and Andrew McAfee, "Digital Transformation: A Roadmap for Billion-Dollar Organizations," Capgemini Consulting and MIT Center for Digital Business, November 2011.

패셔니스타에서 디지털 마스터로 성장하기 위해서는 어느 정도의 투자가 필요하다. 서로 동떨어진 디지털 관련 이니셔티브와 기술을 통합적이고 일관성 있는 디지털 프로그램으로 한데 아우르기 위해서다. 이렇게 다시 초점을 맞추고 작업하는 과정에는 단기적인 고통이 따르겠지만 장기적으로는 비용 절감, 리스크 완화, 민첩성 향상 등 상당한 성과를 얻게 될 것이다.

만약 여러분이 속한 기업이 보수주의자에 해당한다면, 디지털 리더십의 강점을 활용하여 스마트한 방식으로 새로운 디지털 역량을 구축할 수 있다. 회사마다 고객 참여, 내부 운영 등 경영진이 개선 가능하다는 것을 알고 있는 분야들이 있다. 이런 이슈들에 대처하기 위해 새로운 시도를 해보고, 그중에서 성공적인 사례들을 전사적으로 확대하여 적용하라. 아시안 페인트의 경영진이 그랬듯이, 여러분도 자사의 디지털 비전을 확장하는 방안을 지속적으로 강구할 수 있다.

새로운 디지털 역량을 통해 할 수 있는 일들에는 또 어떤 것들이 있을까? 회의나 혁신 콘테스트를 통해 직원들의 참여를 독려하고, 새로운 디지털 관련 기회들을 파악하고 실행하라.

만약 여러분의 기업이 초보자에 해당한다면, 고객이나 내부 운영과 관련된 새로운 시도를 통해 디지털에 대해 서서히 파악해나가라. 그런 다음 자사의 미래에 대한 디지털 비전을 구축하고, 이를 실현하기 위해 필요한 역량들을 쌓아나가기 시작해라. 가장 당연하게 여겨지는 역량부터 시작하는 것이 바람직하다.

어느 정도 준비가 갖춰지면 더욱 어려운 과제들을 시도해볼 수 있다. 보험회사 및 은행은 자사의 보수적인 문화를 활용해서 일단 헌신적인 리더십 역량을 구축한 다음에 디지털 관련 투자를 확대할 수 있다. 패션이나 미디어 등 빠르게 변화하고 고객 중심적인 업계들은 새로운 디지털 역량을 혁신하는 것부터 시작해서 이후에 강력한 리더십 역량을 구축할 수 있다.

✛ 그 다음 단계

이제 여러분은 디지털 마스터가 누리는 혜택에 대해 알게 되었다. 또한 자신이 속한 기업이 디지털 마스터리의 어떤 단계에 위치하는지에 대해서도 인식하게 되었다. 이제는 여러분의 디지털 트랜스포메이션 전략을 수립할 차례다. 앞으로 이 책에서 전략 수립 방안을 알려줄 것이다.

제1부에서는 디지털 역량을 구축한다는 것이 어떤 의미인지를 심도 있게 살펴보도록 하겠다. 기업들이 고객 경험, 운영 프로세스, 비즈니스 모델 등 크게 세 가지 분야에서 새로운 디지털 역량을 구축하고 있다는 것을 파악했다. 각 분야마다 하나의 장을 할애해서 다루었고, 에어 프랑스, 버버리, 시저스 엔터테인먼트Caesars Entertainment, 코델코Codelco 등 전 세계의 다양한 기업들에 관한 사례를 수록했다.

제2부에서는 리더십 역량을 구축하는 방안에 대해 알아보도록 하겠다. 이와 관련하여 트랜스포메이션 비전 공유, 강력한 거버넌스, 심도 깊은 참여, 탄탄한 기술 리더십 등 네 가지 요소를 파악해냈다. 각 요소마다 하나의 장에 걸쳐 살펴보았고, 시저스, 코델코, P&G, 빠주 죤느Pages Jaunes, 스타벅스를 비롯한 기업들의 실제 사례를 함께 실었다.

제3부는 여러분이 로드맵을 수립하는 데 도움이 될 것이다. 경영과 관련된 확고한 지침이 실려 있고, 동료들과 함께 해볼 만한 자가 진단

도 수록되어 있다. 이를 통해 여러분 스스로 디지털 우위를 만들어나 갈 수 있을 것이다.

PART

I

디지털 역량을
구축하기

디지털 마스터의 DNA는 분명하다. DNA의 구성요소 중 하나, 즉 디지털 트랜스포메이션의 **무엇**what은 기민한 디지털 투자 없이는 디지털 트랜스포메이션이 일어날 수 없다는 것을 보여준다. 그런데 너무나도 많은 기업들이 디지털 기술과 디지털 우위를 혼동한다. 디지털 마스터는 기술 그 자체가 아니라 기술을 통해서 비즈니스를 변화시키는 데 초점을 맞춘다. 제1부에서는 경영진이 기업을 운영하는 방식을 어떻게 혁신하는지를 심도 있게 다룬다. 여러분은 세 가지의 디지털 역량(고객 경험, 운영 프로세스, 비즈니스 모델)을 활용하여 자신의 회사를 차별화할 수 있다. 그러면 이 세 가지에 관해 하나씩 차례로 살펴보자.

CHAPTER 2

강력한 고객 경험을 창출하기

인생의 깊숙한 비밀 중 하나는
우리가 다른 사람을 위해서 하는 일이야말로
진정으로 가치 있는 일이라는 것이다.

루이스 캐럴

디지털 트랜스포메이션의 핵심은 고객 경험을 혁신하는 것이다. 디지털 기술은 고객 상호작용의 판도를 바꾸고 있으며, 불과 몇 년 전까지만 하더라도 상상조차 할 수 없었던 새로운 규범과 가능성들이 등장하고 있다.

설문 조사나 포커스 그룹의 좁은 시야를 벗어나 고객들의 생생한 목소리를 듣고 싶은가? 그렇다면 소셜 미디어를 활용하라. 클라이언트들이 이동 중에도 브랜드에 지속적으로 참여하도록 하고 싶은가? 모바일을 활용하라. 고객들이 물리적으로 어디에 있는지를 알고 싶은가? 위치기반 기술^{geolocalization}을 활용하라. 예측을 향상시켜 진정으로 개인화된 경험을 제공하고 싶은가? 고객 애널리틱스를 활용하라.

디지털 마스터에게 이와 같은 새로운 기술은 그 자체로 달성해야 할 목표가 아니며, 투자자들에게 전달해야 하는 신호도 아니다. 이러한 기술들은 한데 모여 고객에게 더욱 가까이 다가갈 수 있도록 해주는 도구다. 디지털 마스터는 웹사이트와 모바일 앱에 그치지 않고 고객 경험을 진정으로 혁신하며, 이러한 방향으로 고객들을 자연스럽게 이끌어나간다. 참여를 이끌어내는 고객 경험을 제대로 제공하면 고객과 기업 모두에게 가치가 창출된다. 이는 고객 유지와 고객 충성도$^{customer\ loyalty}$ 확보에도 기여한다. 그러나 규모가 큰 조직에서 차별화된 고객 경험을 제공하기란 쉽지 않다. 왜 그럴까? 첫째, 고객 기대가 상당히 높아졌다. 인터뷰한 150명의 경영진 중에서 70%가 '갈수록 높아지는 고객 기대가 변화를 촉구하는 핵심 동력이다'라고 응답했다.[1] 둘째, 새로운 디지털 채널을 기존의 운영과 통합하기란 조직 차원에서 쉽지가 않다. 셋째, 이러한 디지털 상호작용은 새로운 처리 속도, 새로운 의사결정 방식 및 규범 등 문화의 진화를 요구하는데, 이는 종래의 대기업들이 고객 관계를 관리해 온 방식과는 상반된다. 초보자나 보수주의자와 마찬가지로, 여러분도 이것저것 몇 가지 새로운 실험을 해볼 수도 있다. 아니면 패셔니스타처럼 반짝거리는 모든 것들에 투자할 수도 있다. 하지만 여러분은 어쩌면 커다란 보상을 놓쳐버릴지도 모른다.

   수많은 어려움에도 아랑곳하지 않고 강렬한 고객 경험을 창출해내는 기업들은 엄청난 혜택을 누리게 된다.

✚ 오래된 버버리, 디지털로 새롭게 태어나다

안젤라 아렌츠$^{Angela\ Ahrendts}$가 버버리의 수장이 된 2006년 당시, 버버리의 매출 성장은 경쟁기업들에 비해 상당히 뒤떨어진 실정이었다.[2] 해당 업계가 연간 12~13%의 성장률을 기록한 반면, 버버리의 성장률은 1~2%에 불과했다. 버버리는 혁신 측면에서나 제품 및 서비스 측면에서나 명품 시장의 신속한 발달을 따라가지 못했다. 보유 브랜드 수도 훨씬 많고 기업의 매출과 이익 측면에서도 몇 배나 더 규모가 큰 프랑스 및 이탈리아의 기업들과 치열한 경쟁을 벌여야 하는 상황이었다. 이러한 흐름을 돌려놓기 위해서는 뭔가 조치를 취할 필요가 있었다.

버버리의 경영팀은 스스로에게 근본적인 질문을 던지는 것에서부터 시작했다. "우리의 비전은 무엇인가?" 여기서부터 시작해서 팀 구성원들은 버버리의 특별한 자산과 전략적 위치를 고려하여 전략 개발 5개년 계획을 수립했다. 아렌츠는 이렇게 설명했다. "경쟁기업들과 차별되는 버버리의 특징은 무엇일까요? 첫째, 버버리는 영국 브랜드입니다. 둘째, 버버리는 코트에서 탄생했습니다. 마지막으로, 경쟁기업들은 '점심 식사를 하는 숙녀들'과 베이비부머들을 주된 타깃으로 상정했습니다. 훨씬 더 많은 홍보 관련 예산으로 무장한 기업들과 우리가 정면 승부를 한다면 승산이 없었습니다. 따라서 우리는 '밀레니얼millennial' 세대(1980년대 초반에서 2000년대 초반에 태어난 세대를 가리킴 - 역주)에 초점을 맞추기로 했습니다."[3]

이 마지막 전략적 선택이 버버리의 디지털 여정에 핵심적인 영향을 미쳤다. 버버리는 밀레니얼 세대인 20대 고객들을 타깃으로 한 마케팅에 투자하기로 결정했고, 고액자산가 고객의 평균 연령이 기존 시장에 비해 15살 더 어린 신흥경제국들에 초점을 맞추기로 했다. 이런 고객들에게 다가가 효과적으로 의사소통하기 위해서 버버리는 밀레니얼 세대에게 친숙한 디지털을 활용해야 했다. 이렇게 디지털 비전은 현실화되었고 버버리의 디지털 트랜스포메이션이 시작되었다.

아렌츠는 성공을 위해서는 순수한 글로벌 브랜드 비전이 필요하다는 것을 깨달았다. 디지털에 능통한 최고 크리에이티브 책임자chief creative officer인 크리스토퍼 베일리Christopher Bailey는 '브랜드 황제brand czar'가 되었다. 즉 고객이 보는 모든 것이 그의 사무실을 거쳐 간다는 뜻이다.

아렌츠와 베일리는 힘을 한데 모아서 이러한 비전을 내부적으로 소통해나갔다. 아렌츠는 이렇게 말한다. "우리는 더 이상 특정한 사람이나 지역이 아니라 브랜드를 위한 최선의 방책을 추진하기로 했어요. '디지털 쓰나미'가 밀려오고 있으며, 이러한 상황을 활용해서 왜, 어디에 초점을 맞춰야 하는지, 그리고 우리의 글로벌 브랜드 표현이 얼마나 통일성 있고 순수해야 하는지를 사람들에게 이해시키고자 했어요."[4]

이처럼 새로운 비전을 중심으로 최고 경영진이 단합했다. 아렌츠와 베일리는 고객을 대상으로 한 디지털 마케팅에 중점을 두기로 했다. 젊고 다이내믹한 마케팅 팀을 채용했고, 팀원들은 밀레니얼 고객의 모습을 반영하는 거울과도 같았다. 버버리는 기존 미디어에서 눈길을 돌려, 연간 마케팅 예산의 상당 부분을 디지털 미디어에 할애했다.

버버리는 여러 가지 혁신적인 이니셔티브를 추진하여 성공을 거두었고, 디지털 마케팅에서 두각을 나타냈다. 공식 홈페이지인 Burberry.com을 11개국 언어로 개편했고[5], 페이스북을 활용한 혁신적인 샘플 프로모션을 통해 향수를 출시했다. 또한 트위터와 함께 패션쇼 실시간 중계인 트윗워크^{Tweetwalk}를 개발했고, 구글과의 협력을 통해 사람들이 전 세계 누구에게나 자신의 '키스'를 캡처해서 전송할 수 있게 한 버버리 키스$^{Burberry\ Kisses}$ 프로젝트를 진행했다.[6] 더 나아가 2014 가을/겨울 패션쇼 때는 중국의 소셜 미디어 플랫폼인 위챗^{WeChat}과 제휴하여 다양한 모바일 콘텐츠 경험을 제공했다. 긴밀하게 연계된 창의적인 사고 문화에 힘입어, 버버리는 디지털 기술을 활용해서 브랜드의 핵심 순간들과 그 흥분을 전 세계의 고객들과 함께 나눴다.

이와 동시에 버버리의 리테일 투자도 발맞추어 진행되었으며, 일 년에 20~30개의 신규 매장이 생겨났다. 버버리는 디지털 혁신을 어떻게 활용했기에 온라인뿐만 아니라 실제 매장에서도 고객들에게 매끄럽게 다가갈 수 있었을까? 바로 여기서 버버리의 리테일 시어터retail-theater 개념이 작용했다. 아렌츠는 이렇게 설명한다. "우리는 기술 관련 기업들과의 제휴를 통해 '리테일 시어터' 개념을 실현해나가기 시작했어요. 전 세계의 매장에서 우리가 지닌 다채로운 콘텐츠를 널리 알릴 수 있게 되었지요. 우리는 기술을 활용해서 매장 내 브랜드에 생기를 불어넣었어요. 음악을 활용했을 뿐 아니라 매장 내부 및 외부의 대형 스크린에 풍부한 영상 콘텐츠를 상영했지요. 또한 모든 판매 직원들에게 아이패드를 지급해서 해당 매장이 보유하고 있는 제품만이 아니라 전체 글로벌 컬렉션을 확인할 수 있도록 했어요. 고객들은 매장에서 버버리의 라이브 패션쇼를 볼 수 있었고, 아이패드로 컬렉션을 주문할 수 있게 되었어요. 6~8주 안에 제품이 즉시 배송되었지요. 이러한 방식으로 우리는 매장에서 버버리의 디지털 혁신을 선보일 수 있었어요."[7]

이렇게 다양한 디지털 혁신을 선보이기에 앞서, 버버리는 모든 업무의 근간이 되는 기업 플랫폼을 실행하기 위해 수년간의 노력을 기울였으며, 시스템을 통합하고 글로벌 운영의 투명성을 높이기 위해 애썼다. 모든 채널과 미디어, 플랫폼에 걸쳐 고객 경험을 개선하려면 단일 고객 관점single view of the customer을 확보해야만 했다. 아렌츠는 이렇게 말한다. "우리가 이러한 플랫폼을 구비해두지 않았더라면 아마도 지금 이 정도의 프론트 엔드front-end 디지털 혁신을 이루어내지 못했겠지요."[8] 또한 버버리는 고객 서비스 부문에 상당한 규모의 투자를 단행했다. 매장의 판매 직원들을 훈련시켰을 뿐만 아니라, 웹사이트에서 고객들이 클릭만 하면 1년 365일 언제든지 14개국 언어로 고객 서비스 담당자와 통화하거나 채팅할 수 있도록 했다.[9]

버버리의 다음 도전과제는 애널리틱스였다. 새로운 커뮤니케이션 및 애널리틱스 도구들을 구축했고, 최고 고객 책임자chief customer officer는 모든 물리적 및 디지털 상호작용에서 얻은 통찰력 있는 정보들을 최적화했다. 버버리는 고객들로 하여금 자신의 구매 이력, 쇼핑 성향, 패션 선호도 등을 디지털로 공유하도록 하여 데이터 기반의 쇼핑 경험을 제공하는 '고객 360' 프로그램을 선보였다. 이를 통해 고객 프로필을 구축하여 개인화된 경험을 제공하였다. 리테일 직원들은 태블릿을 통해 고객의 디지털 프로필에 접속할 수 있다. 예를 들어 브라질 고객이 파리 경유 시 가장 최근에 구매한 제품이 무엇인지, 이 고객이 트위터에서 버버리에 관해 어떤 말을 했는지를 확인할 수 있다.[10]

아렌츠의 말을 들어보자. "버버리와 상호작용을 하고 싶은 고객이라면 누구든지 공식 홈페이지인 버버리닷컴에 접속해서 매장 방문 고객들과 똑같은 경험을 누릴 수 있도록 하는 것이 우리의 비전이었어요. 우리는 고객들이 버버리 월드에 들어오기를 바랐고, 우리 본사에서처럼 비즈니스의 다른 모든 부문을 방문할 수 있게 하고 싶었어요."[11]

오늘날 다른 어떤 매체보다도 디지털 매체를 통해 버버리 브랜드를 둘러보는 사람들의 수가 더 많다. 명품업계에서는 고객의 60퍼센트가 온라인으로 쇼핑하고 매장에서 제품을 찾아간다. 아렌츠가 지적했듯이, "매장의 모습이나 느낌이 온라인과 동일하지 않다면, 과연 그것이 훌륭한 브랜드일까?" 싱크탱크인 L2는 2013~2014년 2년 연속으로 버버리를 '디지털 IQ'가 가장 높은 패션 브랜드로 선정했다. 또한 버버리는 패스트 컴퍼니Fast Company(미국의 경영·IT 관련 매체 – 역주)가 선정한 전 세계에서 가장 혁신적인 리테일 기업 1~10위에 2년 연속으로 이름을 올렸으며, 인터브랜드Interbrand가 선정한 최고의 글로벌 브랜드 중 하나로 5년 연속 선정되었다.[12]

✚ 디지털 마스터는 무엇이 다른가?

버버리는 디지털 고객 경험과 물리적 고객 경험 사이의 경계 구분이 모호해지고 있다는 사실을 잘 보여주는 기업이다. 버버리뿐만이 아니다. 디지털 마스터는 서로 연관된 네 가지 개입의 총합을 통해 고객 경험을 변화시킨다. 이러한 개입들은 한데 모여 고객 가치 방정식을 근본적으로 바꾸어놓는다. 첫째, 디지털 마스터는 고객 행동을 이해하는 데 많은 시간을 할애하며, 밖에서부터 안으로 고객 경험을 디자인한다. 디지털 마스터는 고객이 어떤 행동을 하는지, 고객이 왜, 어디서, 어떻게 그런 행동을 하는지를 파악한다. 그런 다음, 여러 채널에 걸쳐 고객 경험이 디지털을 통해 어디서, 어떻게 향상될 수 있는지를 알아낸다.

둘째, 디지털 마스터는 새로운 디지털 채널에 대한 스마트한 투자를 통해서 활동 범위와 참여를 증가시키기 위해 디지털 기술을 활용한다. 사용자 친화적인 모바일 앱을 제공하고, 가치 있는 소셜 미디어 경험을 개발하며, 참여를 강화하기 위해 마케팅 비용의 균형을 다시 맞춘다.

셋째, 디지털 마스터는 고객 데이터를 전체적인 고객 경험의 핵심에 둔다. 보다 과학적으로 변모하며, 변화를 알리기 위해 메트릭스와 애널리틱스를 활용한다. 제품과 서비스의 사용 현황을 이해하는 것부터 시작해서, 고객 기반을 세분화하고 맞춤 거래를 적극적으로 제시하며, 예측 가능한 마케팅 캠페인을 디자인한다.

마지막으로, 디지털 마스터는 물리적 경험과 디지털 경험을 매끄럽게 맞물리도록 해준다. 새로운 것으로 낡은 것을 교체하는 것이 아니라, 디지털 기술을 활용하여 기존에 보유한 자산의 가치를 최대한 이용함으로써 고객 경험을 향상한다.

✚ 밖에서부터 안으로 고객 경험을 디자인하다

훌륭한 고객 경험을 디자인하려면 여러분이 달성하고자 하는 목표에 대한 명확한 비전을 기반으로 해야 한다. 글로벌 카지노 기업인 시저스 엔터테인먼트의 CEO 개리 러브맨Gary Loveman은 이렇게 말한다. "우리는 고객이 원하는 경험을 제공해야 합니다."[13]

디지털 기술을 활용하는 고객들은 제품, 서비스 및 정보가 자신의 니즈에 맞춰 적시에 제공되기를 기대한다. 이러한 고객들은 이 모든 것들이 정확한 순간에, 자신이 사용 중인 플랫폼에서 제공되기를 바란다.

터치 포인트touch point(직접적인 사용 경험, 입소문, 광고, 제품 포장, 웹사이트 등 특정 브랜드가 고객과 만나는 접점 – 역주)가 늘어날수록 여러 채널에 걸친 상호작용은 더욱 복잡해지며, 이러한 상호작용을 이해해야 할 필요성은 더욱 커진다. 그렇다면 고객들이 정말로 원하는 매력적인 경험은 어떻게 정의할 수 있을까? 새로운 고객 경험을 제공하기 위해서는 고객 행동과 조직의 요구사항을 철저하게 이해할 필요가 있다.

사람들이 여러분의 제품과 서비스, 채널, 브랜드, 인프라, 직원들과 어떻게 상호작용하는지를 체계적으로 파악하는 데 충분한 시간을 할애하라. 고객 의사결정 여정Customer decision journey을 면밀하게 들여다보라는 뜻이다. 여러분의 기업과 상호작용을 하기 전, 상호작용 당시, 그리고 상호작용을 하고 난 후에 고객들은 각각 어떻게 행동하는가? 불편사항pain point들은 무엇인가? 어떻게 하면 이를 완화시킬 수 있을까? 디지털을 통해 경험의 어떤 측면을 향상시킬 수 있을까? 어떤 고객들이 디지털로 참여하기가 더욱 수월할까? 그 이유는 무엇일까?

세계적인 보험 서비스 기업인 알리안츠 그룹의 글로벌 시장 경영 부문 책임자인 조 그로스Joe Gross는 이렇게 말한다. "우리는 일단 디지털이 영향을 미치는 터치 포인트들을 파악하는 것부터 시작했어요. 고객 인지 단계에서부터 유통, 실제 판매, 제품 제안 및 가격 책정에 이르기까지 터치 포인트는 가치 사슬의 전반에 걸쳐 있었지요. 우리는 이러한 터치 포인트들을 파악한 다음, 각각에 맞는 평가 기준을 고안했어요."[14]

스타벅스의 CDO인 애덤 브로트먼Adam Brotman도 이와 유사한 접근방식을 채택했다. "우리는 고객들의 니즈가 무엇인지, 우리 회사의 비즈니스 전략이 무엇인지, 우리가 이미 보유하고 있는 디지털 터치 포인트들이 무엇인지, 추가해야 할 디지털 터치 포인트들이 무엇인지를 파악합니다. 그런 다음, 이러한 상황에서 어떻게 우선순위를 정해 시간과 노력을 투자할지에 대한 로드맵을 수립합니다."[15]

폭넓은 고객층에 걸쳐 있는 고객 행동은 거의 동일하지 않다. 따라서 데이터와 애널리틱스를 활용해서 고객층을 세분화하고, 특정한 행동 패턴에 따른 맞춤형 경험을 규정해주어야 한다. 일례로 버버리는 신흥경제국의 고액자산가인 밀레니얼 고객들이 기존의 패션 고객들과는 달리 색다른 디지털 경험을 원한다는 것을 일찌감치 알아차렸다.

이와 마찬가지로, 베일 리조트Vail Resorts의 최고 마케팅 책임자인 커스틴 린치Kirsten Lynch는 고객 경험을 향상하려면 스키어Skiers들의 행동을 보다 구체적으로 파악해야 한다는 사실을 깨달았다. "한동안 우리 회사는 기본적인 인구통계학적인 정보 및 행동 데이터를 제공하는 고객 관계 관리CRM 시스템만 갖추고 있었지요. 스키는 열정을 바탕으로 하는 비즈니스이기 때문에, 우리는 단지 기본적인 데이터뿐만 아니라 왜 고객들이 산에 오는지 그 이유를 파악할 필요가 있어요."[16] 그녀는 고객층을 세분화하기 위해 페르소나(전형적인 소비자를 대표하는 가상의 인물 - 역주)를 활용하기로 했다. "'알파인 A급 고객Alpine A-Lister'은 하드코어 스키어로, 최고급 경험을 원하죠. '마을 위주의 세련된 고객Village Sophisticate'은 스키보다 식도락, 쇼핑, 스파를 더욱 중시해요. '스키 위주의 고객Shred Head'은 최대한 신나게 스키를 타는 것에만 몰두하죠. 럭셔리에는 아무런 관심이 없어요. 우리는 각 고객군이 1년에 며칠간 스키를 타는지, 어디에서 스키를 타는지, 어디에 돈을 쓰는지를 알고 있어요. 우리는 그에 맞춰 고객 접근방식을 개인화personalize할 수 있지요. 우리는 고객들에 대해 알고 있는 모든 정보를 직원의 스크린에 미리 띄우는 새로운 기술을 시범적으로 활용하고 있어요."[17]

여러분은 또한 애초부터 딜리버리delivery에 초점을 맞춰야 한다. 여러분의 조직이 직면하고 있는 도전과제는 얼마나 거대한가? 새로운 고객 경험이 효과를 나타내려면 어떤 프로세스와 사람들, 기술의 변화가 필요한가? 고객 각자가 선호하는 기술을 활용해 여러분의 기업에 접근할 수 있도록 하기 위해서는 고객에게 어떤 능력을 제공해야 하는가? 예를 들어 셀프 서비스 시설을 활용해서 패키지 배송을 추적하고, 복잡한 공산품을 온라인으로 맞춤 주문하며, 피자가 언제 배달될지를 정확하게 알 수 있다.

그런데 안타깝게도, 성공을 위해 필요한 일들을 해나가는 기업의 수가 너무나도 적다. 포레스터 리서치Forrester Research에 따르면, 고객 경험을 담당하는 경영진의 86%가 고객 경험이 전략적인 최우선과제라고 생각하지만 고객 경험에 대한 전사적인 프로그램을 갖추고 있는 기업은 그중에서 절반에도 못 미친다. 게다가 필요한 변화를 추진할 수 있는 별도 예산을 보유한 기업은 30%에 불과하다.[18]

반면에 디지털 마스터는 이러한 과제를 제대로 수행해낸다. 디지털 마스터는 밖에서부터 안으로 강렬한 고객 경험을 디자인하는 데 투자한다. 또한 약속을 이행할 수 있도록 조직을 적응시키는 데 필요한 일들을 해낼 준비가 되어 있다.

✚ 활동 범위와 고객 참여를 만들어내기

디지털에 대한 투자가 없다면 디지털 트랜스포메이션은 일어날 수 없다. 디지털 마스터는 디지털 부문에 스마트하게 투자하며, 고객 경험을 창의적으로 향상하고자 한다. 투자 규모는 중요하지 않으나 투자의 영향은 중요하다. 디지털 마스터에게 소셜 미디어, 모바일, 애널리틱스 등 새로운 기술은 단지 고객에게 더욱 가까이 다가가기 위한 도구일 뿐이다.

1971년 시애틀에서 첫 점포의 문을 연 이래로, 스타벅스는 세계에서 가장 글로벌 브랜드의 반열에 오를 정도로 성장했다. 스타벅스가 수십억 달러 규모의 기업으로 성장한 것은 단순히 커피 덕분이 아니라, 매장 및 온라인에서 특별한 '스타벅스 경험Starbucks experience'을 만들어내는 데 성공했기 때문이다. 하지만 스타벅스가 처음부터 디지털 마스터였던 것은 아니다.

급속한 사업 확장 이후에 스타벅스는 2008년에 동일 매장 매출samestore sales의 하락을 겪었고, 그 당시 스타벅스의 주가는 2년 사이에 거의 반토막이 난 상황이었다. 기술 부문에서도 상황이 그리 나아보이지 않았다. 직관성이 떨어지는 판매시점POS, point-of-sale 시스템은 여전히 구식 기술을 기반으로 구동되었고, 점장은 이메일에 접속할 수가 없었다. CEO 하워드 슐츠를 비롯한 고위 경영진은 이러한 흐름을 바꾸기 위해서 다양한 전략적인 조치를 취했다. 여기서 핵심은 새로운 방식으로 고객의 참여를 이끌어내기 위해 디지털 기술을 활용하는 것이었다. 스타벅스의 CDO인 애덤 브로트먼은 이렇게 설명한다. "스타벅스에게 디지털은 단순히 웹사이트나 POS 시스템이 아니라, 고객들과 교감하고 고객 경험을 변화시키고 회사를 이끌어나가는 능력을 의미했어요."[19] 스타벅스는 모바일 및 소셜 채널을 중점적으로 활용하기로 했다.

디지털 부문에서 스타벅스의 첫 번째 시도는 2009년에 출시된 마이 스타벅스myStarbucks 앱이었다. 고객들은 이 앱을 이용해 가장 가까운 매장을 검색하고, 스타벅스의 커피에 대해 더 많은 정보를 얻고, 나만의 음료를 만들 수 있게 되었다. 2011년 1월에는 스타벅스 카드Starbucks Card 모바일 앱이 등장했고, 이로써 스타벅스의 로열티 프로그램이 디지털화되었다. 앱 이용자들은 로열티 선불카드의 화면 버전을 제시하고, 스마트폰에서나 매장에서 온라인으로 금액을 충전할 수 있게 되었다. 이러한 접근방식은 이미 바코드 인식용으로 구축해둔 기존의 POS 기술과 쉽게 통합되었다. 로열티 프로그램은 도입된 이래로 엄청난 성공을 거뒀다. 2012년의 경우, 로열티 카드를 이용한 모든 로열티 카드 거래의 20%가 모바일로 이루어졌다.[20]

모바일 기술의 발달에 발맞추려는 노력의 일환으로, 스타벅스는 모바일 결제 기능을 지속적으로 확대해왔다. 2012년에 스타벅스는 앱을 기반으로 하는 모바일 결제 시스템인 스퀘어Square에 2천 5백만 달러를 투자했고, 고객들이 이 시스템을 이용해 계산대에서 결제할 수 있게 되었다는 소식을 발표했다.[21] 또한 스타벅스는 자사의 앱과 애플의 패스북Passbook 간의 통합을 지원했다. 패스북은 아이폰이나 아이팟 터치에서 티켓, 쿠폰, 로열티 카드 정보 등을 한데 모아 편리하게 관리할 수 있는 기능을 제공한다.

스타벅스의 모바일 결제는 고객 편의 측면에서도 성공을 거두었을 뿐 아니라, 재무적으로도 혜택을 가져다준다는 사실이 입증되고 있다.

스타벅스 모바일 앱과 스퀘어를 통한 거래 수수료는 상당히 줄어들었다. 2012년을 기준으로 모바일 결제 거래 건수는 주당 3백만 건을 넘어섰으며, 모바일 결제를 도입함에 따라 거래 비용이 상당 부분 감소했다.[22] 스타벅스와 고객들 모두 이에 따른 혜택을 누리고 있다.

더 나아가 스타벅스는 소셜 미디어에서 확고한 존재감을 구축했다. 2016년(11월 기준)에 스타벅스는 페이스북 팬 3천 6백만 명, 트위터 팔로어 1천 1백만 명, 인스타그램 팔로어 1천 2백만 명을 확보했고, 소셜 미디어를 가장 잘 활용하는 기업으로 인정받게 되었다. 스타벅스를 비롯한 디지털 마스터들은 단지 기술과 채널에 스마트하게 투자하는 것이 아니라, 자사의 마케팅 미디어 믹스를 최적화함으로써 투자 효과를 극대화한다. 버버리는 연간 마케팅 예산의 상당 부분을 디지털 미디어에 투자하는 모험을 감행했다. 소비재 대기업인 P&G는 디지털, 소셜 및 모바일 부문에 자사의 미디어 관련 지출의 약 1/3을 할애하고 있다.[23] P&G가 세계에서 가장 거대한 광고주들 중 하나라는 점을 고려하면 이는 결코 사소한 결정이 아니다. 모든 기업들이 그 정도로 과감한 결단을 내릴 필요는 없다. 리서치 기관인 가트너Gartner에 따르면, 미국의 대기업들은 평균적으로 마케팅 예산의 약 25%를 디지털 부문에 투자한다.[24] 투자 금액이 얼마건 간에, 채널의 활동 범위가 늘어난 것에 따른 혜택을 모두 누리기 위해서는 기업의 리밸런싱이 필요하다.

소셜 미디어에서 스타벅스의 활동에 따른 혜택은 단지 팬 수가 늘어난 것에 그치지 않는다. 스타벅스는 소셜 미디어를 활용하여 고객 주도형 혁신을 추진한다. 마이 스타벅스 아이디어My Starbucks Idea 사이트를 통해서 15만 건 이상의 고객 아이디어를 수집했고, 제품, 고객 경험 및 기업 이니셔티브를 향상하는 데 이를 활용한다.[25] 어떤 아이디어가 접수되면 이 사이트의 고객 커뮤니티에서 그 아이디어에 대한 찬반 투표가 이루어진다. 이러한 과정을 통해 스타벅스는 가장 훌륭한 아이디어를 파악하고 실행할 수 있다. 스타벅스의 아이디어 인 액션Ideas in Action 블로그에서는 직원들이 개별적으로 아이디어에 대해 답변할 수 있으며, 고객은 자신의 아이디어가 매장에서 언제쯤 실현될 수 있을지를 알 수 있다. 일례로 어떤 고객이 여러 건의 주문을 처리하는 게 보다 수월해졌으면 좋겠다는 의견을 냈다. 특히 근무 중에 동료들에게 나눠줄 제품을 구매하러 스타벅스에 들르는 사람들에게 필요한 기능이었다. 이 아이디어가 접수된 후 한 달도 지나지 않아, 스타벅스는 러너 리워드Runner Reward 프로그램을 도입했다. 이 프로그램을 이용하면 음료 심부름을 하러 스타벅스에 온 사람들이 보다 간편하게 주문을 처리할 수 있었다. 또한 스타벅스는 이들을 위해서 음료 네 잔을 주문하면 한 잔을 무료로 제공했다.[26]

브로트먼은 이렇게 요약해서 말한다. "디지털만이 할 수 있는 방식으로, 스타벅스만이 할 수 있는 방식으로 고객과의 연결고리를 향상하고 강화하는 것이 우리의 모든 디지털 활동의 목표입니다."[27]

✚ 고객 데이터를 경험의 중심에 두기

오늘날 우리의 모든 활동과 우리가 사용하는 모든 것이 디지털화됨에 따라 수많은 정보가 쏟아지고 있다. 이제 경영진은 고객 경험에 대한 통찰력을 대폭 향상할 수 있는 소중한 데이터를 얻게 되었다. 데이터는 강렬한 고객 경험을 디자인하는 데 가장 핵심적인 요소다. 예술에 과학을 더함으로써, 기업들은 데이터를 통해 단순한 짐작에서 예측, 더 나아가 지속적인 가설 검증을 할 수 있게 된다.

디지털 마스터는 데이터에 기반을 둔 통찰력에 상당히 의존한다. 그런데 고객 경험을 보다 과학적으로 만들어내기 위해서는 험난한 조직 학습 과정을 거쳐야 한다. 시저스 엔터테인먼트의 CEO인 개리 러브맨의 말을 들어보자. "내가 시저스에 합류했을 때, 우리 회사는 엄청난 양의 고객 거래 데이터를 수집하고 있었어요. 고객들은 우리 회사가 이 데이터를 활용하여 뭐라도 해주기를 갈망하고 있었지요. 그런데 우리는 도대체 어떻게 해야 할지 알 수가 없었어요. 로열티 프로그램을 통해 수많은 정보가 수집되었고, 이를 바탕으로 우리는 고객들에게 무료 식사와 객실 같은 것들을 제공하기는 했어요. 하지만 우리는 어떻게 하면 건설적인 방향으로 데이터를 설계해서 여기에 애널리틱스를 적용할 수 있을지를 잘 몰랐어요. 예를 들어서 X라는 고객이 우리 업장을 찾는 횟수가 어떤 조건에서 증가하는지, 각기 다른 상황에 따라 Y라는 고객이 우리 업장을 방문하는 양상이 어떻게 달라지는지 이런 것들은 알 수가 없었지요."[28]

현재 시저스 엔터테인먼트의 상황은 예전과는 사뭇 다르다. 로열티 프로그램을 통해 고객 거래, 인구통계학적 정보 및 카지노 게임 플레이에 관한 방대한 분량의 데이터를 수집하며, 이를 바탕으로 시저스의 업장을 방문하는 개별 고객에 대한 상세 프로필을 작성한다. 직원들은 이러한 정보를 전사적으로 활용하며 이를 바탕으로 더 나은 고객 결정을 내린다.

예를 들어 시저스의 마케팅 담당자들은 스페셜 오퍼를 구성하고 타깃 고객을 설정하는 데 정확성을 기할 수 있다. 한편 숙박 담당 직원들도 똑같은 정보를 활용하여, 고객이 도착했을 때 어떻게 응대해야 할지, 객실을 어떻게 정리해두어야 할지 등 고객의 투숙 경험을 거의 모든 측면에서 개인화할 수 있다. 카지노에서 운수 나쁜 저녁을 보낸 고객에게는 해당 층의 매니저가 비용 혜택 분석을 하고, 고객 경험을 개선하기 위해 무료 서비스를 제공할 수 있다.

업계 용어로는 고래[whale]라고 부르는, 지출 규모가 상당한 고객들에게 이렇게 개인화된 관심을 후하게 제공하는 것은 업계의 흔한 규준이지만, 대다수의 카지노 고객들은 상대적으로 차별화되지 않은 경험을 하게 된다. 반면에 시저스는 데이터 주도형 접근방식을 통해 훨씬 더 규모가 큰 고객 그룹에까지 개인화된 터치를 확대하고 있다. 개리 러브맨은 이렇게 말한다. "시장의 중간 단계를 구성하는 수천만 명의 고객들을 놓쳐서는 안 되지요."[29]

또한 모바일과 위치 기반 데이터는 시저스에서 고객 인텔리전스를 추진하는 데 핵심적인 역할을 담당한다. 고객의 모바일 경험은 업장의 문을 열고 들어서기 전부터 이미 시작된다. 시저스에서 운영하는 40여 개의 업장 중 한 곳에 도착하기 이전에, 텍스프레스[Texpress] 서비스를 신청한 고객들은 문자 메시지[SMS]를 이용해 체크인을 할 수 있다. 이 서비스를 이용하면 접수하기 위해 줄을 설 필요가 없이 곧바로 벨 데스크에서 키를 받을 수 있다. 또한 텍스프레스는 모바일 위치 데이터와 문자 메시지를 결합하여 적절한 스페셜 오퍼를 적시에 제공한다. 시저스의 마케팅 담당자는 이렇게 말한다. "지금 파리에 있는 고객에게 에펠탑 입장권 2매를 무료 제공하거나, 오후 6시 이후에 시저스 팰리스[Caesars Palace]에 있는 고객에게 베트 미들러 공연에 관한 오퍼를 제공할 수도 있어요. 공연 티켓 잔여분이 있는 경우에는 고객의 위치를 파악하면 티켓을 판매하는 데 큰 도움이 되지요."[30]

갈수록 세상이 디지털화됨에 따라 기업이 활용 가능한 데이터의 소스와 양이 대폭 늘어났다. 서비스 사용 및 소셜 미디어에서 쏟아져 나오는 정형structured 데이터◆ 및 비정형unstructured data 데이터◆를 활용할 필요가 있다. 더 나아가 모바일 기기의 위치 기반 데이터를 활용하면 더욱 풍부한 데이터를 얻을 수 있다. 이러한 데이터를 통합해서 더 나은 결정을 내리고, 개인화된 경험의 질을 높이고, 진정한 경쟁 우위를 점하는 능력을 갖추는 것이 가장 중요하다.

미국의 금융기관인 캐피털 원Capital One은 신용카드 시장에서 지속적인 성장을 기록하고 있다. 이 회사는 탁월한 데이터 애널리틱스 역량 덕분에 이러한 성과를 낼 수 있었다. 캐피털 원은 내부 데이터 및 외부 데이터를 모두 활용하여 신용카드 시장을 효과적으로 세분화한다. 이 회사의 카드 랩Card Lab은 모든 사용자의 개인별 선호에 관한 직접적인 인사이트를 제공한다. 사용자는 자신이 보유한 카드의 외양을 마음대로 바꿀 수 있으며, 리워드, 이율 및 수수료를 다양하게 선택할 수 있다.[31]

캐피털 원은 데이터 업체인 번들Bundle Corp을 인수함에 따라, 2천만 장 이상의 비자 카드 및 마스터 카드에서 사용 데이터를 추적할 수 있게 되었다.[32] 또한 캐피털 원은 뱅킹 서비스와 쿠폰을 결합했고,[33] 고객의 지리적 위치 및 구매 이력을 토대로 최적화된 모바일 결제 오퍼를 고객들에게 제공한다. 이러한 데이터 마이닝data mining 덕분에 캐피털 원은 고객들을 더욱 깊이 이해할 수 있게 되었다.

이러한 데이터를 바탕으로, 캐피털 원은 개별 고객의 선호에 대해 매우 구체적인 정보를 얻는다. 그뿐만이 아니다. 자사의 디지털 이노베이션 랩Digital Innovation Lab을 통해, 고객인사이트를 분석하여 고객 경험을 향상할 수 있는 혁신적인 방안들을 지속적으로 모색하고 있다.[34] 캐

◆ 정형 데이터: 구조화된 데이터 필드를 가지고 있는 데이터
◆ 비정형 데이터: 텍스트, 사진, 영상처럼 구조화되지 않은 데이터

피털 원은 매년 최대 6만 가지의 제품 사양을 분석하고 그중 가장 유망한 것들을 택해서 추진한다.[35] 디지털 콘택트 센터는 고객인사이트 분석을 활용하여 고객의 요구사항을 더욱 잘 예측하고, 더 나은 고객 지원을 제공한다.

캐피털 원의 전략은 재무적 성과의 향상에 기여했다. 2000년에서 2010년까지 캐피털 원의 연평균 순이익 성장률은 19.3%에 달했다. 또한 캐피털 원은 2010년부터 2013년까지 10.7%의 성장률을 기록하는 등 2009년의 금융 위기 이후에도 지속적으로 성장했다.[36]

앞서 언급한 사례들이 보여주듯이, 디지털 마스터의 문화는 같은 목표를 추구한다. 인구학적 데이터, 모바일 또는 소셜 미디어 데이터에서 얻은 인사이트를 활용하든 종래의 방식대로 디테일에 관심을 기울이든 간에, 디지털 마스터는 정보와 고급 애널리틱스를 활용하여 우월한 고객 경험을 제공한다.

✚ 물리적인 경험과 디지털 경험을 새로운 방식으로 매끄럽게 연결하기

물리적, 전화, 메일, 소셜, 모바일 등 다양한 고객 채널을 보유한 기업들은 통합된 경험을 제공해야 한다는 압력을 받고 있다. 옴니 채널(om-ni-channel) (온라인, 오프라인, 모바일 등 다양한 채널을 소비자 중심의 전체적인 관점에서 유기적으로 결합하는 것을 의미함 - 역주) 경험을 제공하기 위해서는 프론트 엔드 및 운영 프로세스에 걸쳐 변화를 상상하고 실행해야 한다. 오래된 것과 새로운 것이 서로 맞선다고 해서 혁신이 이루어지는 것이 아니다. 버버리의 사례에서 알 수 있듯이, 디지털적인 것과 물리적인 것을 창의적으로 결합하여 새롭고 강렬한 고객 경험을 만들어 내고 지속적인 혁신을 추진하는 과정에서 진정한 혁신이 이루어진다.

이와 마찬가지로, 스타벅스는 매력적인 방식으로 고객과 교감함으로써 특별한 고객 경험을 제공한다. 스타벅스는 로컬 매장 내에서의 경험과 온라인에서의 매력적인 새로운 가능성을 연계함으로써, 물리적인 매장에서뿐만 아니라 디지털적인 측면에서도 풍부한 고객 경험을 제공한다. 스타벅스 디지털 네트워크는 무료 와이파이 접속을 통해 매장 내 고객들이 커피를 마시면서 《뉴욕타임스》, 《이코노미스트》 등 프리미엄 디지털 콘텐츠를 볼 수 있도록 해준다. 이밖에 고객들은 스타벅스 디지털 네트워크를 이용하여 저갯^{Zagat}(레스토랑 가이드북 제공업체 - 역주)의 로컬 레스토랑 리뷰를 읽거나, 포스퀘어^{Foursquare}(자신이 방문한 장소에 대한 기록을 남겨서 공유할 수 있게 하는 위치 기반 서비스 - 역주)에 체크인을 할 수도 있다.[37]

기업들뿐만 아니라 공공 서비스 부문에서도 물리적인 것과 디지털적인 것을 결합하여 고객 경험을 향상하는 방안을 도입하고 있다. 클리블랜드 미술관은 다양한 기술을 활용해 관람객의 경험과 참여를 향상시키고 있다. 데이비드 프랭클린$^{David\ Franklin}$ 미술관장은 이렇게 말한다. "모든 미술관은 '기술과 예술의 조화'라는 성배를 찾아 나서고 있습니다."[38]

40인치 너비의 터치스크린은 이 미술관에서 전시 중인 3,000개의 작품을 엽서 크기의 이미지로 보여준다. 관람객이 이미지를 터치하면 스크린 상에서 해당 이미지가 확대되며, 비슷한 주제를 지닌 작품들을 함께 보여준다. 또한 실제 작품의 위치에 대한 정보를 제공한다. 관람객이 이미지 상의 아이콘을 터치하면 벽 위에 걸린 이미지를 아이패드로 옮겨 담아서 자신만의 선호 작품 목록을 만들 수 있는데 본인 소유의 아이패드로도 가능하며, 일일 이용료 5달러를 지불하고 미술관에서 대여할 수도 있다. 관람객은 이 목록을 참고하여 자신만의 관람 코스를 디자인할 수도 있고 다른 사람들과 공유할 수도 있다.

프랭클린 관장은 이렇게 말한다. "엄청난 정보를 벽 위에 디스플레이할 수 있습니다. 이제 카탈로그를 들고 다니는 관람객은 찾아볼 수 없어요." 이 앱은 원래 작품이 설치된 모습을 사진으로 보여준다. 하얀 벽으로 된 갤러리에 걸린 태피스트리tapestry(다양한 실로 짜서 만드는 실내 장식물만을 보는 것보다 다양한 태피스트리로 가득 찬 전시실 안의 태피스트리 작품을 보는 것은 더욱 흥미롭다. 이 앱의 또 다른 기능을 활용하면 대형 태피스트리 작품의 일부분을 따와서 만화책이나 영화 예고편 형식으로 재구성해볼 수도 있다. 이러한 경험은 재미있고 교육적이며, 관람객의 참여를 이끌어낸다. 그 덕분에 기술에 관심이 많은 신규 관람객들이 늘어났을 뿐 아니라, 그간 오랫동안 미술관을 찾아온 관람객들의 방문 횟수도 늘어났다.

✚ 전통적인 조직들이 어려운 요구에 직면하다

오늘날 디지털 시대는 정보 제공뿐만 아니라 고객 기대를 더욱 증폭시키고 있다. 최근 몇 년에 걸쳐 디지털에 능통한 기업들이 기대치를 한껏 올려놓았다. 모바일 앱을 통해서 택시를 부르든지, 애완동물을 위해 온라인으로 맞춤형 보험에 가입하든지 간에, 이제 간단하게 개인의 니즈에 맞춘 활동을 할 수 있으며 그 과정에서 즐거움을 얻을 수도 있다. 또한 고객 기대의 격차는 점점 더 커지고 있다. 해리스 인터랙티브Harris Interactive(미국의 여론 조사기관 - 역주)에 따르면, 안 좋은 고객 경험을 한 탓에 특정 기업과 거래하지 않게 된 고객의 비율이 2006년 68%에서 2011년에는 89%까지 증가했다.[39]

고객들은 물리적인 경험과 온라인 경험을 구분하지 않는다. 총체적으로 제품과 서비스를 살펴보며, 객관적인 조언을 찾고 비교한다. 세심하게 신경을 쓰는 브랜드를 원하며, 좋은 내용이든 나쁜 내용이든 간에 공개적으로 피드백을 공유한다. 포레스터 리서치에 따르면 2010년에 미국 소비자들의 25%가 서비스 상호작용에서 불만족을 경험한 후 소셜 네트워크를 통해 자신의 경험을 공유했으며, 이는 2009년에 비해 50% 증가한 수치이다.[40] 이렇게 고객의 기대가 점점 높아지는 현상은 당분간 지속될 것이다. 따라서 이러한 추세에 맞춰 준비를 강화할 필요가 있다.

강력한 고객 경험을 창출하는 것은 디지털 트랜스포메이션을 이루는 핵심 요소 중 하나다. 기회는 사방에 널려 있으나, 이러한 기회를 제대로 활용하기란 조직 측면에서 복잡한 문제다. 그러기 위해서는 고객 행동에 대해 완벽하게 이해하고, 스마트하게 채널에 투자해야 한다. 또한 고객 데이터를 파악하고, 창의적인 방식으로 오래된 것과 새로운 것의 조화를 이루어내야 한다. 제2부에서 더욱 자세히 살펴보겠지만, 강력한 운영 역량과 훌륭한 IT 시스템이 필요하다. 조직의 변화를 이끌어내기 위해서는 강력한 비전과 리더십이 필수적이다. 강력한 고객 경험을 전달하는 데 방해가 되는 것이 있다면 그것이 무엇이든 간에 개선해야 한다. 그래야만 장기적으로도 좋은 성과를 낼 수 있고, 기업 문화를 안에서부터 변화시킬 수 있을 것이다.

다음 장에서는 디지털 마스터들이 어떻게 적절한 운영 역량을 개발하여 효율성과 유연성, 그리고 고객 만족을 증대하는지에 관해 알아보자. 나중에 제2부에서는 적절한 리더십 역량을 구축하는 방안에 관해 살펴보도록 하겠다. 여러분도 버버리처럼 고객 경험을 변화시킬 수 있게 될 것이다.

체크 리스트 — 고객 경험

- ✓ 고객 경험을 디지털 트랜스포메이션의 핵심에 두어라.
- ✓ 안에서부터 고객 경험을 디자인하라.
- ✓ 새로운 디지털 채널을 활용하여 활동 범위와 고객 참여를 확대하라.
- ✓ 고객 경험을 변화시키는 과정에서 데이터와 애널리틱스를 중점적으로 활용하라.
- ✓ 새로운 방식으로 디지털 경험과 물리적 경험을 매끄럽게 연결하라.
- ✓ 끝없이 혁신에 혁신을 거듭하라. 디지털을 통해 고객 경험을 향상하면 새로운 가능성이 열릴 것이다.

CHAPTER 3

핵심 운영의 힘을 활용하기

당신의 과거가 어떠했든, 당신의 미래가 어떠하든 간에
당신의 내면에 무엇이 있는지가 그보다 더욱 중요하다.

랄프 왈도 에머슨

세계 최대의 구리 생산 기업인 코델코는 디지털 트랜스포메이션을 추진할 때 고객 경험에 초점을 맞추지 않았다. 그 대신에 기업의 내부를 들여다보고, 운영 프로세스를 변화시켜 효율성과 혁신성을 제고했다.[1] 코델코는 칠레의 국영 기업으로, 직원 수가 1만 8천 명에 육박하며 세계 구리 생산량의 10%를 담당한다. 2012년을 기준으로 코델코의 구리 생산량은 180만 메트릭 톤을 기록했고, 매출은 159억 달러에 달했다.[2]

광업은 더럽고 위험하고 노동 집약적인 프로세스일 수 있다. 광부들이 지하에서 작업 중이든, 트럭들이 광산을 오가는 중이든, 기계로 구리 광석을 작업 중이든 간에, 현재 작업이 진행되고 있는 장소에서만 최신 정보를 얻을 수 있는 경우가 비일비재하기 때문에 업무를 조율하기가 어렵다. 광업 생산성, 근로자 안전, 환경 보호 등과 관련된 문제들에 직면한 코델코의 경영진은 진지하고 전략적인 태도로 미래를 내다보았다. 그들은 물리적인 모델에서 디지털 기술에 기반을 둔 모델로 광업 운영을 새롭게 변화시키고자 했다.

이러한 비전을 실현하기 위해 코델코의 경영진은 코델코 디지털$^{Codelco\ Digital}$을 출범시켰다. 이러한 이니셔티브의 목표는 광업 자동화 분야에서 신속한 개선을 추진하고, 경영진이 장기적인 디지털 비전을 개발하고, 소통하고, 발전시킬 수 있도록 지원하는 것이었다. 코델코 디지털을 이끄는 최고 정보 책임자인 마르코 오레자나$^{Marco\ Orellana}$는 운영 프로세스를 혁신하기 위해 경영진과 직원들, 벤더들, 업계 파트너들, 심지어 코델코의 경쟁업체들과도 협력했다. 그는 이렇게 말한다. "코델코의 비즈니스가 과거에는 물리적인 노동과 결부되어 있었지만, 이제는 지식 및 기술과 더욱 깊이 연관되어 있습니다. 우리는 새로운 혁신과 작업 방식을 도입했어요. 광산 내부에 있는 사람들과 소통할 수 있는 새로운 방식을 소개했지요."[3]

코델코는 일단 회사 내부의 행정 시스템을 개선한 다음, 이제는 광업 프로세스를 혁신하는 데 초점을 맞추었다. 실시간 광산 작업을 실행하는 것이 그 첫 단계였다. 즉 운영 성과의 향상을 목표로 실시간으로 운영 상황을 포괄적으로 살펴보는 것이다.[4] 네 곳의 광산에서, 중앙집중화된 운영 센터의 전문가들은 광산 이곳저곳에서 들어오는 데이터 피드를 활용해서 작업 상황을 원격으로 조율한다. 운영 담당자들은 작업을 조정하고 필요할 때 생산 일정을 조율하기 위해서 실시간으로 정보를 포착하고 공유한다.

이러한 진전이 한데 모여 이제는 더욱 급격한 변화가 일어나고 있다. 엄청난 광업 트럭이 이제 자율적으로 운전되어, 정시에 목적지에 도착하고 사람이 운전하는 것보다 사고도 적다. 자율주행 트럭을 운용하는 과정에서 얻은 교훈들을 바탕으로 광업 기계의 자동화를 추진했다. 또한 모바일 기술과 애널리틱스, 임베디드의 등장에 따라 작업프로세스를 새롭게 바꾸는 게 가능해졌다. 오레자나는 이렇게 말한다. "이미 광산으로 출근하지 않는 근로자들이 많습니다. 그들은 도심의 통제 센터에 와서 자신이 지닌 지식을 활용합니다. 물리적인 힘이 아니라요."[5]

지속적인 트랜스포메이션을 통해서 코델코의 운영에 더욱 더 급격한 변화가 일어나고 있다. 통합된 정보 네트워크와 완전히 자동화된 프로세스 덕분에 코델코는 미래의 광산을 색다른 모습으로 설계할 수 있을 것이다. 코델코는 광부가 이제 다시는 위험한 지하 환경에서 작업할 필요가 없도록 지능형 광업모델Intelligent-mining Model을 향해 나아가고 있다. 지능형 광업은 중요한 목표다. 2010년에 다른 광업 회사의 광부 33명이 지하에 68일 동안 갇히는 사고가 발생한 이래로 더욱 더 그렇다.[6] 완전히 자동화된 기계들은 광범위한 정보 네트워크를 통해 연결되며, 하루 24시간 운영되고 중앙 통제 센터에서 원격으로 조종된다.[7]

그러나 광업 작업에서 디지털 혁신을 통한 이점은 안전을 훨씬 뛰어넘는다. 지하 광산에서 사람들이 일하지 않는다면 코델코는 다른 사양으로 광산을 설계할 수 있게 될 것이다. 터널이 사람 위로 무너진다면 정말 끔찍한 비극이겠지만, 운전자가 없는 무인 트럭 위로 터널이 무너지는 것은 그렇게 심각한 일이 아니다. 무인 광산을 설계하면 비용이 절감될 뿐만 아니라 짧은 기간 안에 광산을 건설할 수 있기 때문에, 기업에 경제적으로 도움이 된다. 만약 코델코가 비용과 리스크를 낮출 수 있다면, 현재로서는 경제성이 떨어지는 광석을 다량으로 채취할 수 있게 된다. 프로세스 정보 개선과 무인 트럭에서부터 시작된 변화는 이제 기업 전체의 환경을 바꾸어놓고 있다.

코델코는 프로세스를 자동화하고 위험한 지역에서 사람들이 일하지 않도록 하는 동시에, 예전과는 사뭇 다른 방식으로 직원들을 독려하고 있다. CIO인 오레자나는 이렇게 말한다. "우리 회사는 상당히 보수적이기 때문에, 조직 문화를 변화시키는 것이 핵심 과제입니다."[8]

경영진은 업무 수행에 박차를 가하고, 데이터를 중심으로 의사 결정을 하며, 기업의 혁신성을 높이고 있다. 오레자나의 말에 다시 귀를 기울여보자. "우리는 새로운 아이디어를 장려하고 직원들이 혁신할 수 있도록 독려하기 위해 내부적으로 '혁신 상innovation awards'을 만들었어요." 어떤 광산의 근로자들이 혁신을 이루어내면 코델코는 이러한 혁신과 근로자들에 대해 기업 전체에 널리 알린다.

다른 여러 광산 기업들이 흔히 겪는 문제인 노조와 경영진 간의 대립이 아예 없는 것은 아니지만, 코델코의 경영진과 근로자들은 서로 협력하여 디지털 관련 기회를 파악하고 이를 실행하고 있다. 오레자나는 이렇게 말한다. "우리는 근로자들이 안전하게 일할 수 있는 여건을 조성해야 했어요. 광산과 터널 안에서 작업하는 것을 꺼리는 신규 근로자들에게도 더욱 매력적으로 다가갈 수 있는 비즈니스를 만들어내야 했지요."[9]

이제 코델코의 경영진은 모델 중심의 경영을 통해 광산업의 새로운 영역을 개척하고 있다. 과거의 결과를 바탕으로 의사 결정을 하는 대신에, 실시간 예측 경영을 도입하고 있다. 오레자나는 이렇게 말한다. "새로운 정보를 수집하고 처리하고 효과적으로 사용하기 위해서는 전사적자원관리ERP, enterprise resource planning 등 현재 우리가 알고 있는 도구들을 조정해야만 합니다. 결코 만만치 않은 과제이지요. 우리는 이러한 능력이 코델코의 경쟁 우위가 될 것이라고 확신합니다. 지금보다도 더욱 더 생산성과 효율성을 높일 수 있을 것입니다."

코델코는 이미 디지털 트랜스포메이션 덕분에 엄청난 이득을 누리고 있다. 운영 효율성과 안전성이 꾸준히 제고되고, 오래된 광산들의 수명이 연장되고 있으며, 새로운 기회를 포착할 수 있게 되었다. 코델코는 업계 안팎의 벤더들과 협력함으로써 혁신적으로 작업을 실시하고 조율하는 방식을 창출하고 있다. 국영 기업인 이 회사는 비전과 실행을 통해 내부 운영을 혁신하고 있으며, 해당 업계뿐만 아니라 전 세계적으로 광산업의 본질까지도 바꾸고 있다.

버버리, 아시안 페인트, 시저스와 마찬가지로, 코델코의 스토리는 디지털을 활용하여 운영 프로세스를 혁신하는 첫 번째 단계가 그 이후의 디지털 트랜스포메이션을 위한 밑거름이 된다는 사실을 여실히 보여준다. 기본적인 IT에서 최첨단 모바일 및 임베디드 기술에 이르기까지 다양한 디지털 도구를 활용하는 여러 기업들한테서 이러한 패턴을 발견했다. 디지털을 활용하여 운영을 혁신하기 위해서는 프로세스와 데이터를 적절한 방법으로 통합하고 조율하는 강력한 핵심 기술이 필요하다. 그런 다음에는 기술과 정보를 통해 어떻게 하면 자사의 비즈니스를 보다 잘 운영할 수 있는지에 대해 재고할 필요가 있다. 고객 경험에서 운영 및 비즈니스 모델에 이르기까지 새로운 기회들이 등장하고 있다.

✚ 디지털을 활용한 운영 혁신의 힘

솔직히 말해서 운영을 혁신하는 것은 고객 경험을 혁신하는 것에 비해서 매력이 떨어진다. 회사의 내부 기술과 프로세스는 고객에게 보여주는 모습만큼 보기 좋거나 세련되지는 않을 수도 있다. 운영을 담당하는 직원들은 영업 활동에 종사하는 직원들에 비하면 다소 거칠고 무뚝뚝한 편이다. 하지만 우리 모두가 알고 있듯이, 겉보기에 번지르르하다고 해서 반드시 속까지 멀쩡한 것은 아니다. 물론 그 반대의 경우도 성립한다.

업계를 막론하고, 운영을 잘 하는 기업들은 우월한 생산성과 효율성, 민첩성을 통해 경쟁 우위를 구축한다. 또한 앞서 제2장에서 살펴본 버버리와 시저스의 사례에서도 알 수 있듯이, 강력한 운영 역량은 디지털 기술을 활용하여 탁월한 고객 경험을 제공하는 것에 대한 전제가 된다. 하지만 고객 경험의 변화에 비해 운영 역량은 외부적으로 잘 드러나지 않는다.

그런데 본래 운영은 이렇게 눈에 보이지 않는 곳에서 이루어진다는 점이 경쟁 우위를 확보하는 데 중요한 역할을 한다. 경쟁기업들은 생산성이나 민첩성 향상 등 성과는 알 수 있지만, 여러분이 어떻게 이러한 성과를 얻었는지는 알 수가 없다.

운영상의 우위는 모방하기가 어렵다. 프로세스, 스킬, 정보가 잘 정비된 기계처럼 한데 어우러져 운영되어야만 그런 우위를 얻을 수 있기 때문이다. 그저 단순히 어떤 기술이나 프로세스를 단독으로 도입한다고 해서 해결되는 문제가 아니다. 일례로 토요타는 경쟁기업의 경영진에게 기꺼이 공장 투어를 허락했지만, 미국의 자동차 제조업체들이 토요타의 린^{lean} 생산 방식◆을 제대로 익히기까지는 수년에 걸친 시간이 필요했다.[10] 요즘에도 아마존이나 구글을 비롯한 온라인 리더들의 디지털 경영 방식을 도입하기 위해 고군분투하는 기업들이 많다. 이러한 경영 방식의 윤곽은 잘 알려져 있지만, 실제로 적용하기란 쉽지 않다. 이와 같은 사례들을 통해서 알 수 있듯이, 경쟁기업들이 여러분의 기업에 숨겨진 운영상의 우위를 간파하기 시작한다 하더라도 실제로 그들이 이러한 우위를 제대로 활용하기까지는 수년이 걸릴 수도 있다.

기회는 어디에나 널려 있다. 업계와 국가를 막론하고, 기업들은 이

◆ 인력, 생산설비 등 생산능력을 필요한 만큼만 유지하면서 생산효율을 극대화하는 생산방식

미 디지털 운영 우위를 포착하고 있다. 경영진은 더 나은 데이터를 확보함으로써 더 나은 의사결정을 내리며, 직원들은 한 번도 가본 적이 없는 곳에서 한 번도 만난 적이 없는 사람들과 일상적으로 함께 일한다. 또한 언제 어디서든 사무실과의 연결 상태가 지속된다. 최신 정보로 무장한 프론트 라인 근로자들은 과거에는 불가능했던 방식으로 의사결정을 내리고 운영상의 문제를 창의적으로 해결한다. 로봇, 진단, 업무 흐름 관리에 이르기까지, 기술은 비용과 품질, 안전, 환경 보호 등 다양한 측면에서 인간 근로자를 능가할 수 있다. 또한 기술은 인간의 노동을 뒷받침하고 인간의 생산성을 향상하며 고객 서비스 담당자, 변호사, 의사에 이르기까지 다양한 직업군에 종사하는 사람들의 업무 성취감을 높이고 있다. 작업 자체가 시행되는 장소에서 업무 프로세스를 분리하고, 의사결정권자에게 필요한 정보를 소스와 상관없이 제공하는 등 비즈니스 프로세스를 가상현실화virtualize함으로써, 기업들은 기술을 이용하여 자사가 보유한 글로벌 지식과 스케일을 최대한 활용하고 있다.

그러면 과연 어디서부터 시작하면 좋을까? 디지털을 활용해서 내부 프로세스를 최적화하는 것이 가장 훌륭한 첫걸음이다. 핵심 프로세스를 디지털화하고, 직원들의 업무방식을 바꾸고, 실시간 투명성을 확보하고, 더욱 스마트한 의사결정을 내릴 수 있다. 하지만 이는 단지 시작에 불과하다. 디지털 마스터들을 비롯해서, 가장 훌륭한 기업들은 단순히 프로세스의 개선에서 멈추지 않고 앞으로 더 나아간다. 이러한 기업들에게 기술은 자사의 비즈니스 방식을 재고할 수 있게 해준다. 이로써 오래된 기술의 한계에서 비롯된 구시대적인 가정에서 자유로워질 수 있다.

➕ 디지털 이전 시대에 존재했던 운영상의 패러독스

운영 성과를 향상하고자 하는 경영진은 상충하는 목표들 간의 패러독스에 직면하게 된다. 여러분은 글로벌 기업의 니즈에 초점을 맞추는가, 아니면 로컬 부서의 니즈에 중점을 두는가? 현재의 효율성을 중시하는가, 아니면 미래의 성장에 주목하는가? 리스크 관리를 중시하는가, 아니면 혁신을 중시하는가? 이 두 가지 중 하나는 최적화할 수 있을지 모르지만, 두 가지를 동시에 얻을 수는 없다.

운영 개선을 위한 여섯 가지 수단은 통상적으로 세 가지의 경영 관련 핵심 패러독스를 만들어냈다(그림 3.1 참조). 비#디지털 기술과 경영 방식의 한계 탓에 관리자들은 각각의 차원마다 트레이드 오프trade-off를 해야만 했다. '둘 다both-and'가 아니라 '둘 중 하나either-or'를 선택할 수밖에 없었다.

예를 들어, 그동안 표준화standardizing와 권한 부여하기empowering는 상충하는 패러독스로 여겨져 왔다. 자기 스스로 방법을 선택할 수 있는 권한을 부여받은 장인artisan들은 생산 라인의 근로자들에 비해 효율성이 떨어지는 것으로 간주되었다. 그러나 생산 업무의 표준화로 근로자들의 권한이 장인들보다 훨씬 더 약화될 수 있다. 표준화는 자동화로 이어지며, 결과적으로 근로자들이 탈숙련화되고 임금이 줄어들거나 일자리가 아예 사라질 수도 있다.[11] 예전에는 사람들이 했던 일들이 이제는 점점 더 컴퓨터들의 몫이 되어가고 있는데, 이런 세상에서 근로자들에게는 어떤 일이 일어나게 될까?[12]

이밖에도 운영 목표 중에서 통제controlling와 혁신innovating 또한 패러독스로 종종 간주되곤 한다. 설계한 대로 정확하게 프로세스가 이루어지도록 하고 여기서 조금이라도 변화가 생기는 사항을 감지하는 등 프로

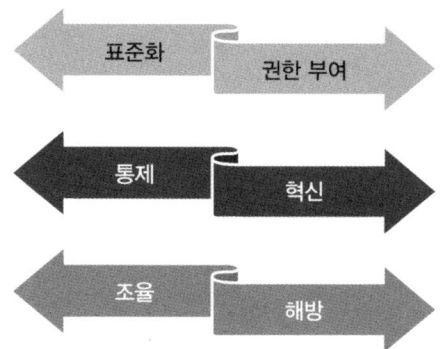

[그림 3.1] 비⁺디지털 세상의 운영 관련 패러독스 세 가지

세스를 엄격하게 통제하면 효율성을 높이고 리스크를 줄일 수 있다. 그러나 변화를 통제하다 보면 사람들이 유용한 방식으로 프로세스를 혁신하는 것을 저해하게 된다.[13] 직원들이 글로벌 프로세스를 해당 지역의 고객들에게 맞게 조정할 수 없게 되고, 프로세스를 향상할 수도 있는 실험을 하지 못하게 된다. 그런데 반면에 혁신을 위해서 통제를 느슨하게 풀어주다 보면 비효율이나 부정행위가 발생할 수도 있다.

세 번째 패러독스는 복잡한 프로세스의 단계들을 동기화^{synchronize}할 필요가 있다는 점에서부터 시작된다. 서류, 사무실, 상황 공유 회의는 20세기에 사용되었던 조율 방식이다. 이 때문에 영업사원이나 현장 서비스 근로자, 경찰 수사관들은 정기적으로 사무실에 직접 들러서 여러 가지 서류를 작성해야만 했다. 또한 수많은 직원들이 상황 공유 회의나 이메일에 파묻혀서 지내고 있다. 그런데 직원들이 사무실이나 작업 공간에 매이지 않도록 풀어주게 되면 이들의 업무 활동을 조율하기가 매우 어려워진다.

따라서 관리자들이 원하는 조율^{orchestrating}과 직원들이 원하는 해방^{unleashing}은 비⁺디지털 세상의 또 다른 패러독스를 제시한다. 과거에는 엄격한 조율을 위해서 조율이 이루어지는 장소 및 방식에 사람들을 매어두어야만 했다. 그 결과 간접비용이 발생했고, 사람들의 생산성이 떨어지고 그들의 자유가 제약을 받았으며 기력이 쇠약해졌다. 과거의 기술에서 사람들과 프로세스를 해방시켜주면 근로자들은 더욱 중요한 업무 활동에 집중할 수 있게 된다. 그러나 사람들을 해방시키게 되면 그들 사이의 업무 연계와 관련하여 문제가 발생할 수도 있다.

이러한 패러독스들이 둘 중 하나를 골라야 하는 냉혹한 상황이나 트레이드 오프를 야기하지 않았다면 얼마나 좋았을까? 누군가 여러분에게 표준화와 권한 부여 또는 통제와 혁신, 조율과 해방 중에서 어느 하나를 언급하며 이것을 원하는지를 물었을 때, 그렇다고 대답할 수 있었다면 좋았을 텐데 말이다.

✚ 과거의 운영 관련 패러독스를 깨트리는 디지털 트랜스포메이션

운영 관련 패러독스라는 어려운 문제에 직면한 관리자들은 대개 변화와 유연성을 늘리기보다는 줄이는 쪽을 택한다. 이전보다 더욱 표준화되고, 통제되고, 보다 엄격하게 조율되도록 프로세스를 재설계한다. 이러한 접근방식은 컴퓨터가 등장하기 이전의 시대에는 일리가 있었다. 또한 지난 50년간 컴퓨터화computerization를 위한 노력은 이 부분에 초점을 맞추었다.

그러나 디지털 기술의 최신 흐름은 이와는 사뭇 다르다. 스마트폰, 빅 데이터 애널리틱스, 소셜 미디어 협업, 임베디드 기기 등 기술은 디지털 이전 시대의 패러독스를 깨부술 수 있다. 모바일 및 협업 기술은 책상과 보고서 서류, 상황 공유 회의에서 근로자들을 해방시켜줄 뿐만 아니라, 근로자들을 더욱 긴밀하게 조율할 수 있다. 표준화는 몇몇 업무에서 창의성을 빼앗아가기는 하지만 근로자들이 다른 방식으로 더욱 창의성을 발휘할 수 있도록 권한을 부여한다. 프로세스의 변화와 부정행위를 줄이기 위해 엄격한 통제를 부과하는 기술이 이러한 프로세스를 혁신하는 데 도움이 되기도 한다. 그러면 기업들이 각각의 패러독스에 어떻게 접근하는지를 함께 살펴보도록 하자.

표준화 & 권한 부여

프레드릭 테일러Frederick Taylor(미국의 경영학자로, 근로자의 작업을 효과적으로 관리하기 위한 과학적 관리법을 고안해냈음 - 역주)의 시대 이래로, 엔지니어들에게 표준화는 프로세스의 효율성을 향상하는 방법 중 하나로 여겨져 왔다. 그들은 시간 동작 연구time-and-motion studies 및 다른 방법을 통해서 각 프로세스를 구성 요소들로 나누었고, 각 단계를 표준화했고, 불필요한 활동을 없앴고, 근로자들에게 정확한 행동 지침을 따르도록 요구했다. 컴퓨터가 등장하기 이전의 시대에도, 이러한 활동은 호환성 부품 및 이동식 조립 라인을 비롯한 제조업 부문의 급진적인 혁신을 이끌어냈다. 또한 표준화는 자동화를 가능하게 한다. 지난 25년간 프로세스 재설계 및 ERP를 위한 노력은 상당한 재무적 혜택을 가져다주었다.[14] 표준화된 조립 라인 업무에 투입된 로봇은 하루 24시간 내내 일하면서도 불만을 토로하지도 않았고 인간에 비해 실수를 범하는 경우도 더욱 적었다. 또한 로봇은 자동차 도장automotive painting 등 위험한 업무를 보다 효율적으로 수행한다. 로봇을 활용하면 작업자를 보호하기 위한 장치들이 불필요하기 때문이다. 컴퓨터의 역량이 늘어날수록 점점 더 많은 업무에서 기계가 사람을 대체하게 될 것이다.[15]

그러나 표준화는 기계로 인간을 대체하지 않고도 인간의 효율성을 높일 수 있다. 프로세스 성과 및 각각의 주문 현황에 대한 일관된 정보를 제공함으로써, ERP 시스템은 인간이 자신의 일을 더욱 잘 해낼 수 있도록 지원한다. 이와 마찬가지로, 조종실 및 약국의 표준화된 프로세스는 사람들의 일을 빼앗아가지 않고도 그들이 보다 효율적이고 안전하게 자신의 업무를 수행할 수 있도록 지원한다.

기업들이 표준화 대 권한 부여라는 패러독스에 어떻게 대응하고 있는지를 살펴보자. 일단 표준화부터 시작하기로 하자. 새로운 기술들은 이전에는 존재하지 않았던 엄청난 기회들을 만들어내고 있다. 예를 들어 휴대전화, e-비즈니스 및 임베디드 기기는 수십 억 개의 데이터 포인트를 만들어내며, 이를 통해 프로세스 표준화 및 향상에 대한 인사이트를 얻을 수 있다. 그런데 표준화를 통해 지속적으로 효율성을 제고하는 기업들이 있는 반면, 패러독스를 깨트리며 표준화와 권한 부여를 동시에 달성하는 기업들도 있다.

표준화를 통한 UPS의 효율성 향상 사례

글로벌 배송 업체인 UPS의 성공은 표준화와 운영 효율성 덕분이다. UPS는 220개 국가에 진출해있으며 약 40만 명의 직원들을 거느리고 있다. 2012년을 기준으로 할 때 이용 고객 수는 880만 명이며, 배송 물품 수는 41억 개에 달했다. UPS는 서비스 옵션 및 배송 루트가 수백만 가지의 방식으로 다르게 조합되는 복잡한 물류망을 통제한다. UPS의 프로세스 관리 책임자인 잭 레비스Jack Levis는 이렇게 말한다. "UPS는 모든 물품을 정시에 배송하는 것을 목표로 할 뿐만 아니라, 고객들의 니즈를 충족시킬 수 있는 다양한 서비스 옵션을 제공합니다. 고객들은 심지어 배송 도중에도 배송 관련 선택사항을 조정할 수 있습니다. 이러한 미션을 수행하기 위해서 우리는 끊임없이 주문을 조율하고, 루트

스케줄을 조정하며, 엄청난 규모의 지상 및 항공 운송과 관련하여 물품 배송에 대한 후속 조치를 취합니다."[16]

지난 수십 년간 UPS는 프로세스 최적화의 선두를 달려왔다. 운전기사들이 트럭에서 내리는 방법까지 지시할 정도로 프로세스를 표준화함으로써, UPS는 꾸준히 효율성과 안전성, 품질을 향상하고 있다.[17] 새로운 데이터 애널리틱스 기능을 통해 더욱 더 최적화할 수 있다. 레비스는 이렇게 말한다. "UPS의 기기, 운송수단, 추적 물품 및 센서에서 엄청난 양의 데이터 피드가 만들어집니다. 복잡한 데이터를 활용해 비즈니스 인텔리전스(보유하고 있는 수많은 데이터를 정리하고 분석해 기업의 의사결정에 활용하는 일련의 프로세스)를 얻는 것이 우리의 목표입니다."[18]

경로 최적화는 그중에서도 핵심적인 기회일 뿐 아니라 복잡하고 어려운 도전과제다. 레비스의 말을 다시 들어보자. "UPS의 화물기사 수는 총 10만 6천 명에 달하며, 하루에 1천 600만여 개의 물품을 배송합니다. UPS의 기사 한 명마다 수조 가지의 배송 경로 중에서 고를 수 있다는 사실을 고려하면, 가능성의 수는 기하급수적으로 늘어나지요. 우리가 보유한 센서와 운송수단에서 나오는 방대한 양의 데이터를 어떻게 발굴하면 운전기사들이 가장 효율적인 경로를 이용할 수 있을지가 관건입니다."[19] 이러한 난제를 풀어내면 엄청난 보상을 받을 수 있다. 하루에 운전기사 한 명당 운행 거리가 1마일이 줄어들면 연간 5천만 달러에 달하는 비용을 절약할 수 있기 때문이다.[20]

레비스와 그가 이끄는 팀은 향상된 알고리즘을 활용하여 운송 루트에서 수백만 마일을 줄이는 데 성공했다. 이 프로젝트는 비즈니스 규칙, 맵 데이터, 고객 정보, 직원 업무 규칙 등 방대한 데이터를 처리하여 6~8초 이내에 물품 배송 루트를 최적화한다. 최적화된 루트는 여기서 1/4마일, 저기서 1/2마일이 단축되는 정도로, 평소 루트와 매우 비슷해 보일 수도 있다. 그러나 수천 건의 배송에 걸쳐 줄어든 이동 거리를 모두 합쳐보면 진정한 혜택을 알 수 있다.

UPS는 여기에 5백여 명의 인력을 투입하는 등 엄청난 노력을 기울이고 있으며, 이 프로젝트는 상당한 운영상의 이점을 제공한다. UPS는 애널리틱스를 활용하여 지금까지 연간 8천 500만 마일에 달하는 이동 거리를 줄일 수 있었다. 이를 환산해보면 800만 갤런이 넘는 연료를 절약한 것이다. 이 시스템은 엔진 유휴 시간을 1천만 분으로 줄였다. 배송 과정에서 트럭을 켜고 끌 때를 결정하는 데 도움이 되는 내장된 센서 덕분이었다. 이 기술 하나만으로도 65만 갤런이 넘는 연료를 절약했고, 6천 500메트릭 톤이 넘는 탄소 배출이 줄어들었다.

리바이스는 이렇게 말한다. "우리는 이러한 이니셔티브들이 '애널리틱스 프로젝트'가 아니라 비즈니스 프로젝트라고 생각합니다. 비즈니스 프로세스, 방법, 절차 및 애널리틱스, 이 모든 것들을 하나로 만드는 것이 우리의 목표입니다. 프론트 라인 사용자가 자기 업무의 일환으로 애널리틱스 결과를 활용하는 것이지요."[21]

표준화 – 권한 부여 패러독스를 깨트리기

UPS는 내부 프로세스를 표준화함으로써 수백만 달러에 달하는 비용을 절약했다. 다른 여러 기업들도 이와 비슷한 개선을 이루어냄으로써 엄청난 금액의 비용을 절감하고 있다. 그런데 이런 변화들은 중요하기는 하지만, 표준화–권한 부여 패러독스의 한쪽 측면에만 중점을 둔다.

한편 이러한 패러독스를 깨트리는 기업들도 있다. 표준화로 근로자의 탈숙련화 또는 권한 박탈 disempower 이 일어나기도 하지만, 반드시 그런 결과가 발생하는 것은 아니다. 기업들은 일상적인 업무에서 성취감을 느끼는 근로자들에게 그런 업무를 배정할 수 있다. 또한 표준화가 근로자들의 일자리를 없앤다면, 다른 근로자들이 더욱 성취감을 느끼는 일을 할 수 있도록 권한을 부여할 수 있다.

변화는 작을 수도 있고 클 수도 있다. 어느 제조업체는 표준화를 추진하기 시작했고, 그런 다음에는 인사^HR 부문의 여러 업무를 자동화했다. 이 회사는 HR을 담당하는 직원 수를 100명에서 30명 이하로 줄이면서도 직원의 만족도를 높였다. 직원들은 셀프 서비스 시스템을 통해 일상적인 HR 업무를 처리하는 것이 편리하다고 생각했다. HR 부문 부사장에 따르면, 남아 있는 HR 담당 직원들의 행복감은 더욱 높아졌다. 이제 그들은 "남은 날짜를 헤아리는 대신 관리 스킬을 쌓는 데"[22] 집중할 수 있다. 앞으로 HR 부문은 권한을 부여받은 업무의 분량이 더욱 늘어남에 따라 새로운 직원들을 고용할 계획이다.

아시안 페인트는 소매업체들에서 주문을 받는 프로세스를 표준화했다. 예전에는 수백 명의 영업 담당자들이 수천 개의 소매업체들을 정기적으로 방문했다.[23] 영업 담당자들은 페인트 및 기타 제품에 대한 주문을 받았고, 질문에 답변했으며, 지역 물류 센터에 주문을 전달했다. 그러면 지역 물류 센터가 주문을 처리했으며, 각각의 물류 센터는 독자적으로 운영되었다.

운영을 개선할 기회를 포착한 경영진은 주문에서 결제까지의^(order-to-cash) 프로세스 전체를 관리하기 위해 싱글 ERP 시스템을 시행했고, 공급망 관리 역량을 제고했다. 새로운 시스템을 시행하기 위해서는 지역 안팎에서 회사의 업무 방식을 표준화해야만 했다. 그 과정에서 정보 제공 및 효율성도 개선되었다. CIO 겸 전략 책임자인 마니시 촉시는 이렇게 말한다. "이 시기 동안 우리는 회사의 성장을 위해 탄탄한 재무 및 운영 기반을 구축했습니다."[24]

경영진은 프로세스를 표준화할 또 다른 기회를 찾아냈다. 연구에 따르면, 현장의 영업 담당자들 대신에 통합 콜센터의 직원들이 일상적인 주문을 접수하도록 함으로써 아시안 페인트는 고객 경험과 영업 실적을 향상했다. 이러한 변화를 통해 프로세스의 몇 단계를 없앨 수 있었고, 주문 접수 인력과 관련하여 규모의 경제를 실현했다.

이러한 변화는 더 나아가 서비스 품질까지 향상시켰다. 이전에는 지역별, 영업 담당자별로 고객 만족이 천차만별이었다. 그런데 통합 콜센터와 기술 플랫폼이 상황을 바꾸어놓았다. 경영진은 최초로 기업 전체에 걸쳐 고객과 관련된 모든 활동을 한눈에 확인할 수 있었다. 또한 지역과 상관없이 모든 소매업체가 동일한 수준의 서비스를 받을 수 있도록 했다. 관리자들은 전화 상담원의 업무 성과를 모니터하고, 필요한 경우에는 훈련과 조정을 제공했다. 업무의 향상은 단지 주문 접수 업무에 국한되지 않았다. 이러한 시스템을 통해 경영진은 어떤 물류 센터가 다른 물류 센터에 비해 더 나은 실적을 기록하고 있는지와 그 이유에 대해 파악할 수 있었기 때문이다.

그러나 사람들은 과연 어땠을까? 콜센터의 직원들은 상당히 일상화된 프로세스를 수행하고, 이 프로세스는 자동화 시스템의 관리를 받는다. 그런데 콜센터 업무는 대다수의 콜센터 직원들이 이전에 종사했을 만한 일에 비해 훨씬 더 나은 업무로 인식된다. 또한 영업 담당자들은 이전에 자신이 하던 업무의 핵심적인 부분을 잃어버리기는 했지만, 일상적인 주문 접수가 사라짐에 따라 영업 담당자들은 더욱 많은 일을 해낼 수 있는 권한을 얻었다. 회사 시스템에 모바일 접속이 가능해지고 회사에서 훈련과 지원을 받게 되면서, 영업 담당자들은 이제 단지 주문을 접수하는 저숙련 인력에 머물지 않고 고객 관계 관리자로서의 권한을 얻게 되었다. 이들은 소매업체들에게 더 나은 서비스를 제공하고 더욱 큰 성취감을 느끼게 되었으며, 콜센터 직원들은 일상적인 주문 접수 업무를 즐겁게 수행하게 되었다.

수많은 기업들에서 이처럼 표준화와 권한 부여가 동시에 이루어지고 있다. 온라인 약국에서는 자동화된 생산 라인이 일상적인 업무의 대부분을 처리하고, 약사들은 더욱 큰 성취감을 느낄 수 있는 업무를 할 수 있는 권한을 얻는다. 즉 단순히 알약을 통에 담는 것이 아니라 환자들에게 복약 지도를 하거나 복잡한 주문을 관리한다. 시저스에서는 강력한 표준화 및 자동화 덕분에 프로세스의 효율성이 더욱 높아질 뿐만 아니라, 직원들이 각각의 고객에 대한 실시간 정보를 얻게 된다. 고객 서비스 담당자들은 상사에게 확인하지 않고도 업그레이드나 무료 식사를 제공할지 여부를 결정할 수 있다. 또한 개입이 필요한 고객들에 대한 실시간 정보를 얻고, 어떻게 하면 그들에게 최상의 서비스를 제공할 수 있을지를 정할 수 있다.[25]

통제 & 혁신

코델코의 관리자들은 중앙집중화된 운영 센터를 통해 광산에서 이루어지는 모든 작업 현황을 실시간으로 확인할 수 있다. 한 곳에서 모든 정보를 확인할 수 있기 때문에, 잠재적인 문제들을 파악하고 작업을 조율하고 더 나은 계획을 정할 수 있다. 변화에 대한 통제는 프로세스의 효율성 및 안전성을 제고하는 한편, 실시간 제어 기능을 통해 코델코는 작업량, 광석 구성, 기계 효율성 등 여러 요인들의 변화에 맞춰 작업을 조정할 수 있다. 또한 코델코는 통합 정보를 활용하여 혁신이 가능한 부분들을 파악할 수 있다.

많은 산업에서 자동화는 특히 통제를 필요로 하는 업무에 적절하게 적용할 수 있다. 자동 조종 장치는 추력과 방향을 미세하게 조정함으로써 항공기가 항로에 따라 운항되도록 한다. 공정 자동화는 화학물질을 적절한 분량과 온도로 혼합하여, 반응을 최적화하고 제품의 품질을 보호한다. 회계 시스템에는 계좌와 금액이 유효한 거래만 입력할 수 있다.

그런데 자동 제어로 혁신과 중요한 변화들이 줄어들 수도 있다. 지나치게 제한적인 시스템은 직원들이 우수 고객들에게 특전을 제공하는 것을 방해할 수 있다. 공급망 시스템을 너무 타이트하게 관리하면 매장 매니저가 그저 본사의 지시에만 따르게 되고, 지역 고객들에게 적합한 제품 구성을 찾아내기가 어렵게 된다.

앞서 다룬 패러독스의 경우와 마찬가지로, 통제 대 혁신 차원에서 가장 먼저 기회를 모색할 만한 부분은 바로 통제이다. 모바일 기기 및 임베디드 기기 등 새로운 기술은 프로세스의 효율성을 높이고, 제품의 품질을 향상하고, 부정행위를 예방할 수 있는 새로운 방안들을 제공하고 있다. 오로지 통제에만 초점을 맞추는 기업들이 있는 반면, 통제와 혁신의 패러독스를 동시에 깨트리는 기업들도 존재한다.

프로세스의 품질을 통제하기

아시안 페인트는 판매 프로세스에서는 표준화 대 권한 부여 패러독스의 두 가지 측면을 모두 아우른 반면, 제조에서는 통제에만 집중했다.[26] 페인트 제조는 마진이 적은 비즈니스로, 실수가 발생할 여지가 많다. 비용의 가장 큰 요인은 60% 비중을 차지하는 원재료이다. 화학물질은 반드시 적절한 분량 및 횟수로 혼합되어야 하며, 제대로 된 관리가 이루어지지 않으면 환경 파괴를 야기할 수 있다.

페인트에 대한 수요가 급증하면서 아시안 페인트는 3년마다 제조 공장을 신설해야만 했다. CIO 겸 전략 책임자인 마니시 촉시에 따르면, 세계적인 수준의 제조 공장을 건설하기 위해서는 작업 효율성을 높일 뿐만 아니라 품질을 제고하고 폐기물을 줄일 수 있도록 높은 수준의 자동화가 필요했다고 한다.[27] 기술을 활용해 제조 부문을 개선할 수 있는 가능성을 확인한 경영진은 2010년에 거의 완전히 자동화된 20만 톤 급 공장을 건설했다. 또한 2013년에는 완전히 자동화된 30만 톤 급 공장을 세웠다. 새롭게 건설된 공장들은 정보 관리 측면에서 완전히 통합되어 있다. 작업 현장 통제 시스템 및 창고에서 생산되는 데이터는 ERP 시스템으로 매끄럽게 연결된다. 이러한 상황은 아시안 페인트의 운영 효율성을 유지하는 데 도움이 되었다. 원재료는 저장 탱크에서 흘러나오며, 기계가 여러 물질을 혼합하고 완제품을 용기에 담는다. 이 모든 프로세스가 지속적으로 이루어진다. 기술자들이 진척 상황을 모니터하고 기계를 유지·보수하며, 그 밖의 모든 것들은 컴퓨터가 통제한다.

아시안 페인트의 경영진에게 자동화에 따른 혜택은 단지 인건비를 절감하는 데 그치지 않는다. 자동화 덕분에 수요에 대한 확장성과 품질이 제고되었으며, 안전성과 환경 보호 측면도 더욱 강화되었다. 작업장에서의 사고 발생 건수도 줄어들었다. 공장 생산은 이직률이 높기 때문에, 이 회사 입장에서는 고용 근로자 수를 줄일 필요가 있다. 프로세스의 변화가 적기 때문에 제품의 품질이 향상되며, 프로세스 단계의 완전한 원격측정^{telemetry} 덕분에 엔지니어들은 이전보다 더욱 빨리 생산 관련 문제들을 해결할 수 있다.

부정행위를 통제하기

새로운 기술 덕분에 부정행위를 통제할 수 있는 새로운 방안들이 등장하고 있다. 금융 서비스 회사들은 비승인 거래$^{\text{unauthorized trading}}$를 감지하고 예방할 수 있는 시스템과 준법감시^{compliance} 조직을 보유하고 있다. 또한 신용카드 회사들은 실시간 자동부정 감시 시스템을 갖추고 있다. 그런데 디지털 기술은 이 밖의 다른 업계에서도 새로운 가능성을 제공하고 있다.

직원의 절도 및 부정행위는 기업들에 만연한 문제다. 국제공인 부정조사관 협회^{Association of Certified Fraud Examiners}의 보고에 따르면, 일반적인 조직에서 부정행위로 인한 손해액의 규모는 매년 매출의 5%에 달한다.[28] 미국 식당 협회^{National Restaurant Association}에 따르면 절도로 인한 피해 규모는 매년 음식 판매액의 4%에 달하며, 2007년에는 85억 달러를 넘어섰다. 식당의 세전 순이익률^{pretax profit margin}이 통상 2~6% 수준임을 감안하면 이러한 수치는 상당한 금액이라 할 수 있다.[29]

예를 들어 식당에서는 서빙 담당 직원들이 부정행위를 통해 자신의 임금을 보충할 수 있는 기회가 널려 있다. 이들은 다양한 수법으로 고용주와 고객들의 돈을 훔칠 수 있다. 고객이 지불한 현금을 착복한 후에 판매를 취소하고 '무료 시식'으로 처리하거나, 지불이 완료된 후에 고객의 계산서에서 주문 품목을 옮겨놓을 수도 있다. 이러한 행동은 보통 경영진의 눈 밖에서 이루어져왔다. 서빙 담당 직원들이 들키지 않도록 능수능란하게 다양한 수법을 활용하기 때문이다.

최근 미국의 어느 대형 레스토랑 체인은 이러한 문제에 대처하기 위한 소프트웨어를 도입했다. 이 시스템은 부정행위를 발견하기 위해 금전등록기를 거치는 모든 거래를 점검한다. 너무나도 명백해서 직원들이 변명할 여지가 없는 사건들을 파악한다. 그런 다음 관리자들은 서빙 담당 직원들 앞에서 이 문제를 거론하고, 언제 어디서 이런 문제가 발생했는지 구체적인 정보를 제시할 수 있다. 그들의 행동을 감시하고 있다는 사실을 알려주는 것부터 시작해서, 벌금을 내게 하거나 해고하는 등 다양한 조치를 취할 수 있다.

392개의 지점을 거느린 캐주얼 다이닝 레스토랑 체인에 대한 연구 결과에 따르면, 이러한 시스템을 도입한 후에 가장 심각한 형태의 절도가 평균 21% 감소했다.[30] 더욱 흥미로운 것은 각 레스토랑의 총 매출액이 평균 7% 증가했다는 점이다. 이는 직원 생산성이 대폭 향상되었거나, 시스템이 감지할 수 있는 것에 비해 더욱 많은 절도가 예방된다는 뜻이다. 더 나아가 식당에서 절도의 주요 대상이 되는 음료 판매가 약 10.5% 증가했다. 이 점이 특히 중요하다. 캐주얼 다이닝에서 음료의 이익 마진은 60~90%에 달하며, 레스토랑 총 이익의 절반 가량을 차지하기 때문이다. 이러한 디지털 통제는 레스토랑 경영주에게 대규모 투자 또는 프로세스 변화 없이도 이익을 즉시 늘릴 수 있는 기회를 제공한다. 서빙 담당 직원들에게는 또 다른 의미를 지니겠지만 말이다.

이러한 가능성은 다른 맥락에도 적용 가능하다. 정부는 세금 환급, 주식 거래 등과 관련된 부정행위의 징후를 감지하는 데 컴퓨터를 활용하고 있으며, 이제는 또 다른 분야에 주목하고 있다. 예를 들면 최근 한 연구는 자동차 배기가스와 관련하여 부정행위의 징조를 발견해냈다.[31] 정부는 법률 집행의 대상을 겨냥하고 부패를 줄이는 데 이런 징조들을 활용할 수 있다.

통제 대 혁신 패러독스를 깨트리기

기술을 활용하면 프로세스의 변화를 통제하고 부정행위를 줄이는 데 엄청난 혜택을 얻을 수 있을 뿐 아니라 혁신까지도 촉진할 수 있다. 아시안 페인트, 시저스, 코델코를 비롯한 기업들은 타이트하게 통제되는 프로세스를 통해 문제점을 파악하고 프로세스를 개선할 기회를 얻고 있다. 이러한 기업들은 통제된 실험을 실시하고, 처리 집단 및 비처리non-treated 집단 사이의 차이점을 정확하게 측정할 수 있다. 시저스의 CEO인 개리 러브맨은 이렇게 말한 바 있다. "시저스에서 확실하게 해고를 당하고 싶다면 다음 세 가지 방법이 있습니다. 첫째, 회사의 돈을 훔칩니다. 둘째, 다른 사람을 희롱합니다. 셋째, 통제 집단 없이 실험을 실시합니다."[32]

어느 레스토랑 기업은 스포츠 및 엔테테인먼트 관련 건물의 여러 프랜차이즈 부스에서 가격 설정과 프로모션에 관한 실험을 적극적으로 실시하고 있다. 이 회사는 디지털 사이니지digital signage(공공장소나 상업공간에 설치된 디지털 디스플레이 - 역주)를 활용하여, 묶음 판매bundling 및 가격 설정에 관한 실험을 할 수 있다. 판매자들은 야구 경기, 축구 경기, 공연 등 근처에서 어떤 행사가 열리는지에 따라 메뉴를 변경할 수 있다. 현재 이 회사는 날씨, 시간대, 재고 수준 등에 따라 수요를 조정할 수 있도록 다이내믹하게 가격을 조정하는 실험을 실시하고 있다. 회사는 다른 곳도 혜택을 누릴 수 있도록 각각의 장소에서 얻은 정보를 공유한다. 하지만 이 회사는 새로운 장소에 갈 때마다 아이디어를 재검증한다. 밀워키에서 얻은 아이디어가 실제로 마이애미에서의 판매에 도움이 될지, 그 반대의 경우는 가능한지를 확인하기 위해서다.

세븐 일레븐 재팬SEJ의 사례는 더욱 인상적이다. 이 회사의 강력한 중앙 프로세스 통제는 효율성을 높일 뿐만 아니라 혁신을 촉진하고 있다.[33] 세븐 일레븐 재팬은 모든 매장을 본사 및 물류 센터에 실시간으로 연계하는 정보 및 프로세스 플랫폼을 구축했다. 하루 두 번 배송되는 뜨거운 음식이든, 하루 한 번 배송되는 차가운 음식이든, 이보다 더 배송 간격이 긴 내구 소비재든 간에, 점장은 모든 주문 현황에 대한 정보를 보유하고 있다. 각 매장의 대시보드는 이전의 비슷한 기간과 비교할 때 실시간 성과가 어떠한지를 보여준다. 점장은 어떤 제품이 잘 팔리고 어떤 제품이 안 팔리는지를 알 수 있고, 이에 맞춰서 주문을 변경할 수 있다. 날씨가 춥고 비가 내릴 것으로 예상되는 날에는 뜨거운 음식을 더 많이 주문하는 등 일자별로 주문을 조정할 수도 있다.

세븐 일레븐 재팬의 강력한 프로세스 통제는 혁신까지도 이끌어내고 있다. 세븐 일레븐 재팬은 신제품을 자주 출시하며, 일부 매장에서 시범 판매를 실시해서 제품의 판매 실적에 대한 신속한 피드백을 받는다. 실적이 좋은 제품들은 매장에 남고, 그렇지 못한 제품들은 탈락된다. 또한 고객 편의를 위해 자사의 수많은 리테일 점포들을 활용하여 은행 및 고지서 납부 등 서비스를 제공하는 방안을 실험하고 있다.

세븐 일레븐 재팬은 지역 차원에서 새롭게 혁신할 수 있는 기회를 장려하기 시작했다. 점장들은 어떤 제품이 잘 팔릴지에 대한 가설을 세우고 이에 따라 주문을 넣는다. 특정 색상의 옷을 입은 아이들을 보고 같은 색상의 액세서리를 주문할 수도 있고, 최근에 고객들이 요청했던 것을 바탕으로 새로운 제품을 제안할 수도 있다. 성공적인 실험은 혁신으로 이어지고, 세븐 일레븐의 모든 점포가 이를 공유할 수 있다. 매년 새로운 제품이 50% 이상을 차지하는 회사에서, 지역의 혁신 역량을 바탕으로 얻게 되는 기회는 매우 소중하다.

세븐 일레븐 재팬의 사례는 통제와 혁신 사이의 패러독스를 기술이 어떻게 깨부술 수 있는지를 명확하게 보여준다. 변화를 줄이는 표준과 프로세스는 회사의 실적을 향상하는 실험을 실시할 기회를 제공해주기도 한다. 타이트하게 통제된 프로세스에서 이런 형태로 실험을 실시하는 것은 아마존과 구글을 비롯한 디지털 기업들의 혁신 기법으로 잘 알려져 있다.[34] 이제는 디지털 세상에서 실제 세상으로 빠르게 옮겨가고 있다. 오늘날의 디지털 기술이 제공하는 실시간 통합 데이터가 없다면 불가능한 일일 것이다. 그러나 다른 방식으로 정보를 활용하기 위해 적극적인 조치를 취하는 기업들만이 디지털 운영이 제공하는 혁신적인 잠재력을 활용할 수 있다.

조직화 & 조율 / 풀어주기 & 해방

새로운 디지털 기술은 한때 사람들을 구속했던 제약들에서 사람들을 해방시키고 있다. 이제 사람들은 자신이 원하는 곳에서, 자신이 선택한 시간대에 일할 수 있게 되었다. 그들은 몇몇 친구들 또는 수백 명의 '친구들'과 원하는 대로 의사소통할 수 있으며, 자신이 속한 조직 안팎의 사람들과 민감한 정보를 손쉽게 공유할 수 있다. 이러한 변화는 근로자들에게는 자유로 여겨질지 모르지만, 관리자들에게는 혼란을 가져다준다.

한편 디지털 기술은 프로세스를 보다 긴밀하게 동기화한다. 창고와 매장의 모바일 스캐너는 재고 및 재무 시스템과 직접 연결되어 있으며, 여러분의 회사 및 다른 기업에 대한 요청사항을 여기에 입력할 수 있다. GPS와 휴대전화를 통해 현장 근로자들을 추적할 수 있으며, 이전보다 더욱 면밀하게 작업 일정을 짜고 근로자들의 실적을 모니터할 수 있다. 기기에 장착된 무선주파수인식^{RFID} 태그 및 센서들은 방대한 양의 정보를 제공하며, 이를 활용하여 기기를 추적하거나 실시간으로 프로세스를 모니터할 수 있다.

이렇게 새로운 기술과 데이터를 활용할 때, 대다수의 기업들은 조율의 장점에만 초점을 맞춘다. 하지만 더 많은 것을 이룰 수 있다. 패러독스를 깨트리고, 제약들에서 사람들과 프로세스를 해방시키고, 이와 동시에 여러 활동을 조율할 수 있는 방안을 꿈꾸는 기업들도 있다.

디지털을 활용한 공급망 조율

디지털 기술은 공급망을 더욱 잘 조율할 수 있는 많은 기회를 제공해준다. 공급업체, 중개업체, 서드 파티$^{\text{third-party}}$ 서비스 제공업체, 고객 등 채널 파트너들은 실시간으로 정보를 공유할 수 있다. 공급업체와의 적극적인 협력 및 원자재 흐름의 가시성은 주문 품질을 제고하고 소싱^{sourcing} 비용을 절감하는 데 도움이 된다. 디지털 기술을 활용하여 공급망을 변화시킨 기업들은 맹렬하게 앞서 나가며 엄청난 혜택을 누리고 있다.

미국의 개인용품 및 헬스케어 기업인 킴벌리-클라크는 데이터 애널리틱스를 활용하여 수요 중심의 공급망을 구축했고, 실시간 수요 트렌드에 대한 가시성을 높였다. 이러한 역량을 갖추게 되자 킴벌리-클라크는 과거의 데이터를 바탕으로 수요를 예측해서 생산하는 대신에, 고객들이 실제로 구매한 양만큼 채워 넣는 데 필요한 재고만 생산하고 보관할 수 있게 되었다. 킴벌리-클라크는 월마트 등 소매업체에서 받은 판매시점 데이터를 이용하여 예상하고 이를 바탕으로 매장에 제품을 배송했으며, 내부 배치 결정과 전략 계획에 이를 활용했다. 또한 공급망의 실적을 추적하고 향상하는 새로운 측정 기준을 만들어냈다. 제품 배송과 예측 간의 절대적인 차이로 정의되고 제품 배송의 비율로 보고되는 이 측정 기준은 재고 관리 단위$^{\text{SKU, stock-keeping unit}}$와 배송 위치를 효과적으로 추적한다. 킴벌리-클라크는 이러한 측정 기준을 활용하여 계획 기간이 1주일인 경우에는 예측 오류를 35% 줄였고, 2주일인 경우에는 20%를 줄였다. 18개월이라는 기간 동안 1~3일 분량의 안전 재고가 줄어들고, 완제품 재고는 19%가 줄어드는 등 성과가 개선되었고, 이는 곧 회사의 순이익에 직접적인 영향을 미쳤다.[35]

또 다른 사례로는 의류업체인 자라^{Zara}를 들 수 있다. 자라는 구매자 중심의 공급망이라는 특유의 역량을 바탕으로 '패스트 패션' 비즈니스 모델을 추구한다.[36] 디자이너들 및 본사의 직원들은 고객 구매와 관련된 실시간 정보를 모니터하고, 새로운 디자인과 가격 포인트 price point를 만들어낸다. 표준화된 제품 정보를 기반으로, 자라는 명확한 생산 지시와 함께 컴퓨터 지원 설계 CAD, computer-aided design를 신속하게 준비할 수 있다.

제조 과정에서는 바코드를 활용하여 생산망을 따라 이동하는 제품을 추적할 수 있다. 자라의 물류 설비에서 수동 조작은 최소한으로 이루어지며, 광학 판독기가 시간당 6만 점 이상의 의류를 분류하고 분배한다. 또한 자라는 생산 설비와 중앙 물류 설비 간의 인접성을 활용하여 공급망 관련 리스크와 리드 타임을 줄인다.

자라는 가치 사슬을 완벽하게 통제함으로써, 대략 14일 이내에 새로운 제품의 설계, 생산 및 매장으로의 배송을 마무리한다. 다른 기업들의 경우에는 약 9개월이 걸린다. 자라는 소량 생산을 통해 단기 예측의 정확성을 높이고 재고 비용 및 노후화율 rate of obsolescence을 줄인다. 그 결과 가격 인하가 줄어들고 이익 마진이 높아진다. 일례로 자라에서 안 팔린 제품의 비율은 재고의 10%인데, 업계의 평균은 17~20% 수준이다.

조율 & 해방 — 에어 프랑스의 사례

킴벌리-클라크, 자라를 비롯한 기업들은 디지털 기술을 활용하여 공급망의 모든 요소를 보다 긴밀하게 연결함으로써 상당한 혜택을 얻게 되었다. 이처럼 조율에 초점을 맞춘 접근방식도 매우 중요하지만, 조율 대 해방 패러독스를 깨트림으로써 얻을 수 있는 기회들도 있다. 근로자들은 서류와 책상, 근무시간의 속박에서 벗어나 자유롭게 일하면서도 운영을 보다 잘 조율할 수 있다.

에어 프랑스는 항공 운항에 있어서 서류가 아닌 전자 문서를 활용함으로써 이러한 패러독스를 깨트릴 수 있다는 사실을 알게 되었다.[37] 에어 프랑스의 문서 관련 문제는 4천 명의 조종사와 전 세계에서 매일 수백 차례 운항되는 항공편에 영향을 미친다. 예전에는 조종사, 항공기 및 항로마다 특정한 문서들이 필요했고, 각 항공편마다 총 60파운드에 달하는 무게의 서류를 탑재해야만 했다.

서류는 운영을 조율하는 기술 기반으로는 부족했다. 타이피스트가 양식에 기입된 정보를 시스템에 입력하는 동안, 안전이나 스케줄에 관한 중요한 결정을 내리는 것은 잠시 보류해야만 했다. 시간이 결정적인 영향을 미치는 프로세스는 직원들이 전화 또는 무전을 이용해 수동으로 조정해야만 했으며, 이미 프로세스가 끝난 후에 양식을 기재해야 하는 경우가 발생했다.

각각의 항공편에 대한 문서를 조율하는 것은 결코 간단한 업무가 아니다. 예전에는 각 항공기마다 참고 문서를 탑재했고, 조종사들은 사본을 집에 보관했다. 파리의 오를리 공항 및 르와시 공항에는 에어 프랑스의 취항지에 관한 정보 카드가 가득 꽂혀 있는 별도의 사무실이 있었다. 각 항공기는 특정 매뉴얼 및 성과 계산기를 필요로 했으며, 이는 항공기의 특정한 엔진 시스템에 따라 변화하기도 했다. 후방back-office 직원들은 모든 항공편마다 기상 정보, 공항 관련 상세 정보, 비행 여정 등이 수록된 운항 폴더를 준비했다. 이처럼 산더미 같은 문서들은 에어 프랑스 항공편의 안전과 보안을 유지하는 데 도움이 되기는 했지만, 운영과 관련하여 수많은 복잡한 문제들이 발생하는 원인이 되기도 했다. 에어 프랑스의 부기장인 세바스티앙 베뇨Sebastien Veigneau는 이렇게 말한다. "과거에는 종이로 된 문서로 매달 운항 계획을 받곤 했죠. 4천 명의 조종사들과 1만 5천 명의 승무원 및 사무장들 모두에게 문서가 각각 배포되었어요."[38]

2006년에 에어 프랑스의 관리자들은 기술을 활용하면 종이로 된 서류 양식과 수동 조정에서 직원들을 해방시킬 수 있고, 보다 긴밀하게 프로세스를 조율할 수 있다는 사실을 깨달았다. 그러면 비용과 리스크를 줄이고, 조종사 훈련을 향상하고, 핵심 프로세스를 보다 빠르게 처리할 수 있었다. 에어 프랑스는 대부분의 참고 서류 및 운항 관련 문서를 디지털화했고, 모든 조종사들에게 노트북 컴퓨터를 지급했다. 조종사들은 예전에 종이 서류로 처리했던 일들을 이제는 노트북 컴퓨터를 이용해서 처리할 수 있게 되었다. 한편 '전자 여행 가방Electronic Flight Bag'이라고 부르는 태블릿을 항공기에 설치함으로써, 에어 프랑스는 항공 운항에서 종이 서류를 줄일 수 있는 여건을 조성했다. 모든 자료를 같은 곳에서 실시간으로 읽고 활용할 수 있게 됨으로써 에어 프랑스는 커다란 혜택을 얻게 되었다. 디지털 자료는 종이로 된 문서에 비해 유지 및 업데이트가 수월했다. 조종사들은 탭 한 번으로 최신 정보가 담긴 문서를 확인할 수 있었다. 또한 운영 효율성이 높아지면서 승객들도 오래 기다릴 필요가 없어지는 등 혜택을 누리게 되었다.

그런데 초창기 프로세스는 유망해보였지만 어려움도 겪게 되었다. 애플리케이션 디자인 및 조종사들과 관련된 문제들은 불만을 초래했다. 2009년에 에어 프랑스는 더욱 신속하고 간편한 최신 솔루션을 개발하기 위해 IT 인력과 유능한 조종사들을 연계시켰고, 이 팀은 불과 수개월 만에 아이패드 기반의 솔루션을 개발해냈다. '파일럿 패드Pilot Pad'라는 이 솔루션은 기존의 노트북 컴퓨터에 비해 조종사들에게 더욱 유용했다.

에어 프랑스의 운영 관련 변화들은 대부분 고객들에게 보이지 않는 곳에서 이루어졌다. 하지만 이러한 노력의 결과로 안전성이 더욱 높아지고, 승무원 및 항공기가 더욱 잘 조율되고, 대기 시간이 줄어드는 등 고객들에게도 긍정적인 영향을 미쳤다.

에어 프랑스는 디지털 기술을 통한 조율 덕분에 프로세스를 대폭 개선했을 뿐만 아니라, 한층 광범위한 혜택을 누리게 되었다. 조종사들은 이러한 트랜스포메이션 덕분에 과거에 좌절을 느끼고 더 많은 노력을 기울여야 했던 업무들에서 해방될 수 있었다. 파일럿 패드를 이용하면 조종사들은 전 세계 어디에서든 회사의 온라인 스케줄링 플랫폼에 접속할 수 있게 되었다. 이제는 에어 프랑스가 서고의 자료를 업데이트하면 관련된 조종사들의 60%가 24시간 내에 이 자료를 확인한다. 조종사들이 어디에서든 정보를 얻을 수 있게 된 것이다. 또한 조종사들은 보다 편리하게 필수 훈련을 받을 수 있다. 이전에는 최신 기종의 항공기와 운항 규준에 대한 최신 정보를 얻기 위해서는 조종사들이 강의실에서 이루어지는 수업에 직접 참여해야만 했다. 조종사의 바쁜 근무 일정을 고려하면 이것은 상당히 어려운 일이었다. 이제는 e-러닝 덕분에 조종사들이 언제 어디서든 훈련을 마칠 수 있다.

파일럿 패드 프로그램은 지금까지 상당한 성공을 거두었다. 에어 프랑스는 종이 문서에서 해방됨으로써 프로세스들을 예전보다 더욱 잘 조율해왔다. 또한 태블릿 기기 덕분에 조종사들은 자신이 원하는 시간과 장소에서 비행 이외의 업무를 수행할 수 있게 되었다. 베뇨는 이렇게 말한다. "파일럿 패드의 등장으로 항공 운항 프로세스의 효율성 및 사용자 편의성이 높아졌어요. 이제 조종사들이 우리에게 하는 유일한 질문은 '언제 파일럿 패드를 받을 수 있죠?'에요." 2013년에 에어 프랑스는 모든 조종사들에게 이 프로그램을 확대 적용했다. 이러한 솔루션을 통해 조종사의 참여를 높일 수 있다는 점을 확인한 에어 프랑스는 새로운 디지털 역량을 통해 자사의 영역을 더욱 더 넓혀나가고 있다. 일례로 2014년에는 승무원들에게도 아이패드가 지급되었다.

✚ 운영 관련 우위를 구축하기

운영 분야의 디지털 트랜스포메이션은 1960년대 및 1970년대의 기본적인 거래 시스템과 함께 시작되었고, 1980년대 및 1990년대에 들어서서 PC, 이메일 및 온라인 시스템의 등장과 더불어 더욱 가속화되었다. 2000년대에 접어들어서는 휴대전화, 유비쿼터스 인터넷 및 저렴한 글로벌 커뮤니케이션과 함께 커다란 도약을 이루었다. 이제는 플렉서블 로보틱스flexible robotics, 고급 애널리틱스, 음성 및 번역 관련 기술, 3D 프린팅 등의 기술을 통해 트랜스포메이션이 더욱 더 빠르게 진행되고 있다.

그러면 여러분은 어떻게 하면 운영 부문의 트랜스포메이션을 이루어낼 수 있는 기회들을 생각해낼 수 있을까? 디지털 운영 관련 우위는 대단한 도구들만으로 얻을 수 있는 것이 아니다. 사람과 프로세스 및 기술, 이 모든 것들이 독특한 방식으로 어우러져야만 경쟁기업들에 비해 더 나은 성과를 거두는 데 도움이 된다. 이번 장에서 소개한 사례들 중에서, 단지 새로운 기술을 프로세스에 추가하기만 한 경우는 단 하나도 없었다. 디지털 기술을 활용하여 기업의 프로세스가 어떻게 작동하는지를 재고할 기회로 삼는 것을 다뤘다. 만약 여러분이 운영 트랜스포메이션의 힘을 손에 넣게 되면, 다른 사람들이 흉내 낼 수 없는 운영상의 우위를 누리게 된다.

운영 트랜스포메이션을 위한 기회를 모색할 때 모바일이나 애널리틱스, 임베디드 기기에 관해 생각하지 마라. 그 대신 여러분이 수년간 겪어온 제약들에 대해 생각해보라. 상식 수준이라서 제약이라고 여겨지지도 않는 그런 제약들 말이다. 이런 제약들에 대한 추측은 여전히 사실인가? 아니면 새로운 기술을 통해 완전히 다른 방식으로 업무를 수행할 수 있는가? 여러분은 바로 여기서 가장 큰 기회를 얻을 수 있다. 여섯 가지의 지레를 각기 적용할 만한 방안을 찾아보고, 어떻게 기술을 활용하면 패러독스를 깨트릴 수 있는지를 알아내라. 하지만 여기서 멈추지 마라. 디지털 마스터들은 운영 트랜스포메이션을 위해 여러 수단을 제각기 또는 함께 활용했다. 하나의 변화는 또 다른 변화를 이끌어냈다.

기업들은 제품 디자인과 생산 프로세스를 종이에서 해방시켰고, 새로운 방식으로 프로세스를 조율할 수 있는 가능성을 열었다. 코델코는 통제 및 프로세스 혁신을 위해 자동화를 활용했다. 아시안 페인트는 과거방식을 새롭게 정의하였다. 판매 프로세스를 표준화하였고, 프론트 라인의 영업 담당자들은 더욱 전략적인 업무를 수행할 수 있도록 권한을 부여했다. 시저스는 디지털 기술을 활용하여 프로세스를 통제하고, 근로자들이 독자적이고 능동적인 판단을 내릴 수 있도록 권한을 부여하며, 각각의 프로세스를 향상하는 혁신을 찾아낸다.

디지털 기술을 활용하여 운영의 트랜스포메이션을 이루기 위해서는 다양한 변화들을 넘어서는 비전이 필요하다. 더불어 실시간 커뮤니케이션을 위한 좋은 데이터가 필요하다.

대다수의 기업에게 진정한 운영 관련 트랜스포메이션은 기존 시스템과 정보를 대대적으로 정비해서 프로세스와 데이터에 대한 통합적 관점을 제공하는 것에서부터 시작된다. 이것은 결코 간단히 해결될 문제가 아니지만, 그만큼 노력을 기울일 만한 가치가 있다. 이후에 제8장에서 보다 자세히 다루겠지만, 기술 플랫폼을 개선하는 것은 다른 모든 요소를 구축하는 기반이 된다.

체크 리스트 — 운영

- ✓ 디지털 이전 시대의 낡은 추측들에서 벗어나라.
- ✓ 프로세스의 애로사항 및 비효율적인 부분을 파악하고, 새로운 디지털 기술을 활용하면 운영을 재고하는 데 도움이 될지 고려해보라.
- ✓ 여섯 가지 지레가 운영을 개선하는 데 어떤 도움을 줄 수 있을지 생각해보라.
- ✓ 패러독스의 양 측면을 동시에 다룰 수 없다면 표준화 또는 통제에서부터 시작하라. 그러면 아마도 다른 수단을 다룰 수 있는 가능성이 열릴 것이다.
- ✓ 자신이 종사하는 업계 안팎의 사례들을 고려해보라.
- ✓ 고객 경험과 마찬가지로, 강력한 디지털 플랫폼은 운영 트랜스포메이션에 필수적이다. 이에 관해서는 제8장에서 보다 깊이 있게 살펴보도록 하겠다.

CHAPTER 4

비즈니스 모델을 재창조하기

자신의 영감과 상상력을 억누르지 마라.
모델의 노예가 되지 마라.

빈센트 반 고흐

지금까지 우리는 버버리를 비롯한 디지털 마스터들이 고객 경험의 혁신을 통해 어떻게 가치를 창출해내는지를 살펴보았다. 또한 코넬코와 같은 디지털 마스터들은 운영을 혁신함으로써 운영 효율성을 대폭 향상해냈다. 그런데 어떤 기업들은 이보다 더욱 커다란 혁신을 이루어낸다. 이들은 고객 경험과 내부 운영, 수익 방식을 재정의해서 비즈니스 모델을 재창조한다.

 이 책의 도입부에서 설명한 것처럼, 디지털 변화의 물결은 점점 가까이 다가오고 있다. 경쟁 상황은 끊임없이 변화한다. 기존 기업들 및 분야들을 보호해줬던 진입장벽은 이제 대부분 허물어졌다. 글로벌 차원에서 경쟁이 벌어지고 있으며, 디지털 기술 덕분에 새로운 기회를 추구할 수 있게 되었다. 기존 비즈니스 모델의 유통기한shelf life은 점점 짧아지고 있으며, 지속적인 경쟁 우위라는 개념 자체가 의문시되고 있다. 업계를 막론하고 모든 경영진들은 급속한 디지털 진화에 따른 기회 요인과 위협 요인을 제대로 파악하고, 비즈니스 모델을 재창조할 태세를 갖춰야만 한다.

때로는 비즈니스 모델을 재창조하기 위해서 여러분이 무엇을, 어떻게 판매하는지 및 이를 통해 어떻게 돈을 버는지를 획기적으로 바꿀 필요가 있다. 업계 내에서 경쟁의 본질을 다시 상상해보고, 효율성 측면에서 경쟁기업에 비해 상당한 우위를 점할 수 있도록 가치 사슬을 재구성하는 것도 재창조의 일환이 될 수 있다. 또한 다국적 운영에서 진정한 글로벌 운영으로 이행하거나, 제품에서 부가가치 서비스로 옮겨가거나, 새로운 시장에 진출하는 것도 재창조에 포함될 수 있다. 현재의 비즈니스 모델을 확대하거나 다른 비즈니스 모델로 교체하기 위해 새로운 디지털 비즈니스나 서비스를 만들어내는 것 또한 마찬가지다.

경영진이 비즈니스 모델의 재창조에서 가치 창출의 잠재력을 느끼는 이유로는 최소한 세 가지가 있다. 첫째, 가치 사슬을 재정비하고 경쟁 상황에 커다란 변화를 일으킬 수 있다. 리테일에서 항공 운송에 이르기까지 여러 분야에서 비즈니스 모델의 재창조는 이미 수십 억 달러를 창출하거나 재분배했다.[1] 둘째, 성공적으로 이루어진 비즈니스 모델의 재창조 및 운영 기반은 모방하기가 어렵다. 셋째, 빠르게 변화하는 기술적 혁신 및 이에 따른 기회와 위협으로 인하여 기업들은 자사의 비즈니스 방식을 근본적으로 재정의해야 하는 상황이다. 예를 들자면 3D 프린팅의 등장으로 몇 년 전까지만 해도 상상할 수 없었던 새로운 모델의 제작뿐만 아니라 새로운 고객의 제안이 일어나고 있는 중이다.

그럼에도 불구하고, 비즈니스 모델의 재창조를 달성하기란 결코 쉽지 않다. 우리의 조사에 따르면 자신이 속한 기업의 디지털 이니셔티브가 새로운 비즈니스를 추진하는 데 도움이 된다고 답변한 사람들은 응답자의 7%에 불과했다. 디지털 기술 덕분에 새로운 비즈니스 모델이 등장하고 있다고 답한 사람들 또한 15%에 머물렀다.[2] 비즈니스 모델을 재창조할 수 있는 기회를 모색하고 있지 않은 경영진도 상당수에 달하며, 지나치게 위험하다고 생각해서 시도하지 않는 경영진도 있을 것이다.

그러면 여러분은 어째서 비즈니스 모델의 재창조에 대해 고민해야 할까? 왜냐하면 관심을 기울이지 않는 것이 더욱 커다란 위험 요인으로 작용하기 때문이다. 음악, 신문, 주식거래 업계의 경영진은 디지털 비즈니스 모델의 재창조가 업계에 얼마나 급진적인 변동을 일으킬 수 있는지 이미 경험한 바 있다. 이제 보험, 교육 등 다른 업계 역시 똑같은 경험을 하고 있다. 업계를 막론하고 여러분은 전면에 나서서 현재의 비즈니스 모델에 도전해야 한다. 그렇지 않으면 다른 누군가가 그렇게 할 것이다.

✚ 기존 기업들이여, 경계하라

런던 택시 시장의 비즈니스 모델은 수년간 안정적인 상태를 유지해왔다. 회사들은 24시간 콜센터 및 차량에 탑재된 GPS 장비 등 값비싼 인프라를 통해 수요와 공급을 조정했다. 그럼에도 불구하고 런던에서 택시를 잡는 것은 여전히 쉽지 않았다. 그 과정에서 어떤 일이 꼭 벌어지곤 했다.

'헤일로Hailo'의 공동 창업자들인 세 명의 사업가와 세 명의 택시 운전사는 2010년 런던 소호의 어느 카페에서 만나 사업에 관해 의논했다. 이때 화두는 비즈니스 모델의 트랜스포메이션이었다. 택시 운전사인 테리 러넘Terry Runham, 러셀 홀Russell Hall, 개리 잭슨Gary Jackson은 예전에 e-택시 비즈니스를 시도했다가 절반의 성공과 실패를 얻은 경험이 있었다. 사업가인 론 제그하이브Ron Zeghibe, 제이 브레그먼Jay Bregman, 캐스파 울리

Caspar Woolley는 애초에 e-택배 비즈니스를 위해 개발한 알고리즘을 새로운 분야에 활용하고자 했다. 이 여섯 명은 단숨에 의기투합했고, 현재 런던 택시 시장의 비효율적인 요소들이 사업 기회로 작용할 수 있다는 데 뜻을 함께 했다.

핵심적인 아이디어는 일반적인 사고에서 벗어난 택시운전사들 생각에서부터 시작되었다. 이 단계에서는 고객 경험을 신경 쓰지 말고, 운전사들을 위한 시스템을 만들어 나머지 모든 것들은 자연스럽게 해결될 것으로 보는 등 사업가들은 여기에서 잠재력을 발견했다. 수요 측면에서 차별화를 두어서 진입장벽을 설치할 수 있었다. 모든 경쟁업체는 독점적으로 고객을 확보하고 싶어 했고, 유사한 고객용 모바일 앱을 선보이며 치열하게 경쟁하고 있는 상황이었다. 따라서 이와는 다른, 새로운 접근법이 필요했다.

초기에 공동 창업자들은 택시 운전사들의 생활에 핵심적인 고민점 두 가지, 즉 탑승률occupancy의 극대화 및 폐쇄성을 해결하는 데 집중했다. 대다수의 택시 운전사들은 빈 차를 운전하는 시간이 운행시간의 30~60%에 달했기 때문에, 소액의 수수료를 내는 대신 일거리를 제공받을 수 있다면 괜찮은 거래였다. 그리고 택시 운전사들은 소규모로 똘똘 뭉쳐 긴밀한 관계를 유지하기는 하지만, 때때로 고립감을 느꼈다. 따라서 운전사들의 참여를 이끌어내고 결속력을 강화할 수 있는 커뮤니티를 제공하는 것도 괜찮은 아이디어였다. 이러한 방식으로 헤일로는 택시 시장의 수요 측면에서 명확한 가치 제안을 만들어냈다.

헤일로는 애널리틱스를 폭넓게 활용해서 운전사들에게 수행 가능한 일거리들을 보여주고, 이러한 일거리를 수행하기 위해 효율적으로 이동하는 방법과 일정 시간 동안의 실적을 추적하는 방법을 알려준다. 또한 헤일로 앱은 실시간 교통정보 업데이트를 제공한다. 운전사들은 공연 직후 등 특정 지역에 일거리가 많을 경우 '수요 폭발^{burst}' 알림을 보낼 수 있다. 또한 헤일로는 운전사들이 앱에서 개인 운행일지를 확인할 수 있도록 했다. 운전사들은 승객을 태운 시간의 비율, 디젤 연료의 일일 사용량, 시간당 수입 및 기타 경영 관련 데이터를 측정할 수 있다. 개인별 목표치를 설정할 수 있고, 과거의 기록과 현재의 실적을 비교할 수 있다.

헤일로 앱은 고립 문제를 해결하기 위한 방안으로 뉴스피드^{newsfeed}를 제공한다. 택시 운전사의 페이스북 개념으로, 운전사들이 자신의 현황을 업데이트하고 다른 동료들과 정보를 공유할 수 있다. 절친 그룹을 지정해서 동료들의 시내 운행 정보를 추적하고 대화를 나눌 수도 있다. 헤일로가 등장한지 불과 몇 개월 만에 평균 탑승률이 대폭 상승했으며, 택시 업계는 이렇게 엄청난 성과를 확인하고 상당히 놀라워했다. 운전사들은 헤일로를 이용함으로써 평균적으로 비즈니스의 성과가 30% 급증했다고 주장한다.[3] 그 결과, 2013년까지 런던 택시의 60% 이상이 헤일로의 네트워크에 가입하게 되었다.

그러면 승객의 입장에서는 어떨까? 헤일로는 매우 간단하고 직관적인 고객용 스마트폰 앱을 개발했다. 고객이 택시의 위치를 확인하자마자, 등록번호와 기사의 이름, 사진, 휴대전화번호가 고객에게 전송된다. 고객이 도심 어디에 있든지 헤일로 택시는 평균 4분 거리에 위치해 있다. 경쟁업체들과는 달리, 헤일로의 운전사들은 고객에게 5분간의 대기 시간을 준 이후에 미터기를 시작한다. 2012년 초반까지만 하더라도 택시요금 결제의 99%가 현금으로 이루어졌다. 아예 신용카드 결제를 처리하지 못하는 택시가 2/3에 달했고, 고객은 12.5%의 추가 요금을 지불해야만 했다. 그런데 헤일로를 이용하면 고객들이 카드를 등록하고 휴대전화의 클릭 한 번으로 직접 결제할 수 있다. 2013년을 기준으로 할 때 헤일로의 등록 고객 수는 런던에서만 약 50만 명에 달했다.

헤일로는 이러한 서비스를 통해 어떻게 돈을 버는 걸까? 수익 모델은 단순하다. 즉 탑승 건당 10%의 고정 수수료를 받는 조건으로 일거리를 제공한다. 가입비는 없다. 헤일로의 창업자들 중 한 사람의 말에 따르면, "일단 비용만 커버하고 나면 이익을 보게 되어 있습니다."[4]

또한 디지털 기술 덕분에 헤일로는 매우 적은 비용으로 사업을 운영할 수 있게 되었다. 헤일로는 하드웨어를 제공하지 않기 때문에, 값비싼 GPS 추적용 모바일 디스플레이 기기를 설치하는 비용이 들지 않는다. 운전사들의 스마트폰이 이러한 역할을 대신한다. 헤일로는 전화기 사업자와의 대량 구매 협상을 통해 운전사들이 좋은 가격으로 휴대전화를 공급받을 수 있도록 돕는다. 경쟁사들과 달리, 헤일로는 24시간 콜센터 인력을 유지하는 데 비용을 들일 필요가 없다. 운전사들의 운행 스케줄을 관리하는 데 있어서 소프트웨어의 알고리즘이 사람들에 비해 더욱 뛰어난 효과를 내기 때문이다.

헤일로는 글로벌 시장에 뛰어들어 다른 도시들에도 진출했다. 그 과정에서 현지의 상황에 맞추어 자사의 수익 모델을 조정하기도 했다. 헤일로는 불과 18개월 만에 매우 성공적인 비즈니스 모델을 구축해냈다. 헤일로의 공동 창업자인 론 제그하이브는 이렇게 말한다. "우리는 택시 업계에 기술을 적용하려면 이 업계를 속속들이 잘 알고 있는 사람들이 필요하다는 것을 알고 있었어요. 그들의 의견에 귀를 기울이고 그들의 통찰을 활용해 비즈니스의 기반을 쌓아나간 덕분에 우리는 엄청난 이득을 얻고 있어요. 이제는 어떤 다른 시장에 진출하더라도 기존 업체들과 맞서 경쟁할 수 있고, 심지어 더욱 앞서 나갈 수도 있는 상황입니다."[5]

헤일로의 사례에서 우리는 이런 교훈을 얻을 수 있다. 디지털 기술을 활용하여 운영 및 고객 경험에서 우수한 성과를 결합하고 차별화된 비즈니스 모델을 제시하면 커다란 성과를 거둘 수 있다는 것이다. 헤일로, 그리고 샌프란시스코에 기반을 둔 이와 유사한 서비스인 우버Uber의 혁신적인 비즈니스 모델은 단지 기술에 관한 이야기에 그치지 않는다. 물론 디지털 기술이 성공에 핵심적인 영향을 미친 것은 사실이지만, 수요 측면의 통제, 수익 모델, 고객 경험, 실행 효율성 등 다른 여러 요소가 한데 어우러져서 훌륭한 비즈니스 모델이 탄생하게 된 것이다.

✚ 비즈니스 모델 재창조의 다섯 가지 형태

비즈니스 모델 재창조는 현대의 경영 관련 핵심용어로 자리매김했지만, 여전히 새롭게 부상하고 있는 분야이며 다양한 해석과 정의가 가능하다.[6] 최근 몇 년간 비즈니스 모델 개발이나 기업 및 업계 차원의 혁신에 관한 책들이 출간되었고 이 분야에 대한 이해를 높이는 데 도움이 되었다.[7] 그중에 어떤 책들은 비즈니스 모델 재창조에서 기술이 담당하는 역할에 관해 구체적으로 다루기도 했다. IT 시스템 주도의 비즈니스 모델을 살펴보거나, 혁신적인 스타트업의 새로운 디지털 기술이 비즈니스에 적용됨에 따라 발생하는 변화와 혼란에 관해 다룬 책들도 있다.[8]

이 책에서는 글로벌 대기업들의 사례를 중심으로 하여 기업의 디지털 트랜스포메이션을 다루고 있다. 비즈니스 모델을 재창조하고자 하는 대기업의 리더들은 다양한 시각과 관점을 가지고 보아야만 한다. 새롭게 부상하는 기술, 스타트업, 신규 진입 중소기업, 인근 업계의 기업 모두 고려할 필요가 있다. 모든 기술이 파괴적인 영향력을 지니는 것은 아니지만, 여러 기술이 한데 모이면 오랜 시간에 걸쳐 여러분의 비즈니스에 엄청난 영향을 미칠 수도 있다.

이런 책들에서 다루어진 모든 모델들의 실제 사례를 확인할 수 있었다. 이 중에는 흔히 찾아볼 수 있는 모델도 있고, 급진적인 모델도 있고, 여러 업계에 걸쳐 적용 가능한 모델도 있다. 모든 모델이 상당한 비즈니스 가치를 창출할 만한 기회를 제시하며, 각기 다른 리스크를 지닌다.

디지털 기술을 통한 비즈니스 모델의 재창조에 다섯 가지의 기본 형태가 존재한다는 것을 알게 되었다. 첫 번째는 산업의 재창조 reinventing industries다. 여기에는 택시 시장에서 헤일로의 사례처럼 업계의 인프라 자체를 재형성하거나, 완전히 새로운 고객 행동에 대응하는 것이 포함된다. 두 번째는 제품이나 서비스의 대체 substituting products or services다. 핵심 제품이나 서비스를 새로운 디지털 포맷으로 직접 대체할 수 있게 되는 경우를 가리킨다. 세 번째는 새로운 디지털 비즈니스의 창출 creating new digital businesses이다. 즉 부가적인 매출을 만들어내는 새로운 제품과 서비스의 창출을 가리킨다. 네 번째는 가치 전달 모델의 재구성 reconfiguring value delivery models이다. 기업이 가치 사슬에 접근하는 방식을 변화시키기 위해 제품, 서비스 및 데이터를 재결합하는 것을 가리킨다. 다섯 번째는 가치 제안의 재정의 rethinking value propositions다. 새로운 디지털 역량을 활용하여 기존 또는 신규 고객의 아직 충족되지 않은 니즈를 겨냥하는 것을 가리킨다.

이처럼 다양한 모든 경우에 관심을 기울일 필요가 있다. 비즈니스 모델의 재창조는 새로운 가치를 창출할 수 있는 기회를 촉진한다. 방어와 공격 모두 중요하다. 경쟁기업들과 대개 업계 바깥의 신규 진입기업들이 이미 이러한 노력을 기울이고 있다고 가정해보자. 그러면 여러분은 재창조를 어떻게 바라보아야 할까?

✚ 산업의 재창조

산업을 재창조하는 것은 어느 기업에게나 상당히 어려운 과제다. 언제든지 이루어낼 수 있는 일이 아니며, 복잡하고 위험이 수반되는 일이다. 기업들은 새로운 형태의 가치를 전달하기 위해서, 핵심 비즈니스라는 편안하고 익숙한 영역에서 벗어나 때때로 모험을 시도할 필요가 있다. 또한 재창조하기 위해서는 새로운 역량과 운영 방식 및 수익 모델이 필요하다.

 과거의 기업들은 우월한 고객 경험을 제공하고, 내부 운영을 최적화하고, 더욱 폭넓은 유통 채널에 접근하는 등 경쟁 우위를 개발하는 데 중점을 두었다. 인터넷과 새로운 디지털 기술에 힘입어, 오늘날의 기업들은 여러 참여주체들을 한데 모을 수 있으며 이들이 서로 교류하고 거래할 수 있는 새로운 플랫폼을 만들어낼 수 있다.[9] 또한 기업들은 스스로 보유하고 있지 않은 자산들도 활용할 수 있으며, 가치 사슬을 재구성할 수 있다. 아마존처럼 클라우드 기반의 인프라를 제공하는 기업들 중에서 IT 서비스를 골라서 구매할 수도 있으며, 이노센티브InnoCentive와 같은 플랫폼을 활용하여 R&D를 크라우드소싱crowdsourcing할 수도 있다. 또한 오데스크oDesk를 비롯한 글로벌 취업 온라인 시장에서 핵심 인력을 구할 수도 있다.

 플랫폼 경제학은 업계 차원에만 적용되는 것이 아니다. 나이키, 볼보를 비롯한 기업들이 플랫폼 사고platform thinking를 활용하여 새로운 매출원 또는 고객에게 새롭게 다가갈 방법을 찾아낸 사례들에 관해서는 나중에 보다 자세히 다루도록 하겠다. 그런데 디지털 기술을 활용하여 업계를 재창조하기 위한 모든 비즈니스 모델은 어느 정도의 플랫폼 플레이platform play를 포함한다.

널리 알려진 바 있듯이, 업계를 변화시키는 플랫폼을 구축하는 데 성공한 기업으로는 애플을 들 수 있다. 애플은 아이팟을 통해, 멋지게 디자인된 플레이어에 사용자 친화적이고 편리한 방식으로 음악을 다운로드할 수 있도록 했다. 그런데 더욱 뛰어난 신의 한 수는 바로 아이튠즈 스토어의 론칭을 통해 하드웨어, 소프트웨어, 디지털 음악 및 영상 모두를 한데 모아 사용자 친화적인 패키지로 제공했다는 점이다. 그 이후의 성공담은 더 말할 필요가 없을 정도로 잘 알려져 있다. 아이팟은 마진이 높은 제품으로 자리매김했을 뿐만 아니라, 아이튠즈 스토어는 핵심적인 음악 유통 플랫폼이 되었고 싱글 트랙 음악의 기본 가격을 설정하게 되었다. 이렇게 업계가 재창조되는 사례는 드물기는 하지만, 일단 이런 사례가 발생하게 되면 경쟁의 법칙이 근본적으로 변화한다.

다면적인 플랫폼이 새로운 것은 아니다. 아메리칸 익스프레스, 페이팔과 스퀘어는 판매자들과 고객들을 성공적으로 연결해주었다. 소니의 플레이스테이션과 마이크로소프트의 엑스박스 등 비디오 게임 콘솔은 게임 개발자와 사용자들을 연결해주었다. 더욱 최근의 사례를 들어보자면, 구글 안드로이드가 휴대전화 제조기업들과 애플리케이션 개발자들 및 사용자들을 연결해주었다.

그런데 새로운 사실은 디지털 기술에 힘입어 플랫폼 비즈니스 모델에 대한 가능성이 대폭 늘어났다는 점이다. 자동차, 교육, 헬스케어,

법률 서비스 등 다양한 업계들이 트랜스포메이션을 맞이할 준비를 하고 있다. 앞서 이 책의 서문에서 기업가이자 벤처 캐피털리스트인 마크 안드레센의 인용구에 관해 언급한 바 있는데, 제프리 파커Geoffrey Parker와 마셜 반 앨스타인Marshall Van Alstyne은 2013년에 발표한 글에서 이 인용구를 살짝 바꾸어 이렇게 표현한 바 있다. "플랫폼이 세계를 집어 삼키고 있다(Platforms are eating the world)."[10] 이 두 사람의 주장에 따르면, 인터넷과 인터넷 사용자들에 힘입어 비즈니스 모델에 상당한 변화가 일어나고 있다.

이른바 공유 경제에 속해있는 기업들은 중후 장대한 산업의 특성을 재정의하고 있으며, 이는 대기업의 비즈니스 모델에 영향을 미친다. 대여용으로 특화된 자산을 만드는 소수의 대기업들이 모든 매출을 가져가는 방식 대신에, 새로운 기업들은 고객들과 자신이 보유한 자산을 일정 기간 동안 공유하고자 하는 사람을 연결해주고 있다. 카 셰어링car-sharing, 숙박 및 휴가 렌털에서 임시 근로자, 협력적 파이낸싱, 심지어 도그 시터dog sitter에 이르기까지, 협력적 소비collaborative consumption는 소비자가 대안으로 선택할 수 있는 방안으로 점차 부상하고 있다.

호텔을 생각해보라. 메리어트, 힐튼 및 기타 호텔 체인들은 엄청난 규모의 자본을 투자하여 특별한 호텔을 짓고, 일 또는 월 단위로 고객들에게 빌려준다. 그런데 다른 사람들도 부가적인 수입을 올리기 위해 기꺼이 다른 사람들에게 빌려줄 만한 자산을 보유하고 있다. 바닷가 별장, 여분의 침실, 휴가 기간 동안에 비어 있는 도심의 집 등이 여기에 해당한다. 자신의 부동산을 빌려주고 싶어 하는 사람들을 활용해서 기업이 돈을 벌 수 있는 방법은 없을까? 상대적으로 미성숙한 이런 시장에서 이익을 거둘 수는 없을까?

2008년에 에어비앤비Airbnb는 기존의 객실 대여 모델의 허점을 발견했다. 에어비앤비는 전 세계 사람들이 숙박 장소를 등록하거나 예약하는 온라인 커뮤니티 시장이다. 처음에는 소규모로 시작했지만 매우 빠르게 성장했다. 2009년에는 10만이었던 고객 예약 숙박일수가 다음 해에는 75만으로 증가했고, 그 다음 해에는 200만을 넘어섰다. 2013년을 기준으로 할 때 에어비앤비는 전 세계 192개 국가의 3만 3천 개 도시에서 이용 가능했다.[11] 힐튼이 전 세계에 60만 개의 객실을 보유하고 있는 것과 비교하면 상당한 수치이다.[12] 에어비앤비의 비즈니스 모델은 중개업에 기반을 두고 있다. 에어비앤비는 임차인에게서 3%, 여행자에게서 6~12%의 수수료를 받으며, 이는 부동산의 가격과 품질에 따라 달라진다. 에어비앤비는 이 수수료를 받아 고객 서비스를 제공하고, 결제를 처리하며, 집 주인에게 백만 달러 상당의 손해 보험 커버리지를 제공한다. 임차인과 집 주인은 서로를 평가할 수 있으며, 이를 통해서 이 서비스의 신뢰성과 품질이 향상된다.

대기업들도 주목하기 시작했다. 2013년에 메리어트는 모바일 및 웹, 앱 회사인 리퀴드스페이스^{LiquidSpace}와의 협력을 통해 호텔의 회의실을 대여하기 시작했다. 숙박객들만이 호텔의 시설을 사용할 수 있다는 통념에 도전장을 내민 것이다.[13] 전 세계의 대형 호텔 체인들은 어떻게 하면 자사의 다른 비즈니스 모델에까지 공유 경제의 개념을 확대할 수 있을지를 고민하고 있다.

이 밖에도 공유 경제는 다른 여러 렌털 업계에 진출하고 있다. 카 셰어링 스타트업인 집카^{Zipcar}는 2000년에 설립되었다. 집카의 고객들은 한 시간 또는 하루 동안 자동차를 렌트할 수 있으며, 전화기나 신용카드를 이용하여 자동차를 예약하고 차 문을 열 수 있다. 보험 및 주차도 비즈니스 모델의 일부다. 몇 곳 안 되는 렌털 시설이 아니라 도심 곳곳의 여러 주차장에 차량이 주차되어 있어 편리하게 이용할 수 있다. 운전자들은 렌털 관련 서류 작성과 체크 인 프로세스에 시간을 낭비할 필요 없이, 신속하게 차량을 확보할 수 있다. 가끔씩만 자동차가 필요한 운전자들에게는 기존의 자동차 렌트나 소유와 비교할 때 집카를 이용하는 편이 보다 경제적이고 편리하다. 이러한 이점 덕분에 집카는 급속도로 성장하게 되었고, 이제는 세계 유수의 카 셰어링 네트워크로 자리 잡았다. 2013년을 기준으로 할 때 집카의 회원 수는 81만 명이며, 북미와 유럽의 여러 국가에서 1만 대의 차량을 운영했다.[14]

숙박 업계의 경우와 마찬가지로, 카 셰어링에도 대기업들이 참여하고 있다. 2009년에 자동차 제조기업인 다임러/메르세데스 벤츠는 카투고Car2go 서비스를 제공하기 시작했다. 주행거리나 연료소비량과는 상관없이, 분당 요금제를 기반으로 스마트 포투Smart Fortwo 차량을 렌트해준 것이다. 2013년에 카투고는 8개 국가에서 8천 대 이상의 차량을 운영했고, 등록 고객 수는 40만 명이 넘었다.[15] 한편 대형 렌터카 업체인 에이비스Avis는 2013년에 집카를 인수했다.[16]

이러한 비즈니스 모델들이 추가적인 가치를 창출하는지 아니면 그저 기존의 비즈니스를 대체하는지는 현재로서는 명확하지 않지만, 시간이 흐름에 따라 디지털 기술을 통해 자산을 공유하는 모델들이 더욱 중요해질 것이다. 분명히 점점 더 다양한 업계에서 이러한 비즈니스 모델이 등장하게 될 것이다. 만약 여러분이 활용도가 낮은 자산을 파악하고, 시간에 민감한time-sensitive 접근 모델을 통해 이러한 자산의 활용을 최적화하고, 적절한 경제 공식을 찾아낼 수만 있다면, 가치 있는 신규 매출원을 확보한 것이나 다름없다.

최근 몇 년간 비즈니스 리더들은 다면적인 플랫폼을 갖춘 비즈니스 모델을 통해 산업을 재창조하는 것에 상당한 관심을 가지게 되었다. 우선 이러한 플랫폼의 기저에 깔려 있는 경제학을 이해해야만 산업의 재창조를 모색할 수 있다. 또한 최근의 연구 성과는 플랫폼 경제학에 대한 이해를 높이는 계기를 제공해주었다.[17] 다면적인 플랫폼은 파편화된 업계들에 흩어져 있는 참여자들을 효율적으로 한데 모아주고, 경제학자들이 탐색 및 거래 비용이라 부르는 것들을 절감해준다. 택시 업계의 우버, 숙박 업계의 에어비앤비가 그랬듯이 말이다.

훌륭한 플랫폼은 네트워크 효과를 통해 상당한 진입 장벽을 만들어 낼 수 있다. 예를 들자면 이베이^{eBay}의 구매자들이 늘어날수록 더 많은 판매자들이 모여들게 되며, 결과적으로 더 많은 구매자들이 모여들게 된다. 일반적으로 플랫폼의 한쪽 측면에서 고객들이 얻는 가치는 다른 측면에서 참여하는 고객의 수가 늘어남에 따라 증가한다. 또한 군중의 힘은 전통적인 게이트키핑^{gatekeeping}을 대체할 수 있다. 예를 들어, 다른 여행객들의 조언이 여행사 직원들의 조언을 대체하고 있다.

업계 전체를 재창조할 수 있는 플랫폼 관련 기회가 매일같이 주어지지는 않는다. 하지만 분명히 이러한 기회는 여러 업계에 존재한다. 업계를 뒤바꿔놓을 만한 새로운 비즈니스 모델을 만들어내기 위해서는 비전과 창의성, 세심한 계획, 실험 및 투자가 필요하다. 성공 사례가 드물기는 하지만, 산업을 재창조하는 데 성공하는 사람들은 상당한 이점을 누리게 된다.

✚ 제품이나 서비스의 대체

여러분이 제공하고 있는 핵심 제품이나 서비스가 새로운 디지털 기술로 대체되고 있는 상황이라면, 비즈니스 모델의 트랜스포메이션이 반드시 필요하다. 이러한 경우에 여러분은 자기 자신을 대체해야 한다.

그러기 위해서는 매출의 자기 잠식^{cannibalize}(특정 기업의 신제품이 기존 주력 제품의 수익이나 판매량 등을 감소시키는 현상을 가리킴 - 역주)이 불가피할지도 모른다. 그러나 기존에 제공하던 것에서 디지털 기술을 통해 새롭게 제공되는 것으로 실제적인 전환이 일어나는 상황이라면, 그 밖에 다른 방법이 없다.

디지털 사진이 필름을 대체하고 스마트폰이 카메라를 대체하자, 코닥과 후지필름의 기존 비즈니스 모델은 아무런 쓸모가 없어져버렸다. 두 회사 모두 변화가 다가오고 있다는 것을 알았지만, 코닥은 도태된 반면 후지필름은 살아남았다. 코닥은 자사의 핵심 사업에 너무 오랫동안 매달렸고, 후지필름은 다각화를 통해 디지털의 공세에 대처했다. 화합물에 대한 전문지식을 활용하여 화장품 업계에 진출했고, 필름에 대한 전문지식을 활용하여 LCD 평판 시장에 뛰어들었다.[18]

여러분의 비즈니스 모델을 살펴볼 때, 고객이나 이익이 꾸준히 감소하고 있다면 재빨리 다시 생각해보라. 기존 비즈니스를 통해 충분한 자금을 벌어들여서 실험에 필요한 경비를 보조할 수 있으므로, 여러분의 브랜드를 활용하는 새로운 모델을 실험해볼 수 있다. 여러분의 실험은 스타트업들에게 겁을 주어 쫓아버릴 수도 있고, 여러분을 위협하고자 하는 경쟁기업들에 맞설 만한 우위를 제공할 수도 있다. 그런데 이렇게 근본적인 전환은 초기에 대응하는 편이 더 낫다.

20여 년 전부터 개인과 회사는 이메일에서 소셜 미디어에 이르기까지, 새롭고 다양한 형태로 문서를 주고받거나 문자 커뮤니케이션을 할 수 있게 되었다. 하지만 이러한 변화가 모두에게 긍정적인 것은 아니었다. 우편 사업자들의 핵심 비즈니스, 즉 우편물의 물리적인 배달이 서서히 줄어들었다. 일례로 호주의 경우에는 2009년부터 2012년까지 우편물 배달 건수가 17% 감소했고, 그 결과로 호주 우정공사^{Australia}

Post의 매출이 20% 감소했다.[19] 호주 우정공사는 문서 또는 문자 기반의 커뮤니케이션 부문에서 100%의 시장 점유율을 기록했으나, 이 수치는 불과 한 세대 만에 1% 미만으로 대폭 감소했다. 이렇게 급격한 디지털 대체 현상이 일어나면서 우편 서비스의 비즈니스 모델은 반드시 재정의할 필요가 있었다.[20]

전 세계의 여러 우편 회사들은 디지털 커뮤니케이션으로의 전환에 대응하기 위해 E2E[electronic-to-electronic] 서비스를 제공하기 시작했다. 기존 비즈니스의 자기 잠식을 가속화한다는 것은 언뜻 생각하면 상식에 어긋나는 것처럼 보일지도 모른다. 하지만 이러한 우편 회사들은 물리적 채널 및 온라인 채널을 통합함으로써 새로운 플랫폼을 구축할 수 있고, 이를 통해 커뮤니케이션 및 상거래 부문에서 중개자 및 촉진자로서의 역할을 유지할 수 있을 것이라고 생각했다.

덴마크와 스웨덴의 우정공사는 1990년대에 e-서비스로의 다각화를 최초로 모색한 우편회사들이었다. 가장 성공적으로 자리 잡은 디지털 우편함의 사례로는 e-복스[e-Boks]를 들 수 있다. 덴마크 체신부[Post Denmark]와 북유럽의 은행 결제 시스템인 넷츠[Nets]가 e-복스에 대한 부분적인 소유권을 보유하고 있다.

e-복스는 B2C 및 G2C 거래 관련 커뮤니케이션을 지원하는 폐쇄적인 일방형 시스템으로 출발했다. 이 회사는 범용 인증 저장소를 제공함으로써 가계의 문서 행정을 통합하고자 했다. e-복스는 발송자인 대기업 및 정부가 고객과의 거래 관련 커뮤니케이션 프로세스를 완전히 디지털화할 수 있도록 지원했다. 또한 e-복스는 디지털 또는 물리적 커뮤니케이션에 대한 유기적 설정을 관리할 수 있도록 해주었다. 고객들에게는 편리함과 보안을 제공했고, 온라인 뱅킹과 유사해서 친숙한 온라인 시스템을 제공했다. 이 서비스는 결제 옵션을 통합하고

발송자별 미디어 선호도를 활용했으며, 중요한 개인 비즈니스 문서의 경우에는 평생 동안 온라인 아카이브를 제공했다.

웹을 통해 e-복스에 접속할 수도 있으며, 수십만 명에 달하는 사람들은 앱을 통해서 접속한다. e-복스의 양방향 커뮤니케이션은 사회보장번호처럼 민감한 정보를 주고받을 수 있는 안전한 채널을 제공한다. 발송자인 회사의 비즈니스 애플리케이션에 수신자의 답신을 직접 다운로드할 수 있다. 이와 마찬가지로 e-복스에서는 서명이 필요한 계약서 및 동의서도 처리할 수 있으며, 덴마크 법 상 법적 구속력이 있는 동의 또는 거부의 전자 기록이 생성된다. 동시에 우편 관련 솔루션들은 소비자들에게 선택 가능한 채널들을 제공한다.

e-복스의 성장은 디지털 커뮤니케이션의 법적 지위를 확립하는 강력한 e-정부 정책, 그리고 정부의 적극적인 지원 및 도입과 긴밀하게 연결되어 있다. 덴마크의 주, 광역 및 기초지역의 정부 기관들은 e-복스와 연계되어 있으며, 대다수의 은행과 공공 서비스, 주요 상업 기관도 마찬가지다. e-복스가 새로운 서비스 분야를 추가함에 따라 이 서비스를 이용하는 사람들의 수가 늘어났다. 그리고 네트워크 효과로 사람들이 이 서비스를 더 수월하게 받아들이게 되었다. 2013년을 기준으로 덴마크 성인 인구의 약 80퍼센트가 e-복스에 가입했다.[21]

우편물을 인쇄하고 접어서 봉투 안에 넣는 것과 같은 과정이 보통 우편물을 보내는 데 필요한 비용의 대부분을 차지하므로, 대기업들은 디지털 메일링으로 전환함으로써 최대 80%의 물류 비용을 절감할 수 있다.[22] 당초에 디지털 우편함은 계좌명세서, 계산서, 청구서, 급여명세서, 세금 관련 연락, 검사 결과 등 건강 관련 연락처럼 개인적인 비즈니스 커뮤니케이션에 초점을 맞추어왔다. 그런데 일단 허가 기반의 안전한 플랫폼이 구축되어 발신자와 수신자를 연결하게 되면 더욱 많은 가능성들이 열리게 된다. 새로운 소비자 중심 애플리케이션, 퍼미션 기반의 마케팅 애플리케이션, 데이터베이스 관리 솔루션 등 비즈니스 발신자들에게서 새로운 매출 흐름이 발생할 수 있다.

전 세계 대다수의 우편 회사들은 단기적으로 볼 때 물리적 우편과 마찬가지로 '발신자 지불sender-pays' 모델이 가장 실행 가능성 높은 가격 전략이라고 여긴다. 그런데 이런 회사들은 사용자 클릭click-through이나 가치를 기준으로 가격 설정을 하는 방안의 가능성을 모색하고 있다. 또한 소비자들을 위해서 모듈화된 구독 서비스를 구축하고 있다.

여러분의 핵심 제품이나 서비스가 새로운 디지털 포맷으로 대체되는 상황이라면 이제 돌이킬 방법이 없다. 철수할 만한 적절한 방안과 시기를 잘 택해야만 한다. 새로운 모델을 지원하기 위해 과거의 모델을 쥐어짜낸다면 당분간은 핵심 비즈니스를 지켜낼 수 있을 것이다. 그러나 궁극적으로 실행 가능한 유일한 전략은 적극적으로 전환을 모색하는 것이다.

✚ 새로운 디지털 비즈니스의 창출

대기업들은 비즈니스 모델의 재창조를 통해 새로운 성장 동력을 만들어내기가 어려울 수도 있다. 현행 비즈니스를 점진적으로 성장시키고 기존 자산을 보호하는 데 초점을 맞추다 보면 급진적인 사고를 저해할 수 있다. 새로운 디지털 비즈니스를 창출하는 데 있어서 스타트업과 신규 진입기업들이 촉매 역할을 하는 경우도 많지만, 반드시 그런 것만은 아니다.

나이키는 강력한 혁신적인 제품들, 다양한 미디어 플랫폼을 통한 강렬한 브랜드 구축 및 효율적인 운영을 통해 비즈니스를 구축해왔다. 새로운 디지털 기술의 가능성이 등장하자, 나이키는 신속하게 이 세 가지 측면 모두를 활용했다. 새로운 판매 프로세스를 도입하고 전 세계의 운동선수들과 연계함으로써 고객 경험을 혁신했고, 새로운 디자인 및 생산 방식을 통해서 운영을 혁신했다.

　나이키는 비즈니스 모델의 전략화부터 시작한 것이 아니라, 고객들에게 더 많은 가치를 제공할 수 있는 방안부터 살펴보았다. 나이키는 소셜 사이트에서 활동하는 것을 넘어서서, 기술과 정보를 한데 합쳐서 새로운 비즈니스 모델을 만들어내기로 했다. 그 결과, 나이키 플러스 Nike+ 개념이 탄생했다.[23]

　나이키 플러스에는 신발, 센서, 인터넷 플랫폼, 그리고 아이팟, 아이폰, 엑스박스, GPS 시계, 퓨얼밴드를 비롯한 기기 등 다양한 구성요소가 포함된다. 이 새로운 개념을 담은 제품인 퓨얼밴드는 하루 종일 착용자의 위치를 추적할 수 있다. 지금까지 소모된 칼로리 또는 수행한 단계들에 대한 실시간 업데이트를 제공하여, 운동을 하는 사람들에게 진정한 동기 부여를 제공한다. 나이키 플러스는 운동량을 추적하는 독자적인 기준인 나이키퓨얼 NikeFuel 포인트를 제공하며, 이는 온라인에서 공유할 수 있다. 달리기를 하는 사람들 또한 자신이 운동한 경로 및 성과를 트위터나 페이스북 등 온라인에서 친구들과 공유할 수 있다. 더 나아가 디지털 코치에게서 훈련 계획을 받을 수도 있다.

　이와 동시에, 나이키는 고객들이 제품을 어떻게 활용하는지에 관한 데이터를 수집해서 브랜드 마케팅을 향상하는 데 활용한다. 또한 이 과정에서 적극적인 사용자 커뮤니티가 만들어진다. 나이키는 2008년에 이미 예전에는 결코 알지 못했던 사실들을 파악할 수 있게 되었다. "미국에 사는 사람들은 유럽과 아프리카에 사는 사람들에 비해 겨울에 더 자주 달리기를 하지만, 달린 거리는 더 짧습니다. 전 세계적으로 평균 달리기 시간은 35분이며, 나이키 플러스의 파워송Powersong 중 가장 인기 있는 곡은 블랙 아이드 피스Black Eyed Peas의 '펌프 잇Pump It'입니다."[24]

나이키는 나이키 플러스를 통해서 비즈니스 모델을 확대했다. 이제는 단지 의류만 판매하는 것이 아니라 새로운 하드웨어와 기술, 풍부한 데이터 및 유용한 부가 서비스를 고객에게 제공하고 있다. 나이키는 나이키 플러스 플랫폼에서 제공되는 서비스들을 지속적으로 향상시키기 위해 외부 파트너들을 끌어들이고 있다. 4만 4천 여 명을 거느린, 이미 상당한 성공을 거둔 기업으로서는 상당히 괜찮은 행보를 보이고 있다.

나이키의 CEO인 마크 파커는 이렇게 말한다. "나이키가 성공에 안주하다가 거대하고 느리고 정체된, 관료주의적인 기업이 될까 봐 우려됩니다. 비즈니스 모델이 너무 큰 성공을 거두게 되면 여기에 의문을 제기하는 생각이 억압되며, 그런 기업은 결국 무너져버립니다. 〈배트맨〉의 조커가 말했듯이, '이 도시엔 관장약이 필요합니다.'"[25]

나이키는 부가적인 제품 및 서비스를 통해 시장 점유율을 높이고 새로운 수익 흐름을 개발해냈다.[26] 나이키는 참여를 원하는 고객들의 니즈를 이해했고, "어떻게 하면 더 많은 가치를 제공할 수 있을까?"를 고민했다. 이러한 방법으로 나이키는 자사의 제품과 서비스를 상호 연계하는 일관된 디지털 플랫폼을 만들어냈고, 그 결과 운동을 하는 전 세계의 사람들이 혜택을 얻게 되었다.

✚ 가치 전달 모델의 재구성

때때로 비즈니스 모델의 재창조는 업계 규칙의 변화, 제품이나 서비스의 교체, 새로운 디지털 비즈니스의 창출과 연관된 것이 아니라, 가치 전달 모델의 재구성과 관련이 있기도 하다. 기술을 활용하여 다른 방식으로 모든 제품과 서비스 및 정보를 연결하면 고객 고착성^{stickiness}과 경쟁 우위를 구축할 수 있다. 그러면 전환비용$^{switching\ costs}$(한 제품에서 경쟁사의 다른 제품으로 전환하는 데 드는 비용 - 역주)과 인센티브가 생기므로 고객들이 여러분과의 거래를 선호하게 만들 수 있다.

많은 기업들이 고객들과 다시 유대관계를 쌓고 싶어 하면서도, 수년간 성공을 거둔 서드 파티 유통 모델이 위협을 받는 것은 피하고 싶어 한다. 이는 수많은 B2B 기업들이 해결하고자 하는 딜레마다. 기존의 수직 통합적인 모델에 관해 재고할 필요가 있다.

예를 들어 보험 회사들은 설계사들을 통해서 최종 고객들에게 제품과 서비스를 제공함으로써 수익성 있는 비즈니스를 구축해왔다. 그런데 설계사들과 상의하고 싶어하는 사람들의 비율이 줄어든다면 어떻게 될까? 아니면 최종 고객들과의 단절이 심해진 나머지 고객들의 구체적인 니즈를 파악하는 데 어려움을 겪게 된다면 어떻게 될까? 그렇다면 새로운 비즈니스 모델이 필요하다.

많은 자동차 제조사들은 B2B 기업으로, 자동차를 생산해서 딜러에게 판매한다. 그러면 딜러들이 고객들에게 자동차를 판매한다. 자동차 회사들의 제품 판매는 전적으로 딜러에게 의존하는데, 딜러한테는 많은 비용이 들어가며 딜러 인력을 관리하기도 어렵다. 더욱 심각한 것은 딜러가 고객 관계를 주도하며, 자동차 회사들은 최종 고객들과 접촉할 기회가 매우 적다는 점이다.

스웨덴의 자동차 기업인 볼보는 이러한 전통적인 모델을 바꾸어보기로 했다. 2012년을 기준으로 할 때, 볼보는 전 세계 100개국 2천 300명의 딜러 네트워크에 의존하여 제품을 판매했다. 딜러가 모든 판매 및 사후 서비스를 관리했다. 딜러들이 판매 프로세스를 통제했기 때문에, 전통적으로 지역 내의 딜러들이 고객에 관한 지식을 보유해왔다. 볼보는 종래의 방식으로 시장 조사를 실시했지만, 최종 고객들에 대한 직접적인 지식은 얻기 어려웠다.

볼보는 치열한 경쟁 상황에 처해있었고, 수요의 성격 또한 변화하고 있었다. 이제 자동차는 더 이상 단일한 제품이 아니라 고객 경험을 바꾸는 교통 솔루션으로 팔리게 되었다. 선진 IT 및 통신 기술로 무장한 자동차들은 고객에게 보다 효과적이고 안전한 교통수단을 제공했고, 환경에 대한 피해도 줄일 수 있었다.

볼보는 딜러들의 관계를 저해하지 않으면서도 최종 고객들과 더욱 직접적인 관계를 구축하기 위해서 과연 어떻게 했을까? 볼보는 비즈니스 모델의 트랜스포메이션을 단행하기로 했다. 즉 B2B 모델에서 최종 고객들에게 몇몇 서비스를 직접 제공하는 B2B2C 모델로 전환한 것이다.[27] 이러한 서비스들은 딜러들과 경쟁하지 않도록 설계되었고, 볼보 제품의 매력을 강화함으로써 딜러들에게도 도움이 되었다. 이렇게 새로운 B2B2C 모델로 진화하는 과정에서 볼보는 모바일, 소셜 미디어, 애널리틱스, 스마트 임베디드 기기 등 디지털 기술에 크게 의존했다.

고객들과의 교류를 늘리기 위해, 볼보는 웹 페이지뿐만 아니라 페이스북, 트위터, 유튜브 등 소셜 미디어 플랫폼을 적극적으로 활용하기 시작했다. 소셜 미디어를 통해 교류할 때는 자동차를 판매하는 것, 딜러와 경쟁하는 것이 목적이 아니었다. 기존 고객들과의 친밀감을 강화하고, 양방향 대화를 시작하고, 신뢰를 쌓고, 고객 충성을 제고하는 것이 목적이었다.

여기서 볼보는 한 발짝 더 나아갔다. 자동차에 푸시-투-토크$^{push-to-talk}$ 버튼을 추가할 필요성에 대응하면서, 볼보는 커넥티드 카$^{connected-car}$ 콘셉트를 개발하고 있다. 이 회사의 차량 지원 서비스인 볼보 온 콜$^{Volvo\ on\ Call}$은 글로벌 프레임워크 협정 하에 운영되는 로컬 콜센터를 통해 제공된다. 볼보가 새롭게 출시한 자동차를 운전하는 사람은 버튼을 누르면 콜센터의 상담원과 직접 통화할 수 있다. 콜센터는 GPS를 이용해서 가장 가까운 소매업체를 찾거나, 견인 트럭을 보내거나, 경찰에 연락하는 등 서비스를 제공한다. 또한 온 콜 서비스는 사고가 발생하면 자동 경보를 울린다. 이 서비스는 모바일 앱으로도 제공되기 때문에, GPS나 GSM$^{global\ system\ for\ mobile\ communications}$(유럽의 이동통신 표준규격 - 역주) 기술이 내장되어 있지 않은 구식 차량을 소유한 고객들에게도 상업화할 수 있다. 새로운 차량을 구입하면 온 콜 서비스가 몇 년간 제공되며, 그 이후에는 사용료를 지불하고 서비스를 갱신할 수 있다.

물론 볼보가 이런 서비스를 최초로 제공한 기업은 아니었다. 미국 기업인 온스타^{OnStar}가 전신이었고, 다른 기업들도 그 뒤를 따랐다. 볼보는 푸시-투-토크를 활용하여 딜러 및 고객과의 가치 전달 모델을 재구성해냈다. 딜러들의 강력한 반발에 직면하는 상황을 야기하지 않으면서도 고객에게 더욱 가까이 다가갈 수 있었다. 콜센터는 딜러가 자체적으로 운영하기에는 너무나도 많은 비용이 필요하지만, 자동차 판매에는 도움이 된다. 딜러들은 자신이 신경 쓸 필요 없이 볼보가 회사 차원에서 콜센터 업무를 도맡아준 것을 기뻐했다. 차량에 커넥티드 카 기능을 결합하면서, 볼보는 도난 차량 추적, 도어 컨트롤, 히터 조작, 리모트 대시보드, 차량 위치확인 서비스 등 새로운 디지털 서비스를 제공하기 시작했다.

딜러들을 건너뛰는 대신에, 볼보는 새로운 고객 접촉 방식을 활용하여 딜러들에게 정보와 서비스를 제공하고 있다. 중앙 고객 데이터베이스를 만들었고 글로벌 고객관계 관리^{CRM} 솔루션을 실행했으며, 이제는 딜러들의 기존 데이터와 차량 자체에서 끊임없이 생산되는 정보를 통합하고 있다. 볼보는 새로운 분석 역량을 통해서 1대1 마케팅에 보다 가까이 갈 수 있었고, 딜러들에게 고객에 대한 정보를 제공할 수 있게 되었다.

또한 볼보는 딜러들의 서비스 일정에서 비어 있는 시간을 고객에게 알려주는 차량 유지보수 알림 등 새로운 서비스를 론칭할 수 있다. 디지털 기술을 활용한 이중 비즈니스 모델은 양측 모두에게 도움이 된다.

✚ 가치 제안의 재정의

요즘 언론에는 새로운 디지털 비즈니스 모델의 등장에 따른 파괴적 변화에 대한 이야기들이 자주 거론된다. 그 중요성은 인정하지만, 가치를 창출하기 위한 비즈니스 모델의 변화가 반드시 파괴적일 필요는 없다. 또한 이러한 변화가 반드시 새로운 시장으로의 진출로 이어지는 것도 아니다. 새로운 비즈니스 모델을 창출하는 데 있어서, 현재의 비즈니스 모델이 위협을 받을 때까지 기다릴 필요도 없다.

또한 비즈니스 모델의 트랜스포메이션은 현재의 시장에서 여러분의 존재감을 강화할 수도 있다. 하지만 이러한 트랜스포메이션이 조금이라도 덜 드라마틱한 것은 아니다. 애널리틱스를 보다 잘 활용하고, 새로운 경제 모델을 디자인하고, 제공되는 서비스를 다시 구성하는 등 혁신적인 방식으로 제품과 서비스를 결합할 수 있다. 물론 이러한 접근방법들이 모두 상호 배타적인 것은 아니며, 어떤 기업들은 이러한 모델들을 서로 결합하여 더 많은 가치를 만들어내고 있다.

일본의 부동산 및 재해 보험회사인 도쿄해상보험Tokio Marine Holdings이 고객들에 대해 파악한 사실은 혼란과 고민을 불러일으켰다. 고객들 중 대다수는 1년 단위가 아니라 상당히 짧은 기간 동안의 특정 활동에 대한 보험을 필요로 했고, 도쿄해상보험은 기존의 비즈니스 모델을 확장해서 이에 대응하기로 했다.

도쿄해상보험의 경영진은 모바일 및 위치 기반 기술을 활용해서 특별한 라이프스타일을 지닌 고객들에게 더욱 적합한 상품을 제공할 수 있게 되었다. 2011년에 도쿄해상보험은 이동통신회사인 도코모Docomo와 협력하여, 원-타임 인슈어런스One-Time Insurance라는 이름으로 혁신적인 보험 상품들을 고객들에게 제공했다. 이러한 상품들은 특화된 모바일 앱을 통해서 제공되었다. 이 앱은 고객들에게 스키, 골프, 여행 관련 보험 등 특정 라이프스타일을 위한 맞춤형 보험 상품을 추천해준다. 앱을 이용하면 고객들에게 적합한 맞춤형 보험 패키지를 곧바로 보낼 수 있다.[28] 또한 도쿄해상보험은 2012년 1월에 휴대전화를 통해 가입 가능한 새로운 형태의 자동차보험인 원 데이 오토 인슈어런스One Day Auto Insurance를 출시했다. 이 상품을 이용하면 가족이나 친구한테서 자동차를 빌렸을 때 필요한 날짜만큼만 보험을 가입할 수 있다.[29]

도쿄해상보험과 같은 기업들은 새로운 기술과 데이터를 활용하여 가치 제안을 향상해왔으며, 또 다른 기업들은 기존에 보유하고 있는 데이터를 활용하여 데이터 자체에 기반을 둔 새로운 가치 제안을 창출해왔다.

엔트라비전 커뮤니케이션즈Entravision Communications Corporation는 스페인어 방송국으로, 미국 내 라틴계 시청자들을 상당수 확보하고 있다. 라틴계 인구의 구매력은 총 1조 달러가 넘는 규모의 시장을 형성하고 있다.[30] 1996년에 출범한 엔트라비전은 100개가 넘는 라디오 및 TV 방송국과 디지털 플랫폼을 운영한다. 다양한 지역에 현지화 마케팅을 하는 능력이 상당히 뛰어났다. 엔트라비전은 점차 늘어나고 있는 내부 데이터 및 파트너들과의 라이센스 계약과 관련된 데이터를 처리하는 과정에서 새로운 잠재력과 가치를 발견하게 되었다. 이 회사는 고급 애널리틱스를 활용하여 고객들의 행동에 대한 정제된 정보를 얻게 되었고, 라틴계 인구를 대상으로 제품과 서비스를 판매하는 기업들이 이런 정보에 관심을 보였다.[31]

라틴 시장에 관한 심도 있는 통찰에 대한 수요는 전통적인 미디어 구매자들을 넘어서서 더욱 늘어나기 시작했고, 엔트라비전은 애널리틱스 및 예측 모델링까지도 다루게 되었다. 그 결과, 2012년에 루미나^{Luminar}가 탄생했다. 이 전담 사업부는 당초에는 내부 애널리틱스를 담당했으나 나중에는 외부 클라이언트에게 빅 데이터를 제공하는 역할을 맡게 되었다. 엔트라비전은 그 이후로 네슬레, 제너럴 밀스$^{General Mills}$(미국의 대표적인 식료품 제조회사 - 역주), 타깃^{Target}(미국의 대형 유통 체인 - 역주)을 비롯한 여러 클라이언트들을 확보했다.[32] 2013년에는 비즈니스를 더욱 확대하여, 온라인 청중 공략을 위한 루미나 청중 플랫폼$^{Luminar\ Audience\ Platform}$을 선보였다. 이제 엔트라비전은 1,500만 명에 달하는 미국 내 라틴계 성인들의 데이터를 수집하고 분석하고 있다. 미국 내 라틴계 성인 인구의 오프라인·온라인·카탈로그 거래의 약 70%에 해당한다.[33] 엔트라비전의 정체성은 예전에는 방송사였지만 이제는 라틴 시장을 담당하는 미디어 및 정보기술 기업이 되었다.

✚ 비즈니스 모델 트랜스포메이션에 대한 이해

성공적인 비즈니스 모델이 영원히 지속되는 것은 아니다. 때로는 새로운 가치 창출이 이루어져 새로운 비즈니스 모델이라는 미지의 영역으로 모험을 떠나야 하는 경우도 있다. 이때 사업 기회 또는 경쟁기업의 위협이 변화를 위한 촉매로 작용할 수 있다. 디지털 마스터들에게 피해망상이 있는 것은 아니지만, 이들은 경쟁기업과 신규 진입기업들이 디지털 기술의 잠재력을 활용하여 자사의 비즈니스를 추격해 올 수도 있다고 생각한다. 여러분 또한 그런 생각을 가질 필요가 있다.

첫째, 일단 자신의 현재 비즈니스 모델에 대해 충분히 이해하고 있어야 한다. 또한 조직에 경보를 울리는 비즈니스 모델 변화의 징후들에 끊임없이 관심을 기울여야 한다. 전통적인 매출 흐름이 점차 감소하고 있는가? 아니면 범용화^{commoditization}로 마진 잠식이 일어나고 있는가? 예상치 못한 장소 또는 인접 업계에서 새로운 경쟁자들이 등장하고 있는가? 여러분의 제품이나 서비스를 대체할 만한 저렴한 디지털 제품이나 서비스가 시장에 진출하고 있는가? 업계에서의 전통적인 진입장벽이 무너지고 있는가?

이러한 상황에서 여러분은 방어적인 태세 또는 공격적인 태세를 취할 수 있다. 방어적인 모드의 기업들은 데이터와 다른 모든 이점을 활용하여 기존 모델의 하향세를 늦추기 위해 노력한다. 또한 적극적인 운영 비용 삭감을 통해 현금 및 투자 여력을 늘릴 수도 있다. 하지만 여러분은 공격적인 입장을 택할 수도 있다. 자신이 속한 업계의 비즈니스 모델을 재고하는 퍼스트 무버^{first mover}가 되는 것이다. 여러분은 새로운 디지털 서비스 제공으로 기존의 제품이나 서비스를 대체함으로써 경쟁기업들이나 다른 업계들에 파괴적 변화를 일으킬 수 있다. 새로운 디지털 비즈니스 모델을 활용하여 신규 매출원을 만들어낼 수도 있겠다. 가치 전달 모델을 재구성하고 가치 사슬에서 다른 역할을 담당해볼 수도 있다. 아니면 기존 고객들에게 새로운 방식으로 서비스를 제공하며, 가치 제안을 재고해볼 수도 있다. 벅찬 과제가 될 수도 있겠지만, 이런 시도를 해보는 것은 전략적으로 가치가 있다.

기술에서부터 시작하지 마라. 그 대신, 어떻게 하면 고객들에게 더 많은 가치를 전달할 수 있을지, 또한 운영상의 이익을 남기면서 가치를 전달할 수 있을지를 먼저 고민하라. 그런 다음 디지털 기술이 제공하는 기회들을 활용하여, 더욱 스마트하고 저렴하고 신속하게 이를 달성하라. 다른 업계에서는 유사한 문제들을 어떻게 해결했는지, 유사한 기회들을 어떻게 이용했는지에 관해 알아보고 배워라.

다양한 방안이 가능하다. 여러분은 고객들에게 가장 커다란 가치를 제공하고, 운영상 모방하기 어려우며, 수익성 높은 경제 모델을 제공하는 옵션들을 우선적으로 처리할 필요가 있다. 또한 새로운 모델에 대한 실험을 실시함으로써 리스크를 완화해야 한다. 이와 동시에, 여러분이 더 많은 것을 배우고 자신의 추측을 수정하는 데 도움이 될 만한 데이터를 수집해라. 기술의 전환은 비즈니스 모델의 변화를 위한 새로운 기회를 제공해주기도 하지만, 기존 모델을 위협할 수도 있다.

새로운 비즈니스 모델을 설계하고 실험하고 실행하는 것은 최고 경영자들에게는 도전 과제이자 전략적 활동이다. 부문별 책임자$^{\text{functional heads}}$(최고재무책임자, 최고운영책임자 등 직무별 경영인을 가리킴 - 역주)들은 여러 사업부서에 걸쳐 새로운 비즈니스 모델을 실험할 만한 충분한 권한을 지니지 못할 것이다. 새로운 모델을 실행하기 위해서는 비전과 리더십, 거버넌스가 필요하다. 만약 새로운 모델이 궁극적으로 기존 모델을 대체하기 위해 설계되었다면 언제, 어떤 속도로 자원을 전환해야 할지를 알아야만 한다. 변화는 하룻밤 사이에 이루어지지는 않을 것이다. 만약 기존 모델과 신규 모델이 공존할 수 있도록 설계되었다면, 잠재적인 갈등 및 둘 사이의 자원 배분을 세심하게 관리할 필요가 있다.

지금까지 우리는 디지털 트랜스포메이션의 무엇을 구성하는 세 가지 투자 부문에 관해 알아보았다(강렬한 고객 경험을 창출하기, 핵심 운영의 힘을 활용하기, 비즈니스 모델을 재창조하기). 이제는 어떻게, 즉 디지털 트랜스포메이션을 성공적으로 수행하는 데 필요한 리더십 역량에 관해 살펴보기로 하자.

체크 리스트 — 비즈니스 모델

- ✓ 최고 경영진과 함께 비즈니스 모델을 끊임없이 고민하고 도전하라.
- ✓ 상품화, 신규 진입자, 기술 대체 등 업계에서 비즈니스 모델의 변화를 촉진하는 증상들을 모니터하라.
- ✓ 다른 사람들이 미리 해버리기 전에 여러분의 업계에서 어떻게 트랜스포메이션을 이룰 수 있을지 생각해보라.
- ✓ 여러분이 현재 제공하고 있는 제품 및 서비스가 디지털 위협을 받고 있다면 새로운 버전의 제품과 서비스로 교체해야 할 시기인지 생각해보라.
- ✓ 여러분의 핵심 스킬 및 자산을 활용하여 새로운 디지털 비즈니스를 창출하는 방안을 고려해보라.
- ✓ 제품, 서비스 및 데이터를 혁신적인 방식으로 연계하여 추가적인 가치를 창출함으로써 가치 전달 모델을 재구성하라.
- ✓ 새로운 니즈를 충족시키기 위해 여러분의 가치 제안을 재고하라. 이를 통해 현재 시장에서의 존재감을 강화하라.
- ✓ 새로운 비즈니스 모델에 대한 아이디어들을 실험하고 반복하라.

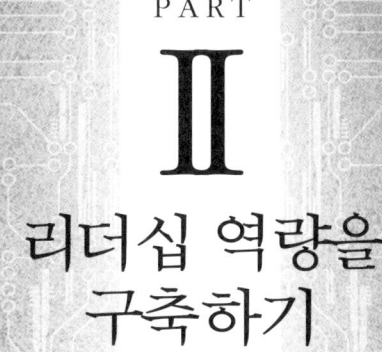

PART II

리더십 역량을 구축하기

지금까지 우리는 디지털 역량의 **무엇**을 살펴보았다. 이제는 트랜스포메이션을 **어떻게**how 추진하는가에 관해 알아보도록 하겠다. 모든 기업들이 디지털 여정을 시작할 수 있는 것은 아니다. 그러나 대다수의 경우에 기업이 디지털 여정을 시작하도록 하는 것이 문제가 아니라, 모든 사람들이 같은 방향으로 움직이게 하는 것이 관건이다. 두 가지 도전과제 모두 리더십의 영역에 속한다. 리더십 역량은 진정한 디지털 트랜스포메이션을 이루어내는 데 필수적이며, 디지털 투자를 디지털 우위로 만들어준다.

제2부에서는 리더십 역량의 네 가지 핵심 요소에 관해 살펴보겠다. 기업이 디지털 세상에서 어떻게 변화할지에 대한 트랜스포메이션 비전을 세우고, 비전을 실현하기 위해 직원들을 독려하는 데서 디지털 트랜스포메이션이 시작된다. 올바른 디지털 거버넌스 모델을 구축하는 것이 매우 중요하다. 디지털 이니셔티브들이 올바른 방향으로 나아갈 수 있도록 하는 방향타 역할을 하기 때문이다. 마지막으로, 기술 리더십 역량은 훌륭하게 설계된 디지털 플랫폼을 구축하고 여기에서 지속적인 혜택을 얻는 데 도움이 된다. 여기에는 IT 담당자들과 비즈니스 담당자들 간의 견고한 관계 및 적절한 디지털 스킬이 포함된다.

CHAPTER 5

디지털 비전을 수립하기

우리가 세상을 바꾸는 데 마법이 필요한 것은 아니다.
우리의 내면에는 필요한 모든 힘이 이미 존재한다.
우리는 더 나은 것을 상상할 힘을 지니고 있다.

J. K. 롤링

2009년에 장-피에르 레미Jean-Pierre Remy가 빠주 죤느Pages Jaunes의 CEO로 취임했을 때, 이 회사는 어려운 상황에 처해있었다. 빠주 죤느는 빠르게 쇠락해가는 프랑스 전화번호부 업계의 선도 주자였는데, 종이책 관련 매출이 매년 10% 이상 감소하고 있는 실정이었다.[1] 구글, 크레이그리스트Craigslist, 옐프Yelp의 시대에 누가 두꺼운 전화번호부를 펼쳐서 기업들을 찾아보겠는가? 빠주 죤느는 디지털 검색의 세상에 신속하게 적응해야만 했다.

레미는 디지털 디렉토리 서비스가 기회로 작용할 거라며 직원들을 설득하려고 했다. 빠주 죤느는 여전히 신뢰받는 브랜드였고, 광고주들과 탄탄한 관계를 유지했고, 디지털 서비스 분야에 작은 기반을 지니고 있었다. 하지만 백 년 전에 설립된 이 회사에서 일하는 직원들은 회의적인 입장이었다. 빠주 죤느는 언제나 업계를 선도해왔고, 굳이 사업을 변화시킬 필요가 별로 없다는 것이었다. 디지털은 부차적인 것에 불과했고, 종이로 된 두꺼운 전화번호부에 광고를 판매하는 것과는 관련이 없다고 생각하는 직원들이 많았다. 이들은 프랑스의 혁신적인 온라인 네트워킹 시스템인 미니텔Minitel이 1980~1990년대에 등장했을 때도 빠주 죤느의 경쟁력에는 아무런 영향을 미치지 못한 것을 지켜본 경험이 있었다.² 또한 1997년에서 2002년 사이에 닷컴 버블이 생겼다가 사라졌을 때도 빠주 죤느는 여전히 업계 선두주자 자리를 지켰다는 것도 알고 있었다. 심지어 매출이 감소했는데도, 업계 안에서의 중대한 전환에 주목하지 않고 경영 부실을 비난하는 직원들도 있었다. 디지털의 진정한 위험과 기회를 이해하는 사람들은 극소수에 불과했다.

  빠주 죤느의 직원들에게 무엇이 필요한지는 분명했다. 즉 현재의 비즈니스를 바라보는 그들의 관점보다 더욱 설득력 있는 미래의 트랜스포메이션 비전이 필요했다. 레미는 그런 비전을 찾아냈다. 빠주 죤느는 두꺼운 전화번호부를 생산하는 사업이 아니라, 중소기업들을 지역 고객들과 연계해주는 사업에 종사해왔다. 책은 이제 구식 기술에 불과했고, 디지털 기술이 이러한 역할을 더욱 잘 해낼 수 있었다.³ 명확하고 강력한 비전이었다. 빠주 죤느의 현재 역량들과 연계하면서도 뚜렷한 미래의 그림을 보여주었다. 비전은 디지털이 곧 미래였고, 종이 전화번호부는 사라질 것이라는 점을 분명하게 드러냈다. 새로운 세상에서 직원들의 일자리와 스킬이 어떻게 될지, 디지털 미래가 도래했을 때 그들이 어떤 역할을 할 수 있을지를 알려주었다.

  또한 레미는 원대한 목표를 발표했다. 빠주 죤느의 비즈니스 믹스를 변화시키고, 30% 미만인 디지털 관련 매출을 향후 5년 내에 75% 이상으로 늘리겠다는 것이었다.⁴ 이처럼 명시적인 목표를 제시하자 직원들은 얼마나 많이, 얼마나 빨리 변화해야 하는지에 대해 더 이상 왈가왈부하지 않았다. 또한 총 매출에서 디지털 관련 매출이 차지하는 비중을 기준으로 성과를 측정하겠다는 분명한 방안을 제공했다. 디지털 관련 매출을 늘리는 것은 뭐든지 좋았고, 종이책 관련 매출을 늘리는 것은 상대적으로 덜 중요했다.

레미는 취임 후 2년간 디지털이 비즈니스의 미래에 어떤 긍정적인 영향을 미치는지를 직원, 고객 및 투자자 등 모든 사람이 이해할 수 있도록 도와주었다. 그는 여러 차례에 걸쳐 직원들과 솔직하게 의사소통했다. 빠주 죤느를 훌륭하게 만들어준 것들 중 일부는 미래에도 중요할 것이며, 나머지는 서서히 사라지게 될 것이었다. 빠주 죤느의 브랜드는 디지털 세상에서도 여전히 탄탄함을 유지할 수 있었다. 영업 담당자들이 수년간에 걸쳐 쌓아온 고객 관계는 여전히 중요했다. 하지만 영업 담당자들은 종이 광고 대신에 디지털 서비스를 판매하는 방법을 배울 필요가 있었다. 인쇄 및 배송 등 책과 관련된 스킬들은 미래에는 상대적으로 유용성이 떨어지게 될 것이었다. 그러나 빠주 죤느는 종이책 비즈니스에 몇 년 더 남아 있고자 했다. 종이책 관련 종사자들이 은퇴하고, 재교육을 받거나 다른 회사로 이직하는 데 필요한 충분한 시간을 제공할 수 있도록 말이다.

빠주 죤느의 고위 경영진은 자사의 투자 및 스킬을 신속하게 재정비했다. 디지털 경제에서 일할 수 있는 스킬과 마음가짐을 갖춘 노인들을 고용했고, 영업 담당자들을 재교육해서 디지털 서비스를 판매하게 했다. 또한 디지털 광고와 웹페이지를 만들기 위해 디자이너들을 재교육했다. 웹페이지 디자인과 모바일 앱 등 디지털 서비스의 시안에 투자했다. 어떻게 새로운 방식으로 고객들에게 접근할 수 있는지를 클라이언트들에게 보여주기 위해서였다. 심지어 구글과 경쟁하는 것이 아니라 파트너로 협력하기로 했다. 마지막으로, 레미는 기존 종이책 비즈니스에서 그다지 중요하지 않은 투자는 모두 동결함으로써 강력한 의지를 나타냈다.

이러한 전환은 순조롭지도 즉각적이지도 않았다. 프랑스는 직원에 대한 해고가 매우 어려운 나라인데, 일부 직원들은 변화에 저항했다. 레미는 트랜스포메이션에 참여하도록 설득했고, 참여하지 않는 직원들을 에둘러서 일할 수 있는 방법을 찾아냈다. 전 세계적인 경기 침체로 디지털 관련 매출이 계획보다 더욱 서서히 증가했고 종이책 관련 매출이 더욱 빠르게 감소했기 때문에, 경영진은 회사의 채무를 조정해야만 했다. 하지만 고객들은 디지털 서비스의 가치를 인식하기 시작했고, 영업 담당자들은 디지털 서비스를 어떻게 판매해야 할지 방법을 배워나갔다.

레미가 새로운 디지털 비전을 발표한지 4년이 지난 2013년까지, 유럽의 경제 관련 문제들에도 불구하고 빠주 죤느는 트랜스포메이션 관련 목표들을 거의 다 달성했다. 디지털 관련 연매출은 빠르게 성장하여 종이 기반의 비즈니스에서 발생하는 연간 손실을 거의 메울 수 있게 되었다. 레미는 빠주 죤느에 부임한 이래 최초로, 2015년까지 총 매출 성장을 기록할 것으로 예측했다. 전 세계의 전화번호부 기업들이 디지털 경쟁에 대처하기 위해 고군분투하고 있는 동안, 빠주 죤느는 이제 종이가 아니라 디지털 기술이 이끌어가는 기업으로 자리 잡게 되었다.

✚ 비전은 중요하고 트랜스포메이션 비전은 더욱 중요하다

디지털 트랜스포메이션으로 인한 변화는 이제 현실이다. 그러나 경영자들은 디지털의 위협과 기회를 이해한다 하더라도, 직원들에게 확신을 줄 필요가 있다. 대다수의 직원들은 일을 하기 때문에 급여를 받는 것이지, 자기가 그 일을 바꿔야 한다고 생각하지는 않는다. 그리고 이들은 예전에 대대적인 이니셔티브들이 현실화되지 못하는 것을 지켜본 경험이 있다. 많은 사람들에게 있어서 디지털 트랜스포메이션은 자신과 상관없는 일이거나 그저 지나가는 한때의 유행일 뿐이다. 하지만 또 다른 사람들은 변화가 자신의 일에 어떤 영향을 미치는지, 이러한 전환에 어떻게 대응해야 하는지를 이해하지 못할 수도 있다.

성공적인 디지털 트랜스포메이션은 기업의 고위 경영진에게서 시작된다. 오직 최고위급 경영자들만이 미래에 대한 강력한 비전을 만들어내고, 조직 전체에 걸쳐 이러한 비전을 전달할 수 있다. 그러면 중간 및 하위 단계의 사람들이 비전을 현실화할 수 있다. 관리자들은 프로세스를 재설계하고, 근로자들은 일하는 방식을 바꾸고, 모든 사람들이 비전을 달성하기 위한 새로운 방안들을 모색할 수 있다. 이러한 변화는 단순한 지시를 통해 일어나지 않으며, 반드시 변화를 이끌어나가야만 한다.

바텀업 방식으로 진정한 디지털 트랜스포메이션을 이루어낸 경우는 단 하나도 없었다. 일례로 나이키가 제품 디자인과 공급망에 변화를 준 것처럼, 비즈니스의 몇몇 부분을 변화시킨 경영자들도 있었다. 그러나 경영자들은 사업부의 경계선 앞에서는 멈춰 섰다. 비즈니스의 일부분을 변화시키는 것만으로는 부족하다. 때로는 사일로들을 한데 아우르는 잠재적 시너지를 발견하고, 모든 사람들이 그 가치를 누릴 수 있는 상황을 조성하는 데서 트랜스포메이션의 진정한 혜택을 얻을 수 있다. 오직 고위 경영진만이 이처럼 경계를 넘어선 변화를 추진할 수 있는 위치에 놓여 있다.

그러면 디지털 비전은 얼마나 널리 퍼져 있는가? 전 세계 391개 기업의 경영인 431명을 조사한 바에 따르면, 고위 경영진이 디지털 비전을 지니고 있다고 응답한 비율은 42%에 머물렀다. 고위 관리자들과 중간 관리자들이 디지털 비전을 공유한다고 답한 비율은 34%에 그쳤다. 디지털 트랜스포메이션이 빠른 속도로 기업과 업계를 재편성하고 있다는 것을 생각하면, 이러한 수치들은 깜짝 놀랄 만큼 낮다. 그런데 전반적으로 이렇게 낮은 수치들의 이면에는 중요한 차이점이 숨겨져 있다. 디지털 마스터들은 디지털 비전을 공유하지만, 다른 사람들은 그렇지 않다. 디지털 마스터들 중에서, 82%가 고위 경영자들이 디지털 트랜스포메이션에 대한 공통의 비전을 공유한다고 응답했다. 또한 72%가 고위 관리자들과 중간 관리자들이 이런 비전을 공유한다고 답했다.[5] 디지털 마스터 이외의 기업들을 살펴보면 사뭇 다른 상황이 펼쳐진다. 고위 경영자들이 디지털 비전을 공유한다고 답한 비율은 30%가 채 안 됐고, 중간 관리자들까지도 이런 비전을 공유한다고 답한 비율은 고작 17%에 불과했다.

그러나 디지털 비전을 공유하는 것만으로는 충분하지 않다. 많은 기업들이 디지털 기술의 잠재력을 전적으로 활용하는 데 실패하는 까닭은 경영진이 디지털 미래에 대한 진정한 트랜스포메이션 비전을 보유하고 있지 않기 때문이다. 설문 조사에서 급격한 변화를 표방하는 비전을 보유하고 있다고 응답한 비율은 평균 31%에 그쳤고, 내부의 조직 단위를 넘어서는 비전을 보유하고 있다고 응답한 비율은 41%에 머물렀다.[6] 디지털 마스터들은 훨씬 더 혁신적인 비전을 지니고 있다. 응답자의 2/3가 자신의 비전이 급진적이라고 답했으며, 82%가 자신의 비전이 부서간의 경계를 뛰어넘는다고 답했다. 반면에 디지털 마스터가 아닌 기업들은 비전의 혁신성이 훨씬 부족했다.

✚ 디지털 비전은 어떤 모습인가?

디지털 비전은 어디에 초점을 맞춰야 할까? 디지털 비전은 대개 다음 세 가지 관점 중 하나를 취한다. 첫째는 고객 경험을 재구상하는 것이고, 둘째는 운영 프로세스를 재구상하는 것이다. 셋째는 이 두 가지 접근방식을 결합하여 비즈니스 모델을 재구상하는 것이다. 기업의 역량과 고객의 니즈, 업계 내 경쟁의 속성 등을 고려하여 어떤 접근방식을 택할 것인가를 결정해야 한다.

고객 경험을 재구상하기

많은 기업들이 고객과 교류하는 방식을 재구상하는 데서부터 시작한다. 같이 일하기 편한 기업이 되고 싶어 하고, 보다 스마트한 방식으로 고객들에게 제품이나 서비스를 제공하고 싶어 한다. 기업들은 고객 경험을 재구상할 때 각기 다른 곳에서부터 시작한다.

 어떤 기업들은 고객과의 관계를 혁신하는 것을 목표로 삼는다. 스타벅스의 CDO인 애덤 브로트먼Adam Brotman 역시 마찬가지였다. "디지털은 매장 파트너들과 회사가 우리의 스토리를 들려주고, 브랜드를 구축하고, 고객과의 관계를 맺는 것을 지원해야 합니다."[7] 버버리의 CEO인 안젤라 아렌츠는 다양한 채널 간의 일관성에 초점을 맞추었다. "우리의 비전은 처음부터 끝까지end-to-end 완전한 디지털화를 이룬 최초의 기업이 되는 것이었어요. 고객은 어떤 기기를 사용하든, 어디에서든 버버리에 접속할 수 있도록 말이에요."[8] 화장품 업계의 대기업인 로레알의 전략 마케팅 담당 상무이사인 마크 메네스겐Marc Menesguen은 이렇게 말한다. "디지털 세상을 통해서 우리 회사의 브랜드들은 고객들과 활발하게 감정을 교류하는 관계를 구축할 수 있습니다."[9]

다른 기업들은 애널리틱스를 활용하여 어떻게 하면 더욱 스마트한 방법으로 고객들에게 제품 또는 서비스를 제공할지를 재구상한다. 시저스는 고객에 대한 실시간 정보를 이용해서 각각의 고객에게 개인화된 경험을 제공하려는 비전에서부터 시작했다. 기존 기술을 활용해서 고객 만족을 높이고 고객당 이익을 제고할 수 있었다. 그런 다음 새로운 기술이 부상하자 모든 고객의 손 안에 들어 있는 위치 기반의 모바일 컨시어지에까지 이러한 비전을 확대했다.[10]

또 다른 접근방식은 디지털 도구들이 고객 행동에 대한 이해를 얼마나 도울 수 있는지에 대해 재구상하는 것이다. 호주 커먼웰스 은행Commonwealth Bank of Australia은 새로운 기술이야말로 고객의 의견을 반영하는 핵심 방안이라고 여긴다. CIO인 이언 나레브Ian Narev는 이렇게 말한다. "우리는 새로운 기술을 활용하여 고객들이 상품 설계에 더욱 큰 역할을 담당할 수 있도록 하고 있습니다. 이렇게 하면 보다 직관적인 상품과 서비스를 만들어낼 수 있어요. 고객들이 쉽게 이해할 수 있고, 개별 고객의 니즈에도 더욱 잘 맞출 수 있지요."[11]

마지막으로, 어떤 기업들은 고객 경험에 영향을 미치는 것에서 더 나아가 실제로 고객의 삶을 변화시키기까지 비전을 확대한다.[12] 예를 들어 노바티스Novartis의 CEO인 조셉 지메네즈Joseph Jimenez는 이런 글을 쓴 적이 있다. "스마트폰, 태블릿 기기 등 우리가 일상생활에서 사용하는 기술은 환자들이 스스로 건강을 관리하는 데 상당한 도움을 줄 수 있습니다. 우리는 이러한 도구들을 활용하여 치료 순응률compliance rate을 높이고, 전문 의료인력이 환자의 경과를 원격으로 모니터할 수 있는 방안을 모색하고 있습니다."[13]

운영을 재구상하기

핵심 운영과 공급망의 성과에 사활이 달려 있는 기업들은 보통 운영을 재구상하는 것에서부터 시작한다. 운영 비전의 비즈니스 원동력에는 효율성 및 이질적인 운영을 통합할 필요성이 포함된다. 경영진은 프로세스의 가시성 및 의사결정 속도를 높이고 싶어 하거나, 사일로들을 넘어서서 협력을 도모하고 싶어 한다. 예를 들어 2011년에 P&G는 운영의 탁월함을 디지털 비전의 중심에 두었다. "P&G를 디지털화하면 수요 주도를 기반으로 비즈니스를 실시간으로 관리할 수 있게 될 것입니다. 우리는 회사 안팎에서 보다 효과적이고 효율적으로 협력할 수 있게 되겠지요."[14] 은행업에서 제조업에 이르기까지 다른 업계의 기업들은 유사한 운영 중심형의 비전을 통해서 스스로를 혁신해냈다.

대체로 다른 기업을 대상으로 판매하는 기업들에게 운영 비전은 더욱 유용하다. 코델코가 코델코 디지털 이니셔티브를 처음 시작했을 때는 자동화와 데이터 통합을 통해서 광산 운영을 급진적으로 향상하는 것을 목표로 했다. 제3장에서 다뤘던 것처럼, 코델코는 이러한 비전을 지속적으로 확대해서 새로운 광업 자동화 및 통합된 운영-통제 역량까지도 아울렀다. 이제 경영진은 광업 프로세스와 업계 자체를 재정의할 만한 급진적인 새로운 방안들을 구상하고 있다.

어떤 기업들의 운영 비전은 내부적인 관점을 넘어서서 기업이 업계에서, 또는 고객들과 함께 운영을 어떻게 변화시킬 수 있을지를 고려한다. 일례로 비행기 제조사인 보잉은 제품의 변화를 통해 고객들이 어떻게 운영을 변화시킬 수 있는지를 구상한다. 보잉의 웹사이트에는 이렇게 설명되어 있다. "보잉은 항공업계의 미래가 '디지털 에어라인digital airline'에 달려 있다고 생각합니다. 비행기에서 나오는 데이터의 양이 점점 증가하고 있는데, 시장에서 성공하려면 항공사의 엔지니어링 및 IT 팀은 이러한 데이터를 활용해야만 합니다. 고급 애널리틱스와 비행기 관련 기술을 이용해서 운영의 효율성을 한 단계 더 높여야만 합니다."[15]

더 나아가 보잉은 디지털 에어라인이 실제로 어떤 것을 의미하는지에 관해 명확한 그림을 내놓는다. "디지털 에어라인의 핵심은 정보를 가장 필요로 하는 사람들에게, 그들에게 정보가 가장 필요한 시점에 운영 및 유지·보수와 관련된 구체적인 보안 정보를 제공하는 것입니다. 이는 엔지니어링이 IT와 데이터를 공유할 뿐만 아니라, 재무, 회계, 운영 및 집행 관련 부서들과도 데이터를 공유한다는 것을 의미합니다."[16] 이러한 비전은 보잉의 고객들에게 운영을 향상해줄 뿐만 아니라, 보잉의 운영에도 도움이 된다. 비행기에서 나오는 정보가 제품 설계 및 서비스를 향상할 새로운 방안을 파악하는 데 도움이 되기 때문이다. 보잉이 이런 정보를 활용해서 고객들에게 새로운 서비스를 제공하게 되면, 데이터를 통해 새로운 비즈니스 모델이 탄생할 수도 있다.

비즈니스 모델을 재구상하기

어떤 경영자들은 운영 프로세스와 고객 경험에 관한 아이디어들을 한데 모아서 새로운 비즈니스 모델을 구상한다. 새로운 비전은 현재의 비즈니스 모델을 확대할 수도 있고, 기존 모델과는 상당히 동떨어질 수도 있다. 새로운 비즈니스 모델을 구상하는 데 도움이 될 만한 자원과 틀은 많다.[17] 앞서 제4장에서 비즈니스 모델의 디지털 트랜스포메이션을 이루어낸 기업들의 사례를 살펴본 바 있다. 새로운 비즈니스 모델을 만드는 데는 두 가지 방법이 있다. 방어적인 방안과 공격적인 방안이다.

모델을 재구상할 때 방어적인 접근법을 택하는 기업들도 있다. 대개 이런 기업들은 위협을 느끼는 상황에 처해 있으며, 장기적인 생존에 초점을 맞춰야 한다. 예를 들어 책, 음악, 여행 등 정보 기반의 업계들은 현재 근본적이고 구조적인 변화들을 겪고 있다. 이런 업계들에서 빠른 속도로 변화가 일어남에 따라, 기업들은 비즈니스 모델을 재설계해야 하는 입장에 몰려 있다. 빠주 죤느 역시 방어적인 접근법에서부터 시작했다. 발등에 불이 떨어진 상황에서, 빠주 죤느의 경영진은 신속한 변화를 촉진할 수 있는 비전을 만들어내야만 했다.

반면에 어떤 기업들은 위기에 직면하지 않는 행운을 누린다. 이런 기업들은 보다 공격적인 접근법을 택할 수 있다. 경영진은 위기 상황을 극복하는 것이 아니라 새로운 디지털 비즈니스 모델의 잠재적인 기회에 초점을 맞출 수 있다. 그런데 위기의 부재는 축복일 수도 있고 저주일 수도 있다. 이런 상황에 처한 기업들은 새로운 디지털 접근방식을 실험해볼 시간이 있다는 점에서는 축복이라고 할 수 있다. 하지만 만약 직원들이나 리더들이 변화해야 하는 이유를 알지 못한다면 저주가 될 수도 있다. 산탄데르 은행[Banco Santander]은 비즈니스 모델에 대해 기회를 기반으로 한 접근방식을 추구하며, 새로운 세분 시장에 진출하는 데 디지털 기술이 어떤 도움을 줄 수 있는지에 관한 비전을 강조한다. "향후 몇 년간 우리의 목표는 기업, 보험, 카드 등 우리 은행의 활동이 미진한 세분시장에서 성장할 수 있는 기회를 활용하는 것입니다. 우리는 이런 기회를 붙잡기 위해서 IT 시스템과 인력에 상당한 투자를 실시하고 있습니다."[18]

소수의 기업들은 현재의 도전과제와 기회를 넘어서고, 해당 업계에서 다음 단계의 장기적 전환을 준비하고 촉진하기 위한 비전을 만들어낸다. 일례로 제너럴 일렉트릭(GE)은 스마트 커넥티드 기기에 비전의 초점을 맞춘다. 2011년에 CEO인 제프리 이멜트[Jeffrey Immelt]는 이렇게 말했다. "우리는 설치 제품 및 제품 생태계의 생산성 부문에서 앞서나 갈 것입니다. 그러기 위해서는 '산업 인터넷Industrial Internet' 분야에서의 리더십이 필요하며, 보다 똑똑한 인프라 시스템을 만들어야 합니다."[19]

지난 수십 년간 프로그레시브 보험Progressive Insurance(미국의 손해보험회사 – 역주)의 비전은 리스크 평가 및 가격책정 부문에서 경쟁기업들을 스마트하게 앞서가겠다는 것이었다. 1956년에 프로그레시브 보험은 위험도가 낮은 운전자들의 보험료를 줄여주는 안전 운전자 보험Safe Driver Plan을 선보임으로써 보험업계의 기준을 세웠다.[20] 그런 다음 고위험 운전자들 중에서 서류상 자료에 비해 실제 위험은 낮은 사람들을 파악하기 위해서 독자적인 애널리틱스를 활용하기 시작했다. 프로그레시브 보험은 가격책정을 통해 자사가 원하는 고객들을 확보했으며, 다른 고객들은 경쟁업체들을 선택하도록 만들었다.[21]

이후에 프로그레시브 보험은 한 발짝 더 나아가서, 고객들의 실제 운전 행태에 대한 정보를 얻게 된다면 어떤 일들이 가능할지를 구상했다. 고객에게서 텔레메트리(원격으로 수집된 사물의 데이터)를 수집하고, 그에 대한 인센티브로 보험료 할인 및 운전습관과 연동된pay-as-you-drive 상품을 제공하는 실험을 15년 이상 해왔다. 1998년에는 GPS를 기반으로 한 특수 기기를 활용해서 텍사스에서 시범 실시를 진행했다.[22] 2004년에는 트립센스TripSense를 시범 실시했으며, 운전자들이 차량에 쉽게 설치할 수 있는 저렴한 센서를 활용했다. 시범 실시를 통해 얻은 정보를 바탕으로 스냅샷Snapshot 프로그램을 만들었다. 유사한 기기에 기반을 둔 프로그램으로, 프로그레시브 보험은 2011년에 전국적으로 론칭했다.[23]

프로그레시브 보험의 스냅샷 박스는 회사의 견해에 따라 좋은 운전자와 나쁜 운전자를 구분하는 간단한 수법이 아니다. 프로그레시브 보험은 텔레메트리 박스 및 애널리틱스 역량을 통해서 속도, 거리, 가속, 브레이크 등 실제 운전 습관을 위험에 연계할 수 있다. 경영진이 새로운 정보를 수집하고 활용하는 데 기꺼이 투자해왔기 때문에, 프로그레시브 보험은 경쟁기업들은 제공하지 못하는 서비스를 고객들에게 제공할 수 있다. 이 회사는 리스크 평가 및 가격설정에서 경쟁기업들을 스마트하게 앞서나가겠다는 비전을 바탕으로, 좋은 운전자들에게 저렴한 보험료를 적용하고, 경제적 여유가 부족한 고객들에게는 보다 저렴한 옵션을 제공하며, 미흡한 운전자들은 다른 보험사로 옮겨가도록 독려하는 방안을 모색하기 위해 끊임없이 노력하고 있다.

➕ 디지털 트랜스포메이션 비전을 어떻게 만들어낼 수 있는가?

디지털 트랜스포메이션 비전을 표현하는 유일한 왕도는 없다. 정형화된 프로세스가 아니다. 여러분은 자신의 강점에 기반을 두고, 직원들의 참여를 이끌어내며, 시간이 흐름에 따라 진화할 수 있는 비전을 만들어내야만 한다. 자신이 원하는 혜택이 무엇인지, 엔드 포인트^{end point}가 어떤 모습일지, 고객, 직원 및 투자자들의 참여를 어떻게 이끌어낼지를 파악할 필요가 있다. 여러분은 다음과 같은 단계를 밟을 수 있다.

전략적 자산을 파악하기

디지털 비전을 만들어내는 과정에서 여러분은 자신의 승리에 도움이 될 만한 전략적 자산을 파악해야만 한다. 만약 새로운 비전이 기업의 기존 강점을 기반으로 하지 않는다면, 이러한 비전을 실행하기 위해 노력하는 것은 사실상 의미가 없다. 더욱 재빠르고 민첩하며 레거시^{leg-}

ᵃᶜᵛ 잔재의 부담이 적은 다른 기업이 비전을 더욱 잘 실행하고 게임에서 승리하게 될 것이다.

그런데 전략적 자산은 어떻게 파악할 수 있을까? 일단 여러분이 어떤 종류의 자산을 보유하고 있는지 확인하는 것부터 시작해보라. 리테일 매장이나 생산 플랜트 등 물리적 자산은 전 세계가 하나로 연결된 새로운 디지털 세상에서 중요할 수도 있고 그렇지 않을 수도 있다. 제품 디자인 관련 전문지식, 운영의 유연성과 효율성, 뛰어난 프론트 라인 인력 등 능력 기반의 자산은 매우 유용할 것이다. 이런 자산들이 뒷받침하는 프로세스들이 여전히 중요하기만 하다면 말이다. 브랜드, 평판, 조직 문화 등 무형 자산에 대해서는 판단하기가 더욱 어렵다. 미래의 상태에 도달하는 데 상당한 도움이 될 수도 있지만, 트랜스포메이션을 저해할 수도 있다. 데이터 자산은 경쟁기업들에 비해 분석적 우위를 차지하는 데 도움이 될 수 있고, 그 자체로 다른 사람들에게 판매할 제품이 될 수도 있다.

일단 잠재적인 전략적 자산을 파악하고 난 다음, 이런 자산들이 새로운 세상에서도 여전히 전략적인 가치를 잃지 않을지를 판단해야만 한다. 1990년대에 경영학 연구자들은 이러한 판단과 관련하여 단순하지만 파워풀한 도구를 개발해냈다.[24] 전략적 자산은 귀중하고, 드물고, 모방할 수 없고, 대체할 수 없다. 기회를 활용하거나 위협을 무효화하기 위해 활용할 수 있는 자산이 바로 귀중한 자산이다. 자산은 희소해야 하고, 대다수의 경쟁기업들은 가질 수 없어야 한다. 또한 자산은 모방할 수 없어야만 하고, 모방하더라도 불완전해야 한다. 그렇지 않으면 경쟁기업들이 모방해서 오히려 여러분을 능가할 수도 있다. 또한 전략적 자산은 반드시 대체 불가능해야 한다. 그렇지 않으면 누군가가 여러분의 일을 다른 방식으로 할 수 있는 방법을 찾아낼 것이다. 더욱 저렴한 가격에 더 나은 성과를 이루어낼 수도 있다.

닷컴 버블 당시에 여러 인터넷 기업들은 광고 매출을 뒷받침할 만큼 충분한 고객들이 있다는 것을 깨달았다. 중요한 것은 돈을 지불하는 고객들이었지만 그런 고객들을 확보하는 것은 훨씬 더 어려웠다. 신문사들은 안내 광고란이 자사의 전략적 자산이라고 생각했지만, 크레이그리스트와 이베이 등 다른 회사들이 신문사들의 일을 모방할 수 있으며 더욱 저렴한 가격에 더 나은 서비스를 제공할 수 있다는 사실을 알게 되었다. 영화 대여점 체인인 블록버스터Blockbuster의 경영진은 자사의 점포 네트워크가 모방할 수 없는 자산이라고 생각했었다. 그런데 안타깝게도 넷플릭스Netflix가 등장해 블록버스터 체인점들이 했던 일을 간단히 대체할 방법을 찾아냈고, 결국 블록버스터를 꺾었다.

장-피에르 레미가 빠주 죤느의 새로운 디지털 비전을 만들어낼 때, 아무것도 없이 시작하지는 않았다. 그 대신, 레미와 고위 경영진은 회사의 핵심 자산을 체계적으로 점검해보았다. 인쇄 및 유통을 비롯한 역량들은 디지털 세상에서는 그다지 가치가 없었다. 돈이나 고객 관련 정보는 별다른 변화 없이 활용할 수 있겠지만, 경쟁기업들이 쉽게 모방할 수 있었다. 그러나 빠주 죤느의 브랜드 및 영업 담당자와 고객 간의 관계, 이 두 가지는 전략적 자산일 수 있다. 이런 자산들은 귀중하고 드물고 모방하기 어렵다. 그리고 조금만 변화를 주면 이런 자산들은 스스로를 대체할 수 있다. 바로 그런 이유로 레미가 이런 자산들을 바탕으로 새로운 비전을 구축하기로 한 것이다. 빠주 죤느는 로컬 마케팅 비즈니스에서 여전히 신뢰받는 브랜드의 위상을 지킬 수 있고, 영업 담당자들은 고객들이 디지털 미래로 나아갈 수 있도록 돕는다.

혁신적인 야망을 만들어내기

비전을 갖는 것만으로는 충분하지 않다. 비전은 혁신적이어야만 한다. 점진적인 비전으로는 디지털 트랜스포메이션에서 얻을 수 있는 혜택에 한계가 있을 것이다. 설령 성공한다 하더라도 기껏해야 점진적인 성과를 얻을 수 있을 뿐이다. 모든 업계에서 디지털이 급진적인 변화를 몰고 온다면, 급진적으로 다른 디지털 미래가 어떤 모습일지를 그려보는 것이 여러분의 기업에 도움이 될 것이다.

애벌레와 나비의 비유를 들어 이야기해보자. 디지털 나비로 변신하려는 비전을 지닌 경쟁기업들은 하늘 높이 날아오를 수 있다. 반면에 점진적인 비전으로는 단지 빠르게 움직이는 애벌레로 머무르게 된다. 물리적 또는 이메일 캠페인에서 타깃팅을 향상하는 데 애널리틱스를 활용하는 기업들은 애벌레의 이동 속도를 빠르게 할 뿐이다. 반면에 실시간, 위치 기반 정보로 고객 참여를 이끌어내는 시저스의 프로세스는 애벌레가 나비로 변신하도록 해준다.

디지털에 대한 열망은 대체, 확대, 트랜스포메이션 이렇게 세 가지로 나눌 수 있다.[25]

대체는 새로운 기술을 대용품으로 사용하거나, 주로 기업이 이미 수행하고 있는 동일한 기능을 대체하는 것을 뜻한다. 예를 들어 PC로 하는 일을 휴대전화로 처리한다거나, 그저 기본적인 보고서를 보다 잘 작성하기 위해서 애널리틱스를 활용한다면 여러분은 대체 단계에 있는 것이다. 때로는 대체를 통해 비용이나 유연성을 점진적으로 향상할 수 있기도 하지만, 비효율적인 프로세스를 고칠 수 있는 것은 아니다. 더 큰 일을 시도하기 전에 대체를 통해 새로운 기술을 실험해볼 수도 있다. 하지만 궁극적으로는 더 큰 일을 해야 한다.

확대는 제품이나 프로세스의 성능이나 기능을 대폭 향상하되, 급진적으로 변화시키지는 않는 것을 뜻한다. 요즘에는 현장 직원들이 모바일 기기를 통해 정보에 접근할 수 있도록 하는 제조업체와 판매 대행업체들이 많다. 그러면 교대 근무가 시작될 때와 끝날 때 직원들이 사무실에 들를 필요가 상당 부분 줄어들게 된다. 또 다른 사례를 들어보자. 어느 제약회사가 의사들을 위한 소셜 미디어 커뮤니티를 만들었다. 의사들이 서로 대화할 수 있는 장을 마련함으로써 여러 이슈와 기회에 대해 파악하기 위해서였다. 기업 차원에서 의사들과 커뮤니케이션하는 것에 대해서는 규제 당국의 엄격한 제한과 감사를 받아야 하지만, 의사들 간의 대화를 모니터링 하는 것에 대해서는 제한사항이 훨씬 적다. 이렇듯 확대는 기존 프로세스를 향상하거나 기업의 기존 역량을 확대하기는 하지만, 여전히 이전과 똑같은 활동을 하는 것에 중점을 둔다.

　트랜스포메이션은 기술을 통해 프로세스 또는 제품을 근본적으로 재정의하는 것을 가리킨다. 아시안 페인트의 경영진이 임베디드 기기와 애널리틱스를 활용하여 완전히 자동화된 공장을 설립했을 때, 이들은 생산 프로세스의 본질을 변화시켰다. 수동으로 작업이 이루어지는 공장에 비해 효율성과 품질 및 환경 지속가능성이 향상되었다. 코델코의 디지털 광산, 시저스의 모바일 컨시어지 앱, 나이키의 퓨얼밴드 또한 이처럼 혁신적이다. 디지털 트랜스포메이션은 제공물의 속성을 재창조했고, 기업과 고객들이 하는 일을 이전보다 훨씬 더 잘할 수 있도록 만들어주었다.

　그런데 이러한 사례들에도 불구하고, 디지털 기술을 활용하여 혁신적인 일들을 실행하는 기업들이 별로 없다. [그림 5.1]은 2011년에 인터뷰했던 각 기업의 가장 혁신적인 노력을 모아서 보여준다.[26] 새로운 기술에 투자하고 있는 기업들은 많았지만, 대다수가 대체나 확대 수준

에

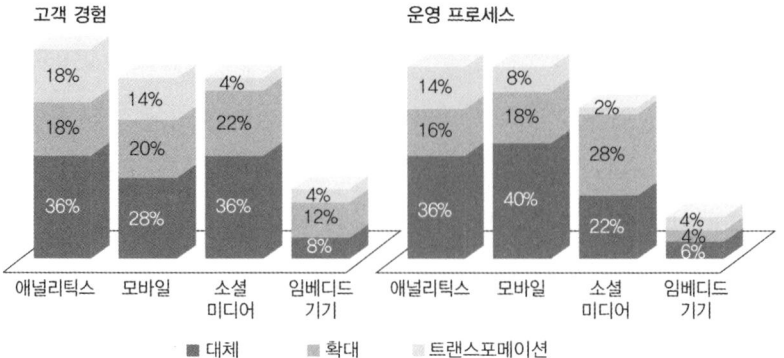

참고: 위의 차트는 연구 첫 해에 인터뷰한 기업들이 고객 경험 또는 운영 프로세스 관련 이니셔티브에 기술을 어떻게 활용하고 있는지를 보여준다. 각 기업마다 가장 혁신적인 활용법만을 기준으로 했다.

[그림 5.1] 여러분의 디지털 비전은 얼마나 혁신적인가?

출처: George Westerman, Claire Calmejane, Didier Bonnet, Patrick Ferraris, and Andrew McAfee, "Digital Transformation: A Roadmap for Billion-Dollar Organizations," Capgemini Consulting and MIT Center for Digital Business, November 2011.

머물렀다. 고객 경험에 있어서 돌파구가 될 만한 변화를 이끌어내기 위해 애널리틱스에 투자하는 기업의 비율은 18%에 불과했는데, 기업 5곳 중 1곳도 안 되는 수치다. 한편, 다른 기술을 활용하여 제품이나 규준을 혁신하고 있는 기업도 6곳 중 1곳도 안 되는 수준이었다.

여러분의 디지털 비전에 대해 생각해보라. 대체로 똑같은 일을 하기를 원하는가? 아니면 낡은 기술과 비즈니스 규준의 족쇄에서 벗어나, 여러분의 비즈니스를 급진적으로 재편할 수 있는 기회를 눈여겨보고 있는가? 여러분의 비전은 회사의 한 부분에만 초점을 맞추는가, 아니면 부서들을 아우르는 변화를 구상하는가? 점진적인 비전을 가진 경영진은 자신이 목표한 것처럼 점진적인 향상을 얻는다. 디지털의 혁신적인 힘을 깨닫는 사람들은 더 많은 것들을 달성할 수 있다.

명확한 의도와 결과를 정의하기

인터뷰한 기업들의 공통점은 사람들이 그 어느 때보다도 바쁘다는 것이다. 현재의 목표를 달성하기 위해서만도 직원들이 더욱 더 열심히 일해야만 한다. 폭넓은 미래의 비전까지 고민할 시간이 있는 직원들은 거의 없다. 비전은 결코 현실화되지 않거나, 현실화된다 하더라도 상당히 다른 모습일 것이다. 어쨌든 지금 당장 처리해야만 하는 더욱 중요한 업무들이 많다.

만약 사람들이 비전에 관심을 갖기를 원한다면, 비전이 현실적으로 느껴지도록 만들어줘야 한다. 일단 비전이 현실화되고 나면 '훌륭함^{good}'은 어떤 모습일까? 사람들은 자신이 훌륭한 성취를 이루어냈다는 것을 어떻게 알 수 있을까? 어째서 여기에 신경을 써야 할까?

훌륭한 디지털 비전에는 의도^{intent}와 결과^{outcome}가 모두 포함된다. 의도는 어떤 변화가 필요한지에 대한 그림이며, 결과는 기업과 고객 또는 직원에게 돌아가는 측정 가능한 혜택이다. 의도와 결과는 직원들로 하여금 조직의 미래를 상상할 수 있도록 도와주며, 결과를 현실화할 수 있도록 동기를 부여하는 데 도움이 된다.

빠주 존느의 CEO는 중소기업들을 지역 내 고객들과 연결해주는 중요한 역할은 유지하면서도 두꺼운 종이 전화번호부를 벗어나고자 하는 자신의 의도를 분명하게 제시했다. 그는 회사가 제공할 수 있는 새로운 디지털 서비스의 사례들을 공유했다. 그런 다음, 의도를 확실한 결과에 연계시켰다. 즉 향후 5년 내에 디지털 서비스가 회사 매출의 75%를 차지하게 될 것이라고 말했다.[27] 이러한 의도와 결과의 조합은 모든 조직 구성원에게 새로운 업무 방식을 구상하는 데 있어서 명확한 가이드라인을 제공했다. 또한 혁신적인 비전은 기술 그 자체가 아니라, 디지털 서비스를 통해 성과와 고객 만족을 향상하는 새로운 방안을 모색하는 데 초점을 맞춰야 한다는 점을 분명히 밝혔다.

이와 마찬가지로, 스페인의 거대 미디어 그룹인 프리사^(PRISA)는 디지털 트랜스포메이션을 이룬 미디어 기업이 신문에서 위성 TV, 교육 관련 출판에 이르기까지 다양한 미디어 분야에 걸쳐서 어떻게 비즈니스를 운영하는지를 명확하게 보여주었다. 아프리카에서 녹화한 유명 축구선수의 영상은 스페인과 브라질을 비롯한 세계 각지의 프리사 미디어 네트워크를 통해 즉시 제공되었다. 또한 프리사는 다양한 미디어 창구에 걸친 글로벌 캠페인에서 기존의 미디어 광고와 소셜 미디어 및 디지털 마케팅을 조율했다. 프리사의 CEO인 후안 루이스 세브리안^(Juan Luis Cebrian)은 향후 5년 안에 디지털 부문이 매출의 20%를 차지할 것이라는 명확한 목표를 설정했다.[28]

시간의 흐름에 따라 비전을 진화시키기

만약 여러분이 강력한 비전을 만들어내고 직원들이 이 비전을 믿을 수 있도록 도와준다면, 더 큰 조직 차원에서 세부사항을 채워 넣을 수 있다. 직원들에게 명확한 방향을 제시해줄 수 있도록 구체적으로 디지털 비전을 수립하라. 그러면서도 비전을 더욱 발전시키고 혁신할 수 있도록 직원들에게 유연성을 제공하라.

아시안 페인트는 2000년대 초반부터 지역 기업에서 통합 기업으로 발돋움하겠다는 비전을 추구하기 시작했다.[29] 이러한 비전은 운영 효율성과 새로운 고객 서비스 방식을 결합했다.[30] 비전은 변화의 필요성을 명확하게 제시했고, 회사 구성원들이 시간에 걸쳐 세부사항을 다듬어나갈 수 있도록 했다.

그 후로 아시안 페인트의 경영진은 디지털 변화의 세 가지 흐름을 이끌어왔다. 첫째는 산업화, 둘째는 고객 중심 기업, 셋째는 자동화였다. 이제는 네 번째 흐름으로 이행하고 있다. 즉 고객 참여 및 내부 직원의 협력을 더욱 향상하기 위해 (내부 및 외부의 소셜 미디어 등) 정형 데이터와 비정형 데이터를 연결하는 것이다.[31] 아시안 페인트의 비전은 여러 역량의 흐름을 통해 확대되었지만, 원래의 비전은 운영 및 고객 경험 부문의 향상을 여전히 뒷받침해주었다.

한편, 디지털 기술은 이동 표적$^{moving\ target}$과 같다. 어떤 기술은 수명을 다하고, 다른 기술은 발전하고, 새로운 기술이 개발되는 등 끊임없이 변화한다. 다음에는 어떤 새로운 기술이 등장해서 각광을 받게 될지 그 누구도 제대로 예측할 수가 없다. 또한 기업들과 사람들이 기술을 어떻게 활용할지를 장기적, 구체적으로 예측하는 것도 불가능하다. 기술의 발달과 기업의 새로운 역량이 새로운 기회를 만들어냄에 따라 여러분이 속한 기업의 디지털 비전도 진화하게 될 것이다.

시저스에서 애널리틱스를 활용하여 개인화된 맞춤형 고객 서비스를 제공하겠다는 비전은 직원들에게 실시간으로 더 나은 정보를 제공하는 것에서부터 시작되었다. 또한 이 비전은 웹사이트를 통한 맞춤형 셀프 서비스로 진화했고, 더 나아가 모든 고객의 휴대전화를 통해 이용 가능한 실시간 컨시어지로 진화했다.

프로그레시브 보험에서는 고객에 대한 정보를 기반으로 보다 스마트한 결정을 내리겠다는 비전이 실제 운전 습관에 대한 데이터를 수집하는 새로운 방법들로 진화했다. 비전의 변화는 급진적으로 새로운 상품과 의사결정 과정으로 이어진다.

✚ 어떻게 시작해야 할까?

영감을 주는 디지털 비전은 성공적인 디지털 트랜스포메이션의 초석이 된다. 많은 경영자들이 디지털 기술의 잠재적인 영향력에 대해 눈을 뜨고 있지만, 디지털 미래에 대한 강력한 비전을 만들어낸 경영자들은 드물다. 디지털 마스터들은 혁신적인 디지털 비전을 보유하고 있지만, 다른 기업들은 그런 비전을 만들어내야 하는 상황이다.

디지털 비전을 수립할 때 기술이 아니라 비즈니스에 초점을 맞춰라. 기술을 통해 장애물을 제거하고 역량을 확대할 수는 있지만, 기술 그 자체가 목적은 아니다. 어떻게 하면 고객 경험을 향상하고, 운영을 간소화하고, 비즈니스 모델을 변화시킬 수 있을지에 초점을 맞춰라.

점진적인 변화가 아니라 혁신적인 변화를 목표로 삼아라. 직원들에게 명확한 방향을 제시할 수 있도록 구체적인 디지털 비전을 수립하라. 또한 직원들이 비전을 바탕으로 혁신할 수 있는 유연성을 제공하라. 꿈을 크게 가져라. 그리고 그 꿈을 실현시킬 수 있도록 직원들의 도움을 구하라. 이것은 결코 간단한 일이 아니다. 디지털 트랜스포메이션을 위한 비전을 수립하는 과정은 하나의 여정과도 같다. 여러분은 맨 위에서 씨앗을 뿌리고, 모든 단계의 사람들이 비전을 키워내도록 독려해야 한다. 제6장에서는 직원들을 독려해서 비전을 현실화할 수 있는 방안에 관해 이야기하도록 하겠다.

체크 리스트 — 디지털 비전

- ✓ 새로운 디지털 규준에 대해 스스로 익숙해지도록 하라. 여러분의 업계와 회사에 기회가 될 수도 있고 위협이 될 수도 있다.
- ✓ 기존 기술의 한계로 기업이나 고객들이 겪고 있는 애로사항/장애물이나 골치아픈 문제들을 파악하라. 그리고 디지털을 활용해서 이런 문제들을 어떻게 해결할 수 있을지 고민하라.
- ✓ 자신이 보유한 전략적 자산들 중 어떤 것이 디지털 시대에도 여전히 중요할지 생각해보라.
- ✓ 강력하고 혁신적인 디지털 비전을 만들어내라.
- ✓ 비전에 의도와 결과를 반드시 명시하라.
- ✓ 직원들에게 명확한 방향을 제시할 수 있도록 디지털 비전을 구체적으로 만들어라. 또한 직원들이 비전을 바탕으로 더욱 발전할 수 있는 유연성을 제공하라.
- ✓ 자신이 구축한 역량을 활용하여 비전을 확대할 수 있는 방안을 끊임없이 모색하라.

CHAPTER 6

조직의 대규모 참여를 이끌어내기

> 내가 어떤 일을 마음으로 상상할 수 있고 가슴으로 믿을 수 있다면
> 나 스스로가 그 일을 이루어낼 수 있다는 것을 안다.
>
> **제시 잭슨**(미국의 인권운동가 – 역주)

기업의 전면적인 트랜스포메이션을 이루어낸 경험이 있는 경영자라면 누구나 동의하겠지만, 기업의 전략적 비전의 성패를 결정하는 것은 결국 그 이면의 사람들이다. 디지털 트랜스포메이션 또한 마찬가지다. 앞서 빠주 존느의 사례에서 살펴본 것처럼, 강력한 디지털 비전을 수립하는 것은 단지 여정의 시작에 불과할 뿐이다.

점진적인 변화는 소수의 사람들이 제각기 일하더라도 달성할 수 있지만, 트랜스포메이션은 수많은 사람들의 참여를 통해서만 달성할 수 있다. 우선 리더들이 헌신적으로 나서야 하며 그 다음에는 소수의 지지자들, 최종적으로는 급진적인 변화를 일으키는 데 필요한 임계 질량critical mass의 사람들이 그 뒤를 따라야 한다. 그런데 참여라는 것은 어떤 의미일까? 직원들이 비전을 현실화하려는 의욕에 가득 차 있는 경우에 그들이 참여하고 있다고 정의한다.

비즈니스 트랜스포메이션에는 기업이 일을 처리하는 방식과 관련된 중요하고 파괴적인 변화가 포함된다. 기업의 핵심 프로세스가 재설계되고, 새로운 기술 도구들이 낡은 기술을 대체하고, 새로운 스킬이

개발되고, 새로운 업무 방식이 도입된다. 이 과정에서 사람들의 마음을 사로잡기란 쉽지 않다. 리처드 브랜슨Richard Branson(영국 버진Virgin 그룹의 회장 - 역주)은 이렇게 말한 바 있다. "어떤 기업에서든 충성도 높은 직원들이 충성 고객들을 만들어내고, 그 결과 주주들이 행복해진다. 생각만큼 쉬운 과정은 아니다. 20세기의 여러 대기업들도 이 과정에서 좌절을 경험했다."[1] 직원들의 참여는 중요하며, 트랜스포메이션의 성공을 위해서는 더더욱 중요하다.

다행히 조직 변화 과정에서 직원들의 참여를 이끌어 내는 것은 미지의 영역은 아니다. 기업을 성공적으로 혁신하기 위해서 참여의 힘을 어떻게 활용해야 하는지에 대한 폭넓은 연구 결과가 존재한다.[2] 그중에서 어떤 연구는 사람들의 희망과 두려움을 비롯한 감정들이 참여 전략에 핵심적이라고 간주한다.[3] 또 다른 연구는 개인 및 팀 차원의 쇄신이 트랜스포메이션의 핵심 단계라고 여기며, 심리적 동조psychological alignment를 확보하고 집단 학습 역량을 개발하는 데 초점을 맞추기도 한다.[4] 그러나 모든 연구의 공통점은 참여는 우선적으로 리더십의 문제라는 것이다.

디지털 기술의 영향으로 '글로벌 규모의 실시간 직원 참여'라는 또 다른 차원이 등장한다. 리더들은 블로그, 트위터, 디지털 영상을 통해서 대량 이메일이나 타운 홀 미팅으로는 불가능한 방식으로 기업과 소통할 수 있게 되었다. 이그제큐티브 블로거executive blogger(블로그를 운영하는 고위 경영자 - 역주)는 트랜스포메이션의 현황에 대한 솔직한 관점을 자주 공유할 수 있으며, 디지털 영상은 고위 경영자의 커뮤니케이션에 인간적인 면모를 더해주는 데 도움이 된다. 또한 기업의 소셜 플랫폼은 새로운 개방형, 양방향 조직 커뮤니케이션을 촉진한다. 이 플랫폼에서 리더들과 직원들은 실시간으로 논의하고 공유하고 협력할 수 있다.⁵ 리더들은 디지털 기술을 통해 직원들의 참여를 이끌어내고 변화를 이루어낼 수 있는 새로운 힘을 얻게 되었다.

✚ 페르노리카의 유쾌함에 디지털을 접목하다

페르노리카Pernod Ricard는 세계적인 와인 및 증류주 회사로, 2012~2013년에는 매출이 100억 달러를 넘어섰다.⁶ 전 세계적으로 분산되어 운영되는 6개 브랜드와 80개 시장 부서에 걸쳐 1만 9천여 명의 직원들을 거느리고 있다. 페르노리카는 앱솔루트 보드카, 시바스 리갈 스카치 위스키, 제임슨 아이리시 위스키, 페리에-주에 샴페인, 아니스 향을 첨가한 술인 리카 파스티스 등 세계 유수의 브랜드들을 보유하고 있다. 페르노리카는 1975년에 페르노와 리카의 합병으로 탄생했으며, 시그램Seagram, 앨라이드 도메크Allied Domecq, 앱솔루트 보드카 등 세 차례의 혁신적인 인수를 통해서 브랜드 포트폴리오를 확장했다. 프리미엄 주류 부문의 리더로 이미 입지를 굳힌 이 회사는 와인 및 증류주 부문에서도 글로벌 리더가 되고자 하는 야망을 지니고 있다. 페르노리카의 CEO인 피에르 프링게Pierre Pringuet는 이렇게 말한다. "우리는 38년간 계속 성장해왔어요. 리더가 되는 것이 우리의 목표입니다. 업계의 성장을 선도하는 기업, 그리고 변화를 주도하는 기업이 되고자 합니다."⁷

대다수 기업의 경우라면, 복잡한 글로벌 비즈니스와 상당히 분권화된 운영 모델, 수차례의 대규모 인수에 따른 신속한 성장은 화합적인 직원 참여를 구축하는 데 도움이 되기보다는 난관으로 작용할 것이다. 그러나 페르노리카에서 직원 참여 및 문화는 단지 슬로건에 그치지 않는다. 2013년에 어느 독립기관이 실시한 직원 조사에 따르면, 페르노리카의 직원들 중 94%가 회사를 위해 일하는 것을 자랑스러워하며, 87%가 다른 사람들에게 회사를 추천하겠다고 응답했다. 이는 업계 평균에 비해 10% 높은 수치다.⁸

그런데 직원 설문조사는 후행 지표이며, 직원 참여와 소속감은 우연히 얻을 수 있는 성과가 아니다. 그러면 이러한 조사 결과를 얻게 된 진짜 이유는 무엇일까? 페르노리카는 지난 몇 년간 직원 관련 프로세스에 대규모 투자를 실시해왔고, 회사의 전략과 디지털 비전에 대한 직원 참여를 촉진해왔다. 부 CEO인 알렉상드르 리카Alexandre Ricard는 이렇게 말한다. "우리의 비전은 페르노리카를 위한 게임 체인저game-changer로 디지털을 활용하는 것입니다. 디지털을 통해서 우리는 소비자들에게 직접 다가갈 수 있고, 무역 파트너들과의 관계에도 더욱 큰 영향력을 행사하고 새로운 역학 관계를 도입할 수 있을 것입니다. 또한 직원들은 더 많은 권한을 부여받게 되며 회사의 성장에 큰 역할을 담당할 수 있게 될 것입니다. 데이터 주도의 접근방식은 이러한 비전의 핵심 요소들을 모두 뒷받침해줄 것입니다."⁹

고위 경영진은 이러한 비전을 공유하기 위해 인트라넷, 경영 세미나, 사내 TV 채널(PRTV) 등 가능한 모든 플랫폼을 활용했다. 디지털 트랜스포메이션은 도전과제인 동시에 해결책이었다.

페르노리카, 디지털 연결을 통해 디지털 쓰나미에 맞서다

페르노리카는 탄탄한 소비자 브랜드들과 다양한 유통 모델을 보유한 글로벌 그룹으로, 사방에서 디지털 기술의 영향을 받고 있는 상황이었다. 고객들은 회사의 제품들에 관해 소셜 미디어에서 이야기하고 보다 직접적이고 적극적으로 브랜드와 소통하기를 기대했다. 소매업체, 도매업체 및 바는 각자 디지털 트랜스포메이션을 겪고 있었고, 새로운 경쟁에 직면해있었다. 마지막으로 직원들, 특히 젊은 직원들은 일터에서 자신의 디지털 도구를 점점 더 많이 사용하고, 회사가 업무에 디지털 기술을 더욱 많이 도입하기를 기대하고 있는 상황이었다.

페르노리카는 디지털 기술이 업계와 회사에 혁신을 일으키고 있다는 것을 받아들이고, 이에 맞추어 기업 문화를 바꾸어나갔다. 여러 부서가 디지털 광고에서 소셜 미디어, e-커머스에 이르기까지 다양한 소비자 주도의 이니셔티브들을 도입하며 제각기 디지털 트랜스포메이션을 추진했다. 이들 부서는 새로운 디지털 인재들을 고용하고 새로운 비즈니스 개념을 시도했다.

그런데 그룹 차원에서 최초의 대규모 디지털 이니셔티브는 기업 내부, 즉 어떻게 하면 전사적으로 열린 커뮤니케이션이 이루어지는가에 초점을 맞추었다. 페르노리카는 전사적 기업 소셜 네트워크를 실행하기로 결정했다. 페르노리카처럼 분권화된 문화를 지닌 기업에서 조직을 디지털 기술로 연결하는 것은 여러 브랜드와 시장에 걸쳐 성공적인 이니셔티브를 공유하고 확대하는 데 전제조건으로 작용한다. 또한, 디지털 부문에서 가장 앞서 나가는 부서들이 뒤처지는 부서들을 지원했고, 진정한 '디지털 견인digital traction'을 달성했다. 플랫폼 목표들은 기업가 정신, 혁신 및 회사의 다양한 업무 방식에 깊이 뿌리내리게 되었다. 이와 함께, 페르노리카의 디지털 트랜스포메이션이 점차 속도를 내기 시작했다. 알렉상드르 리카는 이렇게 말한다. "리더십은 모범 사례를 바탕으로 구축됩니다. 또한 미래의 세상에 대한 기업의 적응력을 기반으로 하지요. 디지털 기술은 우리의 행동과 생활 및 업무 방식을 송두리째 바꾸어놓았어요."[10]

페르노리카는 "매일 친구를 사귀세요(Make a friend every day)."라는 유명한 자사의 모토에 비추어, "매일 새로운 아이디어를 공유하세요(Share a new idea every day)."라는 태그라인을 선보이며 기업 소셜 네트워크를 도입했다. 이 플랫폼에서는 1만 9천 명의 직원들이 연속적인 대화에 참여할 수 있다. 이러한 도구를 활용하면 글로벌 차원에서 실시간 데이터 공유, 시각적 커뮤니케이션, 모바일 협력 및 인스턴트 메시징이 가능하다. 이 네트워크를 실행에 옮기는 데는 처음의 결단에서 테스트 단계에 이르기까지 6개월도 채 걸리지 않았다. 그런데 중요한 것은 도구 그 자체가 아니라, 전 세계의 직원들이 한 팀으로 뭉쳐서 일할 수 있도록 독려하는 것이었다.

성공의 비결은 비전과 리더십, 비즈니스 경영 방향이었다. CEO인 피에르 프링게는 이렇게 말한다. "상당히 분권화된 그룹에서는 마케팅 또는 영업 이니셔티브를 추진할 때 모범 사례를 공유하는 것이 필수입니다. 우리는 이전에는 없었던 새로운 상호작용을 만들어내야만 했어요. 우리 그룹 조직의 모든 단계에서 디지털 트랜스포메이션을 신속하게 추진하는 데 있어서 집단 지성 네트워킹이 핵심적인 역할을 담당했어요."[11]

페르노리카는 강력한 탑다운 및 바텀업 방식의 동원 없이는 신속한 변화를 이루기 어렵다는 사실을 깨닫게 되었고, 글로벌 및 로컬 차원에서 경영진의 참여를 이끌어내는 데서부터 시작했다. 고위 경영진을 포함한 150여 명의 임원들은 훈련을 거쳐 플랫폼에 적극적으로 참여하게 되었고, 집행 위원회에서 이 프로젝트의 진전 상황을 정기적으로 검토했다. 바텀업 방식의 참여 또한 필요했다. 직원 참여를 제고하고 성공을 거두기 위해서는 기업 네트워크가 실제 비즈니스와 관련된 니즈에 기반을 두어야만 했다. 즉 직원들의 일상적인 업무에 도움이 되고 기업의 성과에 영향을 미쳐야 했다. 알렉상드르 리카[Alexandre Ricard]는 이렇게 강조한다. "단지 겉보기에 멋있다고 디지털을 도입하는 것은 아니지요. 비즈니스 성과에 실질적인 영향을 미치기 때문에 디지털을 도입하는 것입니다."[12]

비즈니스의 포커스를 확대하기 위해서 애초부터 혁신에서 브랜드 마케팅, 비즈니스 프로세스 향상에 이르기까지 여러 쓰임새를 정의했다. 또한 이 네트워크는 내부 커뮤니케이션을 향상하고 새로운 인적자원(HR) 규준의 활용을 제고했다. 화상 회의$^{\text{web conference}}$나 '커피 브레이크'를 통해 직원들이 참여하는 대화가 늘어났으며, 새로운 HR 프로젝트나 업무 방식을 도입하는 데 큰 도움이 되었다.

더 나아가 직원들은 협업 플랫폼을 예상치 못한 새로운 방식으로 활용하는 방법을 찾아냈다. 페르노리카의 몇몇 직원들이 항공편을 기다리는 동안 공항 면세점을 둘러보다가, 매장의 앱솔루트 보드카 포장과 관련하여 뭔가 이상한 점을 발견했다. 직원들은 진열된 상품의 사진을 찍어서 소셜 네트워크에 올렸고, 회사의 준법감시팀에 태그해서 이 지역에서 정식으로 통용되는 제품 포장인지를 확인했다. 몇 시간 내에 준법감시팀은 이것이 위조품이라고 답변했고, 그 후로 며칠 안에 진열되었던 상품이 회수되는 등 수정 조치가 취해졌다.

페르노리카는 여기서 한 발짝 더 나아가서, 기업 전체에 걸쳐 거버넌스와 커뮤니케이션, 훈련을 활용했다. 회사의 디지털 IQ를 높이기 위해 '페르노리카 유니버시티'의 디지털 커리큘럼을 개발했다. 밀레니얼 세대의 직원들을 활용했고, 다른 사용자들을 전도하기 위해서 초기 단계의 '전사^{champion}'들을 파악했다. 커뮤니티 관리자 등 새로운 역할과 콘텐츠 조정 등 새로운 프로세스가 생겨났다. 명확한 핵심 성과 지표$^{\text{KPI, key performance indicator}}$를 활용하여 도달율(정기적으로 로그인하는 사용자들의 비율) 및 참여율(플랫폼에 대한 사용자들의 활동과 기여)을 측정했다.

2014년에 이르자 페르노리카가 거느리고 있는 전 세계 직원들의 84%가 기업 소셜 네트워크를 활용했다. 이 중에서 1/4은 네트워크에 적극적으로 기여했으며, 하루 접속 건수가 1만 3천 건에 달했다. 이는 업계 기준을 훨씬 상회하는 수치였다.

알렉상드르 리카는 이렇게 설명한다. "네트워크 상의 커뮤니티는 지리적, 기능적, 계층적 경계에서 자유롭습니다. 직접적인 커뮤니케이션이 직원들 간의 관계에서 핵심을 차지하고 있으며, 이는 소비자들과의 관계에서도 마찬가지입니다."[13]

공동 개발을 통해 디지털 트랜스포메이션을 가속화하다

페르노리카는 그룹 차원의 기업 소셜 네트워크를 실행하고 전 세계적으로 직원들과 커뮤니티들을 연결함으로써 실질적인 가치를 만들어냈다. 그런데 이것은 페르노리카의 디지털 비전을 이행하는 데 있어서 기반이 되는 첫 번째 단계에 지나지 않았다.

프링게는 이렇게 말한다. "디지털 트랜스포메이션의 첫 번째 단계에 우리는 디지털 기술로 조직을 연결했고, 우리가 의사소통하고 일하고 혁신하는 방식을 변화시켰어요. 두 번째 단계인 디지털 가속화 로드맵은 이 프로세스를 확대하고 가속화하는 데 도움이 될 겁니다. 우리는 더 빨리, 더 멀리까지 나아갈 수 있고, 시장을 이끄는 선도적인 기업으로서 자리매김하는 데 도움이 될 것입니다. 우리 직원들이 이 여정에 동참하도록 하는 것이 성공을 좌우하는 요인입니다."[14]

페르노리카는 콘텐츠, 커머스, 소셜 미디어, 소비자 인사이트, 내부 프로세스 디지털화 등 브랜드와 시장의 디지털 도전과제를 해결하기 위해 새로운 디지털 역량과 업무 방식 및 활동이 필요했다. 이러한 변화를 이루어내기 위해서, 고위 경영진은 디지털 가속화 로드맵의 공동 개발에 직원들의 참여를 독려하기로 했다.

페르노리카는 회사의 브랜드와 시장에서 디지털 변화를 이끄는 사람들, 즉 디지털 챔피언들의 네트워크를 동원했다. 디지털 챔피언들은 지역별로 팀을 이루어 참여했으며 해당 지역에 대한 자신의 경험과 고객 관련 지식을 활용했다. 이러한 프로세스를 통해 페르노리카는 자사의 브랜드와 비즈니스 성과에 글로벌 차원에서 가장 커다란 영향을 미칠 수 있는 이니셔티브들의 우선순위를 정했다.

현재 페르노리카는 전속력으로 로드맵을 실행하고 있다. 전 세계 각지에서 개발한 규준들을 기록해서, 다른 부서에 대규모로 적용하고 있다. 개별 브랜드 부서들은 회사 전체를 대표하여 전략 이니셔티브를 개발하고 운영하고 있다. 본사 역시 시너지를 파악하고 지역별 비즈니스 부서에 필요한 공유 역량을 제공하는 등 자신의 역할을 충실히 다하고 있다. 이렇게 실질적인 참여가 이루어지고 있다.

리더십 없이는 이 모든 것이 불가능했을 것이다. 조직의 가장 높은 차원에서 디지털 비전을 추진하고 지지하고 있다. 그럼에도 불구하고, 일상적인 비즈니스 규준을 대규모로 혁신하는 것은 쉽지 않은 과제다. 디지털 기술에 밝은 고위 경영자들과 디지털 챔피언들은 디지털 변화를 촉진하는 역할을 지속적으로 담당해야 하며, 1만 9천 명의 동료들이 이렇게 흥미로운 여정에 동참할 수 있도록 독려해야 한다. 프링게는 이렇게 설명한다. "우리는 회사의 모든 측면에 영향을 미치는 '디지털 무브먼트'를 시작했어요. 모든 직원들이 이 프로그램에 동참하도록 해야 하지요. 앞으로도 몇 년 동안 디지털 트랜스포메이션은 우리의 핵심 과제 중 하나일 겁니다. 우리는 하나로 뭉쳐야만 승리할 수 있어요."[15]

✚ 모두가 참여해야만 한다

페르노리카의 사례에서 알 수 있듯이, 또한 제5장에서 설명한 것처럼, 비전을 현실화하는 데 있어서 직원들의 참여를 이끌어내기 이전에 일단 설득력 있는 비전을 갖춰야 한다. 그저 아침에 습관처럼 출근하는 것이 아니라 직원들이 더 많은 일을 해낼 수 있도록 힘을 불어넣어 주는 그런 비전 말이다. 리더들은 변화가 필요한 사항들에 대해 명확한 기대치를 설정하는 등 리더로서 자신의 역할을 다해야 한다. 이뿐만 아니라, 조직 내의 디지털 챔피언들은 디지털 트랜스포메이션이 비즈니스에 어떤 의미를 지니는지를 직원들에게 보여주는 데 커다란 영향을 미칠 수 있다. 기업의 트랜스포메이션 비전을 전달하기 위해서 명확한 기대치를 설정하고 디지털 챔피언들의 참여를 이끌어냄으로써, 여러분은 조직을 변화시켜 최대한의 성과를 얻을 수 있는 임계 질량에 해당하는 지지자들을 확보할 수 있다.

그런데 리더인 여러분이 실질적으로 조직의 참여를 이끌어내서 더욱 커다란 디지털 트랜스포메이션 여정에서 적극적인 역할을 담당하게 하려면 과연 어떻게 해야 할까? 조직의 참여를 이끌어내는 데 핵심적인 경영 수단에는 세 가지가 있다.

첫째, 조직을 연결시켜라. 디지털 기술을 통해 조직을 연결함으로써 모든 사람이 자신의 목소리를 낼 수 있고 협력할 수 있도록 만들어라. 둘째, 적극적으로 열린 대화를 독려하라. 전략적인 대화를 촉진하고 모든 사람이 비전을 추진하는 데 자신의 역할을 다할 수 있는 기회를 제공하라. 셋째, 해결책을 설계하고 나중에 사람들을 설득하는 대신에, 자사의 직원들을 크라우드소싱하여 해결책을 공동 개발하라. 이 세 가지 수단을 제대로 활용한다면 디지털 트랜스포메이션을 가속화할 수 있을 것이다.

많은 사람들을 연결하기

디지털 마스터들은 비즈니스 관련 문제를 해결하기 위해서 새로운 디지털 채널이 글로벌 차원에서 어떻게 직원 참여와 명료한 대화를 촉진하는지를 안다. 커뮤니케이션은 대량 이메일에 국한되지 않는다. 위키^{Wiki}◆, 마이크로 블로깅 도구 및 엔터프라이즈 2.0이라고도 불리는 기업 소셜 네트워크는 조직을 연결하는 핵심 협력 도구로 최근에 주목을 받고 있다.[16] 기업 소셜 플랫폼은 조직 내의 모든 사람에게 전략적인 대화에 참여할 기회를 활짝 열어주며, 교차 기능적인^{cross-functional} 문제를 글로벌 차원에서 해결하는 데 도움이 된다. 이런 소셜 플랫폼을 통해서, 조직 내의 모든 사람에게 비즈니스 관련 논의가 공개되며 결과적으로 투명성과 책임성이 제고된다. 또한 리더들은 공개적으로 기여를 인정하고 참여에 대한 보상을 제공할 수 있는 기회를 얻게 된다. 이렇게 글로벌 차원의 대화가 가능하려면 조직을 연결할 방법을 찾아내야 한다. 페르노리카는 상당히 분권화된 비즈니스 모델에 대한 가교 역할로 기업 소셜 네트워크를 활용하기로 결정했다. 기존 인트라넷 등 다른 도구를 택한 기업들도 있다. 도구 그 자체는 중요하지 않다. 결국 중요한 것은 열린 대화 및 디지털 비전의 추진을 위한 조직의 참여다.

미국의 의료 기술 기업의 사례에 대해 살펴보자. 이 회사는 중요한 전략적 변화에 직면하여, 실행 계획을 개발하기 위해 3일간 워크샵을 개최하여 300명의 임원들과 고위 경영자들을 불러 모았다. 세션이 진행되는 동안 영상 팀이 논의와 의사결정을 기록했고, 각 세션의 끝부

◆ 여러 사람이 함께 글을 쓰고 수정하면서 공동으로 문서를 작성하는 웹서비스

분에 회의의 진행 상황에 관한 임원들의 짤막한 디지털 보고를 녹화했다. 이러한 디지털 영상들은 거의 실시간으로 회사 전체에 스트리밍 되었다. 어느 참가자의 말에 따르면, 스트리밍을 통해 개방성을 여실히 느낄 수 있었다고 한다. "'첫째 날, 우리가 이 부분에 관해 논의하고 있습니다.'를 조직에 방송하는 것이지요. 그러니 임원들이 회의를 마치고 나오면, 사람들은 임원들이 회의에 참석했다는 것을 알고 어떤 문제들에 관해 논의하고 있었는지를 알게 돼요. 그러면 갑자기 조직 전체가 후속 조치에 대한 기대를 갖게 되지요." 새로운 디지털 기술을 활용하여 워크샵에 대해 보도함으로써 얻게 된 투명성과 관련하여, 사장은 이렇게 말한다. "작년에는 회의를 마치고 나온 후에 전략에 관해 조직에 알렸는데, 올해는 회의가 끝나자마자 사람들이 이미 다 알고 있어요."**17**

더욱 폭넓은 대화를 이끌어내기

개방적인 대화를 촉진하고 새로운 업무 방식을 채택하도록 하려면, 경영진은 변화를 추진하기 위해 솔선수범하는 동시에 직원들의 참여를 충분히 이끌어내야 한다. 직원들이 디지털 트랜스포메이션에 기여할 수 있도록 독려한다면 더욱 적극적으로 참여하게 되고, 결과적으로 더 나은 직원이 될 것이다.

어떤 조직이 새로운 기술과 업무 방식을 받아들이도록 하기 위해서 가장 좋은 방법 중 하나는 롤 모델 역할을 하는 것이다. 롤 모델은 조직 전체를 위한 모범을 세워주며, 직원들에게 고위 경영자들과 직접 교류할 기회를 제공한다. 예를 들어 크래프트Kraft의 고위 경영진은 (크래프트 캐스트Kraft cast라 불리는) 팟캐스트를 제작해서, 직원들이 아이폰과 아이패드로 들을 수 있도록 제공한다. 이를 통해 직원들은 회사의 최신

전략과 브랜딩 이니셔티브에 대해 파악할 수 있다.[18]

또한 디지털 플랫폼에 경영진이 참여하면 사용자 수용$^{user\ adoption}$에 대한 당김 효과$^{pull\ effect}$를 얻는 데 도움이 된다. 코카콜라를 떠올려보라. 코카콜라는 전 세계에서 소셜 미디어를 통해 고객들의 참여를 가장 잘 이끌어내는 20개 기업 중 하나다.[19] 코카콜라의 기업 웹사이트$^{Coca-Cola\ Journey}$는 이제 디지털 잡지와 같다.[20] 고객들은 똑똑한 프리스타일^{Freestyle} 자판기를 통해서 자신이 원하는 맞춤형 코카콜라 제품을 개발할 수 있다. 겉으로 보기에는 코카콜라는 디지털 채널을 활용하여 고객들과 소통을 잘 하는 선도 기업처럼 보인다.

그러나 코카콜라는 디지털 도구를 사용하여 내부적으로 직원들 간의 협력을 향상하려는 과정에서 여러 도전 과제에 직면했다. '비밀 제조법$^{secret\ formula}$' 문화를 혁신하기 위해 기업 소셜 플랫폼을 도입했으나, 사용자 참여를 유지하는 데 어려움을 겪었다. 글로벌 혁신 책임자인 앤서니 뉴스테드$^{Anthony\ Newstead}$는 2012년의 어느 인터뷰에서 이렇게 말했다. "사용자 활동은 초창기에 급증한 이후에 서서히 줄어들었습니다." 뉴스테드와 팀원들은 그 원인을 조사했으며, 다른 직원들을 끌어모으고 활발한 커뮤니티를 유지하는 데 있어서 경영진의 주간 포스팅이면 충분하다는 사실을 알게 되었다. "경영진의 참여와 관련하여, 활동을 강제할 필요가 없습니다."[21]

그러나 온라인을 활용하여 방법을 설명하는 것이 모든 경영자에게 쉬운 일은 아니다. 또한 디지털 트랜스포메이션의 가장 강력한 홍보대사는 기업의 최고위급 경영진이 아닐 경우도 종종 있다. 프론트 라인의 직원들이야말로 조직의 변화를 촉진하는 데 가장 큰 효과를 발휘할 수도 있다. 영향력 있는 지지자들은 다른 사람들에게 여러분의 대의명분을 설득하는 데 도움을 줄 수 있다. 많은 디지털 마스터들은 조직 내의 진정한 지지자들을 적극적으로 파악하고, 이들이 자신의 지식과 열정을 동료들과 나눌 수 있도록 해준다.

어떤 기업들에서는 이런 디지털 챔피언들이 조직 내에서 공식적인 직위를 얻기도 한다. 예를 들어 네슬레는 2012년에 디지털 가속화 팀 DAT을 도입했다. 스위스 브베에 위치한 이 팀은 디지털 노하우를 위한 네슬레의 '핵심 기관'이자, 디지털 챔피언을 위한 인큐베이터 역할을 담당한다. 네슬레의 여러 브랜드 중 전 세계에서 높은 성과를 기록한 직원들은 8개월 동안 이 팀에서 일하게 되며, 신흥 시장을 위한 모바일 전략을 개발한다거나 디지털 인재를 위한 채용 전략을 세우는 등 맞춤형 디지털 프로젝트를 추진한다. 교대 근무가 끝나면 팀원들은 다시 자신의 나라와 브랜드로 복귀해서 지식과 스킬을 공유한다. DAT 졸업생들은 네슬레 안에서 글로벌 네트워크를 이루며, 이들은 자국 시장에서 글로벌 규준을 최대한 활용하기 위해서는 어디로 가야 할지를 잘 알고 있다.[22]

다른 기업들은 그다지 공식적이지 않은 접근방식을 택하기도 하지만, 효과는 전혀 손색이 없다. 세대가 다른 직원들 간의 디지털 디바이드Digital Divide◆를 극복하기 위해서, 여러 기업이 역-멘토링reverser-mentoring (선배가 후배를 가르치는 기존 멘토링과는 반대로, 일반 사원이 선배나 고위 경영진의 멘토가 되는 것 - 역주) 프로그램을 도입했다. 일례로 로레알은 직원들과 브랜드의 디지털 IQ를 높이기 위한 캠페인의 일환으로 디지털 역-멘토링 프로그램을 실시했다. 디지털에 능통한 젊은 직원 120명을 보다 직급이 높은 경영위원회 멤버들과 짝지어주었다. 각 파트너마다 서로 다른 스킬을 제공했는데 젊은 직원들은 디지털 채널과 소비

◆ 디지털화가 되면서 디지털을 이용하는 사람과 그렇지 못한 사람의 경제적, 사회적 격차가 커지는 것을 의미한다.

자 행동에 대한 지식을 공유했고, 고위 관리자들은 회사와 업계에서 그동안 쌓아온 통찰을 공유했다. 이들은 핵심 트렌드를 파악하고 신규 고객들의 행동을 이해하기 위해 힘을 합쳤다.[23] 각각의 파트너는 이러한 경험을 통해 새로운 스킬과 통찰을 얻게 되었다.

크라우드소싱을 활용하기

기업의 디지털 미래로 향하는 길을 계획하는 데 있어서 더욱 폭넓은 조직의 참여를 이끌어내는 것은 바람직하다. 직원들의 가치는 그들이 수행하는 일상적인 업무를 넘어선다. 디지털에 능통한 기업들은 자사의 가장 전략적인 문제점에 대한 해결책을 찾기 위해 크라우드 소싱 기법을 활용한다. 직원들은 크라우드소싱을 통해 토론에 적극적으로 참여하고 자신의 견해와 아이디어를 공유할 수 있다. 디지털에 대해 잘 알고 있는 직원들이 늘어나면서, 협력적인 방식으로 직원들의 참여를 이끌어내는 법을 익히지 않는 기업들은 결국 패배하게 될 것이다.

앞서 살펴본 것처럼, 페르노리카는 디지털 트랜스포메이션 로드맵을 공동 설계하고 우선순위를 정하기 위해서 이러한 단계의 직원 협력을 거쳤다. 또한 어떤 기업들은 직원들을 크라우드소싱함으로써 고객 경험의 여러 측면을 향상하고, 운영의 효율화를 기했으며, 새로운 업무 방식을 공동 개발했다. 다른 기업들은 크라우드소싱을 활용하여 혁신의 흐름을 지속했다. 크라우드소싱을 제대로 추진하면 수많은 분야에 적용할 수 있고 여러 혜택을 얻을 수 있다.

때로는 직원들을 크라우드소싱함으로써 매우 현실적인 운영 관련 문제들을 해결할 수도 있다. 다른 통신사들과 마찬가지로, 케이블 도난 문제는 프랑스의 통신 사업자인 오랑주Orange에도 골칫거리였다. 이는 회선 다운타임downtime(기계나 시스템의 고장으로 운용되지 않는 시간 -

역주), 현장 인력의 개입 및 기타 문제 등 운영에 심각한 영향을 미쳤으며 상당한 비용이 발생했다. 오랑주는 내부적인 직원 크라우드소싱 플랫폼인 이드클릭^{idClic}을 통해서 이 문제를 훨씬 더 신속하게 해결할 수 있는 모바일 앱을 개발한 직원을 찾아냈다. 이 앱을 활용하면 신속하게 경찰에 도난 경보를 전달하고, 프로세스 단계를 보다 명확하게 만들고, 조정 관리를 실시할 수 있었다. 결과적으로 이 아이디어 하나만으로도 오랑주는 매년 백만 유로를 절약했다.[24]

또한 직원들의 참여를 이끌어내는 것은 협력적 혁신에 도움이 될 수 있다. 그간 기업들은 누가 혁신에 참여하는지를 매우 구체적으로 정하고, 직원의 스킬이나 역할에 따라 책임을 부여해왔다. 그러나 디지털 세상에서는 이러한 구분이 더 이상 바람직하지 않다.

예를 들어 EMC는 전 세계 직원들의 집단적인 힘을 활용하여 제품과 운영의 혁신을 추진한다. 210억 달러 규모의 이 회사는 기업 정보 저장, 보안, 가상화^{virtualization}, 클라우드 기술 분야를 선도하고 있다. 그러나 빠르게 변화하는 하이테크 업계에서 디지털 혁신의 최첨단을 달리는 것은 당연히 이루어야 할 전략적인 목표다.

EMC는 2007년부터 지역별 혁신 콘테스트를 실시했다. 콘테스트가 인기를 얻을수록 소규모의 혁신 팀이 수천 건의 지원서를 처리하기는 더욱 부담스럽고 어려워졌다. 따라서 이 팀이 아이디어를 평가하려면 확장 가능한 프로세스가 필요했고, 1위 이외의 입상 아이디어들을 실수로 빠뜨리지 않도록 하는 방법이 필요했다.

1년 후에 EMC는 아이디어의 제출 및 검토 프로세스 관리를 지원하는 온라인 플랫폼을 선보였다.[25] 콘테스트 참가자들이 포스팅한 아이디어들은 글로벌 커뮤니티 전체에서 확인할 수 있었다. 그러면 전 세계의 커뮤니티 구성원들이 각각의 아이디어에 코멘트하고 피드백을 제공하며, 자신이 가장 선호하는 아이디어에 투표할 수 있다. 아이디어를 제출한 사람들만 커뮤니티에 참여할 수 있는 것은 아니었기 때문에, EMC의 구성원 누구에게나 기여할 수 있는 기회가 주어졌다.

콘테스트 위원회는 매년 가장 득표수가 많은 아이디어에 인기상People's Choice award을 수여한다. 다른 상들은 EMC의 고위 전문가들이 선정하지만, 사람들의 참여 덕분에 심사위원들은 잠재력을 지닌 훌륭한 아이디어들을 고려할 수 있고, 혁신을 추진하는 사람들도 제출할 아이디어를 향상시킬 수 있다. 2010년에는 EMC 직원들 중 약 4천 명이 아이디어를 제출하거나, 코멘트를 달거나, 투표하는 등 회사의 연례 혁신 콘테스트에 참여했다.[26]

현재 EMC는 달력의 년도를 기준으로 글로벌 혁신 프로세스를 조직한다. 그러나 EMC의 혁신 프로세스에 필요한 것은 단지 기술 플랫폼만이 아니라, 경영진의 참여가 필수적이었다. 회사의 최고 기술 책임자CTO는 소규모의 내부 팀을 만들었다. 이 팀은 콘테스트를 관리하고 지역을 넘나드는 공유를 촉진하며, 수상자들이 자신의 아이디어를 실현할 수 있도록 코칭을 제공했다. 또한, 주요 비즈니스 부서장들은 혁신 콘테스트를 지원할 수 있다. 그러기 위해서는 부서장들이 최종 후보자 명단에서 1위를 선정하고, 1위 팀에게 반드시 씨드머니를 제공해야 한다.

또한 글로벌 차원의 직원 참여도 상당히 중요했다. EMC는 내부 혁신 컨퍼런스에서 우승자들을 발표한다. 매년 정해진 날짜에 전 세계의 직원들이 한 자리에 모여서 다양한 활동에 참여한다. 수상 결과 발표 뿐만 아니라 임원들의 연설, 영상, 초청 연사 관련 활동이 이루어진다. 아일랜드, 이스라엘, 미국 등지의 그룹들은 같은 날짜에 개별 일정을 세워서 진행하며, 원격으로 글로벌 세션에 참여한다. 기업 혁신 콘테스트의 성공은 전 세계 각지에서 지역 콘테스트의 확산으로 이어졌다. 예를 들어 중국에서는 자체적인 시상 프로그램을 실시하고 수상한 콘셉트들을 회사 전반에 걸쳐 공유한다. 이렇게 참여를 이끌어내는 혁신 프로세스가 이제는 EMC 업무 방식의 일부로 자리를 잡았다.

이에 따른 혜택 또한 확실하다. 수상한 아이디어 중에는 데스크톱의 가상화된 복제본을 만들어서, 다른 PC에서 사용할 수 있도록 하는 소비자 제품도 있었다. 또 다른 아이디어 중에서는 클라우드 기반의 '만물 인터넷Internet of Everything(사물 인터넷IoT, Internet of Things이 진화하여 만물이 인터넷에 연결되는 미래의 인터넷 – 역주)' 제품 개발을 위한 새로운 아키텍처도 있었다. 그런데 수상한 아이디어들만 혜택을 누리는 것은 아니다. 얼마 전에 열린 혁신 컨퍼런스에서 여러 스폰서들이 이렇게 말했다. "나는 우승자에게 자금을 지원하지만, 필요하다면 최종 후보자로 오른 다른 사람들도 기꺼이 지원할 의향이 있습니다." 또한 고위 경영진은 이 프로세스가 회사의 여러 사업부서에서 더 많은 혁신과 협력을 촉진하며, 직원 참여를 독려한다는 것을 실제로 피부로 느끼고 있다고 말한다. 직원들은 글로벌 기업의 일원으로서 더욱 깊은 소속감을 느낀다.[27]

어떤 기업들은 자사의 직원들을 크라우드소싱하는 것에서 더 나아가, 열린 혁신 프로세스에 외부 파트너들과 고객들까지도 참여하게 만든다.[28]

예를 들어 P&G는 고위 경영진의 강력한 주도 하에 열린 혁신의 철학을 받아들였다. 외부에서 끊임없이 혁신의 흐름을 받아들이고, 내부적으로는 구상에서 실시에 이르기까지 아이디어를 관리할 프로세스를 개발하는 것을 목표로 했다. P&G의 CEO를 역임한 밥 맥도널드Bob McDonald는 "금전적 이익이나 경쟁 우위를 위해 혁신을 추구하는 것에는 한계가 있습니다. 사람들에게 동기를 부여하고 영감을 주는 감정적인 요소가 필요합니다."²⁹라고 말한다.

이러한 노력의 일환으로 P&G는 몇 년 전에 '커넥트+디벨롭Connect+Develop' 포털을 개발했다. 고객, 공급업체, 경쟁기업, 과학자, 기업가를 비롯한 모든 사람들이 아이디어를 제출할 수 있도록 하자는 것이 목표였다. P&G는 스스로 알고 있고 할 수 있는 일을 널리 알릴 뿐만 아니라, 회사에 무엇이 필요한지를 강조한다. 또한 P&G는 단지 제품 개발에 한정하지 않고, 등록상표, 포장, 마케팅 모델, 엔지니어링, 비즈니스 서비스, 디자인 등 모든 분야에서 새로운 아이디어를 모색하고 있다. P&G의 CTO인 브루스 브라운Bruce Brown은 이렇게 말한다. "커넥트+디벨롭은 우리 회사를 선도하는 혁신들을 이루어내는 데 상당히 큰 도움이 되었습니다. 앞으로 새로운 성장 전략을 달성하는 데도 핵심적인 역할을 담당할 것입니다."³⁰

2010년에 P&G는 자사의 프로그램을 확대하여 혁신적인 협력을 위한 파트너로 발돋움했고, 회사의 혁신 개발에 대한 커넥트+디벨롭의 기여도를 세 배로 늘렸다. P&G는 프로그램 확대를 통해 정부 연구기관, 대학, 중소기업, 컨소시엄, 벤처 캐피탈 회사 등 다양한 기관들과의 관계를 구축했다.³¹

디지털 기술에 대한 참여와 관련된 문제들

그러면 디지털 기술 덕분에 우리의 앞에는 새로운 참여의 성배holy grail가 나타난 걸까? 새로운 기술이 많은 혜택을 가져다주기는 하지만, 실행과 관련된 도전과제들도 존재한다. 디지털 기술에 대한 친숙도는 직원들마다 편차가 상당히 크며, 디지털에 능통한 직원들도 새로운 도구를 받아들이는 것이 항상 수월한 것만은 아니다. 예를 들어 새로운 업무 방식은 기존의 수행 방식에 대한 위협으로 작용할 수 있으며, 중간급 관리자들에게서 권한을 앗아갈 수 있다. 새로운 디지털 규준은 더욱 개방적이고 협력적이며 투명한 업무 환경을 조성한다. 그런데 그중에는 불편하게 여기는 직원들도 있을 수 있다. 특히 과거의 업무 처리 방식으로 회사에서 성공해온 사람들이 그러하다. 한 임원은 "우리 회사는 항상 업무를 처리해오던 방식이 굳어져 있고, 그런 경험이 상당히 많이 쌓여 있어요. 이러한 상황을 바꿀 수 있도록 사람들에게 동기를 부여하는 것은 무척 어려운 일이지요."[32]라고 말했다.

디지털 트랜스포메이션에 대한 대화가 디지털화될 때, 많은 기업들이 이와 비슷한 도전과제에 직면하게 된다. 이러한 도전과제를 효과적으로 극복해내는 기업들의 사례를 목격했다.

디지털 도구에 친숙한 직원들과 그렇지 않은 직원들 간의 격차가 점점 더 커지고 있다. 즉 디지털 디바이드가 벌어지고 있다. 밀레니얼 세대의 직원들은 일상생활 속에서 기술을 열심히 사용하고 있으며, 근무할 때 이용 가능한 기업 도구들한테서는 전혀 감명을 받지 못한다. 한 임원은 이렇게 말했다. "20대 중후반이나 30대 초반에 회사에 들어온 이런 직원들은 모든 것을 IT를 활용해 처리합니다. 그들은 이렇게 말하죠. '우리 회사가 백여 년 전에 설립되었다는 것은 알지만, IT 역량도 그렇게 구식일 필요는 없잖아!'" 반면에 회사에 더 오래 다닌 직원들은 디지털을 이용한 업무 방식을 배우고 적응하는 데 여전히 어려움을 겪고 있다. 이러한 격차 때문에 경영진은 딜레마를 느끼게 된다. 어떤 커뮤니케이션 채널을 택하는가에 따라 한쪽 그룹은 소외되기 때문이다. 이러한 문제에는 적극적으로 대처할 필요가 있다. 비즈니스 리더들은 가장 훌륭한 커뮤니케이션 도구를 활용하고, 두 그룹 모두가 자신의 습관에서 벗어날 수 있도록 노력을 기울여야만 한다.

예를 들어 젊은 직원들에게는 심각한 오해가 초래될 수 있는 경우에는 전화를 이용하거나 동료의 사무실에 직접 방문하도록 독려할 수 있다. 마찬가지로, 나이든 직원들에게는 회사 블로그나 소셜 미디어를 활용함으로써 얻을 수 있는 혜택을 알려주고 타성에서 벗어날 수 있도록 도와줄 수 있다.

디지털 도구들은 조직의 투명성을 높일 수 있다. 이것은 일반적으로 바람직한 일이지만, 변화에 대한 저항resistance to change을 불러일으킬 수도 있다. 일부 관리자들은 투명성의 제고가 자신의 자율성을 침해하거나 회사 내에서 자신의 입지를 위협한다고 인식할 수 있다. 또 다른 관리자들은 적극적으로 투명성 제고와 관련된 대화에 참여한다. 어떤 사람들은 이러한 대화를 아예 피할 것이고, 다른 사람들은 디지털 플랫폼을 활용하는 것에 대해 공개적으로 이의를 제기할 것이다. 보통 관리자들은 조직에 변화를 도입할 때 최전선에 서기 때문에, 이들의 참여 수준은 경영진에게 상당히 중요한 관심사가 되어야 한다.

어느 글로벌 기업이 트랜스포메이션의 일환으로 새로운 보고 플랫폼을 시행했을 때, 많은 관리자들이 망설이는 모습을 보였다. 새로운 플랫폼을 도입하기 이전에는, 영업 담당 관리자들이 자체적인 내부 시스템을 바탕으로 보고서를 작성했다. 보고되는 수치들 및 구체적인 사항들을 관리자들이 직접 통제했다. 그런데 새로운 시스템은 중앙에서 매출 및 수익성 관련 데이터를 수집하고, 표준 양식으로 보고서를 작성했다. 한 임원은 이렇게 말했다. "관리자들은 이러한 투명성에 익숙하지 않기 때문에, 초창기에는 반발이 있었지요."

이 회사의 경영진은 새로운 플랫폼이 회사 전체를 단일하게 통합 운영하는 데 도움이 되며, 담당 부서에 대한 의사결정권은 여전히 영업 담당 관리자들에게 있다는 것을 분명하게 밝혔다. 또한 관리자들이 중요하게 여기는 부분에서 혜택이 제공된다는 것을 알리기 위해 의식적인 노력을 기울였다. 경영진은 영업 담당 관리자들에게 보고서의 새로운 정보가 더 많은 제품을 판매하고, 재고 보유량을 최소화하고, 매달 스프레드시트를 작성하는 데 할애했던 시간을 절약해준다는 것을 보여주었다. 경영진은 새로운 보고 플랫폼 덕분에 상당한 문화적 변화가 일어났다고 말한다. 한 임원은 이렇게 말했다. "이제 더 이상 책임 공방이 문제가 아니며, 우리 모두 생사를 함께 합니다. 우리가 살아남는 유일한 방법은 투명성을 확보하고 상호 커뮤니케이션의 개방성을 유지하는 것입니다."

✚ 디지털 비전의 실현을 위해 참여를 이끌어내기

디지털 마스터들은 설득력 있는 미래에 대한 비전을 만들어낸다. 자신이 어떤 방향으로 나아가고 싶은지를 알고, 목표를 달성했을 때 어떤 성공을 거두게 될지를 잘 알고 있다. 또한 이들은 디지털 트랜스포메이션을 추진할 때 비전을 현실화하기 위해서는 조직 전체가 힘을 합쳐야 한다는 점을 이해한다. 새로운 프로세스와 비즈니스 모델, 업무 방식은 조직 전체의 구성원들에게 영향을 미칠 것이다. 이러한 기업들의 많은 경영자들은 자신이 말한 바를 실천에 옮긴다. 단지 모범을 보이기 위해서가 아니라, 리더로서 더욱 효과적인 변화를 이루어내기 위해서 새로운 디지털 채널을 적극적으로 받아들인다. 직원들도 기술을 활용하여 서로 더욱 긴밀하게 업무를 연계한다. 디지털 트랜스포메이션과 관련된 대화에 적극적으로 기여하며, 동료들과 협력하여 도전과제들을 해결해나간다.

여러분이 디지털 트랜스포메이션에서 어떤 리더십 역할을 수행하건 간에, 직원들의 참여를 이끌어내는 것을 중요한 안건으로 다루어야 한다. 커뮤니케이션, 협력, 동료들과의 연계와 관련하여 새로운 방식들을 시도해보고, 동료들이 양방향 대화에 참여하도록 이끌어라.

새로운 디지털 업무 방식을 지지하기 위해 솔선수범하는 모습을 보이고, 다른 진정한 지지자들이 여러분의 여정에 동참하도록 만들어라. 조직이 새로운 단계로 도약하는 데 필요한 임계 질량에 해당하는 직원들이 참여하도록 이끌어라. 디지털 도구 그 자체가 아니라, 비즈니스 관련 문제들을 해결하는 데 핵심적인 논의에 집중하라.

몇몇 조직 구성원들은 새로운 기술과 그 역할에 대해 여전히 회의적인 입장을 고수할 것이다. 하지만 디지털 트랜스포메이션이 성공하기를 바란다면 반드시 조직의 참여를 이끌어낼 필요가 있다. 반대로 디지털 기술을 효과적으로 활용하면 직원들의 대규모 참여를 이끌어낼 수 있다.

체크 리스트 — 조직의 대규모 참여를 이끌어내기

- ✓ 디지털 비전을 현실화하려면 직원들에게 힘을 불어넣어 주고 참여 관련 노력을 이끌어라.
- ✓ 디지털 기술을 활용해서 직원들의 대규모 참여를 이끌어내라.
- ✓ 조직을 연결해서 직원들이 자신의 목소리를 낼 수 있도록 하라.
- ✓ 열린 대화를 실시해서 모든 사람이 디지털 트랜스포메이션에 참여할 수 있도록 하라.
- ✓ 직원들을 크라우드소싱해서 해결책을 공동 개발하고 변화에 대한 수용을 가속화하라.
- ✓ 기업의 디지털 IQ를 높임으로써 디지털 디바이드 문제에 대처하라.
- ✓ 목표를 투명하게, 공개적으로 밝힘으로써 저항에 대처하라.

CHAPTER 7

디지털 트랜스포메이션과 거버넌스

나의 실수와 실패는 열정 때문이 아니라
열정을 제대로 통제하지 못했기 때문이다.

잭 케루악

설령 강력하고 설득력 있는 비전이 있다 하더라도, 조직의 노력을 한 방향으로 향하게 하는 것은 매우 어려운 일이다. 복잡한 대기업들은 엔트로피로 가득 차 있고, 질서가 아니라 무질서한 방향으로 끊임없이 움직인다. 일단 설득력 있는 비전에 관여하게 되면, 기업의 관리자들은 그 비전을 현실화하기 위해 각기 다른 방향으로 움직일 수도 있다. 아직 이러한 비전을 믿지 않는 관리자들은 비전을 무시하려고 할 것이다. 너무 느리게 움직이는 부서들도 있을 수 있고, 반면에 규제, 보안 및 조직 관련 리스크에 관해 충분히 고민해보기 전에 성급히 움직이는 바람에 리스크에 직면하게 되는 부서들도 있을 것이다. 또 어떤 부서들은 중복되거나, 조율되지 않거나, 양립할 수 없는 노력 때문에 자원을 낭비할지도 모른다.

바로 이때 디지털 거버넌스가 필요한 것이다. 디지털 거버넌스는 기업의 디지털 관련 활동이 올바른 방향으로 나아갈 수 있도록 이끌어준다. 또한 조직 구성원들의 다양한 에너지를 한데 모아서 디지털 트랜스포메이션을 추진하는 원동력을 제공한다.

✚ P&G의 디지털 거버넌스

프록터&갬블(P&G, Procter&Gamble)은 글로벌 소비재 업계를 선도하는 기업이다. 본사는 오하이오 주 신시내티에 위치하며, 70여 개 국에 진출해 있고 12만 여 명의 직원들을 거느리고 있다. 2013년 P&G의 매출은 840억 달러를 넘어섰다. P&G의 CEO를 역임한 밥 맥도널드는 디지털 기술이 전통적인 업계에 미치는 혁신적인 잠재력을 인식했고, 명확한 목표를 수립하고 "우리는 P&G가 세계에서 가장 디지털화된 기업이 되기를 바랍니다."[1]라고 말했다. 이 목표를 달성하기 위해서는 회사 전체에 걸쳐 디지털에 초점을 맞춰야만 했다. 맥도널드는 "우리는 분자들을 만들어내는 것에서부터 리테일 파트너들의 POS데이터를 참고하여 공장을 가동하는 것에 이르기까지 회사의 업무를 디지털화하고자 합니다."[2]라고 말한다. P&G는 이를 실현하기 위해 수년에 걸친 디지털 트랜스포메이션 프로그램을 시작했다.

맥도널드의 비전은 트랜스포메이션을 시작하는 데는 충분했지만, 트랜스포메이션의 성공을 위해서는 더 많은 것들이 필요했다. P&G가 자사의 여러 브랜드와 활동 지역에 걸쳐 이러한 비전을 현실화하기 위해서는 매우 강력한 디지털 거버넌스가 필요했다. 제대로 된 거버넌스 메커니즘을 도입함으로써, P&G는 디지털 펀딩을 현명하게 배분할 수 있었고, 사업부서간의 공유를 촉진했다. 또한 사업부서의 혁신을 위한 중앙집중형 도구와 스킬을 제공했으며, 회사 전체에 걸쳐 디지털 문화를 일구어나가기 시작했다.

디지털 거버넌스의 기반

다행스럽게도 P&G는 디지털 거버넌스를 구축할 때 아무것도 없는 상황에서 시작해야 하는 것은 아니었다. 중앙집중형 거버넌스라는 개념은 다각적인 대기업 문화와는 상충될 수도 있지만, P&G는 이미 유용한 요소들을 확보하고 있었다. 특히 P&G의 공유 서비스 부서인 글로벌 비즈니스 솔루션^{GBS}은 P&G의 기업문화를 지탱하는 4개의 기둥 중 하나다. 처음에는 IT 부서로 시작해서 점차 진화한 GBS는 현재 6개의 허브를 통해서 전 세계 300여 개의 P&G 브랜드에 170여 가지의 공유 서비스와 솔루션을 제공하고 있다. 운영 13년 만에 GBS는 공유 서비스 비용을 33% 절감했으며, 신제품 출시 기간$^{time\ to\ market}$을 절반으로 단축했다.[3] P&G의 CIO인 필리포 파세리니$^{Filippo\ Passerini}$가 GBS의 그룹 회장으로서 이 조직을 이끌어나가고 있다.

디지털 리더십을 구축하기

파세리니는 두 가지 직위를 동시에 수행하면서 기술뿐만 아니라 기술이 비즈니스에 미치는 영향에 대해 독특한 관점을 가지게 되었다. 그는 "우리는 결코 기술에서부터 시작하지 않는다. 기술은 어떤 것을 가능하게 해주는 도구다. 업무 프로세스, 비즈니스 프로세스 또는 문화의 변화가 비즈니스 트랜스포메이션을 뒷받침하는 진정한 원동력이다. 기술 그 자체가 아니라 직원들의 업무방식 및 운영방식 말이다. 우리는 기술과 상관없는$^{technology\ agnostic}$ 편을 선호한다."[4]라고 말했다. 그는 리더로서 자신의 역량을 발휘하여 GBS의 성과를 향상시키고 책임의 범위를 확대했을 뿐만 아니라, 조직 내에서 GBS의 전략적 역할을 격상시켰다. 파세리니는 또한 "우리 회사 사람들은 매일 아침 눈을 뜰 때 우리는 독특해지기 위해 일을 하며, 상품이 되기 위해서 일하는 것이 아니라고 생각하려 해요. 우리가 상품이 되어버리면, 모든 것은 결국 비용으로 귀결되겠지요."[5]라고 말하며 이렇게도 덧붙였다. "'비즈니스 가치가 무엇인가'라는 목표를 마음에 두고 시작해야 합니다. 그런 다음 거꾸로 거슬러 올라가면서, 비즈니스 가치를 창출하기 위해 반드시 필요한 모든 단계를 거쳐 일을 처리하는 것입니다."[6]

맥도널드가 새로운 디지털 비전을 발표했을 때, 파세리니를 리더로 임명한 것은 당연한 선택이었다. 맥도널드는 이렇게 말했다. "IT는 우리의 디지털화 전략을 실시하는 데 있어서 핵심적인 기능을 담당합니다."[7] IT 및 GBS의 리더로서 파세리니는 GBS의 역량과 관계를 활용하여 디지털 도전과제에 맞설 수 있었다. 그는 사실상 회사의 CDO가 되었다. 맥도널드는 이렇게 말했다. "그는 단지 기능적 리더가 아니라, 비즈니스의 그룹 회장이자 P&G 리더십을 구현하는 핵심 인물입니다. 정말 중요한 디지털화 전략을 시행하는 것에 대한 책임을 지닌 사람이지요."[8]

디지털 서비스 부서를 구축하기

GBS는 회사를 디지털화하려는 노력을 이끌어나가는 역할을 담당하며, P&G의 디지털 비전을 실현하는 데 필요한 거버넌스와 기술, 프로세스 및 도구를 제공한다. 보다 단순하고, 평평하고, 신속하고, 민첩한 기업으로 만드는 것을 목표로 한다.[9]

파세리니에게 디지털화란 실시간 운영을 기반으로 하는 환경을 구축하는 것을 의미했다. 디지털 거버넌스는 세 가지 핵심 원칙을 바탕으로 구성되었다. 첫째, 시스템, 프로세스 및 정보를 표준화하라^{standardize}. 둘째, 비#부가가치 상호작용을 없애기 위해 자동화하라^{automate}. 셋째, 실시간 정보를 통해 의사결정을 가속화하라^{accelerate}.[10] P&G는 기업 운영의 핵심 역할을 하는 100여 개의 프로세스를 파악하는 것에서부터 여정을 시작했다. 이 디지털 팀의 역할은 사업부서와 더불어 트랜스포메이션의 향상을 파악하고, 트랜스포메이션을 달성할 수 있도록 하는 프로세스와 기술의 조합을 발견하는 것이다.[11]

P&G의 디지털 거버넌스 모델에서, 이 중앙전담팀은 엔드-투-엔드 end-to-end 서비스를 제공하여 운영 부서들과 브랜드의 비즈니스 관련 니즈를 지원한다. GBS는 소비자 참여, 가치 사슬 혁신, 비즈니스 인텔리전스, 조직 개발 등 네 가지 주요 분야에 초점을 맞추어 디지털 서비스를 제공한다.[12] 파세리니는 이렇게 말한다. "우리는 새로운 브랜드와 제품의 출시처럼 이 팀을 관리합니다." 그는 P&G의 유명한 브랜드 문화를 활용하여 중앙 부서에서 근무하는 사람들의 역할을 조직화했다. 개별 역할에는 '서비스 관리자service manager'라는 이름을 붙여주었고, 내부 가격을 설정하고, 품질을 모니터하고, 혁신을 개발하는 등 담당 업무를 명확하게 정해주었다. 또한 파세리니는 디지털 챔피언들을 만들어내기 위해 여러 사업부서에 IT 인력을 배치했으며, 이들이 경비 절감에서 제품 출시 촉진 등 비즈니스 관련 성과를 이루어내도록 했다.[13]

기술 혁신 관련 거버넌스

P&G는 빠르게 변화하는 디지털 기술 시장의 동향을 파악하기 위해 다층적인 접근방식을 구축했다. 새로운 디지털 기술은 혁신을 촉진하고 기업의 성과를 향상할 수 있지만, 그러기 위해서는 적절한 분야에 적용해야 하며 적절한 규모의 투자가 이루어져야 한다. P&G는 몇 년에 한 차례씩 세계의 메가 트렌드를 살펴보고, 그중에서 P&G의 비즈니스에 영향을 미치는 메가 트렌드를 파악한다. 그리고 이런 트렌드에 대처할 수 있는 명확한 전략을 정의한다. 그러고 나서야 비로소 이런

전략을 가능케 해줄 수 있는 기술을 택한다.[14] 이러한 접근방식은 파세리니의 경영 문화와 긴밀하게 연관되어 있다. 파세리니는 이렇게 말한다. "나는 기술에 관심이 있고 기술을 이해하고 있는 기업가다."[15] 일례로 P&G가 여러 분야에서 혁신 사이클을 가속화하는 트렌드에 어떻게 대응했는지를 살펴보자. 가상 현실 기술을 활용하여 P&G는 시제품을 만들 수 있게 되었을 뿐 아니라, 매대에 진열했을 때의 모습도 확인할 수 있게 되었다. 이에 따라 소비자 피드백의 품질도 높아졌다. 또한 소매업체들은 이런 형태의 디지털 모델링을 초창기부터 지지했다. 이 디지털 팀은 가상 현실 기술뿐만 아니라, 실험을 실시하는 데 필요한 엔드-투-엔드 서비스를 제공했다. 심지어 P&G와 경쟁기업들의 제품 이미지를 수록한 라이브러리를 구축했다. 파세리니는 이렇게 말한다. "이는 상당한 비즈니스 가치를 창출하고 있습니다. 그 덕분에 우리는 훨씬 더 품질이 높은 피드백을 받고, 보다 신속하게 시장에 접근할 수 있기 때문입니다."[16]

디지털 거버넌스 문화를 구축하기

디지털 거버넌스를 위한 리더십과 조직 구조를 구축하는 것에 그치지 않고, GBS의 리더들은 P&G의 업무 문화를 개선할 필요가 있다고 생각했다. 디지털 시대에 경쟁해나가기 위해서는 데이터의 투명성을 확보하는 것이 핵심적이었다. '비즈니스 스피어business sphere'라고 불리는 P&G의 하이테크 환경 덕분에 리더들은 엄청난 양의 데이터를 이용하여 실시간으로 비즈니스 관련 결정을 내릴 수 있게 되었다. 이러한 환경은 P&G가 전 세계에서 어떻게 활동하고 있는지에 대한 데이터를 끊임없이 보여주었다. 하지만 파세리니도 인정하듯이, 데이터가 완벽한 것은 아니다. 그는 이렇게 말한다. "우리는 변화를 이루어내기 위한 방편으로, 의도적으로 일의 순서를 바꾸어서 했어요."[17] 디지털 시대에 경쟁해나가기 위해서는 리더들이 디지털 이니셔티브와 관련하여 어느 정도의 모호성을 받아들일 필요가 있다.

이러한 접근 방식은 P&G가 디지털 이니셔티브를 운영하는 방안의 특징 중 하나다. 예를 들어, 파세리니는 디지털 조종실digital cockpit의 도입과 관련하여 리스크를 감수했다. 디지털 조종실은 P&G 직원 각자에게 가장 중요한 정보를 담고 있는, 쉽게 이해할 수 있는 다양한 차트 모음을 가리킨다. 하나의 버전으로 사실들을 모아서 공유함으로써, 지금 어떤 상황이 벌어지고 있는가에 대한 토론을 줄이고 문제 해결에 집중하자는 아이디어였다. 초창기 버전은 실패로 끝났고, 18개월에 걸쳐 다시 설계해야만 했다. 그러나 2012년 1월을 기준으로 할 때, P&G는 5만 8천 개의 디지털 조종실을 운영했으며 2013년 말까지 8만 개 이상을 운영할 계획이었다.[18] 이렇게 리스크를 감수하는 것은 적극적으로 변화를 추진하는 수단으로 여겨져서 독려되었다. 파세리니는 이렇게 말한다. "우리는 많은 리스크를 감수합니다. 새로운 아이디어가 있다면 머릿속으로만 생각하고 논의하는 것이 아니라, 비즈니스 운영부서들 중 하나와 파일럿을 진행합니다."[19]

오늘날 P&G는 디지털 기술을 활용하여 비즈니스 트랜스포메이션을 이루어낸 선도 기업으로 인정받는다. 맥도널드는 P&G를 전 세계에서 가장 디지털화된 기업으로 만들고 싶은 자신의 비전을 뒷받침했고, 이를 위해 자금을 제공했다. 그러나 비전과 관련한 에너지 및 자금과 더불어, P&G가 비전을 현실화하기 위해서는 규율과 역량이 필요했다. 디지털 거버넌스를 구축하는 과정에서, 파세리니와 GBS 팀은 성공적인 규준들을 적용했고 새로운 역량을 구축했다. 거버넌스 프로세스와 자원을 통해서, GBS는 제품 개발에서 생산과 마케팅에 이르기까지 P&G의 디지털 트랜스포메이션에서 핵심적인 역할을 담당하고 있다.

✚ 디지털 거버넌스는 왜 필요할까?

거버넌스governance라는 단어는 '(선박 따위를) 조종하다(to steer)'라는 뜻의 그리스어 동사인 키베르난kybernan에서 유래했다.[20] 대다수의 기업들은 재무 및 인적 자원에 대한 강력한 거버넌스를 지닌다. 그런데 비즈니스의 다른 측면에 대한 거버넌스의 정도는 기업에 따라 다르다. 일관성 있고 적절한 브랜드 사용을 위한 브랜드 거버넌스, 기술 자원을 효과적으로 적용하기 위한 IT 거버넌스, 구매의 효율성 및 규제 준수를 위한 벤더 거버넌스 등을 예로 들 수 있다.

디지털 역량에 대한 새로운 수요와 디지털 활동으로 인한 새로운 리스크가 등장함에 따라, 디지털 거버넌스는 모든 기업에서 필수적인 요소가 되었다. 예를 들어 소셜 미디어는 글로벌 브랜드에 대한 기업의 통제가 줄어들게 한다. 페이스북, 트위터 또는 유튜브에 고객이 부정적인 포스팅을 올리면 즉시 글로벌 차원의 관심을 받을 수 있다. 기업들은 모바일 및 소셜 채널을 통해 고객들과 교류할 수 있는 새로운 방안을 찾고 있으며, 자사의 온라인 평판에 대해서도 예의주시하고 있다. 소셜 미디어를 넘어서서, 디지털 기술로 기업의 고객 중심 활동이 어디서든 모두에게 공개된다. 바로 이런 이유로 버버리의 CEO인 안젤라 아렌츠가 브랜드 총괄을 임명해서, 버버리라는 브랜드가 전 세계적으로 사용되는 데 시너지를 불어넣은 것이다.[21]

또한 새로운 기술은 기밀 유지 및 규제와 관련하여 원치 않는 결과를 초래하기도 한다. 해커들은 분실된 휴대전화 및 태블릿을 이용해서 네트워크에 침투할 수 있다. 직원들이 기업 비밀을 온라인에 포스팅하거나, 합병 또는 기업의 재무 상황에 관한 정보를 부적절하게 누설할 수도 있다. 신용카드나 환자의 건강 상태에 대한 개인 정보가 온라인에 새어나갈 수도 있다. 고객들은 직원들의 개인적인 포스팅을 투자 또는 건강에 관한 기업의 조언으로 받아들일 수도 있다. 위의 사례들 중 어떤 일이라도 발생하게 되면 기업은 평판에 손상을 입거나, 수백만 달러에 달하는 벌금을 내게 되거나 규제 관련 제재를 당할 수 있다. 한 임원은 이렇게 말했다. "150년간 쌓아온 우리 회사의 평판이 보안 관련 사고로 위태로워지는 상황은 어떻게 해서든 피하고 싶지요."

디지털 마스터의 훌륭한 거버넌스

디지털 활동에 대한 디지털 마스터의 거버넌스는 다른 기업에 비해 훨씬 훌륭하다. 2012년에 설문조사를 통해 거버넌스 역량을 측정했으며, 이 조사에는 명확한 역할, 이니셔티브의 전략적 배열, 부서 간 투자 협조, KPI 사용, 높은 수준의 트랜스포메이션 로드맵 등과 관련된 문항들이 포함되었다. 이러한 기준에 따르면, 디지털 마스터들의 거버넌스는 다른 기업들에 비해 51% 더 뛰어났다.[22] 디지털 마스터들은 어떤 이니셔티브를 추진할 것인지를 결정하고, 그 이니셔티브를 성공으로 이끄는 데 있어서 훨씬 더 뛰어난 모습을 보인다.

  질적, 양적인 분석에 따르면, 디지털 거버넌스는 고위 경영진이 디지털 트랜스포메이션을 추진하는 과정에서 적용할 수 있는 가장 중요한 수단들 중 하나다. 거버넌스는 모든 사람이 올바른 방향으로 나아갈 수 있도록 하는 가이드레일 역할을 하며, 혁신을 촉진하고 부적절한 투자를 방지하는 등 당근과 채찍을 모두 제공한다. 거버넌스는 트랜스포메이션의 리스크를 관리하고, 효율적으로 트랜스포메이션을 추진하는 데 도움이 된다.

디지털 거버넌스가 제공하는 기회

디지털 마스터들은 거버넌스가 문제를 방지할 뿐 아니라 새로운 디지털 역량을 가능하게 한다는 점을 이해한다. 모바일 앱, 협력 네트워크, 커넥티드 제품과 소셜 미디어는 마케팅, 생산 및 고객 서비스와 관련하여 새로운 기회를 만들어낸다. 고객들과 직원들의 수요로 말미암아 비즈니스 사이클은 점점 더 빨라지고 있다.[23] 거버넌스는 그 어느 때보다도 신속하게 새로운 솔루션을 실행할 수 있도록 해주며, 보안, 규제 준수, 레거시 시스템 통합과 관련된 문제들을 관리하는 데도 도움이 된다. 기업들은 거버넌스를 통해 고객과 운영에 대한 통합적인 관점을 확보할 수 있고, 보다 효과적으로 협력하고 회사의 방침을 추진해나갈 수 있다.

예를 들어 고객들이 보다 통합된 경험을 요구하고 애널리틱스가 더욱 통합된 데이터를 요구함에 따라, 많은 기업들이 이질적인 데이터 소스를 통일하는 데 어려움을 겪는다. 한 임원은 이렇게 말한다. "데이터 통합은 디지털 서비스를 구축하는 데 가장 큰 도전 과제로 작용합니다." 다른 많은 사람들도 이러한 의견에 동의한다. 디지털 마스터들은 거버넌스를 활용하여, 새로운 고객 경험에서 자동화된 공장, 고급 애널리틱스에 이르기까지 다양한 디지털 이니셔티브를 위한 통합 플랫폼을 구성한다.

또한 점차 글로벌 시장에 진출하면서, 기업들은 여러 지역과 부서, 전문 분야에 걸쳐 보다 효과적으로 협력해야 할 필요성을 느끼고 있다. 직원들이 회사의 공식적인 접근방식을 벗어나서 각기 다른 협력 방안을 찾아내게 되면 보안, 규제 및 통합 관련 문제들이 발생할 가능성이 있다. 많은 기업들은 거버넌스를 활용하여 화상 회의, 인스턴트 메시지 및 지식 공유를 위한 공식 협력 플랫폼을 구축해왔다. 또한 기업들은 거버넌스를 통해 방침을 수립하고 시행한다. 어떤 형태의 협력이 적절하고 부적절한지를 명시하고, 기업 방침에 대한 위반 사례를 감시하는 모니터링 도구를 갖춘다.

디지털 거버넌스가 효과를 발휘하도록 하기

디지털 활동을 위한 거버넌스를 디자인할 때는 다음 두 가지 목표를 어떻게 달성할지에 초점을 맞추도록 하라.

- 조율: 기업 전반에 걸쳐 이니셔티브의 우선순위를 정하고, 이니셔티브를 동기화하고 조정하기
- 공유: 기업 전반에 걸쳐 동일한 역량 및 자원을 활용하기 (사람, 기술, 데이터 등)

많은 대기업의 경우에 조율과 공유는 자연스럽게 이루어지지 않는다. 어떤 사업부서나 지역의 관리자에게 조율은 끝없는 회의와 원치 않는 제약을 뜻한다. 공유 자원을 구축하려면 자신이 통제하지 못하는 사람들의 선의와 역량에 의존해야 할지도 모른다. 기업 차원의 새로운 거버넌스 활동을 물리치기 위해 조직의 항체가 작동하는 것도 어떻게 보면 당연하다.

그러나 디지털 트랜스포메이션의 가장 큰 혜택은 바로 그 사일로들 간의 조율과 공유를 통해서 얻을 수 있다. 국제적인 은행 그룹의 한 임원은 이렇게 말한다. "디지털은 글로벌 차원에서 기업에 영향을 미치지요. 기존의 사일로들 전반에 걸쳐서요. 통상적인 비즈니스 방식과

비교하자면, 의사결정을 하고 행동으로 옮길 때 더욱 조율할 필요가 있어요. 어느 지역에 국한된 문제가 아니라 글로벌 문제이기 때문에, 우리의 결정은 모든 국가와 사업부서에 걸쳐 회사 전반에 영향을 미칩니다."

바로 이러한 이유로 나이키가 주요 사업부서들을 아우르는 강력한 디지털 부서를 설치한 것이며, 네슬레가 디지털 가속화 팀을 만든 것이다. 또한 여러분도 똑같은 혜택을 누리기 위해서는 몇 가지 메커니즘이 필요하다. 거버넌스는 기업이 구성된 방식에서 기인하는 문제들에 대처하는 데 도움이 된다. 거버넌스를 활용하면 직원들이 특정한 규준을 따르도록 할 수 있다. 그냥 각자 알아서 하도록 내버려두었다면 이러한 규준을 따르지 않았을 것이다.

✚ 디지털 거버넌스의 핵심 메커니즘

디지털 거버넌스를 구축할 때는 위원회^{committee}, 리더십 역할^{leadership role}, 공유 디지털 부서^{shared digital unit} 이 세 가지의 주요 거버넌스 메커니즘을 어떻게 활용할지를 고민하라. 공유와 조율을 달성하는 것과 관련하여 각 메커니즘의 강점과 약점이 존재한다. 또한 여러분의 기업 문화에 더욱 적합하거나 덜 적합한 메커니즘이 있을 수도 있다. 특정 자원을 적절한 수준으로 조율하고 공유할 수 있는 메커니즘을 선정하고, 새로운 메커니즘으로 인한 문화적 갈등을 관리하는 것이 임원으로서 여러분이 해야 할 역할 중 하나다.

거버넌스 위원회

만약 여러분의 회사가 기술이 빠르게 변화하는 추세에 관심을 기울여왔다면, 아마도 디지털 활동을 관장할 임원 차원의 위원회를 이미 설치했을 것이다. 위원회는 상대적으로 수월하게 조율을 시작하는 방안이 된다. 그러나 안타깝게도 위원회만으로는 충분한 거버넌스를 얻을 수 없다. 특히 기업의 모든 부서가 디지털 비전에 동의하는 것은 아닌 상황이라면 더욱 그렇다.

가장 흔히 찾아볼 수 있는 것이 운영위원회$^{steering\ committee}$다. 기업의 고위 경영진으로 구성되며, 방침을 비준하고, 상충하는 이해 관계간의 우선순위를 결정하고, 가치가 낮은 프로젝트를 폐지하는 등 의사 결정을 내린다. 운영위원회는 회사의 방침을 수립하고 자원을 할당할 수 있는 권한을 활용해서, 기업이 일관된 방식으로 행동할 수 있도록 돕는다. 일례로 볼보는 강력한 위원회를 통해서 커넥티드 카 콘셉트의 출시를 이끌고 있다. 이 위원회는 엔지니어링 및 생산 부서 간의 활동을 연계하며, 회사가 고객들과 직접 대화하기 시작한다는 딜러들의 우려에 대응하는 방침을 수립한다.[24]

또한 운영위원회는 사업부서가 자체적으로 착수하지는 않는 투자를 추진할 수 있다. 제조 기업이 글로벌 고객 플랫폼에 투자하는 것을 예로 들 수 있다. 한 고위급 임원은 이렇게 말했다. "이번 투자는 '과학적인 비즈니스 사례'라기보다는 '예술적인 비즈니스 사례'에 바탕을 두고 진행됐어요. 올바른 결정이었죠. 우리는 성공을 거둘 만큼 충분히 큰 규모로, 하지만 바보 같은 모습은 보이지 않을 만큼 충분히 작은 규모로 일을 진행했어요."

어떤 기업들은 신흥 기술을 위해 혁신위원$^{innovation\ committee}$를 설치하기도 한다. 이 위원회는 혁신 활동을 하지는 않지만, 방침을 제시하고 감독하는 역할을 담당한다. 혁신위원회는 혁신을 통해 해결할 수 있는 도전과제들을 파악하고, 실험과 파일럿 프로그램에 자금을 대고, 유용한 혁신을 채택하는 방안을 고려한다.

노스웨스턴 뮤추얼은 재무설계사들의 끊임없이 변화하는 요구에 대응하고 앞서 나가기 위해서 혁신위원회를 설치했다. 재무설계사들이 태블릿과 소셜 미디어를 사용하기 시작하자, 혁신위원회는 이러한 기술을 효율적이고 안전하게, 규제 요건에 맞게 사용하는 방안을 모색했다. 원치 않는 행동을 방지하는 것이 아니라, 새로운 기술과 프로세스를 통해서 안전하게 혁신을 이루어낼 수 있도록 도와주는 것이 위원회의 목표였다. 한 임원은 이렇게 말했다. "우리는 이러한 기술에 대해 느릿느릿 대처할 수가 없어요. 현장에서 일하는 직원들이 신속하게 기술을 받아들이고 있으니까요. 우리는 규제 관련 문제들을 해결해야 하고, 훈련과 교육 관련 문제들도 해결해야 하지요. 새롭게 부상하는 기술들에 대해 서로 다른 시각을 지닌 사람들이 함께 논의할 필요가 있어요."[25]

혁신위원회는 회사 전체에 걸쳐 공유될 역량에 투자하기 전에 기술 표준을 선택하고 방침을 수립하는 데 도움이 된다. 한 임원은 이렇게 말했다. "우리는 '와, 우리가 이런 일을 해낼 수 있었구나. 별 문제 아니네.' 이렇게 말할 수 있는 모든 사람을 한데 모으고 있어요. 우리 IT 설계자들이지요. 그런데 또 다른 사람들은 이렇게 말해요. '그러면 기밀은 어떻게 보장하지? 데이터는 어떻게 유지하지? 훈련은 어떻게 하지? 현장에서의 사용을 공식적으로 허용하기 전에 이걸 쓸 만하게 만들려면 어떻게 해야 할까?' 이렇게 다양한 견해를 검토하고 논의할 필요가 있어요."[26]

디지털 리더십 역할

위원회는 의사결정은 내릴 수 있지만 변화를 주도할 수는 없다. 그것은 리더들이 할 일이다. 새로운 리더십은 기업 또는 비즈니스 차원에서 디지털 트랜스포메이션을 주도하는 CDO의 역할을 포함한다. 고위 연락관 역할은 줄어들게 된다.

CDO

2012년 3월, 스타벅스는 애덤 브로트먼을 최초의 CDO로 임명했다. CEO에게 직접 보고하는 직위였다. 브로트먼은 이렇게 말했다. "디지털은 스타벅스가 브랜드를 구축하고 고객들과 교류하는 데 있어서 필수적인 부분으로 자리매김했습니다. 고객과의 상호작용과 관련하여 지각변동 수준의 엄청난 변화가 일어났기 때문에, 우리는 모든 것을 총동원하여 디지털을 최우선으로 고려해야만 했습니다."[27]

CDO의 역할은 디지털 불협화음을 교향곡으로 바꾸어놓는 것이다. CDO는 통일된 디지털 비전을 만들고, 디지털에 대한 가능성과 관련하여 회사 전체에 활기를 불어넣고, 디지털 이니셔티브를 조율하고, 디지털 시대에 맞게 제품과 프로세스에 대해 다시 생각해보고, 핵심적인 도구나 자원을 제공하기도 한다. 이러한 리더는 혼자서 이런 일들을 할 수도 있고, 위원회나 디지털 부서의 도움을 받을 수도 있다.

어떤 CDO들은 비전을 수립하고 디지털 활동을 조율하는 것만을 책임진다. 대다수의 기업에서 이러한 업무들은 상대적으로 수월한 편이다. 자율적인 관리자들에게 그다지 위협이 되지 않기 때문이다. 이러한 타입의 CDO 자리는 보다 젊은 사람들이 차지하게 된다. 이들은 제안을 하고 에너지를 만들어내지만, 실질적인 변화를 주도하기 위해서는 다른 조력자들이 반드시 필요하기도 하다.

하지만 또 다른 많은 CDO들은 시너지를 만들어내고 트랜스포메이션을 주도한다. 분권화 및 자율화의 역사를 지닌 기업들에서 이러한 업무들은 훨씬 더 어려울 수도 있다. 이러한 타입의 CDO 역할이 만들어지면, 조직의 항체가 일제히 나서서 공격한다. 지역 담당 부서장들은 이런 역할이 부적합하다고 여기고, 불필요한 간섭을 거부할 수도 있다. 그렇기 때문에 강력한 CDO 역할에는 존경받는 리더가 필요하다. 또한 기업의 고위 경영진이 CDO의 역할과 권위가 실제로 존재한다는 것을 강력하게 전달할 필요가 있다.

스타벅스에서 브로트먼은 웹과 모바일 커뮤니케이션 관련 업무를 관장하며, 여기에는 소셜 미디어, 스타벅스 카드 및 로열티 프로그램, 매장 와이파이 및 스타벅스 디지털 네트워크, 매장 디지털 및 엔터테인먼트 팀 등이 포함된다. 그는 회사 내에서 여러 직위를 거치면서 인정을 받아왔고, CEO의 전폭적인 지지를 받는다.

볼보는 커넥티드 카 콘셉트를 담당할 노련한 고위급 임원을 채용했다. 그는 강력한 고위급 임원 운영위원회의 지원을 받으며, 제품 디자인, 생산, 마케팅, A/S 등 사일로들에 걸쳐 조율과 공유를 주도한다.

여러분은 C-레벨 신참 임원에게 디지털 트랜스포메이션에 대한 관리를 맡길 수도 있고 그렇게 하지 않을 수도 있다. 하지만 CDO의 책임은 필요하다. 기업의 질서를 유지하기 위해 임시 CDO를 임명할 수도 있고, 다른 방안을 개발할 수도 있다. 여러분이 어떤 접근방식을 취하건 간에 장기적으로 디지털 기술의 시너지, 브랜드 통합, 투자 조율, 스킬 개발, 벤더 관리, 혁신 등을 적절하게 추진해야 한다.

디지털 교섭

앞서 다른 장에서 언급했던 디지털 챔피언과 같은 공식 연락 역할은 지역 차원에서 디지털 트랜스포메이션을 이끌어나갈 수 있다. 네슬레의 디지털 가속화 팀은 부서 내의 대화에 참여하고 부서간의 규준을 공유함으로써 비공식적인 거버넌스 역할을 담당한다.[28] 그런데 대기업들에는 보다 강력한 연락 역할이 필요하기도 하다. 각 사업 부서를 위한 미니 CDO가 필요한 것이다.

프리사의 CEO는 디지털 거버넌스를 구축하기로 결정한 다음, 그룹 차원의 CDO를 임명했다. 이 CDO는 기업의 공유 디지털 부서를 설치했고, 글로벌 콘텐츠 관리 시스템의 개발 및 출시를 이끌었고, 가장 디지털에 깊이 관련된 문제들의 방향을 설정했다. 프리사의 상당히 분권화된 기업 문화에서, 이 그룹 CDO는 전 세계에 걸쳐 있는 프리사의 미디어 부문들에서 변화를 주도하기에는 권한이 제한적이었다. 그 대신 CEO는 각 부문이 직접 자사의 CDO를 임명하도록 지시했다. 이러한 지역 담당 CDO들은 보통 부서에서 상당히 고위급에 속하는 관리자들이었다. 이들은 담당 부서에서 디지털 트랜스포메이션을 이끌어나갔고, 그룹 CDO 및 다른 지역 담당 CDO들과 서로 업무를 조율했다.[29]

공유 디지털 부서

위원회는 결정을 내릴 수 있고, 리더들은 변화를 주도해나갈 수 있다. 하지만 변화를 실행해나가기 위해서는 중앙집중화된 전문지식과 자원이 필요하기도 하다. P&G, 나이키, 프리사 등의 사례에서 알 수 있듯이, 디지털 부서를 설치하는 것은 디지털 트랜스포메이션을 관장하고 주도하는 데 있어서 매우 효과적인 방안이다. 디지털 부서의 규모나 역할은 제각기 다르지만, 공통 목표는 바로 기업 전반에 걸쳐 시너지를 주도하는 것이다. 어떤 디지털 부서들은 사업부가 디지털 이니셔티브를 시행하는 것을 지원하며, 또 다른 디지털 부서들은 사업부서들을 위한 모든 디지털 이니셔티브를 시행한다. 모든 디지털 부서는 스킬, 인프라, 자금 등 기업 전체에 걸쳐 공유할 수 있는 자원들을 보유하고 있다.

디지털 부서는 위원회와 리더가 스스로 할 수 없는 일들을 해낸다. 고객 통합 데이터베이스, 기업 와이어리스 플랫폼, 고급 애널리틱스 팀, 혁신 랩innovation lab 등 공유 인프라를 만들어낸다. 글로벌 보험 그룹의 한 고위급 임원은 이렇게 말했다. "그룹의 서로 다른 조직들이 디지털과 관련된 모든 것을 스스로 만들어내기란 어렵습니다. 시간과 비용이 들어가고, 조율이 필요하지요. 또한 스스로 만들어내려고만 하면 기업 전체에 걸쳐서 얻은 경험의 혜택을 받지 못합니다."

중앙에서 디지털 인프라와 스킬을 구축하면 지역 담당 부서들이 새로운 표준을 따를 만한 인센티브를 얻는다. "우리가 직접 이 일을 처리하게 되면 경비가 얼마나 들까?"에서 "중앙 플랫폼을 어떻게 하면 가장 잘 활용할 수 있을까?", "어떻게 하면 이러한 역량들을 가장 잘 활용할 수 있을까?"로 바뀐다. 예를 들어 프리사에서 글로벌 콘텐츠 관리 시스템을 구축할 때 디지털 부서가 필수적인 역할을 담당했다. 각 미디어 매체의 리더들은 시스템에 투자할 만한 인센티브가 없었다. 그러나 기업 차원의 노력으로 시스템이 탄생했고 모든 매체들이 활용할 수 있게 되었다. 새로운 시스템을 통해서, 각 미디어 매체의 기자들은 전 세계의 다른 프리사 매체들과 함께 텍스트, 음성 인터뷰, 동영상 클립 등 미디어를 저장하고 추적하고 공유할 수 있게 되었다.

어떤 디지털 부서들은 기업 전체에 특화된 디지털 전문지식을 제공한다. 디지털 트랜스포메이션과 관련하여 150명의 임원들을 대상으로 인터뷰를 실시했을 때, 이들이 가장 커다란 장벽으로 꼽은 것은 스킬의 부재였다. 조사한 기업들 중에서 77%가 모바일, 애널리틱스, 소셜 미디어 등 부문의 스킬 관련 문제들을 언급했다.[30] 이들 기업은 이런 분야의 전문가들을 적극적으로 채용하고 있는데, 저마다 성공의 수준이 다르다. 디지털 부서에서 이러한 스킬들을 보유하면, 기업은 적합한 전문가들을 채용하고 회사 전반에 걸쳐서 이들을 활용할 수 있다. 또한 제12장에서 논의한 것처럼, 많은 부서들이 훈련 및 지식 공유를 통해서 기량을 쌓는다.

디지털 부서는 보다 가벼운 위원회나 리더십 역할 그 이상의 파워와 영향력을 지닐 수 있다. 하지만 너무 가볍게 접근해서는 안 된다. 디지털 부서에는 상당한 자원의 투자와 경영진의 관심이 필요하기 때문이다. 예를 들어, 나이키의 디지털 부서는 기업 전반의 디지털 활동에 관여한다. 마케팅 및 기타 이니셔티브에 협조하며 핵심 스킬을 제공한다. 이 부서에는 미래의 비전을 명확하게 하고, 새로운 기술 관련 기회들을 파악하고, 새로운 역량을 구축하는 여러 혁신 그룹이 포함된다. 또한 이 부서는 디지털 제품의 보금자리 역할을 한다. 나이키처럼 빠르게 변화하고 모험적인 기업에서 이 모든 일들을 해내기 위해서는 고위 경영진의 강력한 지시와 의지가 필요했다. 노련한 리더들에게 각기 다른 사업 기능을 맡겼고, 매년 수백만 달러를 투자했다. 하지만 그 파급 효과를 생각하면 투자할 만한 가치가 있었다.

✚ 여러분의 기업을 위한 최고의 거버넌스 메커니즘을 찾아내기

여러분의 조직을 위한 거버넌스를 디자인하려면 우선 여러분이 독려하고 싶은 행동에서부터 시작하라. 여러분은 무엇을 조율해야 하는가? 어떤 공유를 독려하고 싶은가? 여러분의 조직이 이러한 일들을 스스로 얼마나 잘 수행할지를 생각해보라. 아니면 여러분에게 필요한 '부자연스러운 행동'을 어떻게 촉진할지를 고민해보라.

상당히 분권화된 조직은 공유와 조율을 위해 중앙 조직 차원에서는 강력한 거버넌스가 필요하지만, 지역별 혁신을 감독하는 데는 보다 느슨한 거버넌스를 적용할 수도 있다. 상당히 관료주의적이거나 중앙집중화된 조직에서는 조율과 공유가 보다 자연스럽게 이루어질 수도 있지만, 프로세스를 혁신하거나 변화시키기 위해서는 추가적인 도움이 필요할 수도 있다.

각각의 거버넌스 메커니즘은 저마다 강점과 약점을 지니고 있다(표 7.1 참조). 또한 어떤 메커니즘은 여러분의 조직 문화와 자연스럽게 융화될 수도 있지만, 다른 메커니즘을 실행하기 위해서는 강력한 탑다운 방식이 필요할 수도 있다.

공유 디지털 부서는 인프라, 도구, 표준, 역량과 관련하여 강력한 시너지를 만들어낼 수 있다. 디지털 부서는 혁신을 가속화하고 효율성을 주도한다. 디지털 부서는 기업의 모든 부서를 위한 디지털 서비스를 개발하기 위해 자금 조달, 디지털 도구, 특정 스킬을 보유한 사람들을 한데 끌어 모은다.

부서에서 기술 표준을 개발하고 서비스의 사용과 관련된 방침을 실행함에 따라 자연스럽게 조율이 이루어지기도 한다. 그러나 조직 내에서의 올바른 구조와 포지셔닝을 정의하는 과정에서 문제들이 나타난다. 설령 정확하게 포지셔닝이 이루어졌다 하더라도 디지털 부서는 내부에만 초점을 맞추고, 서로 다른 사업부서의 니즈와 연계되지 않는다. 또한 자금 조달과 조율 관련 어려움도 겪을 수 있다. 특히 조직의 일부 임원들이 디지털 부서를 자신들의 자율성에 대한 위협으로 인식

	조율 및 공유 관련 역할	일반적인 혜택과 도전과제
공유 디지털 부서	특화된 자원을 한데 끌어 모으고 인프라를 제공함으로써 공유를 달성하는 것을 주요 목표로 한다. 디지털 부서가 만들어낸 표준과 방침이 어느 정도의 조율과 공유를 제공한다. 그러나 디지털 이니셔티브를 보다 강력하게 조율하기 위해서는 추가적인 메커니즘이 필요하다.	• 혜택: 새로운 디지털 스킬, 공유 디지털 서비스, 규모의 경제 • 도전과제: 조직 내에서의 구조와 포지셔닝, 지역 담당 부서 리더들과의 조율 관련 어려움, 서비스 카탈로그의 정의
거버넌스 위원회	조율을 주된 목표로 한다. 그러나 몇몇 결정과 방침은 특정 자원과 역량의 공유를 필요로 할 수도 있다.	• 혜택: 디지털 표준과 방침, 자원 최적화, 새로운 디지털 트렌드의 채택 • 도전과제: 트랜스포메이션을 이끌어나가거나 표준과 방침을 실시하기 위해서는 추가적인 메커니즘이 필요할 수도 있다.
디지털 리더십 역할	디지털 리더십 역할은 핵심 디지털 자원의 사용을 독려함으로써 공유를 촉진한다. 또한 서로 다른 이니셔티브와 조직 부서에 걸쳐 조율을 지원한다.	• 혜택: 공유 디지털 부서, 문화의 변화, 더욱 강력한 정책 준수 • 도전과제: 책임과 권한, 본부 및 로컬 부서 간의 관계, 층위 간의 조율

[표 7.1] 각 디지털 거버넌스 메커니즘의 강점과 약점

출처: Maël Tannou and George Westerman, "Governance: A Central Component of Successful Digital Transformation," Capgemini Consulting and MIT Center for Digital Business, August 2012.

할 경우에 그렇다.

거버넌스 위원회는 조율을 목표로 한다. 투자 결정을 내리고, 자원의 우선순위를 정하고, 방침과 표준을 수립한다. 관료주의적인 측면을 크게 늘리지 않으면서 기업 전체에 걸쳐서 여러 활동을 동기화하는 것을 목표로 한다. 거버넌스 위원회는 모든 사람이 계속해서 같은 방향으로 움직이도록 만들 수 있다. 그러나 직접 행동하기보다는 의사결정에 머무르는 경향이 있다. 인력이 부족하기 때문에, 거버넌스 위원회는 긴밀하게 활동을 관리하거나 새로운 것을 만들어내는 능력이 제한적이

다. 트랜스포메이션을 이끌어나가거나 표준과 방침을 실시하기 위해서는 추가적인 메커니즘이 필요하기도 하다.

디지털 리더십 역할은 지역 담당 부서들이 언제, 어떻게 기업 차원의 솔루션을 채택해야 하는지, 또는 중앙집중화된 자원을 사용해야 하는지를 알려줌으로써 공유를 촉진할 수 있다. 또한 서로 다른 이니셔티브와 조직 부서들을 조율한다. 디지털 리더십 역할은 디지털 비전이 기업 전체적으로 공유되도록 한다. 문화의 변화를 촉진하고, 방침의 집행을 향상하며, 새로운 업무 방식으로의 이행을 수월하게 한다. 그러나 디지털 리더십 역할 역시 도전과제들이 있다. 고위 경영진이 이런 역할을 진지하게 받아들이지 않는다면, 성공할 만큼 연공서열이 높거나 영향력이 있는 사람을 배치하지 않을 수도 있다. 또 다른 도전과제는 디지털 리더십 역할 그 자체에 내재되어 있다. 연락관은 기업과 사업부서의 이해관계를 균형 있게 다루어야만 한다. 특히 여러분이 어느 지역에 물리적으로 자리를 잡고 있다면, 일관성을 유지하는 동시에 편견 없이 그 둘 사이의 균형을 잡기란 매우 어렵다.

✚ 디지털 거버넌스를 구축하기 위한 절차를 지금 당장 시작하라

디지털 거버넌스는 '어떻게든 되겠지'라며 운에 맡겨서는 안 된다. 거버넌스가 효과적이지 못하면 기회를 낭비하거나 잃어버리게 된다. 그러면 디지털 트랜스포메이션과 관련된 리스크가 더욱 높아지고 더 많은 비용이 들어간다. 기업의 최고위층 경영진이 의식적으로 거버넌스를 설계하고 참여해야만 한다. 올바른 거버넌스 모델은 디지털 이니셔티브를 위한 적절한 수준의 조율과 공유를 제공하며, 기업의 구조와 문화, 전략적 우선순위와 긴밀히 연계되어 있다. 모든 기업에 최적인 유일한 거버넌스 모델은 없지만, 거버넌스의 부재는 결코 최선이 아니다.

여러분의 디지털 거버넌스 모델은 다양한 활동과 조직의 다양한 층위에 맞게 세 가지 메커니즘을 조합해서 만들어질 것이다. 나이키의 경영진은 새로운 디지털 부서를 중심으로 거버넌스를 구축하기로 결정했고, 운영위원회와 새로운 역할도 활용했다. 아시안 페인트는 운영위원회를 활용했지만, IT 부서를 자사의 디지털 부서로 간주하고 CIO가 CDO의 역할을 담당하도록 했다. 네슬레는 디지털 가속화 팀을 설치하고 디지털 챔피언 역할을 만들었지만 운영위원회는 활용하지 않았다. 노스웨스턴 뮤추얼은 위원회들을 설치하기는 했지만 디지털 부서나 새로운 역할은 활용하지 않았다.

어떤 메커니즘을 선택하건 간에, 이것만은 반드시 기억해라. 거버넌스 모델은 정체되어서는 안 된다. 여러분은 자신의 디지털 역량이 성장하고 경쟁 상황이 변화함에 따라 거버넌스 관련 방식들을 조정할 필요가 있다. 거버넌스가 향상하고자 하는 행동들에 관심을 기울이고, 새로운 행동을 장려하기 위해 거버넌스를 조정함으로써, 자신의 거버넌스 모델을 재고할 때가 언제인지를 이해할 수 있다. 여러분은 디지털 활동에 대해 보다 중앙집중화된 통제를 할 필요가 있는지, 아니면 디지털 부서에 추가 역량을 구축해야 할지를 알게 될 것이다. 또는 조율과 공유가 문화의 일부가 되어감에 따라, 거버넌스의 대부분을 사업부서로 넘길 수도 있다.

체크 리스트 — 디지털 거버넌스

- ✓ IT, 재무, HR, 자본 예산 등 효과적인 거버넌스 규준을 위해서 내부를 들여다보라.
- ✓ 디지털과 관련하여 어떤 사항들을 기업 최고위 경영진이 관장해야 하는지, 어떤 것들을 하위 차원으로 위임할 수 있는지 고려해보라.
- ✓ CDO든 다른 리더든 디지털 트랜스포메이션을 이끌어나갈 책임자를 임명하라.
- ✓ 위원회와 연락관 등 거버넌스에 도움이 되는 거버넌스 메커니즘을 파악하라.
- ✓ 공유 디지털 부서가 필요한지 검토해보라. 공유 디지털 부서가 보유할 자원과 담당해야 할 역할에 대해 생각해보라.
- ✓ 기업의 거버넌스 니즈가 변화함에 따라 거버넌스 모델을 조정하라.

CHAPTER 8

기술 리더십 역량을 구축하기

우리는 귀를 기울일 때 더욱 강해지고,
공유할 때 더욱 스마트해진다.
라니아 알-압둘라(요르단 왕비 - 역주)

만약 여러분이 이 책을 읽기 전에 "리더십이 효과를 발휘하려면 무엇이 필요한가?"라는 질문을 받았다면 아마도 비전, 거버넌스, 참여 등을 생각했을 것이다. 이 세 가지 도구는 대규모 트랜스포메이션을 이끌어나가는 데 있어서 필수적이다.[1] 그러나 디지털 리더십 역량의 또 다른 필수 요소는 여러분이 리더십이라고 생각할 만한 것은 아닐 수도 있다. 즉 디지털 마스터가 장려하는 IT 리더와 비즈니스 리더간의 강력한 관계이며, 기업이 이러한 관계를 활용하여 내부 플랫폼과 디지털 스킬의 변화를 추진하는 방식이다. 이것을 기술 리더십 역량이라고 부르며, 이는 디지털 기술에 바탕을 둔 트랜스포메이션을 추진할 때 필수적이다.

✚ 로이드 뱅킹 그룹의 기술 리더십

로이드 뱅킹 그룹$^{Lloyds Banking Group, LBG}$은 런던에 본점이 있으며, 세계 최대 은행 중 하나로 자산 규모가 1조 달러를 넘는다. 2006년에 LBG 경영진은 비록 기존의 소매 금융 플랫폼이 제대로 작동되기는 하지만, 향후의 새로운 수요에 맞게 확대될 수는 없다는 사실을 이해하기 시작했다. 곧이어 핼리팩스 뱅크 오브 스코틀랜드^{HBOS}과의 합병이 이루어졌고, 상황은 더욱 힘들어졌다. 이미 과부하가 걸린 시스템에 수백만 명의 고객이 추가되었기 때문이다.

경영팀은 사업 담당 고위급 임원인 애슐리 마친$^{Ashley Machin}$과 IT 담당 고위급 임원인 작 미앤$^{Zak Mian}$에게 디지털 리테일 뱅킹에 대한 기업의 접근방식을 재정의해달라고 부탁했다. 이 두 사람은 처음부터 잘 아는 사이는 아니었지만, 금세 긴밀한 업무 관계를 구축했다. 작은 규모에서 시작해서, 두 사람은 예전 플랫폼을 새롭고 확장 가능한 플랫폼으로 바꾸려는 계획을 수립했다. 기업의 향후 디지털 전략을 위한 진정한 초석으로 하는 투자였다. 이 첫 단계에서 파트너십이 시작되었고, 이 은행의 디지털 고객 참여뿐만 아니라 그 이상의 것들을 송두리째 바꾸어놓게 되었다. 마친에 따르면 트랜스포메이션은 이렇게 시작되었다.

우리 은행의 최고위급 리더들은 상당히 용감한 일을 해냈어요. 보통 그렇게 하기란 쉽지 않죠. 우리는 달성하고자 하는 목표를 살펴보았고, 현재 우리가 보유하고 있는 인프라를 검토했어요. "앞으로 2년에 걸쳐서 새로운 인프라를 구축하고 완성할 겁니다." 우리는 이렇게 제안했어요. 새로운 인프라가 완성되면 얻게 될 유일한 고객 혜택은 바로 근본적으로 다시 설계된 사용자 인터페이스[1]와 사용자 경험이 될 것입니다. 우리는 최첨단 플랫폼을 보유하게 되고, 보다 신속하게 고객들에게 응답할 수 있게 되겠지요.

우리는 설득에 나섰고, 은행은 향후 수십 년간 남아 있을 기반을 구축하자는 프로그램을 지원했어요. 그때까지의 상식으로 생각할 때는 실질적인 소득도 없는 일에 엄청난 금액의 선불 투자를 하는 셈이었지요. 경쟁 기업은 따라올 수 없는 방식으로 고객 프로세스 및 제안을 선보일 수 있는 위치를 선점하게 된다는 것이 유일한 소득이었어요.[2]

이처럼 플랫폼을 재검토했을 뿐만 아니라, 이 두 리더는 IT와 비즈니스가 함께 협력하는 방식에 대해 재고해보았다. 그들은 자신의 팀이 기존의 IT 개발 프로세스보다 더욱 신속하게 일을 처리해야 한다는 점을 알고 있었기에, IT와 비즈니스 관련 인재들을 한데 모은 새로운 부서를 설치했다. 비즈니스 담당자들이 필요 요건을 제공하고 IT 담당자들이 기술을 제공하는 대신에, 기업의 프로세스를 혁신하기 위해 양측의 사람들이 한데 모여서 협력했다. 이 팀은 기술을 담당할 뿐만 아니라, 기대되는 혜택을 달성하는 데 필요한 비즈니스의 변화들도 이루어낼 책임을 지니고 있었다. 마친과 미앤은 회사 안팎의 인력을 확보했고, 인도와 영국의 시스템 개발 컨설턴트들과 함께 팀을 구성했고, 업무를 처리했다.

일단 기본 플랫폼이 갖춰지자, 이 팀은 신용 카드 프로세싱 등 새로운 도전과제를 해결하기 시작했다. 미앤은 이렇게 말한다. "우리는 리테일과 커머셜 부문까지 플랫폼을 확대했었고, 이제는 플랫폼 재구축이 아니라 트랜스포메이션이라는 의제에 다시 활력을 불어넣어야 할 때가 왔지요." 수요가 폭발했고, 신용카드에서 모기지, 커머셜 제품에 이르기까지 여러 부서의 리더들이 디지털을 활용한 비즈니스 트랜스포메이션과 관련하여 도움을 요청했다.

마친은 과거를 회상하며 이렇게 말했다. "사람들은 종종 나에게 이런 질문을 하곤 합니다. 'IT와 비즈니스 간의 통합 공생 관계를 어떻게 만들어낼 수 있었나요?' 이에 대한 대답은 상당히 간단해요. 우선 자신이 원하는 결과에 대한 열정이 있어야 해요. 또한 고객들을 위해 올바른 일을 하겠다는 결연한 의지가 있고, 이러한 목표를 어떻게 이룰지 그 방법에 대해서는 크게 구애받지 않는다는 것에 대한 군건한 신뢰 관계가 있어야 하죠."

강력한 IT-비즈니스 파트너십과 훌륭한 디지털 고객 경험, 투자수익률^{ROI}, 유연한 기술을 제공할 수 있는 능력을 통해 이 팀과 회사는 상당한 성과를 거뒀다. 2013년에 CEO인 안토니오 오르타-오소리오$^{António\ Horta-Osório}$는 그룹이 기업의 계획을 강화하고 가속화하며, 그룹 내의 모든 고객 응대 부서들에서 디지털 관련 제안을 개발할 수 있는 기회가 존재한다는 사실을 파악했다. 2013년 9월, 오르타-오소리오는 그룹 임원급에 해당하는 디지털 책임자$^{head\ of\ digital}$를 임명했고, 자신에게 직접 보고하도록 했다. 그리고 디지털, 마케팅 및 고객 개발 책임자인 미겔-앙헬 로드리게즈-솔라$^{Miguel-Ángel\ Rodriguez-Sola}$ 휘하에 새로운 디지털 부서를 설치했다. 이 디지털 부서는 현재 천 여 명의 인원을 거느리고 있다. 미앤은 향후 계획에 관해 이렇게 덧붙였다. "앞으로 계속 배우고 적응해나가야겠지만, 나는 자신감이 있어요. 공유 어젠다와 비즈니스-IT 팀의 통합은 이제 우리의 DNA에 들어 있기 때문이지요."

✚ 기술 리더십 역량의 세 가지 요소

로이드의 사례에서 알 수 있듯이, 기술 리더십은 IT 리더들과만 연관된 것이 아니다. 기술적 스킬이 필수적이기는 하지만, 그게 전부는 아니다. 비즈니스 리더들과 IT 리더들의 스킬과 관점을 한데 모아서 다 함께 트랜스포메이션을 추진해야 한다.

IT-비즈니스 파트너십이 견고하면 IT 담당자들이 새로운 기회를 제안할 수 있고, 비즈니스 담당자들은 이에 귀를 기울인다. 비즈니스 담당자들은 잘못된 기술 관련 결정이 초래할 수 있는 문제점들을 본능적으로 알아차리기 때문에, CIO가 표준과 절차에 대해 일장연설을 늘어놓지 않더라도 스스로 알아서 더 나은 결정을 내린다. IT와 비즈니스 부문은 개별적으로 업무를 추진할 때보다 함께 협력할 때 더욱 신속하게 움직일 수 있다. 따라서 새로운 시도를 하고 새로운 역량을 선보이며 오래된 플랫폼을 혁신하는 등의 일들을 다른 기업들에 비해서 더욱 잘 수행해낼 수 있다.

그렇기 때문에 기술 리더십에 관해 논의할 때 우리는 단지 리더들의 관계에만 초점을 맞추지는 않을 것이다. 디지털 스킬을 구축하고, 고객 참여에서 운영 및 비즈니스 모델에 이르기까지의 모든 디지털 프로세스를 뒷받침하는 기술 플랫폼을 혁신하는 등 리더들이 이러한 관계를 통해서 어떤 일들을 하는지 살펴볼 것이다.

✚ 강력한 IT-비즈니스 관계의 중요성

많은 기업 임원들이 이렇게 말했다. IT 부서가 제대로 일을 수행하지 못하기 때문에, 디지털 트랜스포메이션을 이루어낼 수 있는 다른 방안을 찾아내겠다고 말이다. 비즈니스 담당 임원들은 IT 부서와 함께 일하는 것이 아니라, IT 부서의 지원을 받지 못하는 상황에서 앞으로 나아가고 있었다. 그런데 다른 기업들에 비해 IT-비즈니스 관계가 훨씬 더 굳건한 디지털 마스터의 경우에는 그렇지 않았다. IT 연구 문헌에서 잘 알려진 개념 중 하나인 이해 공유shared understanding를 연구에 활용했다.³ 이 개념은 IT 및 비즈니스 임원들이 조직 내에서 IT의 역할에 대해 어느 정도까지 견해를 공유하는가를 평가하는 네 가지 설문 항목을 합친 것이다. 여기에는 우선순위 결정에 대한 공통된 견해뿐만 아니라, 생산성 향상 및 경쟁력 강화와 관련한 IT의 가능성도 포함된다. 평균적으로 디지털 마스터는 다른 기업들에 비해 이해 공유의 수준이 통계적으로 유의미할 정도로 더 높았다(32%).⁴

이해 공유는 IT-비즈니스 관계 및 IT의 속성 그 자체와 관련하여 더욱 엄청난 변화를 불러일으키는 시작점이다. 디지털 마스터의 경우에는 IT 및 비즈니스 담당 임원들이 서로를 깊이 신뢰하고 존경한다. 또한 이들은 디지털 트랜스포메이션을 달성하기 위해 협력하는 과정에서 각자 어떤 역할을 담당해야 하는지, 어떤 일을 할 수 있는지를 명확하게 알고 있다. 디지털 마스터는 다른 기업들에 비해 자사의 운명에 대한 통제감이 21% 더 높았다. 이 역시 통계적으로 유의미한 수치다.⁵ IT 및 비즈니스 리더들은 협력을 통해 자신에게 필요한 것을 달성할 수 있고, 이보다 더 많은 일들을 이루어낼 수 있다. 이러한 기업들의 디지털 스킬은 더욱 수준이 높으며, 디지털 플랫폼의 상태가 다른 기업들에 비해 훌륭하다.

IT-비즈니스 파트너십이 굳건하면 고객 및 제품 관련 지식, 기술 관련 지식, 조직 변화 역량 및 IT 역량이 단일하고 지속적인 협력으로 통합된다. 그런데 많은 기업에서 이 관계는 순조롭게 기능을 발휘하는 파트너십이라기보다 문제가 많은 결혼생활과 비슷한 것 같다.[6] 대화는 갈등으로 가득 차 있고, 협력이 제대로 이루어지지 않는다. 이처럼 열악한 관계는 행동을 지연시키고 변화의 리스크를 높이는 핸디캡으로 작용한다.

열악한 IT-비즈니스 관계의 원인

IT와 비즈니스 담당 임원들 간의 관계가 열악한 데는 여러 가지 원인이 있을 수 있다. 때로는 IT 리더의 성격이 문제가 된다. 고위급 임원들이 자주 지적하는 문제로는 CIO가 비즈니스 담당 임원들과는 다른 이야기를 하는 것 같다는 점이 있다. 또한 CIO가 어떤 것이 정말로 중요한지를 이해하지 못하는 것 같다는 점을 들 수 있다. 예를 들어 인터뷰한 어느 화학 회사의 CIO는 디지털 기술의 혁신적인 가능성에 관해 비즈니스 담당 임원들과 정기적으로 의사소통한다고 이야기했지만, 별도로 인터뷰한 비즈니스 담당 동료들은 이러한 논의가 믿을 만하다고 생각하지 않는 것 같았다.

또 어떤 때는 IT의 제공 역량이 문제가 되기도 한다. 여러 대기업에서 CIO를 역임한 버드 메테이즐Bud Mathaisel은 이렇게 말한다. "신뢰할 만하게, 경제적으로, 상당히 높은 수준의 서비스를 제공하는 능력에서부터 모든 것이 시작됩니다. 이러한 능력을 바탕으로 더욱 발전하고 매우 흥미로운 일을 하는지에 대해 의미 있는 대화에 참여하는 것은 꼭 필요합니다."[7] 그런데 안타깝게도 이러한 능력을 갖추지 못한 IT 부서들도 있다. 인터뷰한 어느 비즈니스 담당 임원은 이렇게 말했다. "IT는 엉망진창인 데다 터무니없는 비용이 들어가요. 어떤 일을 제안하면서 9~10개월이 걸린다는데, 사실 외부 기업들은 3~9주에 처리할 수 있거든요. 우리는 IT를 오프쇼링하기 시작했고, 이제 우리 IT 담당자들도 변화하려고 노력하고 있어요." 커뮤니케이션이 원활하게 이루어지지 않고, 의사결정 프로세스가 복잡하며, 업무에 최선을 다하지 않는 상황에서는 굳건한 IT-비즈니스 관계를 구축할 수가 없다.

그런데 IT 리더들에게만 잘못이 있는 것은 아니다. 비즈니스 담당 임원들도 어느 정도 문제가 있는 경우가 많다. 이번 장 후반부에서 살펴보겠지만, IT가 제 역할을 다하기 위해서는 훌륭한 디지털 플랫폼이 필요하며, 훌륭한 플랫폼에는 규율이 필요하다. IT와의 협력을 추진할 때 여러분의 인내심이 부족하고, 지나친 기대를 하고, 자신의 업무 방식만 고집한다면, 여러분 스스로를 어떻게 변화시킬 수 있을지에 관해 생각해볼 필요가 있다.

그 원인이 무엇이든지 IT-비즈니스 관계가 열악하다면 이 문제를 반드시 해결해야만 한다. 한 은행의 임원은 이렇게 말했다. "지난 5년간 IT는 비즈니스와 더욱 가까워졌어요. 비즈니스에서 중요한 트랜스포메이션에는 기술이 필요하기 때문에, IT는 기업의 성공에 매우 중요하지요." 견고한 관계가 구축되면, IT 담당 임원들은 비즈니스 담당 임원들이 목표를 달성할 수 있도록 지원할 수 있다. 또한 비즈니스 담당 임원들은 IT 담당자들이 혁신을 제안할 때 귀를 기울이게 된다. 양측의 임원들은 새로운 거버넌스 메커니즘 또는 공유 디지털 부서를 구축하는 데 있어서 유연한 태도를 취할 수 있다. 심지어 코델코, 아시안 페인트, P&G에서는 CIO가 기업의 디지털 트랜스포메이션을 이끌어 나가기도 한다.

IT-비즈니스 관계를 향상하기

그렇다면 IT-비즈니스 관계를 향상하려면 어디서부터 시작해야 할까? 버버리의 CEO인 안젤라 아렌츠는 CIO에게 경영진과 함께 기업의 운영을 도울 필요가 있다고 이야기했다.[8] 그런데 리더십의 변화 또는 탑다운 방식의 지시는 변화의 시작에 불과하다. 스스로 비즈니스를 변화시킬 수 있는 CIO는 드물고, 설령 CEO가 지시한다 하더라도 모든 비즈니스 관련 임원들이 CIO가 추진하는 일에 동참하는 것은 아니다.

IT-비즈니스 관계를 개선하는 데는 시간이 걸린다. 사람들이 서로를 신뢰하는 방법을 배우고 상호 협력하는 방안을 재정의하는 과정을 거치기 때문이다. 문제가 있는 관계가 대개 그렇듯이, 커뮤니케이션 방식의 개선부터 시작하는 것이 가장 좋다. IT는 정말 그렇게 비용이 많이 드는가? 아니면 IT를 통해 달성해야 할 목표를 감안하면 비용이 합리적인 수준인가? IT 부서는 정말 그렇게 관료주의적인가? 또는 유용한 목표를 달성하는 데 이 모든 절차들이 꼭 필요한가? 여러분은 IT의 좋은 파트너인가? 아니면 까다로운 파트너인가? 어떻게 하면 IT를 통해서 모든 업무를 정확히 처리하면서도 여러분이 필요로 하는 것을 보다 수월하게 얻을 수 있을까? IT가 기술과 내부 프로세스, 비용 효율성, 품질 또는 속도를 향상하는 데 도움이 되려면 어떤 부문에 투자해야 할까?[9]

IT 실적 반전에 관한 MIT의 연구는 비용 부문$^{cost\ center}$(이익을 창출하기보다 비용 지출이 발생하는 부서 – 역주)에서 고기능$^{high\text{-}functioning}$ 비즈니스 파트너로 IT를 변화시킬 수 있는 일련의 단계들을 파악해냈다.[10] 여기서 핵심 메커니즘은 성과, 역할 및 가치에 대한 투명성이었다. 첫 번째 단계는 IT 담당 직원들이 자신의 업무에 대해 다르게 생각하고 말할 수 있도록 도와주는 것이다. 두 번째 단계는 IT가 비용 대비 가치를 얼마나 훌륭하게 또는 얼마나 열악하게 제공하고 있는지, 즉 적절한 가격과 품질에 적절한 서비스를 제공하는지를 명확하게 보여주는 것이다. 또한 여전히 문제점이 존재하는 부분이 어디인지를 보여준다. 세 번째 단계는 IT 및 비즈니스 리더들이 투자 관련 결정을 내리고 프로젝트를 통해서 얻은 수익을 평가하는 방식을 바꾸는 것이다. 역할과 성과 및 투자와 관련한 투명성을 통해서, 양측은 보다 순조롭게 의사결정을 내릴 수 있고 혁신을 파악하고 달성하기 위해 협력할 수 있다.

이중 속도^{dual-speed} IT를 만들어내기

IT-비즈니스 관계를 변화시키는 것은 노력할 만한 가치가 충분히 있지만, 그러기 위해서는 시간이 필요하다. 여러분의 기업은 디지털 트랜스포메이션을 시작하기 전까지 기다릴 시간적 여유가 없을지도 모른다. 어떤 기업들은 IT 부서를 개선하는 대신에 마케팅 등 다른 부서에 디지털 관련 스킬을 구축하려고 한다. 직접적이라기보다 간접적으로 IT를 업무에 활용하고자 한다.

  디지털 관련 스킬을 쌓는 것은 유용하기는 하지만, 간접적으로 IT를 업무에 활용하고자 하면 수많은 문제에 직면하게 될 우려가 있다. 특히 사람들이 IT 프로세스가 때로는 부담스러울 정도로 체계적이어야 하는 이유를 이해하지 못한다면 말이다. 이렇게 측면을 겨냥하는 행동^{flanking action}으로 비용이 낭비되고 디지털 플랫폼이 더욱 복잡해지며, 심지어 기업이 보안 및 규제 관련 리스크에 노출될 수도 있다.

  이보다 더 나은 방안은 이중 속도 IT 구조를 만드는 것이다. IT 부서의 일부는 계속해서 기존의 IT 관련 니즈를 지원하고, 또 다른 일부는 비즈니스와 함께 디지털 속도로 운영하는 도전을 감행하는 것이다. 디지털 관련 활동, 특히 고객 참여 활동은 기존의 IT 활동에 비해 더욱 빠르게 움직이며, 디자인 프로세스를 다르게 바라본다. 그간 IT 프로젝트는 명확한 디자인과 잘 구성된 프로젝트 계획에 의존해왔다. 그런데 디지털 관련 활동은 검증 및 학습$^{\text{test-and-learn}}$ 전략을 종종 활용한다. 실제 실험을 통해 기능을 확인하고, 여기서 얻은 결과를 바탕으로 기능을 추가하거나 없앤다.

이중 속도 방식을 활용하면, 디지털 부서는 과거의 IT 프로세스들이 존재했던 이유를 잊지 않으면서도 디지털 세상과 보다 긴밀하게 연계된 처리 속도로 프로세스와 방법을 개발할 수 있다. IT 리더들은 IT 담당 부서 내의 비공식적인 관계들을 활용하여 레거시 시스템에 접근하거나 다른 일들을 이루어낼 수 있다. 비즈니스 리더들은 네트워크를 활용하여 조언과 자원을 얻을 수 있다. 비즈니스와 IT 리더들은 로이드 뱅킹 그룹 및 다른 기업들이 채택한 공동 임원제$^{\text{two-in-a-box leadership}}$(기업 내 한 직위에 두 명을 임명하여 업무 영역을 나누지 않고 서로 협조하여 일할 수 있도록 하는 제도 - 역주)를 통해 상호 협력을 시작할 수 있다.

이중 속도 IT 부서를 구축하기 위해서는 관계의 양측에서 적합한 리더를 택해야 한다. 비즈니스 담당 임원들은 기술에 친숙해져야 하며, IT 담당자들이 도전과제를 제시하는 데 익숙해져야 한다. IT 리더들은 단지 기술을 넘어서, 여러 프로세스와 비즈니스 성과를 이끌어내는 요인들을 아우르는 마음가짐을 가질 필요가 있다. 양측의 리더들은 탁월한 커뮤니케이터가 되어야 하며, 비즈니스 또는 IT를 중시하는 사람들과의 대화에 수월하게 참여할 수 있어야 한다.

또한 이중 속도 IT는 속도의 가치에 대한 관점을 필요로 한다. 모든 디지털 관련 노력에 디지털 고객-참여 프로세스처럼 빠르게 움직이고 끊임없이 변화하는 프로세스가 필요한 것은 아니다. 사실상 로이드 뱅킹 그룹의 새로운 플랫폼, 아시안 페인트의 운영 탁월성, 나이키의 디지털 공급망 개선을 이끈 기술적 요소들에는 기존의 IT 규준을 뒷받침하는 신중하고 체계적인 사고가 필요했다.

이렇게 커다란 규모의 프로젝트를 추진할 때는 실행에 의한 학습learning-by-doing 방식으로 느슨하게 진행하면 위험을 초래할 수 있다. 다시 작업하는 경우가 늘어나고, 비용이 낭비되며, 보안 관련 리스크에 노출될 수 있다. 그러나 일단 강력한 디지털 플랫폼이 자리를 잡게 되면, 신속하고 민첩하고 혁신적으로 새로운 디지털 역량을 구축할 수 있다. 여기서 핵심은 각 프로젝트에서 자신이 무엇을 필요로 하는지, 또한 유연하고 민첩할 수 있는 여유가 얼마나 존재하는가를 이해하는 것이다. 훌륭한 IT 리더들은 어떻게 하면 이렇게 할 수 있는지를 안다. IT 리더들이 적절한 비즈니스 리더들과 한 팀을 이루면 신속하고 안전하게 일을 진척시킬 수 있다.

또한 이중 속도 IT는 IT 내에서 새로운 프로세스를 취한다. 대다수의 디지털 기업들은 모든 애플리케이션의 월별 소프트웨어 출시 주기를 기다릴 만한 여유가 없다. 일례로 디지털 이미지를 호스팅하는 기업인 플리커Flickr는 하루에 최대 10번 배포하는 것을 목표로 하는데, 이보다 더 많은 횟수가 필요한 기업들도 있다.[11] 이렇게 지속 배포continuous-deployment 방식으로 운영하기 위해서는 개발, 테스트 및 운영 담당자들 간에 매우 엄격한 규율과 긴밀한 협력이 필요하다. 소프트웨어에 버그가 있거나, 테스트 과정에서 한 단계를 건너뛰거나, 배포 시 설정 관련 문제가 발생하면 웹 사이트가 마비되거나 수천 명의 고객들에게 영향을 미칠 수도 있다.

비교적 최근에 등장한 소프트웨어 개발 방식인 데브옵스DevOps는 이러한 형태의 절제된 속도를 가능하게 하는 것을 목표로 한다. 데브옵스는 개발, 운영, 품질 보장 관련 부서들의 벽을 무너뜨리고, 이들이 보다 긴밀하고 민첩하게 협력할 수 있도록 돕는다. 적절하게 시행된다면 데브옵스는 개발 환경을 표준화함으로써 애플리케이션 개발 및 배포의 속도와 신뢰성을 높인다. 데브옵스는 각 부서가 사용하는 도구를 동기화하는 등 강력한 방법과 표준을 활용한다.[12]

데브옵스는 테스트, 설정 컨트롤 및 배포와 관련된 업무를 수행할 때 자동화된 도구들에 상당히 의존한다. 이러한 업무들은 수동으로 실시할 경우에 속도가 느리고 에러가 발생하기 쉽다. 데브옵스를 사용하는 기업들은 다른 IT 그룹들이 함께 협력하고, 직원들이 프로세스의 효율성을 높이는 규칙과 방법을 받아들이는 문화를 장려할 필요가 있다.[13] 데브옵스의 규율과 도구 및 강력한 프로세스를 통해 IT부서는 보다 신속하게 소프트웨어를 출시할 수 있고, 에러도 줄일 수 있다. 또한 이전에 비해 보다 효과적으로 성과를 모니터하고 프로세스 관련 문제들을 해결할 수 있다.[14]

여러분의 CIO가 IT-비즈니스 관계를 개선하려고 하든, 여러분이 이를 지원하기로 결정하든 간에, 비즈니스 및 IT 담당 임원들 간의 관계를 견고하게 구축하는 것은 디지털 트랜스포메이션을 추진하는 데 있어서 필수적인 부분이다. 강력한 IT-비즈니스 관계는 IT의 업무 방식을 혁신할 수 있고, 비즈니스가 IT와 함께 일하는 방식을 혁신할 수 있다. 로이드 뱅킹 그룹의 사례와 마찬가지로, 여러분의 기술 및 비즈니스 전문가들은 신뢰와 공동 이해를 바탕으로 긴밀하게 협력할 수 있다. 또한 여러분의 비즈니스를 디지털 속도에 맞게 혁신할 수 있다. 이러한 형태의 관계가 없다면, 여러분의 기업은 필요 조건에 대한 끝없는 논의와 프로젝트 실패, 맥없는 시스템의 수렁에 빠질 수도 있다. 그 사이에 경쟁기업들은 디지털 추월 차선을 달려 여러분을 앞질러나갈 것이다.

✚ 디지털 스킬을 구축하기

훌륭한 고객 경험을 창출하거나 시장을 선도하는 운영 역량을 구축하는 것은 기술적인 도전과제 이상이다. 그것은 새로운 스킬과 업무 방식을 필요로 하는 조직 변화와 관련된 도전과제이기도 하다. 그럼에도 불구하고, 조사한 기업들의 77%가 디지털 트랜스포메이션의 성공을 저해하는 주된 요인이 디지털 스킬의 부재라고 응답했다.[15] 설상가상으로 대다수의 기업들이 소셜 미디어 애널리스트, 모바일 마케터, 클라우드 아키텍트, 데이터 사이언티스트 등 비슷한 스킬을 확보하고자 한다.

디지털 마스터는 스킬을 어떻게 구축하는가?

그러면 스킬과 관련하여 디지털 마스터는 어떤 차별화된 모습을 보이는가? 첫째, 투자이다. 디지털 마스터들 중에서 82%가 디지털 트랜스포메이션 관련 노력을 뒷받침하기 위해 디지털 스킬을 구축하고 있다. 디지털 마스터가 아닌 다른 기업들의 경우에는 40%에 불과했다.

둘째, 디지털 마스터는 가속화하여 격차를 만들어내고 있다. 디지털 마스터는 다른 기업들에 비해 월등히 뛰어난 디지털 스킬을 보유하고 있었다. 소셜 미디어 스킬은 31%, 모바일 스킬은 38%, 애널리틱스 스킬은 19% 더 높았다.[16]

그러나 디지털 마스터들이 높은 수준의 스킬부터 시작한 것은 아니다. 버버리는 하룻밤 사이에 디지털 마케팅과 채널에서 우수한 모습을 보인 것이 아니다. 버버리의 CEO인 아렌츠는 새롭고 다이내믹한 마케팅 팀을 고용했고, 팀원들은 밀레니얼 세대 고객들의 행동을 여실히 보여주었다.[17] 시저스가 개인화된 고객 경험을 제공하는 데 있어서 탁월함을 보인 까닭은 CEO인 개리 러브맨이 MIT에서 경제학 박사 학위를 받았기 때문만이 아니다. 시저스의 임원들은 수학적 스킬quantitative skill들을 마케팅 부문에 적극적으로 접목시켰다. 다른 디지털 마스터들과 마찬가지로, 이들 기업의 고위급 임원들은 자신이 필요로 하는 디지털 스킬을 구축하기 위해 혼신의 힘을 다했다.

스킬의 차이는 기술을 넘어서까지 계속된다. 디지털 마스터는 다른 기업들에 비해 디지털 리더십 부문에서 36% 더 높은 스킬을 보유하고 있다.[18] 디지털 트랜스포메이션은 프로세스와 사고에 대한 변화를 필요로 한다. 내부 조직의 사일로들을 아우르는 변화들 말이다. 기술 스킬과 리더십 스킬 간의 명확한 구분이 점차 빠르게 사라지고 있다.

이제 디지털 기술은 단지 IT 및 기술 관련 부문이 아니라 조직 전반에 걸쳐 영향을 미친다. 디지털 트랜스포메이션은 교차 기능적 협력을 필요로 하기 때문에, 하이브리드 디지털 스킬에 대한 수요가 급증한다. 기술 담당자들도 비즈니스에 관해 더욱 잘 알아야 하며, 비즈니스 담당자들도 기술에 대해 더욱 잘 알아야 한다. 리테일 업계의 한 임원은 이렇게 설명한다. "우리는 최초로 회사 전체에 걸쳐서 일하기 위해 노력하고 있습니다. 조직 내에서 새로운 차원의 복잡한 문제들에 직면하기도 하고, 사람들의 관리와 네트워킹 방식도 변화해야 해요. 바로 이것이 가장 중요하게 개발해야 할 스킬이라고 생각합니다."

디지털 및 비즈니스 능력 간의 커뮤니케이션 격차를 줄여야 하기 때문에 새로운 스킬이 필요한 경우도 있다. 한 임원은 이렇게 말한다. "나에게는 카리스마 있는 금융 전문가quant가 필요합니다. 영향력 있는 사람이자 고위급 회의에서 무게감 있게 자기 역할을 해낼 수 있는 그런 사람 말이에요. 그러면서도 팔을 걷어붙이고 데이터를 살펴보고 모델을 만들어내는 일을 즐기는 그런 사람이 필요합니다."

이렇게 격차를 줄이는 역할은 이제 모든 관리자의 책임이 될지도 모른다. 취리히 보험Zurich Insurance의 CIO인 마커스 노들린Markus Nordlin은 이렇게 말한다. "어떤 비즈니스나 업계에서든, 향후에 성공을 거두는 리더들은 진정한 하이브리드 전문가일 것입니다. IT 분야에서 어느 정도 경력을 쌓은 후에 운영 분야로 넘어가거나 그 반대의 경우도 존재하겠지요."[19]

디지털 스킬을 위한 양면 경쟁

디지털 마스터가 되고자 하는 기업들은 모두가 똑같은 기술 스킬을 확보하고자 한다. 현재 시장에서 디지털 스킬의 부족은 전례가 없는 수준이다. 유럽만 하더라도 2015년까지 IT 관련 공석이 약 1백만 개 정도 발생할 것으로 예측된다.[20] 전 세계적으로는 2015년까지 440만 개에 달하는 빅 데이터 관련 일자리가 생겨날 예정이나, 그중 1/3만이 채워질 것으로 예상된다.[21]

하지만 마찬가지로, 비즈니스 전문가들이 자신의 핵심 역할을 수행하기 위해서는 디지털 도구 및 기술에 점점 더 친숙해질 필요가 있다. 조사 업체인 IDC에 따르면, 2015년까지 모든 일자리의 90%에 IT 스킬이 필요할 것이다.[22] 일부 비즈니스 업무들은 이미 기술 스킬을 덧붙이고 있다. 가트너에 따르면, 조사 대상 기업의 70%가 해당 업무의 디지털화를 지원하기 위한 최고 마케팅 기술전문가chief marketing technologist를 보유하고 있다.[23]

이렇게 스킬을 확보하기 위한 경쟁은 점차 가속화될 것이다. 적절한 디지털 스킬을 보유하는 것은 경쟁 우위의 중요한 원천이자 디지털 트랜스포메이션의 핵심 조력자enabler다. 보다 신속하게 스킬을 구축하는 기업들이 앞서 나갈 것이다.

디지털 스킬 확보를 위한 경쟁에서 이기기 위해서는 채용, 파트너링, 인큐베이팅 등 다양한 접근 방식을 활용할 필요가 있다. 이는 결코 쉬운 일이 아니다. 한 임원은 이렇게 말한다. "우리 회사의 채용 담당자들은 이런 사람들을 어디에서 찾아낼 수 있는지를 모릅니다. 그리고 적절한 스킬을 보유한 사람들은 우리 회사 같은 데서 기회를 찾지 않아요." 인사HR 조직은 속도를 높일 필요가 있다. 최근 캡제미니 컨설팅 Capgemini Consulting이 실시한 설문조사에 따르면, HR 기능의 불과 30%만이 디지털 스킬 개발에 참여하고 있다.[24] 이러한 상황을 바꿀 필요가 있다. 많은 디지털 마스터들은 인재를 확보하기 위한 경쟁에서 승리하기 위해 세심한 계획을 수립한다. 이에 관해서는 제12장에서 보다 구체적으로 살펴보도록 하겠다.

✚ 디지털 플랫폼과 리더십 관련 도전과제

조사를 통해서 IT 관리 분야의 폭넓은 연구 결과를 재확인할 수 있었다. 즉 디지털 트랜스포메이션을 위한 가장 근본적인 기술 기반은 강력한 디지털 플랫폼이다. 구성이 잘 짜여 있고, 통합이 잘 이루어져 있고, 꼭 필요한 만큼만 복잡한 그런 디지털 플랫폼 말이다.[25] 우리는 여러 사례를 통해 이 사실을 확인했다. 버버리는 고객 참여를 혁신하기에 앞서 IT 중추를 개선했으며, 아시안 페인트는 운영을 혁신하기에 앞서 통합 플랫폼을 구축했다. 로이드 뱅킹 그룹은 디지털 서비스를 확대하기에 앞서 디지털 플랫폼을 다시 가다듬었고, 세븐 일레븐 재팬의 성장과 혁신성은 통합 운영 플랫폼을 통한 실시간 가시성 덕분이라 할 수 있다. 나이키, 에어비앤비, 헤일로의 사례에서 알 수 있듯이, 구조가 잘 짜인 디지털 플랫폼은 새로운 디지털 비즈니스 모델을 위한 기반이 된다.

그렇다면 왜 많은 대기업들의 기술 플랫폼은 그렇게 형편없이 설계된 걸까? 대기업들은 부서들이 파편화된 상태로 운영되는 경우가 많다. 부서마다 각기 다른 시스템, 데이터 정의 및 비즈니스 프로세스가 존재한다. 이러한 시스템들은 혼란을 초래하기도 하고 때로는 중복되기도 하며, 복잡하거나 알 수 없는 방식으로 얽혀 있는 경우도 있다. 따라서 고객이나 제품에 대한 일관된 견해를 만들어내기가 매우 어려울 수 있다. 비표준nonstandard 기술에 대한 요청, 자기만의 방식으로 업무를 처리하겠다는 요구, 보다 신속한 처리를 위해 기업의 거버넌스 프로세스를 에둘러가려는 선택, 직원들이 불참한 통합 회의 등이 모이면 상황이 더욱 복잡해질 것이다. 이러한 복잡성이 필요한 경우도 있지만, 그렇지 않은 경우도 많다. 주요 보험사의 장애 관련 사업 부문을 담당하는 한 임원은 이렇게 말한다. "우리는 지난 50년간 IT 시스템과 애플리케이션을 확산시켜 왔습니다. 우리는 시스템을 퇴출시키지 않고, 그 위에 다른 것들을 추가합니다. 이 과정에서 엄청난 비용과 복잡성이 발생합니다."[26]

기술전문가들은 이러한 시스템 구성을 '레거시 스파게티legacy spaghetti'라고 부른다. 레거시 스파게티의 수렁에 빠진 기업들은 정보를 제대로 이해하지 못하며, 변화를 이루어내는 것은 더욱 더 어려워진다.[27] 조사에 따르면, 플랫폼 상의 불필요한 복잡성은 기업에서 IT 리스크의 첫 번째 원인이다. 프로세스의 변화와 테스트가 더욱 힘들어지며, 실패할 가능성이 더욱 높아지며, 실패한 후에 회복하기도 더욱 어려워진다.[28] 리더들이 그냥 내버려두었을 때만 스파게티와 같은 상황이 발생한다. 스파게티를 제거하기 위해서는 강력한 리더십이 필요하다.

강력한 디지털 플랫폼의 힘

훌륭하게 설계된 디지털 플랫폼은 웹 기반 회사들이 기존 기업들에 비해 훨씬 수월하게 애널리틱스 및 개인화를 실시할 수 있는 이유가 된다.[29] 아마존은 수년간 여러분이 구매한 모든 것을 알고 있기 때문에, 다음에 무엇을 구입할지에 관해 훌륭한 조언을 해줄 수 있다. 페이스북과 구글은 여러분이 과거에 어떤 글을 적었고 읽었는지를 알고 있기 때문에, 이러한 정보를 가지고 있지 않은 기업들에 비해 훨씬 더 효과적으로 여러분을 대상으로 광고할 수 있다.

그런데 이러한 역량은 태생부터 디지털born-digital인 기업들에만 국한되지 않는다. 시저스의 개인화 및 모바일 역량은 토털 리워드Total Rewards 통합 데이터베이스를 기반으로 구축되며, 회사와 개별 고객 간의 모든 상호작용을 기록한다. 코델코는 디지털을 활용하여 자사가 보유한 광산들을 통합 관리함으로써 순조롭게 운영을 동기화할 수 있고, 프로세스를 혁신할 방안들을 파악할 수 있다.

설문조사에 참여한 기업들의 플랫폼 품질을 이해하기 위해 응답자들에게 기업의 각기 다른 측면에 대해 얼마나 통합된 시각을 지니고 있는지를 물어보았다. 운영 성과 및 공급망 현황에 대한 통합된 시각과 관련하여, 디지털 마스터는 다른 기업들에 비해 평균 17% 높은 수치를 보인다.[30] 운영을 넘어서면 그 차이는 더욱 커졌다. 고객 데이터에 대한 통합적 시각과 관련하여, 디지털 마스터는 다른 기업들에 비해 평균 25% 높은 수치를 기록한다. 또한 제품이나 서비스 성과에 대한 통합적 시각과 관련해서는 25% 더 높다.

만약 여러분에게 고객에 대한 공통된 시각이 없다면 개인화된 서비스, 위치 기반 마케팅 등 고객 참여를 이끌어내는 고급 테크닉을 달성하기가 매우 어렵다. 다채널multichannel 운영의 경우에는 더욱 더 어려워진다. 한 마케팅 담당 임원은 이렇게 말했다. "고객 데이터가 수많은 시스템에 분산되어 있는 경우에는 고객에 대해 제대로 이해하기가 매우 어렵습니다."

대다수의 전통적인 기업의 경우, 디지털 트랜스포메이션을 준비하는 첫 번째 단계는 기업 전반에 걸쳐 데이터 및 프로세스를 통합하는 데 대규모 투자를 실시하는 것이다. 이런 측면에서 볼 때, 이미 ERP 및 CRM 시스템을 갖춘 기업들은 한 발짝 앞서 나간 셈이다. 버버리의 트랜스포메이션을 이루기 위해서는 매장에 디지털 기술을 도입하거나 소셜 미디어 마케팅을 시작하는 것보다 훨씬 더 많은 일들이 필요했다. 버버리는 처음부터 끝까지 end-to-end 기업을 디지털화하는 데 도움이 되도록 ERP 시스템에 수백만 달러를 투자해야만 했다. 통합 시스템과 프로세스 덕분에 버버리는 운영을 개선하고, 판매 패턴을 이해하고, 여러 채널 간에 매끄러운 서비스를 제공할 수 있게 되었다.

또한 훌륭한 구조를 갖춘 플랫폼은 글로벌화에 있어서 중앙집중화-분권화 관련 문제에 대처하는 데 도움이 될 수 있다. 예를 들어 시저스에서는 단일한 글로벌 플랫폼으로 전 세계의 호텔 웹 사이트를 운영한다. 각 지점의 관리자가 웹 사이트의 내용과 마케팅 캠페인을 현지 상황에 맞출 수 있고, 본사는 모든 웹 사이트를 위한 기술을 지원한다. 글로벌 미디어 기업인 프리사의 콘텐츠 관리 시스템을 살펴보면, 바르셀로나에서 녹화한 축구 관련 영상을 마드리드의 TV 방송국, 프랑스의 신문사, 아르헨티나의 라디오 방송국에서 당일에 쉽게 활용할 수 있다.

디지털 플랫폼의 확장력

훌륭한 구조를 갖춘 디지털 플랫폼은 효율성과 민첩성 그 이상의 혜택을 가져다준다. 앞서 제3장에서 살펴본 것처럼, 플랫폼은 리더들이 핵심 운영에서 원치 않는 변화를 몰아내고자 할 때 도움이 된다. 그런데 좋은 플랫폼은 기업이 노동력을 확장하는 것보다 더 빨리 양을 확장할 수 있도록 할 수 있다. 또한 여러 지역에서 활동하는 대기업 전체에 걸쳐서 신속하게 혁신을 도입하는 데도 도움이 된다.

미국의 약국 체인인 CVS의 사례는 훌륭한 구조를 갖춘 플랫폼이 양뿐만 아니라 새로운 규준을 확장하는 데도 도움이 된다는 것을 잘 보여준다. 리테일 약국 비즈니스에서 고객 서비스 수준은 매우 중요한 측정 기준이다. 따라서 2002년에 CVS의 고객 만족도가 하락했을 때, 고위급 임원들은 여기에 주목했다. 좀 더 분석해보니 핵심적인 문제점이 드러났다. 즉 고객의 보험과 관련된 문제 탓에 처방 주문의 17%가 지연되었다. 직원들은 보통 고객이 이미 매장을 떠난 이후에 보험을 확인했기 때문에, 고객이 다시 돌아와서 처방전을 가져가기 전에는 이런 문제들이 해결될 수 없었다. 보험 확인 절차를 프로세스의 앞쪽에 배치하면 문제를 해결할 수 있었다.

CVS는 이러한 프로세스의 변화를 약국 주문 처리 시스템에 반영했고, 100% 준수되도록 했다. 이제는 보험을 확인하지 않으면 처방전을 접수할 수 없도록 만든 것이다. CVS는 플랫폼을 활용하여 1년 안에 4천여 개의 약국 매장에 새로운 프로세스를 도입할 수 있었다. 처방 프로세스의 성과가 뚜렷하게 향상되었고, 고객 만족도 역시 높아졌다. 그 해에 전반적인 고객 만족도 점수는 86%에서 91%까지 상승했다. 경쟁이 치열한 리테일 약국 업계에서 이는 상당한 수치였다.[31]

리더십 없이는 훌륭한 디지털 플랫폼을 갖출 수 없다

훌륭한 플랫폼은 의사결정권자에게 명확한 정보를 제공하며, 고급 애널리틱스 역량 및 새로운 디지털 서비스의 기반이 된다. 효율적인 동시에 민첩하며, 디지털 트랜스포메이션과 관련된 새로운 옵션을 끊임없이 제공한다. 그러나 훌륭한 플랫폼은 그냥 주어지는 것이 아니다. 복잡한 기업에서 플랫폼은 여러 방향으로 동시에 커지는 경향이 있다. 마치 정원에 잡초가 무성해지는 것처럼, 플랫폼이 복제되고 맞춤화되며 파생된다. 훌륭한 플랫폼을 갖추려면 정원을 관리할 때와 마찬가지로, 잡초를 뽑아내고 해충을 없애고 아름다운 디자인으로 가꾸어야 한다. 강력한 탑다운 리더십 없이는 고객에 대한 단일한 시각이나 운영에 대한 통합된 관점을 확보할 수 없다.

플랫폼의 형태를 갖추는 데 IT 리더들이 도움을 줄 수 있다. 디지털 비전을 기술 플랫폼 비전으로 변화시켜, 디지털 비전을 실현할 수 있도록 지원한다. 아키텍처 검토 등 관리 도구를 설치해서 잡초를 제거하고 플랫폼이 올바른 방향으로 나아갈 수 있도록 돕는다. 적절한 종류의 성장을 지원하기 위해서 기술 자금조달 방법을 조정할 수도 있다. 예를 들어 인텔의 IT 부서는 기업의 아키텍트 관련 방향과 연계되는 프로젝트의 우선순위를 높인다.[32] 비즈니스 부서는 되도록 기업의 표준에 도움이 되는 업무에 우선적으로 자금 조달이 되도록 요청한다.

그러나 IT 리더들은 비즈니스 규준을 변화시키는 데는 제한적인 능력만을 발휘할 수 있다. 일반적인 CIO는 강력한 비즈니스 부서장의 행동을 직접 변화시킬 만한 힘을 지니고 있지 않다. 바로 이 지점에서 기업의 최고위급 임원들이 자신의 역할을 발휘할 필요가 있다. 일례로 빠주 죤느의 CEO인 장-피에르 레미는 종이 기반의 전화번호부를 지원하는 시스템을 업데이트하는 데 자금을 조달하는 것을 중단했다. P&G의 디지털 총괄인 필리포 파세리니는 보다 긍정적인 접근방식을 활용한다. 그는 비즈니스 부서장들에게 그가 제안하는 표준 프로세스를 활용한다면 글로벌 서비스 부서가 구매, 인사 및 기타 프로세스 비용을 10%~30%까지 줄일 수 있다고 약속했다. [33]

플랫폼 관련 문제들은 기존의 대기업들에만 국한된 것이 아니다. 심지어 태생부터 디지털인 아마존 같은 회사도 플랫폼 관련 문제들에 직면했다. 급속한 성장과 혁신이 이루어지던 2002년에 아마존의 강력한 플랫폼은 스파게티 및 비표준 설계의 확산으로 인한 문제를 겪게 되었다. 이 문제를 해결하기 위해서는 CEO인 제프 베저스(Jeff Bezos)의 탑다운 리더십이 필요했다. 베저스는 모든 개발이 명확한 설계 관련 규칙들을 따라야 한다고 강력하게 지시했고, "이것을 지키지 않는 사람은 해고될 것"이라는 경고를 덧붙였다. 그런 다음에 베저스는 한 고위급 임원에게 이러한 지시가 잘 지켜지고 있는지를 감시하는 권한을 부여했다.[34] 그 이후로 몇 년간, 아마존의 표준화 문화와 플랫폼이 진화했다. 이제 그로부터 10여 년이 흘렀고, 훌륭한 구조를 갖춘 아마존의 디지털 플랫폼은 날이 갈수록 성장하고 있는 온라인 판매를 지속적으로 지원하고 있다. 또한 킨들(Kindle) 도서 및 스트리밍 비디오를 비롯한 새로운 비즈니스 모델에도 도움을 주었다. 아마존은 클라우드 기반 인프라 서비스를 다른 기업에 팔기 시작했다. 아마존의 내부 플랫폼을 자사의 제품으로 변화시키고 있는 것이다.

여러분의 플랫폼에도 이러한 일들이 일어날 수 있다. 건강보험회사들은 이미 보험 청구 플랫폼을 활용하여 처방 및 의학 관련 트렌드에 맞는 애널리틱스 기반 상품을 만들어내고 있다. 중국의 어느 물류 회사는 자사의 역대 판매 플랫폼을 통해 파악한 트렌드를 활용해서 얻은 지역별 수요 예측 관련 정보를 판매할 수 있다.[35] 또한 보잉은 '미래의 항공사(airline of the future)'를 실현하는 과정에서 여러 회사의 경계를 넘나드는 폭넓은 플랫폼을 갖추게 될 것이다. 이 플랫폼을 활용하여 새로운 정보 기반 서비스 및 상품을 개발할 수 있을 것이다(제5장을 참고하라). 그런데 이 모든 것에는 리더십이 필요하다. 적절한 플랫폼과 스킬을 개발하고, 이를 적절하게 조율하고, 기회를 최대한 활용하기 위해서는 리더십이 필수적이다.

✚ 기술 리더십과 기업이 함께 진화하다

여러분이 플랫폼을 어떻게 구축하든지 디지털 트랜스포메이션의 진정한 가치는 초기 투자에서 발생하는 것이 아니다. 매출 증대, 비용 절감 및 다른 혜택을 얻기 위해 자신의 역량을 어떻게 확대할지를 끊임없이 재구상하는 데서 창출된다. 초기 투자는 추가적인 전략적 투자를 할 수 있는 기반이 된다. 아시안 페인트가 처음으로 주문 접수 프로세스를 집중화하고 ERP 시스템을 실행했을 때, 임원들은 향후의 성공적인 비즈니스 모델 관련 변화들을 상상하지는 않았다. 다만 통합 데이터 및 표준화된 프로세스가 기업의 성과를 한 단계 도약시키는 데 도움이 될 것이라는 점은 알고 있었다.[36] 데이터가 통합되고 강력한 콜센터가 등장하자, 이제는 새로운 것들을 상상할 수 있게 되었다. 영업 담당자들은 모바일 기기를 활용하여 판매 및 주문과 관련된 최신 정보로 무장했고, 개별 소매업체와의 관계를 쌓아나가는 데 집중할 수 있었다. 콜센터 직원들은 발신 전화를 통해 소매업체들을 지원하거나, 운송 트럭이 근처에 도착했을 때 알려줄 수도 있었다. 리테일 점포가 아니라 고객의 작업 현장까지 배달함으로써, 아시안 페인트는 최종 고객들에게 보다 가까이 다가갈 수 있게 되었다. 이는 그 어떤 경쟁기업들도 갖추지 못한 역량이었다. 그런 다음에 임원들은 인도 이외의 국가에 프로세스를 수출하기 시작했다.

아시안 페인트의 디지털 기반 덕분에 경영진은 이전에는 결코 지닐 수 없었던 옵션들을 확보하게 되었다. 하지만 이러한 기회를 꽉 잡기 위해서는 리더들도 준비가 되어 있어야만 했다. 아시안 페인트는 비즈니스에 관해 잘 알고 있는 IT 리더들에게 비즈니스를 변화시키는 IT의 힘을 이해하는 비즈니스 리더십 팀을 짝지어주는 것부터 시작했다. 리더들은 함께 긴밀하게 협력하여 플랫폼을 변화시켰고 새로운 기회들을 만들어냈다. 또한 영업 담당자들의 디지털 기술 활용을 재정의하고 내부 애널리틱스 인재들을 양성하는 등 스킬을 개발하는 데 상당히 많은 투자를 했다. 이는 회사가 트랜스포메이션 여정을 한 걸음 한 걸음 헤쳐 나가는 데 도움이 되었다.

로이드 뱅킹 그룹, 코델코, 버버리, 시저스 및 다른 기업들에서도 이와 비슷한 패턴이 일어났다. 기술 리더십 역량이 취약하면 모든 것이 다 위험한 분쟁이 된다. 강력한 기술 리더십 역량을 확보하면 엄청난 일들을 이루어낼 수 있다. 여러분이 IT-비즈니스 관계, 스킬 및 디지털 플랫폼 간의 연결고리에 지속적인 관심을 기울인다면, 디지털 트랜스포메이션과 관련하여 귀중하고도 새로운 기회들을 만들어낼 수 있을 것이다.

> **체크 리스트 — 기술 리더십 역량**
>
> ✓ 여러분의 IT-비즈니스 관계의 현황을 평가하라. 신뢰, 이해 공유, 매끄러운 파트너십을 고려하라.
> ✓ 디지털 경제의 스킬 및 속도 관련 요구사항을 충족시킬 수 있는 IT 부서의 능력을 평가하라.
> ✓ 부서 내의 부서, 또는 IT, 비즈니스 및 기타 역할을 결합한 별도의 디지털 부서 등 이중 속도 IT 접근방안을 고려하라.
> ✓ 훌륭한 구조를 갖춘 디지털 플랫폼을 구축하는 데 초기 투자의 초점을 맞춰라. 이는 다른 모든 것의 바탕이 된다.
> ✓ 적절한 디지털 스킬을 구축하기 시작하라.
> ✓ IT-비즈니스 관계, 디지털 스킬, 디지털 플랫폼을 활용하여 끊임없이 새로운 것들을 시도하라.

✚ 다음 단계

지금까지 디지털 마스터가 된다는 것은 어떤 의미인지, 왜 그것이 중요한지에 대해 설명했다. 제2장에서 제4장까지는 디지털 역량, 제5장에서 제8장까지는 리더십 역량에 관해 다루었고, 이처럼 디지털 마스터리의 각 차원을 구축하는 프로세스를 살펴보았다. 이제는 이러한 아이디어들을 여러분의 기업에 적용해볼 시간이다. 제9장에서 제12장까지 여러분이 디지털 트랜스포메이션 여정을 시작하는 데 도움이 될 만한 플레이북을 제공하고자 한다.

PART

III

다시 사무실에서:
디지털 트랜스포메이션을 위한
비즈니스 리더의 플레이북

여러분이 디지털 트랜스포메이션을 실시할 때 스티브 잡스나 제프 베저스의 비전이나 리더십 능력이 필요한 것은 아니다. 성공적인 임원으로서 여러분은 자신의 회사가 해당 시장에서 반란을 일으킬 수 있게 하는 기본적인 스킬을 이미 지니고 있다. 제1부와 제2부에서 살펴본 것처럼, 진로를 정하기 위한 새로운 사고가 필요하며 트랜스포메이션을 추진하기 위한 헌신적인 리더십이 필요하다. 제3부에서는 디지털 마스터들의 사례를 바탕으로 여러분이 이렇게 복잡한 여정을 헤쳐 나가는 데 도움이 될 만한 트랜스포메이션 나침반을 제시하고자 한다(그림 III.1).

- 디지털 도전과제의 틀을 구성하기: 디지털 기회와 위협에 대한 인식을 제고하라. 자신의 시작점을 파악하고 디지털 성숙도를 평가하라. 비전을 수립하고, 고위 경영진을 비전에 잘 연계시켜라.
- 투자를 집중하기: 여러분의 비전을 실행 가능한 로드맵으로 바꾸어라. 여러 사일로를 넘나드는 거버넌스 구조를 만들어라. 트랜스포메이션을 위한 자금 조달을 준비하라.
- 조직을 동원하기: 여러분의 포부와 지금 당장 필요한 변화에 대해 명확한 신호를 보내라. 추진력을 키우고 직원들의 참여를 이끌어내라. 새로운 행동을 설정하고 더욱 혁신적인 문화를 향해 조직을 진화시켜라.
- 이행을 유지하기: 필요한 기반 스킬을 구축하라. 기존의 조직 내 장벽을 극복하기 위해서 보상 구조를 정비하라. 트랜스포메이션의 진전 상황을 모니터하고 측정하라. 그리고 필요하면 이러한 과정을 반복하라.

디지털 트랜스포메이션은 결코 선형적인^{linear} 프로세스가 아니다. 어쩌면 여러분은 이미 여러 디지털 이니셔티브에 착수했을지도 모른다. 여러분은 다양한 분야에서 스킬을 구축해야 하고, 때때로 다른 쪽으로 노력의 방향을 바꾸어야 할지도 모른다. 디지털 트랜스포메이션 나침반을 활용하라. 다음 장들에서는 디지털 트랜스포메이션의 성공을 극대화하기 위해 디지털 마스터들이 취한 조치들에 대해 소개하도록 하겠다.

[그림 III.1] 디지털 트랜스포메이션 나침반

CHAPTER 9

디지털 도전과제의 틀을 구성하기

앞서 제1장에서 살펴본 것처럼, 디지털 트랜스포메이션은 모든 업계를 이미 강타했다. 그러나 설문 조사 응답자들의 약 40%가 디지털 트랜스포메이션을 저해하는 주요 요인으로 '절박함의 부재'를 언급했다.[1] 왜 이러한 현상이 발생하는 것일까? 조직들이 놓치고 있는 핵심 원인들 중 하나는 바로 관리의 타성^{inertia}이다. 즉 변화의 필요성을 감지하지 못하는 것이다. 미래를 주도적으로 만들어 나가는 대신에 단지 위협에 대응한다.

출판업계를 비롯한 여러 업계에서 디지털 기술은 이미 상당한 격변을 일으키고 있다. '불타는 플랫폼'과 같은 위기 상황인 것이다. 제조업계를 비롯한 다른 업계에서는 변화의 필요성이 덜 분명해 보인다. 한 관리자는 회의론의 이유를 이렇게 설명한다. "과도한 부풀림이 심해요. 공급업체들의 과장된 선전 때문에 내가 더욱 강력하게 밀어붙일 수가 없습니다. 그러면 신뢰를 잃게 되거든요. 그래서 우리는 보다 서서히 접근하기로 했어요. 일단 반대하는 사람들이 자기 마음대로 하지 못하게 할 정도로만요."[2]

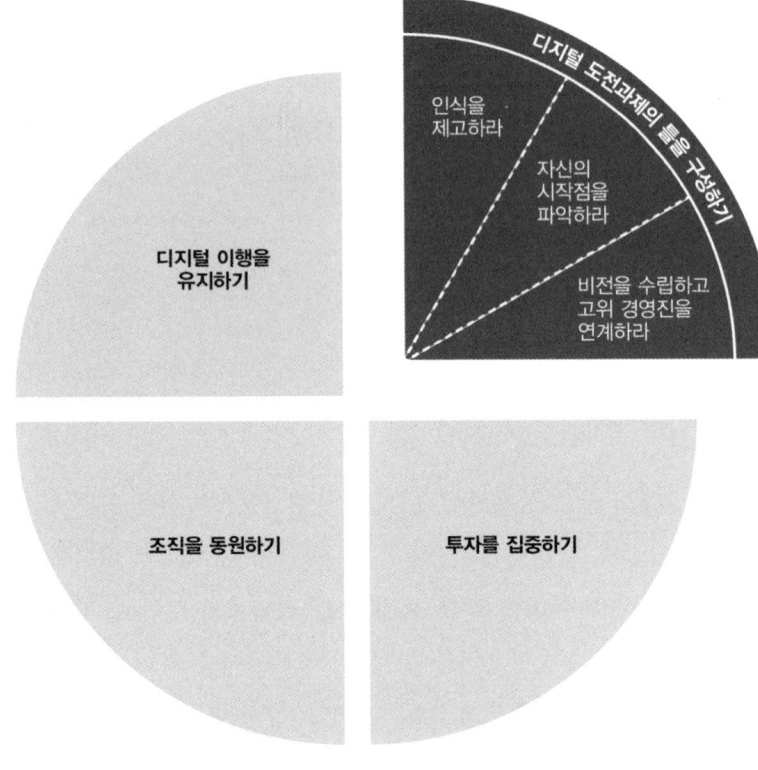

[그림 9.1] 디지털 트랜스포메이션 나침반: 디지털 도전과제의 틀을 구성하기

    타성에 맞서 싸우기 위해서는 도전과제를 인식해야 하고, 자신의 시작점을 파악해야 하며, 어떤 방향으로 나아가고 싶은지를 결정해야 한다. 여러분은 자신의 업계를 잘 알고 있다. 고위급 리더로서 여러분은 디지털 트랜스포메이션을 위한 적절한 추진력을 만들어내야 한다. 프로세스 초기부터 다음 세 가지 분야에 신경을 쓸 필요가 있다.

- 인식을 제고하기: 조직의 고위급 리더들은 디지털 기술의 잠재적인 위협과 기회를 이해하고 있는가? 트랜스포메이션의 필요성을 알고 있는가?
- 자신의 시작점을 정의하기: 여러분의 디지털 능력은 얼마나 성숙해있는

가? 현재 보유하고 있는 전략적 자산들 중 어떤 것이 성과 향상에 도움이 될까? 디지털을 활용하여 현행 비즈니스 모델에 도전을 제기해본 적이 있는가?

- **공유 비전을 수립하기**: 회사의 디지털 미래에 대한 비전과 고위급 리더들이 잘 연계되어 있는가?

✚ 여러분은 디지털 도전과제를 인식하고 있는가?

디지털 도전과제의 틀을 구성하는 첫 번째 단계는 고위 경영진으로 하여금 디지털 기술이 비즈니스에 미치는 잠재적인 영향력을 이해하도록 만드는 것이다.

설문 조사 결과에 따르면, 자신의 현재 경영 안건에 디지털 트랜스포메이션이 항상 포함되어 있다고 생각하는 응답자들은 37%에 불과했다. 그런데 이와는 대조적으로, 같은 응답자들 중 61%가 향후 2년 안에 디지털 트랜스포메이션이 자신의 비즈니스에 핵심적인 영향을 미칠 것이라고 답했다.[3]

지금 당장 디지털 트랜스포메이션을 최우선 안건으로 다루어라

디지털 기술이 여러분의 현재 및 향후 비즈니스에 미칠 영향에 관해 논의할 때 고위급 리더들을 참여시켜라. "이러한 기술이 우리 회사의 경쟁 포지션에 잠재적으로 어떤 영향을 미칠 수 있을까요?", "어떻게 하면 디지털 기술을 통해서 성과를 향상하고 고객들을 기쁘게 할 수 있을까요?"라는 질문을 던져보라.

조직의 최고급 리더인 CEO는 틀을 구성하는 단계가 성공적으로 진행되도록 할 책임이 있다. 단지 동기를 부여하는 연설이나 내부의 전도evangelization만으로는 충분하지 않다. 여러분은 조직 내 다른 리더들이 눈앞의 심오한 변화를 상상해보고 기술로 인한 비즈니스의 가능성들을 이해할 수 있도록 해야 한다. 디지털로 인한 변화에 따라 도움을 받거나 피해를 입은 기업 및 업계들의 실제 사례를 찾아보고 교훈으로 삼아라.

디지털로 인한 엄청난 변화의 규모와 속도를 이해하라

여러분의 역량과 아울러, 디지털로 인한 엄청난 변화의 규모와 속도는 여러분이 속한 기업의 리스크를 결정할 것이다. 기업의 디지털 트랜스포메이션을 위한 적절한 속도를 파악하는 것은 경영에 매우 중요하다. 또한 조직 문화의 핵심 측면들도 제몫을 한다. 의사결정이 중앙집중화되어 있는가, 아니면 분권화되어 있는가? 조직의 협력 및 공유 성향은 어떠한가? 디지털 트랜스포메이션 프로그램을 설계할 때는 새로운 디지털 비즈니스로 이행하거나 디지털을 활용하여 비즈니스의 일부분을 향상하면서도 수익성 높은 기존의 운영과 자산을 보호해야 한다.

하지만 주의할 필요가 있다. 앤디 그로브Andy Grove(인텔의 전 CEO - 역주)의 말처럼, "오직 편집광만이 살아남는다."[4] 파괴적인 디지털 혁신은 여러분이 속한 업계 밖에서 일어나기도 하며, 어떤 사건들의 발생이 필요한 변화의 속도를 결정하기도 한다. 경쟁 및 업계 분석은 예전보다 그 유용성이 줄어들었다. 앞서 제4장에서 살펴본 것처럼, 런던의 택시 시장은 기존 기업들이 온라인화에 실패했다거나 택시 호출용 모바일 앱을 개발하지 못했기 때문에 파괴적인 변화를 겪게 된 것이 아니다. 헤일로가 우선 택시 운전사들의 마음을 사로잡고, 그런 다음에는 훌륭한 고객 경험을 제공함으로써 이 양면적인 시장의 비효율성에 대처할 수 있는 기회를 포착했기 때문이다. 헤일로의 윈-윈 비즈니스 모델 덕분에, 2년도 채 되지 않는 짧은 기간에 런던에 등록된 2만 3천 대의 택시 중 60% 이상을 확보할 수 있었다.⁵

경험을 통해서 인식을 제고할 수 있도록 하라
고위 경영진의 인식을 제고하는 것은 리더에게는 도전과제다. 직원들은 관대하지 않을 수도 있다. 설문 조사 응답자 중 어떤 사람은 이렇게 불평했다. "경영진은 55세 이상의 사람들로 구성되어 있어요. 기술과 기술이 가져다주는 이점에 대해서는 아무것도 모르고, 알고 싶어 하지도 않아요."⁶

이러한 인식 제고 단계에서는 사실 기반의 조사를 활용하면서도, 경영진이 경험을 통해서 인식을 제고할 수 있도록 해야 한다. 예를 들어 디지털 명예의 전당hall of fame과 수치의 전당hall of shame을 둘 다 제시하는 것은 리스크와 기회에 대한 균형 잡힌 시각을 제공한다. 또한 '디지털 해커톤digital hackathon(해킹과 마라톤의 합성어로, 주어진 시간 동안 쉬지 않고 소프트웨어 및 비즈니스 모델을 개발하여 결과물을 만들어내는 행사 - 역주)'을 개최하여 고위 경영진과 기술에 관해 잘 아는 직원들을 짝지어서 잠재적 영향력을 이해하고 형성하게 하는 기업들도 있다. 파괴적 혁신에 대한 분석, 워 게임war gaming(경쟁사와 자기 회사의 역할을 맡아 실제 상황을 분석하고, 전략과 계획을 제안하고 실행하는 게임 - 역주), 시나리오 계획 수립, 디지털 발견 원정digital discovery expedition, 외부 동료 리더들의 증언 등 다른 형식과 도구 역시 도움이 될 수 있다.

글로벌 제조 기업 CEO의 사례를 살펴보자. 이 CEO는 디지털 기술과 온라인 채널들이 회사의 운영과 경쟁적 지위에 상당한 영향을 미칠 것이라는 점을 확신했지만, 다른 경영진은 열의가 부족했다. 한동안 진전이 느리게 진행되자, 그는 이사회 구성원들을 캘리포니아로 초청해서 일주일간 치열한 디지털 몰입 프로그램에 참여하도록 했다. 디지털 기회를 포착하는 데 실패한 전임 CEO들의 조언을 전함으로써, 현재 경각에 달린 문제들이 경영자에게 개인적으로 어떤 의미를 지니는지를 강조했다. 또한 디지털 기술 제공자, 업계 예언자, 비즈니스 트랜스포메이션에 성공한 기업들의 사례들을 선보였고, 디지털 기술 덕분에 생겨난 기회들을 강조했다. 이 일주일간의 프로그램은 고위 경영진의 눈을 뜨게 해준 놀라운 경험을 제공했고, 그 후로 디지털 트랜스포메이션은 경영진의 최우선 안건으로 격상되었다.

지지자들의 연합을 구축하라

모든 사람의 참여를 이끌어낼 필요가 있을까? 어쩌면 그건 아닐지도 모른다. 하지만 디지털 마스터들은 조직 내에서 디지털 트랜스포메이션을 추진하는 데 있어서 핵심적인 역할을 담당하는 고위 경영진과 일찍부터 연합을 형성한다. 알리안츠 그룹의 조 그로스는 이렇게 설명한다. "디지털은 부서마다 각기 다른 의미를 지니기 때문에, 공통의 이해 기반을 마련하는 것이 매우 중요했습니다. 디지털 트랜스포메이션이 무엇을 의미하는지 모두가 똑같이 이해할 필요가 있었지요."[7] 인식을 제고하게 되면 핵심 팀이 공통의 목적을 위해 단합하고 디지털 트랜스포메이션을 제대로 시작하는 데 도움이 된다. 여기서 고위 경영진을 기술 전문가로 바꾸어놓지 않는 것이 중요하다. 경영진이 디지털 기술의 잠재적 위협과 기회를 이해하고, 트랜스포메이션의 필요성을 느끼도록 하는 것을 목표로 삼아야 한다.

✚ 여러분은 자신의 시작점을 알고 있는가?

고위 경영진과 강력한 연합을 형성하는 것은 반드시 필요하지만, 이것만으로 충분한 것은 아니다. 대기업이 주요한 변화들 가운데 살아남기 위해서는 기존의 것을 새로운 것으로 갑자기 교체하는 것이 아니라, 새로운 디지털 환경에서 기존의 자원과 능력을 최대한 활용할 필요가 있다. 여러분은 자신의 시작점을 파악해야 한다. 현재 자신이 속한 조직은 디지털적인 측면에서 얼마나 성숙해있는가? 현재의 전략적 자산들 중 어떤 것들이 디지털 세계에서 중요하게 작용할까?

자신의 디지털 마스터리를 평가하라

자신의 디지털 마스터리를 평가하기 위해서는 현재의 디지털 이니셔티브와 스킬을 편견 없이 공정하게 파악할 필요가 있다. 자신의 디지털 역량과 리더십 역량을 구체적으로 검토하라. 우리가 앞에서 다룬 것처럼 초보자, 보수주의자, 패셔니스타, 디지털 마스터 이 네 가지 단계 중 하나에 해당할 것이다. 제1장에서 우리는 부록에 포함된 간단한 성숙도 평가 도구를 활용하여 여러분이 속한 기업의 디지털 마스터리를 평가해볼 것을 제안했다. 이제는 디지털 마스터가 어떻게 다른지를 알게 되었으니, 재차 평가해볼 필요가 있다. 이 책 전반에 걸쳐 소개한 디지털 마스터들의 사례를 기준으로 삼아, 여러분의 회사가 표에서 어떤 지점에 해당하는지 다시 한 번 생각해보라. 디지털 마스터가 기술을 어떻게 활용하는지 뿐만 아니라, 어떻게 변화를 이끌어나가는지를 고려하라. 여러분의 디지털 역량과 리더십 역량의 강점과 약점을 파악하라. 이제 여러분은 지금까지 얻은 정보를 바탕으로 자신이 속한 기업의 트랜스포메이션 시작점을 살펴볼 수 있게 되었다.

여러분의 트랜스포메이션 여정을 계획하라

이제 여러분은 트랜스포메이션의 방향과 속도에 대한 계획에 착수할 수 있다. 모든 기업은 제각기 다르다. 여러분의 기업은 버버리처럼 초보자에서 디지털 마스터로 즉시 이행하고 싶은 야심을 지니고 있을지도 모른다. 그러기 위해서는 리더십 역량과 디지털 역량을 동시에 개발하여 여러분의 전략이 성공을 거둘 수 있도록 해야 한다. 아니면 여러분은 혁신보다는 신중함을 기하며, 보다 보수적인 접근방식을 원할지도 모른다. 이 경우에는 새로운 디지털 기술을 활용한 실험을 적극적으로 실시하기에 앞서서 강력한 리더십 역량의 기반을 구축해야 할 것이다. 또 어쩌면 여러분은 패셔니스타처럼, 이미 수많은 디지털 이니셔티브에 착수했으나 제대로 정리가 되지 않은 상황에 처해있을지도 모른다. 그렇다면 일단 일관된 비전과 군건한 거버넌스 모델을 개발하고, 그런 다음 사업부서 간에 여러 디지털 이니셔티브를 가다듬거나 조화시켜야 할 것이다. 대규모 글로벌 기업의 경우에는 부서, 사업계열, 기능 및 지역마다 디지털 마스터리가 제각기 다를 수도 있다. 이러한 차이점들을 이해하는 것은 여러분이 자신의 기업에 맞는 궤도를 만들어내는 데 중요하다.

자신의 전략적 자산을 평가하라

다음으로, 우리는 디지털 마스터들이 전략적 자산에 대해 초기 평가를 실시함으로써 디지털 세상에서 중요해질 자산과 그렇지 않은 자산을 구분한다는 것을 알게 되었다. 제5장에서 살펴본 것처럼, 빼주 존느의 경영진은 기존의 강력한 직접 판매 인력을 통해 전화번호부를 판매하는 것이 앞으로는 경쟁 우위 요인이 되지 못할 것이라는 점을 일찌감치 깨달았다. 종이책 유통 모델에는 미래가 없었다. 하지만 직접 판매 인력과 지역 비즈니스 간의 긴밀한 관계는 여전히 빠주 죤느의 핵심적인 자산이었다. 영업 인력이 디지털 서비스를 판매하도록 재훈련시키는 것은 쉽지 않았지만, 이것은 빠주 죤느가 디지털 세계로 진출할 수 있는 발판이 되어주었다.

어떤 자산이 디지털 트랜스포메이션의 성공에 도움이 될지를 파악하기 위해서는 신중한 분석이 필요하다. 여러분은 디지털 트랜스포메이션이 일어난 세상의 관점으로 전략적 자산을 검토하고, 가치가 있는 자산을 파악해야 한다. 제4장에서 언급한 것처럼, 공유 경제의 맥락에서 자산에 관해 재고함으로써 혁신적인 비즈니스 모델을 만들어낼 수 있다. 전략적 자산의 구성 요소에 관해서는 여러 가지 정의가 존재한다.[8] 신규 진입자들에 맞서 방어할 때 상당히 유용하게 쓰일 수 있는 재무 자산뿐만 아니라 유형 자산, 역량, 무형 자산, 데이터 등 디지털 트랜스포메이션의 기반 역할을 하는 네 가지 부류의 자산이 있다.

유형 자산. 가장 눈에 쉽게 띄는 자산인 유형 자산은 리테일 점포, 유통 네트워크, 창고, 제품 등을 가리킨다. 어떤 유형 자산은 디지털 세상에서 불필요할 수도 있지만, 유형 자산과 디지털 자산을 신선한 방식으로 결합함으로써 우위를 확보할 수 있다. 예를 들어, 미국의 은행 고객들 중 62%가 온라인 뱅킹을 이용하는 것을 선호한다.[9] 그러면 모든 소매 은행이 결국에는 지점들의 문을 닫아야 한다는 걸까? 그럴 가능성은 별로 없다. 미국의 은행 고객들 중 약 47%는 물리적인 지점이 없다면 제대로 된 은행이 아니라고 생각한다.[10] 하지만 예전처럼 모든 분야에서 고객들에게 풀 서비스를 제공하는 균일한 지점 네트워크는 더 이상 생명력이 없다는 것이 은행 업계의 일반적인 견해다. 어떤 지점들은 표준화된 은행 업무를 수행할 것이며, 또 다른 지점들은 상당히 디지털화되어 온라인 및 모바일 뱅킹의 물리적인 연장^{extension} 기능을 하게 될 것이다. 디지털 기술은 물리적인 지점의 역할을 변화시키고 있지만, 그렇다고 해서 단기간 내에 지점이 사라지게 될 일은 없을 것이다.

역량. 이러한 유형의 자산 역시 디지털 우위를 만들어내는 데 필수적이다. 역량은 IT, 영업 등의 여러분의 기능적인 스킬 또는 제품, 프로세스, 기술에 대한 특별한 노하우 등의 핵심 역량 안에 포함될 수 있다. 예를 들어, 일선 직원들과 영업 담당자들은 고객 충성을 유지하는 데 꼭 필요한 자산이 될 수 있다. 이들은 고객 행동 및 선호에 대한 중요한 지식을 축적하고 있다. 이와 마찬가지로, 디지털 기술의 활용을 통해 제도적 역량이 강화되고 확장될 수 있다. 나이키는 세계적인 수준의 제품 디자인 및 엔지니어링 인재들을 보유하고 있다. 디지털 기술을 통해 이 두 그룹은 보다 긴밀하게 협력할 수 있다. 제품 개발 프로세스의 속도를 높이고, 플라이니트^{Flyknit}(나이키의 운동화에 쓰이는 가벼운 니트 소재 – 역주) 제조 프로세스를 급진적으로 변화시킬 수 있다.

무형 자산. 무형 자산은 그 속성상 측정하기가 가장 어렵다. 브랜드 품질, 기업 문화, 특허, 사유^{proprietary} 기술, 파트너 생태계 등이 여기에 포함된다. 예를 들어 스타벅스는 자체 브랜드를 자산으로 최대한 활용했고, 온라인에도 이를 확대 적용했다.

데이터. 데이터는 디지털 세상에서 새롭게 두각을 드러내고 있으며, 경영진의 상당한 관심을 필요로 한다. 데이터는 애널리틱스를 마스터하는 방법을 배운 기업들에게는 가장 중요한 디지털 재산의 하나로 자리 잡았다. 그런데 데이터는 숨어 있는 자산이다. 여전히 많은 기업이 보유하고 있는 데이터에서 가치를 추출하지 못하거나, 데이터를 다른 소스와 조합하여 새로운 통찰을 창출해내지 못한다. 하지만 여러분이 데이터를 잘 활용할 수만 있다면, 엄청난 가치를 지닌 새로운 통화를 만들어낼 수 있다. 일례로 바클레이스 은행Barclays Bank은 1천 300만 명에 달하는 고객들에 관한 정보를 현금화하기 시작했다. 즉 소비 습관 및 트렌드에 관한 데이터를 모아서 다른 기업에 팔기로 한 것이다.[11]

일단 여러분의 전략적 자산을 다른 관점에서 검토하는 것에서부터 시작하라. 현재 보유한 전략적 자산이 디지털 세상에서 경쟁 우위를 얻는 데 도움이 될까? 이러한 자산들을 재구성하거나 결합해서 새롭고 가치 있는 것을 만들어낼 수 있는가? 여러분은 데이터를 바탕으로 아무도 생각해내지 못한 통찰을 얻을 수 있는가? 여러분의 기업과 경쟁기업들이 하고 있는 일들의 경계를 넘어서서, 폭넓은 아이디어 생산ideation 프로세스를 활용하라. 하지만 광범위한 브레인스토밍부터 시작하지는 마라. 잘 알려져 있으나 아직 충족되지 않은 고객의 니즈, 또는 운영상 복잡한 문제가 발생하는 원인들부터 검토하라. 어떻게 자산을 활용하거나 결합하면 이러한 문제들을 해결할 수 있을지, 어떻게 하면 경제적인 방법으로 기술을 활용할 수 있을지 자문해보라.

디지털 마스터는 초기 투자와 핵심 스킬을 연계하기 위해 전략적 자산을 검토한다. 버버리는 자사의 독특한 고객 경험에서부터 시작했다. 아시안 페인트의 경우에는 우수한 공정의 문화, 시저스 엔터테인먼트의 경우에는 애널리틱스 및 고객 데이터의 강점에서부터 시작했다. 어디서부터 시작하는가는 중요하지 않다. 여러분이 디지털 우위를 구축하기 위해 전략적 자산을 초기부터 최대한 활용할 수 있는 분야에서부터 시작하는 것이 중요하다.

비즈니스 모델을 시험해보다

앞서 제4장에서 살펴본 것과 같이, 비즈니스 모델의 혁신은 디지털 트랜스포메이션을 추진하는 과정에서 상당한 가치의 원천이 될 수 있다. 그런데 어떤 경우에는 여러분의 비즈니스에 대한 위협이 될 수도 있다. 디지털이 여러분의 비즈니스에 미치는 영향의 규모와 속도를 측정하고 여러분이 자신의 전략적 자산을 재검토하는 과정에서, 비즈니스 모델을 시험해보는 것도 좋다.

물론 여러분은 우선 현재의 비즈니스 모델을 제대로 파악하고 이해해야 한다. 어떻게 하면 고객들에게 더 많은 가치를 전달할 수 있을지에 대해서 먼저 고민해보라. 그런 다음, 어떻게 하면 추가로 창출된 가치를 운영상의 이익을 남기면서 전달할 수 있을지 생각해보라. 이 시점에서 여러분은 디지털 기술이 제공하는 가능성들을 활용하여, 창의적이고 효율적인 옵션들을 살펴볼 수 있다. 또한 다른 업계에서는 이와 비슷한 문제들을 어떻게 해결했는지, 또는 이와 비슷한 기회들을 어떻게 활용했는지를 알아보고 배우도록 하라.

다양한 방법을 시도해볼 수 있다. 여러분은 고객에게 가장 커다란 가치를 창출하고, 운영상 모방하기가 어렵고, 수익성 높은 경제 모델을 제공할 수 있는 옵션들을 우선적으로 고려해야 한다. 또한 새로운 모델에 대해 통제 실험을 해봄으로써 변화의 리스크를 낮춰야 한다. 그런 다음에는 데이터를 수집해서 자신의 추정을 수정하라.

이러한 과정은 어떻게 이루어지는가? 몇몇 실용적인 접근방안을 활용해서 여러분의 기존 비즈니스 모델을 시험해보고, 새로운 비즈니스 모델을 탐색하고, 잠재적으로 파괴적인 비즈니스 모델에 맞서 방어할 수 있다. 우리는 DYOB◆Destroy Your Own Business 또는 WWAD◆What Would Amazon Do? 등 게임 세션을 실시하는 기업들의 사례도 살펴보았다. 알렉

산더 오스터왈더$^{Alexander\ Osterwalder}$와 예스 피그누어$^{Yves\ Pigneur}$가 개발한 비즈니스 모델 캔버스◆ 등 체계적으로 생각할 수 있도록 도와주는 실용적인 체계들도 있다.[12] 설령 현재 비즈니스 모델이 위협을 받고 있지 않다 하더라도 시간을 투자해서 경영진과 함께 비즈니스 모델을 재검토하는 과정을 거치는 것이 좋다.

✚ 고위 경영진은 공유 디지털 비전에 연계되어 있는가?

여러분은 디지털화에 따른 비즈니스의 도전과제를 이해한다. 자신의 시작점이 어디인지를 알고, 자신의 앞에 놓인 가능성들의 범위가 어디까지인지를 안다. 이제 여러분과 여러분의 팀은 어느 방향으로 나아갈지를 결정할 필요가 있다.

자신의 트랜스포메이션 비전을 수립하라

앞서 제5장에서 디지털 마스터들이 비전을 수립하는 방법에 대해 살펴본 바 있다. 여러분도 자신의 비전을 수립해야 한다. 여러분의 비전은 고객 경험을 향상하고, 운영을 간소화하고, 또는 이 두 가지를 결합하여 비즈니스 모델을 변화시키는 것에 초점을 맞출 필요가 있다. 여러분이 처한 현실 상황에 기반을 두지 않은 마케팅 슬로건의 덫에 빠지지 마라. 진정성이 중요하다. 여러분의 비전은 기존의 역량과 문화를 검토하여 여러분의 시작점을 파악해야 한다. 디지털 미래에 중요해질

◆ '우리의 비즈니스를 망하게 할 수 있는 사업 아이템'을 찾는 방법
◆ '아마존이라면 어떻게 했을까?'를 찾는 방법
◆ 신규 비즈니스 모델을 구상하기 위해 필요한 9가지 영역을 기반으로 구조화할 수 있는 도구

전략적 자산들을 중심으로 비전을 구축해야 한다. 또한 점진적인 비전이 아니라 혁신적인 비전이 필요하다.

디지털 비전을 수립할 때는 기술이 아니라 여러분의 비즈니스나 고객에 초점을 맞춰야 한다. 명확한 의도를 가지고 비전을 설계하라. 어떤 것을 변화시켜야 하는지를 눈앞에 그려보아라. 또한 고객과 직원, 회사의 성과에 대한 혜택 등 명확한 사업 성과를 염두에 두어라. 비전을 수립하는 과정은 하나의 여정과 같다는 점을 기억하라. 조직에 방향을 제시할 수 있도록 구체적인 비전을 수립하되, 시간의 흐름에 따라 비전이 성장할 수 있도록 스스로 여지를 주어라. 훌륭한 디지털 비전을 설계하는 데 도움이 되는 몇 가지 프로세스와 접근 방안이 존재한다.[13]

고위 경영진을 연계하라

훌륭한 디지털 비전을 확보하면 절반의 성공을 거두었다고 할 수 있지만, 이것만으로는 충분하지 않다. 비전은 공유되어야 한다. 고위 경영진 사이에 비전이 공유되지 않기 때문에 많은 디지털 이니셔티브가 잠재적 가치를 포착하는 데 실패하게 된다. 스타벅스의 CIO인 커트 가너Curt Garner는 이렇게 말한다. "우리 회사의 모든 경영진은 디지털과 기술에 상당한 관심을 지니고 있으며 관련 활동에 활발하게 참여하고 있습니다. 디지털과 기술이 회사에 미치는 영향에 대해 주목하고 있어요. 혁신 및 고객 응대 기술을 선도하기 위해 우리 경영진이 공유하는 목표의 일부라고 할 수 있지요."[14] 디지털 비전의 공유는 성공적인 디지털 트랜스포메이션의 전제이자, 디지털 마스터의 DNA를 구성하는 핵심 요소다.

그러나 설문 조사에 따르면 자신의 팀이 디지털 미래를 위한 비전을 중심으로 연계되어 있다고 응답한 임원들은 57%에 불과했다.[15] 그 이유는 무엇일까? 고위 경영진은 연계된 임원팀과의 합의를 착각하는 경우가 있다. 정보가 곧 이해를 의미하며, 논쟁을 안 하는 것이 연계를 뜻한다고 가정하는 함정에 빠지지 마라. 고위 경영진이 디지털 비전에 적극적으로 참여해야만 디지털 트랜스포메이션이 효과를 발휘할 수 있다. 여러분은 이러한 측면에서 롤 모델이 될 필요가 있다. 연설과 커뮤니케이션을 통해 여러분의 비전을 시험하라. 피드백을 구하고, 아이디어를 크라우드소싱하고, 이 과정을 반복하라. 다른 고위 경영진도 이러한 과정을 거치도록 하고, 서로 기록한 바를 비교하라.

고위 경영진의 연계는 새롭거나 디지털 트랜스포메이션에만 국한되는 것은 아니다. 그런데 디지털만의 차별화된 특징이 하나 있다. 디지털 트랜스포메이션은 기존 조직의 경계에 구애받지 않는다. 디지털 트랜스포메이션을 이루기 위해서는 혁신과 변화를 추진하기 위해 여러 부문에 걸쳐 활동하는 팀의 집합적인 능력과 노력이 필요하다. 알리안츠 그룹의 조 그로스는 이렇게 말한다. "우리는 디지털 트랜스포메이션을 추진하면서 IT나 운영뿐만 아니라 마케팅, 영업, 지역 부문 등을 포함시켰습니다. 이 정도 규모의 변화를 이끌어내기 위해서는 모든 사람의 적극적인 참여가 필요했기 때문입니다."[16]

팀 빌딩team-building을 촉진하거나, 개인 및 집단 코칭을 실시하거나, 360도 피드백을 받는 등 고위 경영진을 연계하는 데 유용한 경영 테크닉이 많다. 또한 인센티브를 제공하는 것도 유용하다. 고위 경영진 각자에게 트랜스포메이션 목표와 관련된 디지털 핵심 성과 지표를 부여하는 기업들의 사례도 있다. 어떤 테크닉을 활용하건 간에, 훌륭한 대화는 연계를 이루는 데 중요하다. 정기 임원 회의의 일부를 할애하여 디지털 트랜스포메이션에 관한 활발한 논의를 진행하는 것도 좋은 방법이다. 또한 트랜스포메이션의 진척을 위해 회사 외부에서의 전략 회의를 정기적으로 개최할 필요가 있다.

여러분은 자신의 팀이 진정한 연계를 이루고 있다는 사실을 어떻게 알 수 있는가? 모든 고위 경영진이 트랜스포메이션의 시급한 필요성을 느끼고 있으며(도전과제의 인식), 전략적 자산과 디지털 마스터리의 수준을 이해하고 있으며(시작점), 디지털 미래가 어떤 모습일지를 언어와 구체적인 목표를 통해서 명확하게 말할 수 있는지(공유 비전) 생각해보는 것도 좋은 리트머스 시험지가 될 수 있다. 이 세 가지 조건이 모두 충족된다면, 이제는 실행에 나설 때다.

그렇다면 디지털 트랜스포메이션은 어떤 점에서 새로운가? 기존의 비즈니스 관련 도전과제에 기술이라는 차원이 더해진 것이다. 여러분은 고위 경영진이 디지털 기술로 인한 새로운 위협과 기회를 명확하게 표현할 수 있도록 만들어야 한다. 디지털적인 관점에서 기존의 자산을 재검토해보는 과정에서 새로운 가능성이 탄생한다. 여전히 유용한 자산도 있을 것이고, 그렇지 않은 자산도 있을 것이다. 데이터, 통찰 등 새로운 자산들은 디지털 세상에서 새로운 가치의 원천이 될 것이다. 기존의 트랜스포메이션에는 기능적인 접근방식이 통할지 몰라도, 디지털 트랜스포메이션은 조직의 경계에 구애받지 않는다. 고위 경영진이 한 팀으로 잘 연계되어 있어야 하며, 사일로들에 걸쳐서 변화를 추진할 수 있는 권위를 지녀야 한다.

✚ 여러분의 조직은 디지털 도전과제의 틀을 얼마나 잘 구성했는가?

250쪽의 [표 9.1]은 디지털 도전과제의 틀을 어떻게 구성하는지를 세 가지 핵심 단계를 통해 요약적으로 보여준다. 각 단계마다 핵심 질문을 살펴보고, 여러분 기업의 진전 상황을 솔직하게 평가해보라(1 = 전혀 그렇지 않음 / 4 = 보통 / 7 = 매우 그러함). 각 단계마다 개별 문항에 대한 점수를 합산해보라.

각 단계마다 디지털 마스터가 되기 위한 목표 점수를 제시해두었다. 또한 여러분이 현재의 상황을 개선하기 위해 당장 행동에 착수해야 할 기준치를 제시했다. 만약 여러분의 점수가 디지털 마스터의 범위에 든다면, 여러분은 계속 나아갈 준비가 되어 있는 것이다. 중간 단계라면 그 이유를 고민해보라. 틀 구성 단계에서 몇 가지 부분을 개선할 필요가 있을 것이다. 하위 단계에 해당한다면 이제는 개선 조치를 취할 때다. 만약 점수가 지나치게 낮다면, 고위 경영진과 더불어 전면적인 틀 구성을 실시하기를 바란다.

[표 9.1] 여러분의 조직은 디지털 도전과제의 틀을 얼마나 잘 구성했는가?

각 문항에 1~7점의 범위로 답변하고, 자신의 점수에 해당하는 권고 지침을 참고하라
(1 = 전혀 그렇지 않음 / 4 = 보통 / 7 = 매우 그러함).

디지털 도전과제를 인식하고 있는가?	점수
고위 경영진은 디지털 트랜스포메이션의 전략적 중요성과 관련하여 잘 연계되어 있다.	
고위 경영진은 해당 업계에서 일어나고 있는 디지털 트랜스포메이션의 속도에 대해 동의한다.	
디지털 트랜스포메이션은 경영진의 전략적 안건에 항상 포함되어 있다.	
총점	

채점: **15점 초과**: 디지털 트랜스포메이션과 관련된 도전과제를 잘 이해하고 있다. / **9-15점**: 부족한 부분을 따로 파악하고, 팀과의 협력을 통해 개선 조치를 취하라. / **9점 미만**: 구체적인 팀 인식 제고 및 디지털 발견 프로그램의 실시를 고려할 필요가 있다.

자신의 시작점을 이해하고 있는가?	점수
디지털 트랜스포메이션에서 가장 중요한 전략적 자산들이 무엇인지를 알고 있다.	
우리 회사의 디지털 역량이 경쟁기업에 비해 어떤 수준인지를 이해하고 있다.	
트랜스포메이션에서 가장 중요한 초기 단계들이 무엇인지 명확하게 파악하고 있다.	
총점	

채점: **16점 초과**: 자신의 시작점과 트랜스포메이션의 궤도를 잘 파악하고 있다. / **7-16점**: 실행 가능한 트랜스포메이션을 중심으로 연계를 구축하라. / **7점 미만**: 디지털 성숙도 평가를 실시하고 우수 사례들을 검토하라.

고위 경영진이 공유 디지털 비전을 중심으로 연계되어 있는가?	점수
고위 경영진은 회사의 디지털 미래에 대한 비전에 관해 연계되어 있다.	
고위 경영진은 회사 내부의 조직 부서를 넘나드는 디지털 트랜스포메이션 비전을 가지고 있다.	
고위 경영진은 기존의 사업 방식과 비교할 때 급진적인 변화를 수반하는 디지털 트랜스포메이션 비전을 지니고 있다.	
총점	

채점: **16점 초과**: 자신의 팀이 잘 연계되어 있다고 믿고 있다. / **7-16점**: 우려사항의 근본적인 원인을 따로 검토하고, 팀과의 협력을 통해 개선 조치를 취하라. / **7점 미만**: 고위 경영진 연계를 위한 체계적인 이니셔티브를 실시하라.

CHAPTER 10

투자를 집중하기

패셔니스타가 되는 것은 쉽다. 비즈니스를 디지털화하기 위해 시간과 노력과 자금을 투자할 기회는 어디에나 넘쳐난다. 이 모든 것에 투자하기란 너무나도 쉬운 일이다. 디지털 기술은 마치 사이렌의 노래처럼 강렬하게 다가오기 때문에, 많은 기업들이 유혹에 빠져 헤맬 수 있다. 하지만 디지털 마스터는 자신이 나아가야 할 방향을 잘 알고, 그 길에서 벗어나지 않는다. 자신의 비전을 추진하는 데 도움이 되고, 기존의 스킬과 자산을 쌓아나갈 수 있는 이니셔티브들에 집중한다. 이러한 이니셔티브들은 새로운 디지털 플랫폼과 인프라를 지원하며, 디지털 마스터는 여기에 투자하고 수익을 얻을 수 있다. 디지털 마스터는 중요한 것들에 집중하며, 중요하지 않은 것들에는 개의치 않는다.

투자를 집중하는 과정을 통해 디지털 트랜스포메이션에서 여러분의 능력이 진짜 시험대에 오르게 된다. 여러분은 이니셔티브의 자금을 지원하기 위해서 실제로 투자해야 하고, 일을 추진하기 위해 사람들을 참여시켜야 하며, 모든 사람이 같은 방향으로 나아가도록 만들어야 한다. 비전을 현실로 만들기 위해 고군분투하는 기업들이 많다. 디지털 마스터가 아닌 기업들 중에서 응답자의 78%가 고위 경영진이 디지털

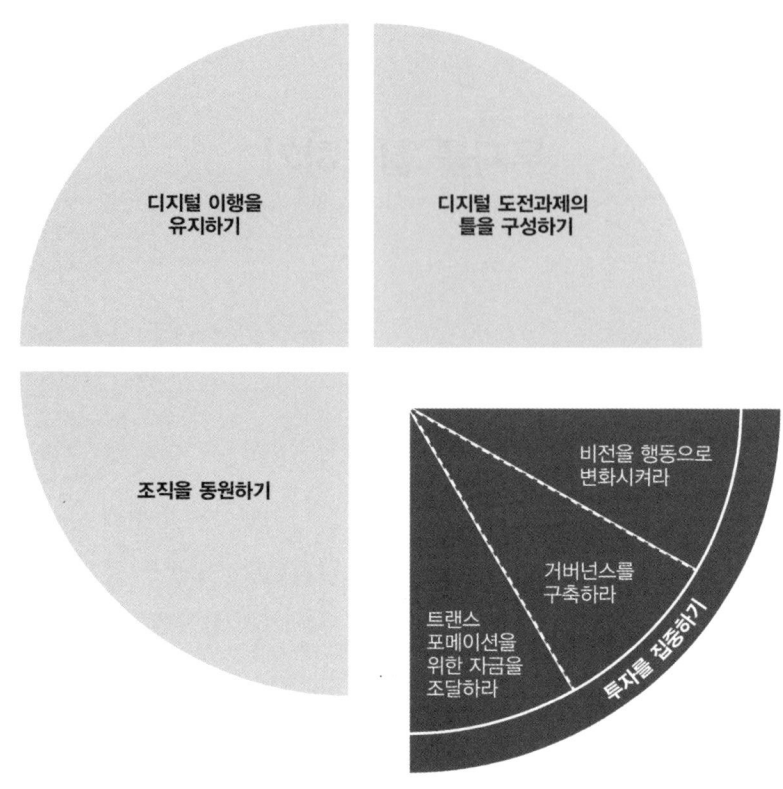

[그림 10.1] 디지털 트랜스포메이션 나침반: 투자를 집중하기

트랜스포메이션의 중요성에 동의한다고 답했다. 하지만 디지털 트랜스포메이션의 실행과 관련하여 리더들이 연계되어 있다고 응답한 비율은 40%에 불과했다.[1] 그렇다면 어떤 것들이 필요할까? 디지털 트랜스포메이션을 위한 초기 투자를 집중할 때, 다음 세 가지 부문을 주의 깊게 관리할 필요가 있다.

- **비전을 행동으로 바꾸어내기**: 여러분은 자신의 디지털 비전을 전략적 목표로 변화시켰는가? 디지털 트랜스포메이션의 우선과제들을 초기 활

동 로드맵으로 바꾸어놓았는가?
- **거버넌스를 구축하기**: 여러분은 트랜스포메이션을 올바른 방향으로 이끌어가기 위한 거버넌스 메커니즘을 설계했는가?
- **트랜스포메이션의 자금을 조달하기**: 여러분은 디지털 관련 투자를 위한 균형 있는 포트폴리오를 설계했는가? 트랜스포메이션을 위한 자금 조달 메커니즘을 생각해냈는가?

✚ 여러분은 비전을 행동으로 바꾸어놓았는가?

비전을 명확한 목표와 이니셔티브로 바꾸어내는 것은 디지털 트랜스포메이션을 실행하는 데 핵심적인 시작점이 된다. 여러분과 여러분의 팀은 디지털 트랜스포메이션이 이루어진 기업의 모습에 대한 비전을 수립했을 것이다. 기업이 무엇을 지지할지, 어떻게 운영될지, 그리고 이러한 목표를 달성하기 위해서는 어떻게 해야 할지 등이 여기에 포함된다. 이러한 비전은 고객 경험을 어떻게 향상할지, 운영 성과를 어떻게 제고할지, 비즈니스 모델을 어떻게 변화시킬지 등 디지털 트랜스포메이션 여정의 핵심 이정표들을 강조해야 한다. 디지털 역량에 대한 영리한 투자, 즉 디지털 트랜스포메이션의 **무엇**에 해당하는 부분에 관해서는 이 책의 제1부에서 이미 다룬 바 있다. 그런데 어떻게 하면 비전을 행동으로 바꾸어내야 할까?

디지털 마스터는 일단 자신의 비전이 달성되었을 때 어떤 모습일지를 보여주는 전략적 목표로 바꾸어놓는다. 그 다음에는 비전을 향해 조직이 나아갈 수 있도록 길잡이 역할을 하는 이니셔티브 로드맵을 수립한다.

'훌륭함'이 어떤 모습인지를 정의하라

디지털 비전을 탐다운 방식의 전략적 목표로 바꾸어놓아라. 이 목표는 비전이 달성되었을 때 어떤 모습일지를 보여준다. 최상위 단계의 목표들만을 명확하게 표현하라. 구체적인 핵심 성과 지표들은 일단 구체적인 프로그램을 마련한 후에 생각하라. 예를 들면 이렇게 말이다. "2016년까지 고객 접촉의 2/3가 디지털 채널을 통해서 이루어질 것입니다.", "디지털 판매는 4년간 총 매출의 60%를 차지하게 될 것입니다.", "2년 안에 클레임들은 수동 개입 없이 자동처리될 것입니다."

여러분이 달성하고자 하는 것들이 목표들에 균형 있게 반영되도록 만들어라. 재무뿐만 아니라 고객 경험과 운영 및 여러분이 확보해야 할 조직 역량에 관한 부분이 목표에 포함되어야 한다. 이렇게 전략적인 평가표는 디지털 트랜스포메이션을 위한 전반적인 노력에 대한 기본 틀을 제공할 것이다.

균형성과표 방식 등 여러분이 평가표를 구성하고 관리하는 데 도움이 되는 도구와 방안이 몇 가지 존재한다.[2] 프로세스의 자동화를 지원하는 비즈니스 관리 소프트웨어도 많다. 하지만 일단 여러분의 비전이 현실화되었을 때 '훌륭함'이 어떤 의미인지를 진정으로 반영하는 평가표를 설계하고 관리하는 데 고위 경영진과 충분한 시간을 할애하는 것이 중요하다.

물론 여러분은 이러한 과정을 반복해야 하며, 때로는 진로를 수정해야 할지도 모른다. 그러나 전통적인 나침반과 마찬가지로 이 평가표는 여러분이 디지털 트랜스포메이션 여정을 밟아나가는 데 있어서 참고가 될 것이다.

디지털 여정을 위한 로드맵을 수립하라

완벽한 상황에서라면, 여러분의 디지털 트랜스포메이션은 타의 추종을 불허하는 고객 경험을 제공하고, 업계에서 가장 효율적인 운영을 자랑하고, 혁신적인 새로운 비즈니스 모델을 만들어낼 것이다. 디지털 기술이 여러분의 비즈니스를 향상시킬 수 있는 기회들은 무수히 많지만, 그 어떤 기업도 이 모든 기회를 단번에 잡을 수는 없다. 현실적으로는 자원 및 주의 집중 시간의 한계, 변화 여력의 한계 등으로 말미암아 몇 가지 선택지에 집중할 수밖에 없을 것이다. 이것이 로드맵의 목표가 되어야 한다.

진입점을 파악하라

많은 기업들은 조직 전반에 걸친 변화를 이루어내기에 앞서, 조금씩 변화를 이끌어내기 시작하는 진입점을 찾아내야 한다는 사실을 깨닫게 되었다. 그러기 위해서는 어떻게 해야 할까? 제9장에서 살펴본 것처럼, 기업의 기존 자산과 역량을 최대한 활용하는 로드맵을 수립하는 데서부터 시작한다. 예를 들어 버버리는 전 세계적으로 인정받는 브랜드를 지니고 있었고, 세계 곳곳에 플래그십 리테일 지점을 보유하고 있었다. 버버리는 매장과 온라인에서 브랜드 및 고객 경험에 다시 활기를 불어넣는 것에서부터 시작했다. 코델코를 비롯한 다른 기업들은 비즈니스의 핵심 운영 프로세스에서부터 시작했다. 시저스 엔터테인먼트는 강력한 애널리틱스 역량을 고객 서비스 문화에 결합했고, 상당히 개인화된 고객 경험을 제공했다. 여러분의 디지털 트랜스포메이션을 시작하는 데 있어서 올바른 방법이 단 하나뿐인 것은 아니다. 여러분의 기업이 출발선을 나설 수 있도록 해주는 기존 역량을 파악하는 것이 중요하다.

일단 초기의 집중 목표가 분명해지면 트랜스포메이션 로드맵의 설계에 착수할 수 있다. 비전과의 격차를 줄이기 위해서는 어떤 투자와 활동이 필요한가? 예상 가능한 것들은 무엇이고, 예상할 수 없는 것들은 무엇인가? 각 이니셔티브의 타이밍과 일정은 어떠한가? 이들의 의존 관계는 어떠한가? 애널리틱스 스킬 등 어떠한 조직적 자원이 필요한가?

설계 초기부터 실제 사용자들을 참여시켜라
로드맵을 설계하려면 다양한 이해 당사자들의 참여가 필요하다. 고위 경영진에게만 논의를 국한하지 말고, 현장의 관점을 반영할 수 있도록 운영 전문가들을 참여시켜라. 그러면 비전과 실행 사이의 격차를 줄일 수 있다.[3] 앞서 제6장에서 다룬 페르노리카의 사례처럼, 설계를 크라우드소싱할 수도 있다. 아니면 우선과제들과 정보를 효과적으로 파악하고 간추리기 위해서 '디지털 데이즈digital days' 등 워크샵을 활용할 수도 있다. 이 두 가지를 모두 실시하는 디지털 마스터들도 있다.

　로드맵을 설계하는 데는 틀림없이 시간과 노력, 수차례에 걸친 반복이 필요하겠지만 그럴 만한 가치가 있는 일이다. 우선과제에 대한 합의를 이끌어내고, 고위 경영진과 프로그램을 실행하는 임무를 맡은 사람들을 연계하는 데 도움이 된다. 여러분의 로드맵은 단지 문서에 그치지 않고, 제대로 실행된다면 트랜스포메이션이 펼쳐지는 캔버스가 될 수 있다. 로드맵은 살아 있는 문서이기 때문에, 실행이 진전됨에 따라 점차 진화할 것이다.

기술이 아니라 비즈니스 성과를 염두에 두고 설계하라
기술 그 자체를 위한 기술이라는 것은 사람들이 흔히 빠지게 되는 덫이다. 일련의 기술 프로젝트로 로드맵을 수립하지 마라. 기술은 디지털 트랜스포메이션의 일부에 불과하며, 가장 수월한 부분인 경우가 많다. 예를 들어 엔터프라이즈 2.0 플랫폼과 관련된 주요 장애물은 기술 관련 문제가 아니라는 점을 앞서 제6장에서 살펴본 바 있다. 플랫폼을 배포하는 것은 비교적 간단하며, 요즘 나오는 솔루션들은 성숙도가 높다. 정말 어려운 과제는 사용자 행동을 바꾸는 것이다. 플랫폼을 사용하도록 독려하고, 플랫폼을 통해 가능해진 활동들에 지속적으로 참여하도록 만들어야 한다.

예를 들어 "고객에 대한 전면적인 이해를 구축하라" 등 비즈니스 성과의 측면에서 트랜스포메이션 로드맵을 표현하라. 고객 경험, 운영 프로세스, 직원의 업무처리 방식, 조직, 문화, 커뮤니케이션 등 트랜스포메이션에 필요한 다양한 조직적 변화를 로드맵에 포함시켜라. 다양한 이해 당사자들의 기여가 중요한 이유가 바로 여기에 있다.

마라톤이 아니라 단거리 경주로 생각하라

디지털 세상은 급속도로 변화한다. 오늘날에는 기술 혁신이 빠른 속도로 이루어지기 때문에, 예전 ERP 시대에서처럼 수년에 걸친 계획을 세우거나 순차적인 폭포수^{waterfall} 개발 방식을 적용하기에 적절하지 않다. 시장은 변화하고, 새로운 기술이 주류로 부상하며, 파괴적인 영향력을 지닌 신규 진입자들이 여러분의 고객들을 유혹하기 시작한다. 이러한 변화를 파악하고, 변화에 적응하고, 궤도를 수정할 수 있도록 로드맵이 민첩해야 한다.

민첩한 트랜스포메이션을 설계하기 위해서는 선도적인 소프트웨어 기업들의 접근방식을 차용할 필요가 있다.[4] 최종 목표를 향해 계속 나아가도록 하되, 몇 차례에 걸친 단기적인 노력으로 이니셔티브의 속도를 유지하라. 프로토타입 솔루션을 수립하고, 새로운 기술이나 접근방식을 실험해보라. 결과를 평가하고, 진화하는 로드맵에 결과를 반영하라. 스타벅스의 CDO인 애덤 브로트먼은 이러한 반복 프로세스에 관해 이렇게 말했다. "우리는 모든 해답을 지니고 있지는 않았지만, 우리가 할 수 있는 다른 일들에 대해 생각하기 시작했어요. 너무 멀리, 너무 빨리 가는 대신에 비전을 명심하고 작은 성공을 꾸준히 쌓아나가는 방식이 효과적이었어요."[5]

이러한 검증 및 학습 전략은 새로운 업무 방식을 필요로 하지만, 뚜렷한 이점도 있다. 본격적으로 추진하기에 앞서 신속하게 아이디어에 대한 시장성 테스트를 실시함으로써 시간과 비용을 절약할 수 있다. 또한 사이클 타임$^{cycle\ time}$이 짧기 때문에 외부의 변화에 더욱 잘 적응할 수 있다. 마지막으로, 장기 프로그램을 통한 빅뱅 방식 대신에 작고 점진적인 성공들을 통해 트랜스포메이션의 추진력을 유지할 수 있도록 해준다. 그러나 제8장에서 살펴본 것처럼 기술 플랫폼 등 어떤 부분들은 규모가 상당히 크기 때문에, 필요 요건을 이해하고 역량을 전달하기 위해 보다 전통적인 접근방식이 필요한 경우도 있다.

비용과 편익을 산출하라

여러분에게는 로드맵의 운영상 변화에서 가시적인 비즈니스 혜택에 이르기까지 명확한 연결고리를 구축하는, 이니셔티브 기반의 비즈니스 사례가 필요하다. 조직적 변화가 전략적 목표에 어떻게 기여할 수 있는지를 입증하기 위해 프론트 라인 직원들의 참여를 이끌어내야 한다.

디지털 이니셔티브를 위한 비즈니스 사례의 기본 구성요소는 다른 비즈니스 사례의 경우와 동일하다. 여러분의 팀은 비용과 편익을 산출하고, 수익 회수 타이밍을 파악해야 한다. 하지만 디지털 트랜스포메이션은 여전히 미지의 영역이다. 비용 부분은 비교적 수월할지 몰라도, 직관적으로 생각하면 분명해 보인다 하더라도 편익을 양으로 환산하는 것은 어렵다.

디지털 이니셔티브를 위한 경영 사례를 구축하는 것은 예술인 동시에 과학이다. 알려지지 않은 것들이 너무나도 많기 때문에, 여러분이 알고 있는 것과 모르는 것을 고려하여 실용적으로 접근할 필요가 있다.

여러분이 알고 있는 것에서부터 시작하라. 비용 편익 분석cost-benefit analysis에 필요한 정보를 가장 많이 보유하고 있는 것에서부터 시작하라. 디지털 마스터들에게서 배운 교훈들이 유용하게 쓰일 것이다.

경영 사례를 구축할 때 기술에 대한 투자에만 집중하지 마라. 비용의 상당 부분을 잃어버리게 될 것이다. 기술의 배포뿐 아니라 디지털 스킬 쌓기, 조직적 변화, 커뮤니케이션, 훈련 등의 비용을 산출하라. 이러한 것들 없이는 모든 편익을 실현시킬 수 없을 것이다.

여러분이 얻고자 하는 사업 성과와 관련하여 편익의 틀을 구성하라. 이러한 사업 성과는 목표의 달성일 수도 있고, 문제의 해결일 수도 있다. 즉 고객 가치를 제고하고, 매출을 신장하고, 비용 포지션을 개선하는 성과들을 가리킨다. 그런 다음에는 실질적인 사업 성과를 정의하고, '훌륭함'이 어떤 모습인지 나타낼 수 있는 수단과 기준을 다시 들여다보라. 예를 들어 디지털 고객 참여를 향상하기 위해 투자를 실시한다면 참여에서 판매로의 전환engagement-to-sales conversion이 성과가 될 것이다. 그리고 나서 방문, 좋아요, 조회, 순위, 재주문 등 성과를 촉진하는 주요 기준을 다시 검토하라.

어떤 이니셔티브가 비즈니스에 미치는 영향이 분명하지 않다면, 이미 유사한 투자를 실시한 기업들의 사례를 참고하라. 여러분의 기술 벤더는 디지털 투자를 위한 풍부한 경영 사례를 제공할 수도 있다.

그런데 이제 막 부상하기 시작한 기술이든 최첨단 방안에 대한 투자든 간에, 어떤 디지털 투자 사례는 정당화하기가 어려울 수도 있다. 예를 들어 브랜드의 소셜 커뮤니티를 게임화^{gamify}하는 것의 가치는 어떻게 될까? 이러한 종류의 투자 기회에 대해서는, 제8장에서 다룬 것과 같이 검증 및 학습 접근방식을 시도해보라.

성공의 기준을 분명하게 언급하고, 소규모로 시범 실시^{pilot}를 시도하고, 결과를 평가하고, 접근방안을 가다듬어라. 통제 집단이 있는 가설 중심의 실험 또는 A/B 테스트(A안과 B안을 제시하고 참여자들이 어떤 것에 더 나은 반응을 보이는지를 확인하는 기법 - 역주) 등 유용한 도구와 방안이 존재한다.[6] 일단 소규모 실험을 실시해서 얻은 성공과 실패는 더욱 큰 규모의 투자를 뒷받침하는 이유가 될 수 있다. 어떤 방안을 택하건 간에, 분석적인 접근방식을 활용해보라. 이로써 예상 수익의 질이 좌우된다.

비전을 전략적 목표로 변화시키고 실행 가능한 로드맵을 수립하는 것은 투자를 집중하는 데 있어서 첫 걸음이 되며, 조직에 활기를 불어넣어 행동에 착수하도록 만들어준다. 하지만 여러분이 비전을 개발할 때는 건축가 역할을 해야 하지만, 로드맵을 개발할 때는 배관공 역할을 해야 한다. 손에 흙을 묻히고 적극적으로 나설 각오를 하라.

✚ 여러분은 적절한 거버넌스 모델을 선택했는가?

전략적 목표와 실행 로드맵을 정의하면 모두가 디지털 우선과제에 집중하도록 만드는 데 도움이 된다. 고객 경험이나 운영에 긍정적인 영향을 미칠 수 있기 때문에 여러분이 선택한 우선과제들 말이다. 로드맵은 디지털 트랜스포메이션의 무엇에는 도움이 되지만 어떻게, 즉 제2부에서 살펴본 것처럼 트랜스포메이션을 추진하는 방법에는 도움이 되지 않는다. 비전 수립의 필요성 및 방안에 관해서는 이 책의 앞부분에서 구체적으로 살펴본 바 있다. 이후에는 어떻게 하면 조직을 효과적으로 동원할 수 있는지, IT와 비즈니스가 서로 발맞추어 일해야 할 필요성에 관해 살펴보겠다. 하지만 지금 단계에서는 모든 사람이 같은 방향으로 나아갈 수 있도록 하는 방안을 찾아내야 한다. 바로 여기에서 거버넌스가 유용하게 쓰인다.

적절한 거버넌스를 수립하라

디지털 트랜스포메이션과 관련된 주요 도전과제 중 하나는 트랜스포메이션의 유일한 주인^{owner}이 명확하지 않다는 점이다. 마케팅 또는 IT일까, 아니면 운영이나 가장 규모가 큰 사업 부서일까? 다양한 기능과 사업 부서를 보유하고 여러 지역에서 활동하는 복합적인 기업이라면, '누가 트랜스포메이션을 주도하는가?'라는 질문에 답변하기가 어려울 수 있다. 하지만 그렇다고 해서 이 질문에 답변하지 않는 것은 실패로 가는 지름길이다.

　디지털 트랜스포메이션에는 폭넓은, 교차 기능적인 이해 당사자들이 참여한다. 이러한 사람들이 동기 부여가 되거나 지출 가능한 대규모 자금을 얻게 되면 저마다 자신이 최선이라고 생각하는 방향으로 움직이기 시작할 것이다. 그런데 그 방향이 기업 전체적으로 볼 때 가장 좋은 방향은 아닐 수도 있다.

　여러분은 이 모든 사람들의 노력이 같은 방향으로 향하도록 만들 필요가 있다. 그러기 위해서는 거버넌스가 필요하다. 거버넌스는 디지털 마스터가 누리는 수익성 이점과 관련하여 중요한 원동력이 된다. 그런데 또 다른 사실을 알게 되었다. 모든 기업에 적합한 단 하나의 거버넌스 모델은 존재하지 않는다는 것이다. 수년간의 연구에도 불구하고 모든 기업에 걸쳐 가장 훌륭한 IT 거버넌스 모델을 찾아내지 못한 점을 생각하면 그리 놀라운 일은 아니다. 디지털 거버넌스는 IT 거버넌스보다도 더욱 복잡하다.

제7장에서 다룬 것과 같이, 어떤 기업이든 간에 디지털 거버넌스는 조율과 공유라는 분명한 두 가지 목표에 초점을 맞춘다. 여러분에게 도움이 될 만한 일반적인 메커니즘이 몇 가지 존재한다. 디지털 거버넌스 모델을 수립할 때, 여러분은 무엇을 조율하고 공유할 것인가를 결정해야 한다. 그런 다음 여러분의 기업에 어떻게 적용해서 성공을 끌어낼지를 파악해야 한다. 마지막으로 시간이 흐르면서 거버넌스를 언제 조정해야 할지를 알아낼 방법이 필요하다.

무엇을 조율하고 공유해야 할지를 결정하라

독려하고 싶은 행동과 단념하게 만들고 싶은 행동을 파악하는 것에서부터 시작하라. 기업 전반에 걸쳐 여러분이 조율하고 싶은 것은 무엇인가? 공유하고 싶은 것은 무엇인가? 로드맵에 있는 모든 투자와 자원, 활동을 고려하라.

먼저 스스로에게 물어보아라. "여러 그룹에 걸쳐 어떤 자원들을 공유하거나 조율할 수 있을까?" 디지털 기술 플랫폼, 인재, 데이터 및 다른 디지털 자산 등 자원을 공유하면 규모의 경제를 실현할 수 있다. 하지만 자원을 공유할 때는 그 자원을 공유하는 그룹들의 니즈가 충족되도록 추가적인 노력을 기울여야만 한다. 아니면 각 사업 부서에 자원을 두되 활동을 조율하는 방안을 택할 수도 있다. 최소한 단기적으로는 조율 없이도 완벽하게 작동할지도 모른다.

스스로에게 물어봐야 할 두 번째 질문은 다음과 같다. "기업 전체에 걸쳐 어떤 이니셔티브들을 공유하거나 조율해야 하는가?" 기업의 모든 제품에 대해 단일한 소셜 미디어 전략을 추진해야 할까, 아니면 각각의 브랜드마다 소셜 미디어 전략을 직접 설계하도록 해야 할까? 만약 브랜드마다 전략을 수립한다면 브랜드들은 기술이나 벤더를 조율할 필요가 있을까? 동일한 기준으로 작업해야 할까? 서로 협력할 수 있는 인터페이스를 개발해야 할까?

연구에 따르면 표준화된 플랫폼을 중앙집중 방식으로 통제하면 효율성과 민첩성을 동시에 얻을 수 있다.[7] 반대로, 지나치게 자율성을 부여하면 복잡하게 얽혀버리는 스파게티 현상이 발생할 수 있다. 그러면 효율성이 떨어지고 리스크가 발생하며 민첩성이 줄어든다.[8]

표준화된 시스템과 프로세스는 모든 부서에 규모의 경제를 제공할 수 있다. 그러면서도 각 부서가 이를 바탕으로 확장할 수 있도록 하면 된다. 예를 들어 시저스의 온라인 플랫폼은 표준화되어 있기 때문에, 기업이 플랫폼을 효율적으로 관리할 수 있고 모든 부서에 영향을 미치는 변화를 쉽게 만들어낼 수 있다. 하지만 각 호텔의 직원들은 웹사이트의 스타일, 정보, 마케팅 캠페인 등을 맞춤형으로 만들 수 있고, 해당 지역의 니즈를 충족시킬 수 있도록 플랫폼을 확장할 수 있다.[9]

아울러 공유와 조율을 택한다 하더라도 혁신을 저해하지 않도록 유의하라. 규모의 경제를 구축하고 불필요한 복잡함을 제거하면서도 사업 부서들이 새로운 업무 방식을 찾아낼 수 있도록 어느 정도의 재량권을 주어야 한다. 실험이나 혁신적인 활동을 할 수 있도록 프로세스에 어느 정도 예외를 허용할 필요가 있다.

마지막으로 공유와 조율을 의무화할지 선택할 수 있도록 할지, 기업의 어떤 레벨에서 그렇게 할지를 고려하라. P&G는 사업 부서의 기업가적인 자율성에 자부심을 갖고 있지만 재무와 인사 등 프로세스에 대해서는 엄격한 조율과 공유를 의무화한다. 한편 사업 부서장들은 자신의 부서에 도움이 된다고 판단한다면 혁신, 브랜드 관리 등 다른 서비스를 선택할 수 있다.[10]

목표를 달성하는 데 필요한 메커니즘을 선택하라

기업이 일을 하는 과정에서 어느 정도의 조율과 공유는 자연스럽게 일어나겠지만, 다 그런 것은 아니다. 조직의 계획이 원치 않는 행동으로 이어질 수도 있다. 어떤 부서들은 기업의 니즈가 아니라 자기 부서의 니즈에 맞게 최적화할 것이며, 다른 부서들은 혁신할 방법에 관해 고민하지 않고 표준 업무 방식을 따를 것이다. 또 어떤 부서들은 표준화하고자 하는 욕망이 지나치게 강한 나머지 혁신을 차단할 것이다.

누군가에게 거버넌스를 담당하도록 임무를 부여하지 않는다면, 일이 진행되지 않을 것이다. 스타벅스의 애덤 브로트먼은 이렇게 말한다. "CDO 직위가 생겨나기 전에 내 담당 업무는 웹, 모바일, 소셜 미디어였습니다. 글로벌 디지털 마케팅, 스타벅스 카드 및 모바일 결제, 로열티 프로그램 등은 포함되지 않았어요. 이 세 가지 분야는 조직 내에서 각기 다른 그룹이 따로 따로 담당하고 있었거든요. 우리는 이 모든 것이 하나로 연결되며, 함께 일을 추진하는 것이 가장 훌륭한 방안이라는 점을 깨달았습니다. 디지털을 통해 어떤 방향으로 나아가고 싶은지를 보여주는 비전이라면, 이 모든 것을 아울러야 한다는 것을요."[11]

제7장에서는 거버넌스를 위한 몇 가지 메커니즘을 구체적으로 살펴보았다. 디지털 거버넌스 모델을 설계하려면 여러분의 조직에 적합한 행동을 독려할 수 있는 메커니즘을 선택하라.

거버넌스 위원회

이러한 조직을 설치하는 것은 가장 간단한 실행 방안이다. 하지만 그 누구의 '본업$^{day\ job}$'도 아니기 때문에, 위원회를 통해 이룰 수 있는 것들에는 한계가 있다. 위원회는 유용한 시작점 역할을 담당할 수 있지만, 대개는 다른 메커니즘으로 진화할 필요가 있다.

디지털 리더십 역할

책임자가 없다면 커다란 변화를 위한 노력이 일어날 수 없다. CDO 또는 이에 상응하는 역할을 부여함으로써 디지털 트랜스포메이션을 누군가의 본업으로 만드는 기업들이 많다. 그저 가벼운 수준의 조율을 원하는 것이 아니라면 디지털 리더 역할에 고위급 임원을 임명함으로써 힘을 실어주어야 한다. 이 임원이 누구에게 보고하는지 어떤 권한을 지니는지가 매우 중요하다. 또한 이 임원의 비공식적인 접촉 네트워크가 상당히 도움이 될 수도 있다. 조직 전반에 걸쳐 변화를 이끌어 나가기 위해서 공식적인 연락 역할을 어떻게 활용할지를 고민하라.

공유 디지털 부서

공유 디지털 부서는 디지털 시대를 위한 공유 서비스 부서라 할 수 있다. IT, 마케팅 및 다른 그룹들이 추진하는 디지털 활동 간의 격차를 줄이기 위해 노력하는 대신, 공유 디지털 부서는 단일한 그룹으로 활동을 통합할 수 있도록 해준다. 보통 이런 부서는 독립형$^{stand-alone}$이며, 자체적으로 예산과 자원을 관리한다. 공유 부서는 트랜스포메이션을 강력하게 가속화하는 역할을 할 수 있다. 하지만 모든 메커니즘 중에서 가장 자원 집약적이다.

거버넌스 모델을 진화시키려는 계획

모든 조직에 적합한 유일한 거버넌스 모델이 없다면, 언제까지나 적합한 거버넌스 모델도 없다. 여러분의 디지털 역량이 향상되고 거버넌스 모델이 자리를 잡아가면서, 어느 정도 조정이 필요하다는 사실을 깨닫게 될 것이다.

여러분이 독려하고 싶은 조율 및 공유 관련 행동들에 관심을 기울여라. 이와 관련하여 거버넌스 모델이 얼마나 도움이 되는가? 사업 부서들이 공유 디지털 자원의 효과를 알아감에 따라, 지나치게 엄격한 시행 메커니즘을 다소 완화해줄 필요가 있다. 중앙집중화된 스킬과 이니셔티브를 핵심 사업 부서들에 넘겨줄 수도 있을 것이다. 반면에 디지털 부서의 역할을 확대해서 공유와 조율을 더욱 강화하거나, 새로운 디지털 제품을 출시하고 싶을 수도 있다.

또한 거버넌스 모델로 인한 부정적인 결과에도 관심을 기울여라. 규모가 작은 사업 부서들도 충분한 관심을 받고 있는가? 거버넌스 프로세스가 지나치게 관료주의적인 것은 아닌가? 표준에 맞추느라 유용할지도 모르는 혁신적인 아이디어들이 배척되고 있지는 않은가? 분권화된 접근방식 때문에 다른 사업 부서가 개발한 규준을 공유하는 것이 저해되고 있지는 않은가?

마지막으로 디지털 리더들에 대해 생각해보라. 문화 및 거버넌스 프로세스의 변화를 추진할 상근 CDO를 통해 운영위원회를 강화할 필요가 있는가? 만약 조직이 적절한 행동을 자연스럽게 받아들이기 시작했다면, 강력한 거버넌스를 실시하는 것에서 혁신을 추진하는 방향으로 CDO의 역할을 진화시킬 필요가 있는가? 강력한 전사 차원의 CDO가 여전히 필요한가? 아니면 부서 단위의 CDO가 조율과 시너지를 확보하기 위해 위원회나 공유 부서와 함께 일할 수 있을까?

완벽한 거버넌스 모델은 존재하지 않으며, 모든 모델은 가다듬을 필요가 있다. 시간이 흐르면서 여러분이 새로운 행동을 촉진하고 자원을 가장 효과적으로 활용하기 위해 노력함에 따라 거버넌스 모델도 진화해야 할 것이다.

✚ 트랜스포메이션을 위한 자금 조달 모델을 보유하고 있는가?

디지털 트랜스포메이션은 여러분의 기업을 위한 전략적인 기회일 수도 있고, 때로는 불타는 플랫폼에 대한 대처 방안이기도 있다. 어느 쪽이든 트랜스포메이션은 언제나 상당한 규모의 투자가 필요하다. 여러분과 여러분의 팀은 전략적 목표 및 로드맵을 위한 재무적 정당성을 정의했고, 이제는 장기적 역량 구축과 단기적 수익 간에 균형 있는 관점을 수립해야 한다. 또한 자금 조달원을 명확하게 할 필요가 있다. 마지막으로 트랜스포메이션에 쓰이는 기준이 조직 안팎으로 상식적이고 이해 가능해야 한다.

디지털 투자 포트폴리오를 관리하라

여러분은 비전의 목표와 장·단기적 보상 간의 균형을 이루는 투자 포트폴리오를 수립할 필요가 있다. IT 포트폴리오 관리에 관한 원칙들을 다루고 기술 투자를 분류하는 것에 관한 폭넓은 연구 문헌이 존재한다.[12] 디지털 투자의 네 가지 형태를 파악한 바 있다.

기반 투자
기반 투자는 트랜스포메이션의 전략적 성공을 위한 최소한의 기본 요건이다. 기반 투자 없이는 상당한 진전을 이루기가 어렵다. 디지털 고객 경험이나 운영을 개선하는 데 필요한 핵심 시스템, 플랫폼 또는 도구다. 이러한 투자는 지나치게 많은 비용을 필요로 하거나, 투자에 따른 혜택이 지나치게 분산되어 있다. 따라서 단일한 부서의 손익으로 처리하기가 어렵다.

예를 들어보자. 어느 글로벌 대기업이 다양한 사업부서 간에 콘텐츠의 흐름을 통합하기 위해서 글로벌 콘텐츠 관리 플랫폼에 투자했다. 그 어떤 사업부서도 자체적으로는 투자에 따른 혜택을 정당화할 수가 없었다. 각 사업 부문의 작은 이익이 한데 모여서 전사적 차원에서 혜택이 발생하기 때문이었다. 이 회사의 CEO는 이러한 투자가 트랜스포메이션에 핵심적이라는 것을 깨달았다. 각 부서에 대한 경영 사례를 별도로 구축하는 대신, 그는 새로운 플랫폼에 투자하겠다는 중대한 결단을 내렸다.

기반 투자는 구체적인 혜택 사례에 적합하지 않으며, 경영진의 결단을 필요로 한다. 따라서 중앙에서 자금이 조달되는 경우가 많다.

유지 투자

유지 투자는 디지털 역량을 향상하는 데 도움이 되지는 않지만, 사업을 계속 유지하거나 리스크를 최소화하는 데 필수적이다. 유지 투자는 규제 및 준법감시 요건 등 외부 요인의 영향을 받을 수 있다. 웹사이트 기능을 업그레이드하거나, 규제당국에 준법감시 관련 애널리틱스를 제공하거나, 보안 애플리케이션을 위한 자금을 지원하는 것이 여기에 해당한다.

수익률 ROI 위주의 투자

수익률 위주의 투자는 트랜스포메이션 로드맵과 긴밀하게 연계되어 있다. 대개 프로젝트를 기반으로 하며, 핵심 성과 지표의 향상 및 수익률 목표를 명확하게 겨냥한다. 이러한 투자는 조직의 일반적인 재무계획 사이클 안에서 관리되는 경우가 많으나, 때로는 별도의 디지털 펀드 또는 계좌를 활용하기도 한다.

초기 혁신 투자

초기 투자는 투기적 성향이 비교적 높으며 투자 수익 또한 변동이 크다. 예를 들어 인큐베이터, 디지털 랩, 연구 파트너십 및 특정 실험에 대한 자금을 지원한다. 여러분이 벤처 캐피털리스트가 된 것처럼 초기 혁신 투자를 관리하라. 가장 유망한 프로젝트를 선정하고, 탈락한 프로젝트는 일찌감치 없애버리고, 선정된 프로젝트의 상업적 가치를 극대화하라.

장기적 역량 구축과 단기적 투자수익률 간의 균형을 이루는 포트폴리오를 관리하라.

일단 여러분이 현재 각 카테고리에 할당하고 있는 비율을 검토하고, 디지털 이행을 가속화하기 위한 최적의 균형에 관해 논의하라. 예산 중립적이거나 budget-neutral 최소한 소비하는 만큼의 가치를 창출할 경우에는 디지털 트랜스포메이션에 투자하도록 설득하기가 보다 수월하다. IT의 산업화 덕분에 절감된 비용을 활용하여, 새로운 역량을 구축하거나 혁신적인 신제품을 개발하는 등 포트폴리오 내의 다른 디지털 이니셔티브를 위한 자금을 지원하는 방안을 고려하라. 다시 말하자면, 오래된 것을 짜내서 새로운 것을 위한 자금을 조달하라.

다양한 자금 조달 메커니즘을 활용하라

디지털 트랜스포메이션을 위한 자금 조달과 관련하여, 여러분의 기업에서도 사용 가능한 자금보다 수요가 더 많을 것이다. 자금 조달원을 다각화하는 방안을 고려해보라. 자금 조달 메커니즘은 무척 많지만, 대다수는 다음 세 가지 기본 모델에 해당한다(중앙/로컬/파트너 지원).

중앙 투자

중앙 기능이 제공되는 서비스를 관장하거나, 조직 간에 조율할 필요가 있을 때는 중앙 투자가 필요하다. 기반 디지털 투자가 이러한 경우에 해당한다. 또한 씨드머니나 인큐베이터 등 혁신을 지원하기 위해 중앙 투자를 활용하기도 한다.

로컬 투자

로드맵 안의 프로젝트가 특정한 사업 부문에 직접적인 혜택을 가져 올 경우에는 로컬 투자가 가장 적합하다. 여러분이 보유한 브랜드 중 하나를 위한 e-커머스 애플리케이션을 예로 들 수 있다. 가능하면 로컬 자금을 통해 실행한 프로젝트를 더욱 폭넓은 사업에 활용할 수 있다면 더욱 좋다. 전사적 차원에서 상당한 잠재력을 지닌 로컬 프로젝트라면 중앙에서 보조금을 지원할 수도 있다. 또는 다른 사람들이 애플리케이션을 이용하면 앱 스토어 형태의 모델을 통해서 해당 부서에 로열티 비용을 지급하도록 할 수도 있다.

파트너 지원 투자

파트너 지원 투자에는 다양한 방식이 존재한다. 초기 서비스 분량 및 기간에 대한 약속을 조건으로 파트너를 구해서 초기 투자를 지원받을 수도 있고, 파트너에게 성과 기반의 투자를 부탁할 수도 있다. 신규 투자를 위한 자금을 조달하기 위해 파트너에게 물리적 자산 또는 지적재산권^{IP}을 매각하거나 임대할 수 있다. 또는 파트너가 새로운 기술을 출시할 때 여러분이 마케팅을 위한 시범 역할을 맡음으로써 투자 비용을 상당히 줄일 수도 있다.[13]

전달 과정에서 트랜스포메이션의 목표들을 잃어버리지 마라

경영진은 전략과 비용, 매출에 대해 이야기하고, 프론트 라인의 직원들은 제품, 업무 흐름, 사용자 클릭에 대해 이야기한다. CFO 리서치 서비스^{CFO Research Services}가 실시한 설문 조사에 따르면, 기업의 전체 구성원들이 기술 투자를 평가하기 위한 기준을 이해한다고 답변한 재무 담당 임원들의 비율은 36%에 불과했다.[14] 성공에 관한 전략적인 측정 기준과 운영 관련 핵심 성과 지표 간의 전달 과정에서 무언가가 사라지는 것이 분명하다.

또한 전달은 양방향으로 이루어져야 한다. 고위 경영진은 운영 관련 향상이 어떻게 실질적인 사업 성과를 촉진하는지를 이해해야 한다. 하이테크 분야의 한 임원은 이렇게 말했다. "마케팅 담당자들이 클릭률^{click-through rate}, 웹페이지 광고 노출률^{cost-per-thousand impressions}, 감성 분석^{sentiment-analysis} 등의 용어를 사용하여 투자를 정당화할 때, 이사회 임원들은 도대체 그 사람들이 무슨 말을 하고 있는지를 전혀 이해할 수 없었습니다. 그러니 어떤 결과가 발생했을지는 불 보듯 뻔하지요."

현장에서 근무하는 직원들이 전략적 목표들을 상식적으로 이해할 수 있어야 한다. 마찬가지로, 운영과 고객 경험의 향상은 고위 경영진이 이해하고 추적할 수 있는 재무적 혜택으로 이어져야 한다. 그러나 고위급 임원으로서 여러분의 역할은 트랜스포메이션을 위한 투자 및

자금조달 계획을 수립할 때 이 두 그룹이 같은 언어로 이야기할 수 있도록 만드는 것이다.[15]

✚ 여러분은 예리한 초점을 지니고 있는가?

디지털 트랜스포메이션의 성공을 위해서는 여러분이 어떤 일을 하는지 만큼이나 어떤 일을 하지 않는지도 중요하다. 비즈니스를 디지털화할 수 있는 기회가 너무나도 많아서 가장 최신의 것에 마음을 빼앗기기가 쉽다. 그러나 실질적인 전략적 결단을 내리고, 실제 자금을 투자하고, 실제 사람들을 투입하게 되면, 디지털 트랜스포메이션에 초점을 맞춘 접근 방안만이 실질적인 비즈니스 가치를 제공한다.

여러분의 강점을 활용하라. 기존 자산과 역량을 최대한 활용하여 로드맵을 수립하라. 트랜스포메이션을 추진하고 수익을 극대화하기 위한 거버넌스 메커니즘을 구축하라. 자금 조달 모델을 명확하게 만들어라. 이러한 단계들은 비전을 행동으로 바꾸는 데 있어서 매우 중요하다. 그다음 단계는 조직을 동원하는 것인데, 이에 관해서는 제11장에서 구체적인 방안을 살펴보도록 하겠다.

그러면 디지털 세상에서 투자를 집중하는 것은 무엇이 다른가? 디지털 변화의 빠른 속도에 대응하기 위해서는 민첩한 트랜스포메이션 로드맵을 설계할 필요가 있다. CDO 역할을 맡을 사람을 임명해야 한다. 마케팅 등 몇몇 부서들은 자체적으로 디지털 관련 활동의 자금을 조달하는 데 더욱 적극적이므로, 다른 기술 투자에 비해서 조율의 중요성이 더욱 커진다.

✚ 여러분의 조직은 투자를 얼마나 잘 집중했는가?

[표 10.1]은 어떻게 투자를 집중할 수 있는지를 세 가지 핵심 단계를 통해 요약적으로 보여준다. 각 단계마다 핵심 질문을 살펴보고, 여러분의 기업의 진전 상황을 솔직하게 평가해보라(1 = 전혀 그렇지 않음 / 4 = 보통 / 7 = 매우 그러함). 각 단계마다 개별 문항에 대한 점수를 합산해보라.

각 단계마다 디지털 마스터가 되기 위한 목표 점수를 제시해두었다. 또한 여러분이 현재의 상황을 개선하기 위해 당장 행동에 착수해야 할 기준치를 제시했다. 만약 여러분의 점수가 디지털 마스터의 범위에 든다면, 여러분은 계속 나아갈 준비가 되어 있는 것이다. 중간 단계라면 그 이유를 고민해보라. 투자 집중 단계에서 몇 가지 부분을 개선할 필요가 있을 것이다. 하위 단계에 해당한다면 이제는 개선 조치를 취할 때다. 만약 점수가 지나치게 낮다면, 디지털 트랜스포메이션을 위한 투자 프로세스를 즉시 근본적으로 재고해보기를 바란다.

[표 10.1] 여러분의 조직은 투자를 얼마나 잘 집중했는가?

각 문항에 1~7점의 범위로 답변하고, 자신의 점수에 해당하는 권고 지침을 참고하라(1 = 전혀 그렇지 않음 / 4 = 보통 / 7 = 매우 그러함).

비전을 행동으로 변화시켰는가?	점수
트랜스포메이션을 추진하는 데 참고가 되는 탑다운 방식의 전략적 평가표를 보유하고 있다.	
디지털 트랜스포메이션을 위한 높은 수준의 로드맵을 보유하고 있다.	
로드맵은 기술 변화뿐 아니라 필요한 모든 조직적 변화를 아우른다.	
총점	

채점: **17점 초과**: 로드맵과 평가표가 잘 갖춰져 있다. 실행에 대한 참여를 이끌어내는 데 집중하라. / **7-17점**: 내용과 연계 측면에서 로드맵과 평가표를 검토하라. **7점 미만**: 평가표 및 로드맵 프로세스에 대한 전면적인 검토를 실시할 필요가 있다.

적합한 거버넌스 모델을 선정했는가?	점수
기능, 지역 등 사일로들에 걸쳐서 디지털 이니셔티브가 조율된다.	
기업 전반에 걸쳐 어떤 것을 조율하고 공유해야 할지 명확하게 파악하고 있다.	
디지털 이니셔티브를 위한 역할 및 책임$^{R\&R}$이 기업 내에서 분명하게 정의되어 있다.	
총점	

채점: **15점 초과**: 거버넌스 모델이 잘 갖춰져 있다. / **8-15점**: 거버넌스 관련 원칙 및 프로그램 리더십을 검토하라. / **8점 미만**: 거버넌스 원칙을 설계하거나 재작업할 필요가 있다.

트랜스포메이션을 위한 자금 조달 모델을 보유하고 있는가?	점수
경영 사례와 핵심 성과 지표가 로드맵에 연계되어 있다.	
장기적 역량 구축, 단기적 투자수익률, 실험 등 균형 잡힌 디지털 투자 포트폴리오를 보유하고 있다.	
자금 조달 모델이 다각화되어 있다.	
총점	

채점: **16점 초과**: 디지털 자금 조달 프로세스가 탄탄하다. / **8-16점**: 포트폴리오, 자금 조달 및 경영 사례가 연계되도록 하라. / **8점 미만**: 투자 및 자금 조달을 재작업할 필요가 있다.

CHAPTER 11

조직을 동원하기

대규모의 혁신적인 변화를 불러일으키는 프로그램이 성공하기 위해서는 리더들이 직원들의 신뢰를 얻고, 직원들의 참여를 이끌어내고, 직원들을 동원해서 행동을 촉진해야 한다. 디지털 트랜스포메이션도 마찬가지다. 그러나 설문 조사에 따르면 놀랍게도, 고위급 리더들이 디지털 트랜스포메이션 비전을 조직 내 모든 구성원들과 적절하게 공유하고 있다고 느끼지 못하는 직원들의 비율이 64%에 달한다.[1] 그러면 이와 관련하여 디지털 마스터들에게서 어떤 교훈을 얻을 수 있을까? 조직을 동원하고 커다란 영향을 미치기 위해서는 근본적인 세 가지 질문을 스스로에게 해볼 필요가 있다.

- **신호를 전달하기**: 디지털 트랜스포메이션의 포부와 이점을 조직에 명확하게 마케팅하는가?
- **참여할 권리를 얻기**: 함께 해결책을 만들어내고, 변화를 이끌어내야 하는 당사자들을 참여시킴으로써 직원들과 충분한 공감대를 형성해 나가고 있는가?
- **새로운 행동을 설정하기**: 디지털 기술을 활용하여 사람들의 업무 방식과

협력 방식을 바꿈으로써 적극적으로 문화의 전환을 장려하고 있는가?

이 세 가지 질문에 답변하기 위한 프로그램을 만들어내면 디지털 트랜스포메이션의 성공 가능성이 훨씬 더 높아질 것이다.

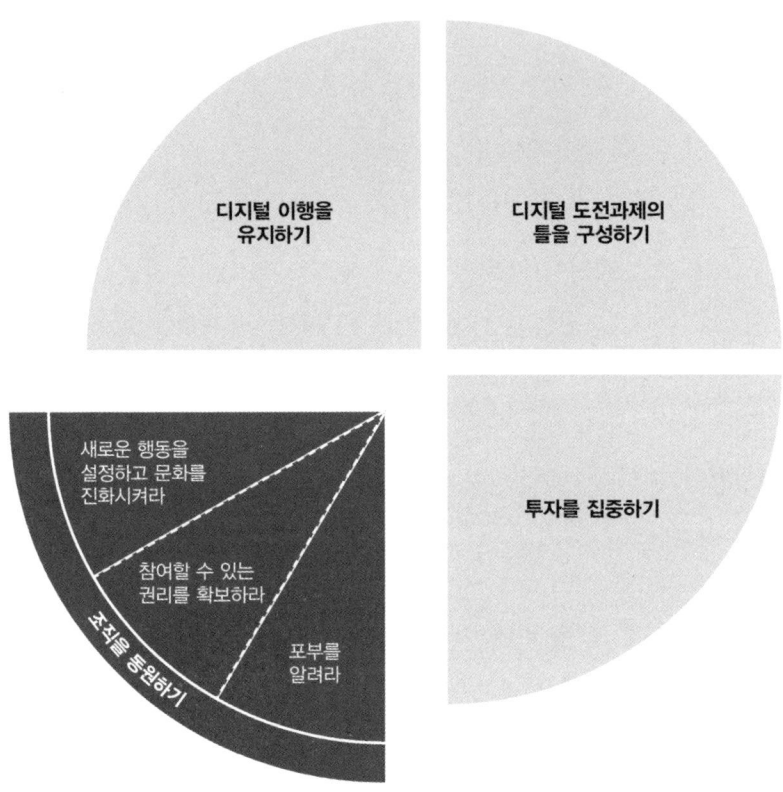

[그림 11.1] 디지털 트랜스포메이션 나침반: 조직을 동원하기

물론 여러분의 노력만으로는 부족하며, 모든 리더들이 이 여정에 동참해야 한다.

✚ 여러분은 자신의 포부를 효과적으로 전달하고 있는가?

앞서 제9장에서 디지털 트랜스포메이션의 영향력과 관련하여 고위 경영진을 동원하고, 미래의 비전을 중심으로 연계할 필요가 있다는 점에 관해 살펴본 바 있다. 그런데 조직 전체의 동참을 이끌어내는 것은 이보다 더 어렵다. 여러분은 트랜스포메이션을 위한 자신의 포부를 어필해야만 한다. 그렇게 하려면 어떻게 해야 할까? 초기부터 조직에 명확한 신호를 전달하라. 명확한 가치 제안을 수립하라. 이 가치 제안은 개개인과 기능들에 의미가 있어야 한다. 그런 다음, 가능한 모든 채널을 동원해서 포부를 대대적으로 어필하라.

신호를 보내라

디지털 현상과 이로 인한 변화의 중요성에 관해 내·외부적으로 분명한 신호를 보냄으로써 트랜스포메이션 프로세스에 시동을 걸어라. 신호는 다양한 형태를 지닐 수 있다. 그중에는 기준 또는 성과 중심형 신호도 있다. 예를 들어 빠주 존느의 CEO가 약 30%인 온라인 비즈니스의 비율을 4년 안에 75~80% 이상으로 끌어올리겠다고 선언한 것이 여기에 해당한다.[2] 또한 조직적인 신호도 있다. 글로벌 기업의 큰 사업부를 맡고 있는 COO가 같은 부서의 CDO 직위에 임명되어, 기업 전반에 걸쳐 강력한 신호를 전달하는 경우가 이에 해당한다. 또 다른 신호는 기업의 모든 이해 당사자들에게 가시적으로 트랜스포메이션을 브랜딩하는 것과 연관이 있다. 로레알이 2010년을 '디지털의 해'로 선포한 사례를 들 수 있다.[3]

여러분은 다양한 방식으로 신호를 전달할 수 있다. 중요한 것은 조직을 동원하기 위해 가시적으로 신호를 전달해야 한다는 점이다.

혜택을 명확하게 설명하라

그런데 직원들에게 신호를 보내는 것만으로는 충분하지 않다. 여러분의 포부를 효과적으로 어필하기 위해서는, 핵심 구성원들에게 디지털 트랜스포메이션의 혜택을 설명하고 의미를 심어주어야 한다. 그들의 입장에서 생각해보고, 스스로에게 물어보라. "그게 나한테 어떤 이익을 주지?" 전통적인 재무 및 경쟁 논리는 중요하지만, 직원들의 마음을 사로잡기엔 충분하지 않다. 여러분은 디지털 트랜스포메이션이 사람들의 업무 방식을 어떻게 향상할 수 있는지, 즉 더욱 수월하게, 신속하게, 훌륭하게, 보람있게 업무를 수행할 수 있다는 점을 명확히 알려주어야 한다. 또한 여러분은 조직 내의 서로 다른 커뮤니티에 맞춰서 이러한 메시지를 조정할 필요가 있다. 예를 들어, 재무 부서에는 디지털 도구를 활용하면 재무 보고의 가시성과 정확성을 높일 수 있다는 점을 설명하라. 마케팅 담당자들에게는 고객 세분화와 관련하여 풍부한 데이터를 바탕으로 더욱 정제된 관점을 지닐 수 있다는 것을 보여줘라. 여러분의 비전을 실현하는 데 있어서 핵심적인 역할을 담당하게 될 사람들이 이해할 수 있는 방식으로 디지털 트랜스포메이션의 혜택을 전달하라.

어느 글로벌 이동통신 사업자는 새로운 경쟁기업의 등장으로 시장 점유율이 가파르게 줄어들자, '모바일 시장에서 최초로 진정한 디지털 브랜드가 되는 것'으로 자사의 비전을 재정의했다. 이 회사는 조직을 동원하기 위해 비디오 프로그램을 제작하고 모든 내부 플랫폼을 통해 배포했다. 그런 다음, 이사회 임원들과 150명의 고위 경영진은 내부 소셜 네트워크를 통해 직원들 및 개별 기능을 담당하는 부서들과 함께 열린 대화에 참여했다. 변화의 규모와 이에 따른 고객의 혜택에 대해 설명하고, 업무 규준을 어떻게 향상할 수 있을지에 관해 논의하고, 직원들의 피드백과 아이디어를 얻고자 했다.

디지털 트랜스포메이션이 각 구성원과 기능에 의미를 지니게 된다면 사람들의 참여도가 상당히 높아질 것이다. 직원들이 디지털 비전의 어떤 부분에 자신이 기여할 수 있는지, 또한 디지털이 자신의 업무에 어떤 혜택을 가져다주는지를 이해하게 되면, 디지털 비전을 지지하게 될 것이다.

가능한 한 모든 커뮤니케이션 채널을 활용하라

회사 전체를 동원하고 모든 직원들이 디지털로 인한 변화를 이해하도록 하기 위해서는 비디오, 기업 소셜 네트워크, 웹캐스트, 인트라넷 등 조직 내의 모든 디지털 플랫폼을 활용해야 한다. 아울러 전통적인 채널도 활용하고, 열린 피드백과 대화를 독려하라. 이러한 방식을 통해서 모든 직원들에게 다가가되, 이 모든 것들은 단지 메시지를 전달하는 도구라는 사실을 잊어서는 안 된다. 여러분은 메시지 그 자체에 대해서도 신경을 써야 한다. 진정성이 중요하다. 여러분이 회사 구성원들이 비전을 현실로 만드는 데 기여하는 것에 감사하며, 대화의 증가를 가치 있게 여긴다는 것을 알려라. 내부 커뮤니케이션 및 인사 담당 부서들은 조직 동원에 성공하는 데 중요한 조력자 역할을 할 수 있다. 양방향 커뮤니케이션 계획을 수립할 때 이들 부서를 참여시켜라. 그런 다음, 적절한 메시지를 만들어내고 피드백을 분석할 프로세스를 설계하라.

✚ 여러분은 참여할 수 있는 권리를 확보했는가?

대규모로 조직의 공감대를 만들어내는 것은 경영진에게 거저 주어지는 권리가 아니며, 여러분의 노력을 통해서 이루어내야 할 과제다. 어떻게 하면 효과적으로 그렇게 할 수 있을까? 다음 네 가지를 일관성 있게 실행하라. 첫째, 회사의 리더들이 롤 모델이 되도록 하라. 새로운 비전을 대표하는 행동을 적극적으로 장려하라. 둘째, 트랜스포메이션의 성공에 중요한 사람들과 함께 트랜스포메이션을 위한 구체적인 실행 계획을 설계하라. 셋째, 진정한 지지자들, 즉 변화를 현실로 만들어내기 위해서 위험을 감수할 자세가 되어 있는 트랜스포메이션 옹호자들을 초기부터 파악하고 참여시켜라. 마지막으로, 디지털이 어떻게 가시적으로 비즈니스를 향상할 수 있는지를 초기부터 신속하게 보여줄 수 있는 성공 사례들을 회사 내·외부에서 찾아내라.

말한 대로 실천하라

마하트마 간디는 "세상의 변화를 원한다면 당신 자신부터 변화하라(Be the change you wish to see in the world)."는 유명한 말을 남긴 바 있다. 이는 디지털 트랜스포메이션을 이끄는 데도 그대로 적용된다. 리더로서 여러분은 가장 중요한 경영 관련 결정에 대한 롤 모델 역할을 함으로써, 디지털로의 이행에 영향을 미칠 수 있다. 화이자[Pfizer](미국의 제약회사 – 역주)의 한 임원은 이렇게 말한다. "우리는 '먼저 디지털을 생각하라'고 말합니다. 우리가 생산하는 모든 것, 모든 콘텐츠, 우리가 보유하고 있는 모든 정보는 디지털을 통해 접근 가능해야 합니다."[4] 바람직한 변화를 위한 롤 모델 역할을 담당하고 동료들도 그렇게 할 수 있도록 독려함으로써, 여러분은 직원들을 참여시킬 권리를 확보하는 데 있어서 중요한 첫 걸음을 내딛게 된다. 제6장에서 살펴본 것처럼, 코카콜라는 내부 소셜 협력 플랫폼을 배치했을 때 엄청난 도전과제들에 직면했다. 코카콜라의 경영진이 플랫폼에 참여해야만 커뮤니티가 활성화되었다. "경영진이 참여한다면 활동을 강제할 필요가 없습니다."[5]

기술에 관해 잘 알고 있는 비즈니스 리더들은 어떻게 하면 롤 모델이 될 수 있는지 잘 알 것이다. 다른 리더들에게는 어색하게 느껴질지 모르지만, 그 과정을 참아낼 만한 가치가 있다. 경영진의 참여로 인한 혜택은 장기적으로 볼 때 노력보다 훨씬 더 크다.

트랜스포메이션을 함께 만들어나가라

디지털 기술 덕분에 이제 여러분은 그 어느 때보다도 수월하게 조직 위아래의 사람들과 함께 트랜스포메이션을 만들어나갈 수 있다. 페르노리카는 직원들과의 대화를 통해 디지털 로드맵 전체를 함께 만들었다. 크라우드소싱은 새로운 아이디어를 생산하고 트랜스포메이션의 설계 품질을 높일 뿐만 아니라, 참여를 이끌어내는 데도 도움이 된다.

2013년 6월, 프랑스의 글로벌 은행인 소시에테 제네랄Société Générale은 19개 국, 1만 6천 명의 직원들을 동원하여 구체적인 트랜스포메이션 계획을 수립했다.[6] 이 은행은 트랜스포메이션의 로드맵에서 고객 경험을 향상하기, 직원들의 협력 방식을 변화시키기, 적절한 IT 시스템에 투자하여 변화를 지원하기 등 세 가지 핵심 흐름에 초점을 맞추었다. 내부 소셜 네트워크를 활용하여 천여 개의 이니셔티브를 수집했고, 수천 명의 직원들이 수집된 이니셔티브들을 동시에 검토하고 분석했다. 그중에서 가장 유망한 것들을 선정하여 CEO와 고위 경영진에게 보고했고, 최종 비준을 받은 후에 트랜스포메이션 계획에 포함시켰다. 그 이후에는 경영진을 설득할 필요가 별로 없었다. 소시에테 제네랄의 CEO인 프레데릭 우데아Frederic Oudéa는 이렇게 설명한다. "디지털 이행과 관련하여 하룻밤 사이에 혁명적인 변화가 일어나지는 않을 것입니다. 프론트 라인에서부터 경영진 주도의 이니셔티브를 장려해야 합니다."[7]

디지털 챔피언들을 파악하라

조직 내의 진정한 지지자들을 파악하면 여러분의 동원 능력을 확대하고 그 영향력을 증대하는 데 도움이 될 것이다. 디지털 마스터들은 공식적 및 비공식적인 역할을 통해 디지털 챔피언들을 최대한 활용한다. 이러한 사람들은 비전과 전략, 그리고 트랜스포메이션의 필요성을 믿게 되었다. 이들은 탑다운 방식의 디지털 이니셔티브를 지역, 기능, 사업 계열, 브랜드 등 조직의 다양한 차원과 연결하는 데 필수적인 역할을 담당한다. 자신이 대변하는 조직의 일부가 디지털 이니셔티브에 참여하고, 구체적인 니즈와 공헌이 기업 차원에서 제시되도록 한다. 디지털 챔피언들은 나이나 재직 기간에 상관없이, 기술과 비즈니스에 관해 잘 알고 있다. 이들은 네트워킹을 잘 하며 수평적인 영향력을 형성하여, 사일로들에 걸쳐 트랜스포메이션을 시행하는 데 도움이 된다. 여러분의 챔피언들에게 신경을 써야 한다. 이들은 앞으로 여러분의 조직에서 디지털 리더들이 될 가능성이 높다.

그러면 왜 중간 관리자들이 디지털 변화를 이끌어서는 안 되는가? 이 문제는 여러 기업에서 까다로운 이슈다. 대화의 장이 온라인으로 이동하고, 정보가 투명해지고 더욱 자유롭게 정보를 얻을 수 있게 됨에 따라, 전통적인 위계질서 구조 안에서 중간 관리자 역할은 진화할 필요가 있다. 어떤 중간 관리자들은 훌륭한 디지털 챔피언이 되겠지만, 그렇지 않은 경우도 많을 것이다. 특히 디지털에 대해 잘 알고 있는 관리자들과 그렇지 않은 관리자들 간의 격차를 가리키는 디지털 디바이드가 중요한 기업에서는 이 점이 중요하게 작용한다. 이러한 리더십 관련 도전과제는 초기에 해결해야 한다. 디지털 챔피언들은 디지털 트랜스포메이션의 성공에 필수적이다.

단기 성공과제quick win를 파악하라

마지막으로 조직의 참여를 이끌어낼 권리를 확보하는 것은 신속한 성과를 얻는 것과 관련되어 있다. 여러분은 처음부터 말보다는 행동으로 보여주어야 한다. 단기 성공과제는 지지자들에게 동기를 부여하고 반대자들을 침묵하게 하는 데 도움이 된다. 그런데 단기 성공과제를 파악하고, 가시성을 제고하고, 성공과제를 기념하기 위해서는 공식적인 프로세스가 필요하다.

바로 이 지점에서 시범 프로그램과 실험이 도움이 된다. 다행스럽게도 디지털 기술을 활용하면 매우 효과적이면서도 비용이 적게 드는 맞춤형 실험을 실시할 수 있다. 셀룰로이드 필름과 달리, 디지털 사진은 다양한 각도와 조명에서 여러 차례 사진을 찍어 실험할 수 있으며 리스크 거의 제로 수준이다. 이와 마찬가지로 디지털 기술은 비즈니스와 관련된 실험을 실시하고 이를 반복하는 데 훨씬 효과적이다. 운영상의 효율성 개선을 파악하고, 애널리틱스 시범 프로그램을 통해 더 나은 결정을 내리고, 지역 내 리테일 실험에서 더 나은 매출 성과를 창출하라. 이러한 단기 성공과제들은 많은 것을 시사하며, 조직을 동원하는 데 도움이 될 것이다. 또한 여러분이 단기 성공과제들을 확대할 수 있다면, 조직에 상당한 이점을 가져다줄 것이다.

✚ 여러분은 조직을 위한 새로운 행동을 수립하고 있는가?

디지털 기술은 기존의 업무 방식을 혁신하고 있다. 협력, 커뮤니케이션 및 상호작용과 관련하여 새로운 방안들이 등장함으로써 기업과 직원 사이의 도덕적인 계약을 변화시키고 있다.

유니레버Unilever(세계적인 생활용품 기업 - 역주)의 글로벌 일터 민첩성 책임자인 미셸 패티슨Michelle Pattison은 이렇게 말한다.

> 유니레버 같은 기업에서 직원들이 커뮤니케이션하고 동료들 및 고용주와 상호작용하는 방식은 오늘날 기술의 발달로 급속하게 변화하고 있습니다. 수많은 다른 비즈니스도 마찬가지겠지만, 우리 회사의 전통적인 업무방식에서는 근태time and attendance가 직원에 대한 핵심 평가기준이었습니다. 어디에서, 언제 일하는지에 대해 논란의 여지가 없었습니다. 유니레버에서는 직원의 실적과 성과를 가치 있게 평가하는 '애자일 워킹Agile Working' 프로그램을 도입했어요. 우리에게 근태는 인위적인 장벽이며, 직원들이 스스로 근무 방식을 결정할 수 있도록 이 장벽을 없애고자 합니다. 이를 통해서 전 세계적으로 우리의 역량을 구축하고, 비즈니스의 연속성을 지키며, 훨씬 다양한 인재들을 활용할 수 있습니다. 결과적으로 모두가 윈-윈하게 되지요.[8]

미래의 디지털 조직이 정확히 어떤 모습일지는 아직 알 수 없다. 다만 분명한 것은 디지털 기술의 영향으로 등장한 새로운 업무 방식이 조직의 문화와 업무 규준을 진화시키고 있다는 점이다. 시간이 흐름에 따라, 조직이 어떻게 구성되고 기능하는지도 변화하게 될 것이다. 이러한 변화의 원동력은 무엇일까?

디지털 기술은 조직의 상하뿐만 아니라 수평적으로도 보다 투명하게 정보를 공유할 수 있도록 해준다. 포럼, 커뮤니티 및 새로운 데이터 흐름은 협력과 의사결정을 향상하고 있다. 온라인 회의, 웹캐스트, 비디오 커뮤니케이션 덕분에 모든 기능 부서의 직원들이 지역과 상관없이 함께 문제를 해결하거나 혁신할 수 있다. 항공편 예약, 경비 처리, 주간 매출 예측 등 기존의 내부 프로세스가 이제는 셀프 서비스로 처리됨에 따라 직원들이 스스로 자신의 업무를 조정할 수 있는 유연성을 얻게 되었다.

수많은 디지털 마스터들이 이렇게 훌륭한 성과를 내는 디지털 비즈니스를 구축하기 위해 기업 문화를 진화시키고 있다. 그러기 위해서는 리더십이 필요하다. 여러분의 조직은 새로운 업무 방식과 그에 따른 문화적 진화에 적응해야 할 것이다. 그러면 어디서부터 시작해야 할까? 첫째, 어떤 행동에 보상을 제공하는지를 결정하고 새로운 행동을 촉진한다. 둘째, 당초에 의도한 것처럼 기술 투자가 비즈니스에 도움이 될 수 있도록 새로운 행동의 채택을 독려한다. 셋째, 실패를 인내하고 교훈을 얻는다. 그리고 마지막으로 새로운 업무 방식이 자리 잡을 수 있도록 한다.

업무 규준의 가시적인 변화를 이끌어내라

업무 규준을 바꾸고 문화를 진화시키기 위해서는 위에서부터 행동의 수많은 작은 변화들이 필요하다. 탑다운 방식의 커뮤니케이션만으로는 부족하다. 묘책 같은 건 없지만, 행동과 롤 모델은 단순한 말보다 더 큰 힘을 발휘한다.

자신의 직관에 대해 의문을 제기하라. 가장 중요한 경영 관련 결정을 내릴 때는 데이터와 애널리틱스를 바탕으로 해야 한다. 조직의 파편화 및 부서 기반의 사고방식에 맞서 싸워라. 디지털 기술이 제공하는 투명성, 핵심 프로세스 표준화 및 운영 효율성을 장려하라.

반대로 뒤에서부터 리드하고 격려하는 방식을 채택하라. 부서들이 스스로 문제를 해결하고 혁신하고 여러분의 비전을 진전시킬 수 있도록 하라. 이것이 바로 디지털 기술과 헌신적인 리더십을 통한 경영 혁신이다. 여기서 성공을 거둔다면 조직 내에서 새로운 문화를 일구어나갈 수 있을 것이다.

대다수의 CEO들이 고객 중심의 경영이 필요하다고 말하지만, 버진 그룹의 CEO인 리처드 브랜슨Richard Branson은 직접 적극적으로 행동에 나섰다. 그는 230만 명에 달하는 트위터 팔로어들에게 #AskRichard 해시태그를 사용해서 자신의 회사에 대해 질문해보라고 권했다. 외부 세계를 대화에 참여시킴으로써, 그는 회사 외부뿐만 아니라 내부에도 강력한 신호를 전달했다.[9]

때로는 기업 문화의 발달을 추진하는 과정에서 어느 정도의 리스크를 감수해야 하기도 한다. 캐나다의 ING 다이렉트ING Direct CEO인 피터 아세토Peter Aceto의 사례를 살펴보자. 회사의 내부 소셜 네트워크를 활용해서 직원들이 회사에 대한 불만을 그에게 직접 털어놓을 수 있도록 독려한다. 그는 이렇게 말한다. "이렇게 불만을 토로하는 세션을 통해서 거창한 경영 관련 문제들을 해결하지는 못할지라도, 나의 지원을 통해서 직원들은 자기 생각을 털어놓아도 괜찮다는 것을 알게 됩니다. 또한 대화가 장려되며 피드백이 실행 가능하다는 것을 알게 되지요. 또한 고위 경영진은 진정한 대화와 솔직함, 열린 토론의 힘을 새삼 깨닫게 됩니다. 물론 판도라의 상자를 열게 될 수도 있고 복잡한 문제들이 드러날 수도 있겠지요. 하지만 중요한 것은 이러한 문제들이 존재한다는 사실이며, 대화를 통해 얼마든지 개선할 여지가 있다는 점입니다."[10]

배포가 아니라 채택을 장려하라

비즈니스 유저들이 스스로 기술을 채택하도록 하는 대신에 기술을 배포하기 위해 집중하게 되면 디지털 트랜스포메이션에 실패할 가능성이 크다. 당연한 말처럼 여겨지는가? 하지만 애널리틱스 기술에 수백만 달러를 쓰고도 기업 내의 의사결정 방식이 전혀 가시적으로 개선되거나 변화되지 않는 경우도 많다. 수없이 많은 기업들이 내부 소셜 네트워크를 거창하게 배포하고서도 몇 개월 후에 저조한 수용률take-up을 기록하거나 엄청난 둔화를 겪는다.

일부 기업들이 이러한 플랫폼을 도입하는 방식에도 다소 문제가 있다. 라이브 사이트live site나 라이선스 측면에서 성공을 측정할 때 채택이 아니라 배포에만 초점을 맞춘다. 활발하게 참여하는 사용자들 간의 협력, 더욱 스마트한 의사결정, 성공 사례의 공유 확대, 지속적인 행동 변화 등 디지털 투자의 진정한 가치를 놓치게 된다. 결과적으로 내부 애플리케이션이 널리 배포되었음에도 불구하고 아무도 이를 효과적으로 활용하지 않게 된다. 왜 이러한 현상이 일어나는 걸까?

여기에는 세 가지 주요 이유가 있다. 첫째, 이러한 종류의 디지털 프로그램은 기술 실행으로 취급되는 경우가 많다. 능력이 부족한 기술 리더들은 배포를 기준으로 성공을 측정하며, 비즈니스 부문에서의 진정한 채택은 다른 사람의 일이라고 생각한다. 둘째, 플랫폼 벤더들은 디지털 기술을 통해 즉각적인 변화가 일어날 것이라고 종종 과장하기도 한다. 이들은 제품과 소프트웨어를 팔아서 돈을 벌지, 이렇게 판매한 제품과 소프트웨어가 얼마나 활용되는가는 상관이 없다. 그리고 마지막으로 사용자 채택 프로그램에는 비용이 발생한다.

여러분의 진정한 투자수익은 프로세스와 업무 흐름, 그리고 궁극적으로는 조직 문화에 새로운 업무 규준을 반영하는 데서 발생할 것이다.

설령 채택의 중요성을 이해한다 하더라도, 비용 절감 문제가 크게 대두되는 경우가 종종 있다. 기업들은 예산의 한계 탓에 가장 실감할 수 있는 부분, 즉 기술의 배포에 집중한다. 완전한 채택을 위해 필요한 훈련 및 조직 변화는 훗날로 미뤄두는데, 결국 '훗날'은 오지 않는 경우가 많다.

이러한 부분적인 실행은 부정주의negativism를 부추기며, 디지털 트랜스포메이션 프로그램의 상당 부분을 위협하게 될 수도 있다. 비즈니스 유저들은 새로운 디지털 플랫폼의 가치를 알아보지 못하고, 이 플랫폼에 참여하지 않는다. 플랫폼 그 자체를 실패의 원인으로 돌리며, 냉소주의가 등장한다. 추가적인 디지털 관련 투자는 모두 부정적으로 검토하게 되며, 전반적인 디지털 트랜스포메이션 프로그램의 진전이 둔화된다.

직원들이 디지털 도구와 기술을 채택하도록 장려하고, 롤 모델, 게임화gamification, 보상을 비롯한 여러 방법을 활용하면 행동에 상당한 영향을 미칠 수 있다. 채택 프로그램이 제대로 실행되면 분명한 혜택을 누리게 된다.

바이엘Bayer(독일의 세계적인 제약회사 – 역주)의 계열사인 매테리얼 사이언스material science의 CIO인 커트 드 루베Kurt De Ruwe는 소셜 플랫폼의 도입이 돌이킬 수 없는 변화를 일으킨 사례에 대해 이렇게 말한다. "일단 사람들이 올바른 플랫폼을 사용하도록 하면 마술 같은 일들이 일어나게 됩니다. 멈출 수가 없어요. 왜 내가 관여하느냐고요? 그러지 않으면 내부 직원들이 스스로 이끌어나갈 방안을 찾게 되거든요. 마이크로 블로깅을 활용하면 조직 안의 누구든지 참여할 수 있게 됩니다. 완전히 다른 조직 문화 환경을 만들어내는 과정입니다. 가끔 사람들은 플랫폼이 우리에게 가져다준 이득을 유로나 달러로 환산하면 얼마나 되는지나에게 묻곤 합니다. 그러면 나는 이렇게 대답하지요. 사고방식의 변화, 열린 정보 공유, 바이엘 안에서 정보 전달의 신속성 측면에서 생각해보라고요. 예전에는 2~3주나 걸렸을 일들이 이제는 몇 시간 안에 처리됩니다."[11]

그런데 비즈니스 부문에서 디지털 도구를 채택하는 것은 저절로 이루어지지 않는다. 리더십이 필요하다. 그러면 어떻게 해야 할까? 더욱 적은 일들을 더욱 잘 해내는 것에서부터 시작한다. 처음부터 채택을 계획해야 하며, 사람, 프로세스 및 구조적 변화를 고려해야 한다. 여러분이 의도한 혜택을 얻는 데 필요한 투자를 연계하라. 그러기 위해서는 자금이 필요할 것이다. 보상과 인정을 연계하는 것이 좋다. 또한 앞서 살펴본 것처럼, 모범을 보이는 리더십이 필요하다.

비즈니스 부문이 디지털 도구를 채택하도록 하는 데 집중하는 조직은 더 나은 결과를 얻게 된다. 여러분이 적극적으로 리더십을 발휘하여 채택을 장려한다면, 디지털 기술에 대한 투자가 의도한 대로 비즈니스에 도움을 줄 것이다.

실패하는 법을 배워라

기술 변화의 속도가 빨라지면서, 시장 진출go-to-market 및 운영 프로세스가 갑자기 미지의 영역에 직면하게 될 수도 있다. 여러분이 시도하는 모든 것이 성공하지는 않을 것이다. "빨리 실패하고, 적은 비용으로 실패하고, 종종 실패하라(Fail fast, fail cheap, fail often)."는 말은 새롭지는 않지만, 비즈니스 부문이 디지털 기술을 채택하는 것과 관련하여 상당히 적절한 말이다. 물론 실패를 장려하려는 것이 아니라, 부서들이 신속하고 영리하게 배워나갈 수 있는 문화를 만들자는 것이다.

실험을 통해 올바른 방향으로 나아갈 수도 있다. 디지털 기술 덕분에 수많은 방법을 통해 상대적으로 적은 비용으로 새로운 사업 아이디어를 실험할 수 있다. 또한 적절한 통제 메커니즘과 더불어, 디지털 기술은 연속적인 데이터의 흐름을 제공한다. 이 데이터를 측정하고, 데이터를 통해 배우고 적응할 수 있게 된다. 완벽을 기하는 것보다 출시 시기time to market가 더욱 중요해진다. 물론 실험을 잘 실시한다 하더라도 어떤 이니셔티브는 계획대로 이루어지지 않을 것이다. 하지만 이것도 정상적인 과정의 일부다.

이러한 실패를 통해서 얻은 지식을 다음번에 최대한 활용하는 것이 중요하다. 인텔의 CIO인 킴 스티븐슨Kim Stevenson은 정보를 보유한 상태에서 위험을 감수하는 것을 장려하는 간단한 프로그램을 실시했다. 그녀는 "나는 위험을 감수했고, 그 일은 실패했다. 나는 교훈을 얻었고, 이 교훈을 적용했다."라고 적혀 있는 카드를 나누어준다. 이 카드는 실험하고 위험을 감수할 수 있는 허가가 된다. 프로젝트가 실패하면 팀원들은 부서장에게 이 카드를 제출한다. 그러면 부서장은 언제 이 카드를 다시 돌려줄지를 결정한다.[12] 실패는 배울 수 있는 기회를 제공한다. 실패를 과정의 일부로 받아들여라.

새로운 업무 규준을 제도화하라

디지털 도구의 힘을 최대한 활용하라. 새로운 업무 규준이 조직의 일상적인 업무 방식으로 자리 잡을 수 있도록 지원하라. 조직 내부의 사람들을 활용하면 조직의 힘을 이용할 수 있고, 경영 위원회의 몇몇 사람들만이 아니라 모든 사람이 중요하다는 신호를 보낼 수 있다. 영국의 소매유통업체인 세인스버리Sainsbury는 2천여 명의 직원들이 참여하는 패널을 운영하며, 이 직원들은 경영과 관련된 핵심 결정에 대한 피드백을 매달 제공한다.[13] 심지어 크라우드소싱, 브로드캐스트 서치

broadcast search, 개방형 혁신 등 새로운 디지털 도구의 등장으로 혁신 프로세스가 변화하고 있다. 그러므로 여러분은 생산성 및 효율성 향상을 위해 이러한 도구들을 하나씩 조직에 적용할 필요가 있다.

어떻게 하면 이러한 변화들이 일상적인 규준으로 자리 잡도록 할 수 있을까? 새로운 규준을 제도화하기 위해서는 여러분의 경영 및 인적 자원 프로세스를 변화시킬 필요가 있다. 인사 또는 조직개발 기능을 담당하는 부서들이 트랜스포메이션에서 리더십을 발휘할 수 있는 핵심적인 기회가 된다. 그런데 조사 결과에 따르면, 이런 부서들의 직원들은 선뜻 나서지 않는다. 직원들이 도전할 수 있도록 독려하고, 스스로에게 자문해보라. "나는 자신의 야심에 대한 지원을 확보하고 있는가?"

여러분은 조직에 변화의 신호를 보냈고, 커뮤니티와 챔피언의 참여를 이끌어냈다. 이제 디지털 비즈니스에 한걸음 더 다가가기 위해 새로운 행동을 적극적으로 구축하고 있다. 동원 작업은 잘 진행되고 있을 것이다. 그러면 디지털 트랜스포메이션과 관련된 동원이 다른 점은 무엇인가? 여러분은 조직의 규모나 복잡성과 상관없이 전사적으로 동원할 수 있다. 더욱 폭넓은 커뮤니티의 참여를 이끌어냄으로써 트랜스포메이션 계획을 함께 설계할 수 있다. 단지 고위급 리더들만이 아니라, 나이나 재직 기간과 상관없이 누구나 변화를 추진하는 디지털 챔피언이 될 수 있다. 실험과 실패에 대한 용인은 디지털 세상의 일부다.

✚ 여러분의 조직은 얼마나 잘 동원되었는가?

[표 11.1]은 어떻게 조직을 동원할 수 있는지를 세 가지 핵심 단계를

통해 요약적으로 보여준다. 각 단계마다 핵심 질문을 살펴보고, 여러분 기업의 진전 상황을 솔직하게 평가해보라(1 = 전혀 그렇지 않음 / 4 = 보통 / 7 = 매우 그러함). 각 단계마다 개별 문항에 대한 점수를 합산해보라.

각 단계마다 디지털 마스터가 되기 위한 목표 점수를 제시해두었다. 또한 여러분이 현재의 상황을 개선하기 위해 당장 행동에 착수해야 할 기준치를 제시했다. 만약 여러분의 점수가 디지털 마스터의 범위에 든다면, 여러분은 계속 나아갈 준비가 되어 있는 것이다. 중간 단계라면 그 이유를 고민해보라. 동원 단계에서 몇 가지 부분을 개선할 필요가 있을 것이다. 하위 단계에 해당한다면 이제는 개선 조치를 취할 때다. 만약 점수가 지나치게 낮다면, 고위 경영진과 더불어 전면적인 동원 프로그램을 설계하고 실시하기를 바란다.

[표 11.1] 여러분의 조직은 얼마나 잘 동원되었는가?

각 문항에 1~7점의 범위로 답변하고, 자신의 점수에 해당하는 권고 지침을 참고하라(1 = 전혀 그렇지 않음 / 4 = 보통 / 7 = 매우 그러함).

자신의 포부를 명확하게 어필하고 있는가?	점수
고위 경영진은 디지털 기술이 포함된 미래의 비전을 적극적으로 홍보하고 있다.	
고위 경영진과 중간 관리자들은 디지털 트랜스포메이션에 대한 비전을 공유한다.	
직원들은 변화의 혜택을 이해한다.	
총점	

채점: **17점 초과**: 자신의 포부를 잘 어필하고 있다. / **7-17점**: 부족한 부분을 따로 파악하고, 팀과의 협력을 통해 개선 조치를 취하라. / **7점 미만**: 구체적으로 포부를 전달하는 프로그램의 개발 및 실시를 고려할 필요가 있다.

조직 내에 충분한 공감대를 구축하고 있는가?	점수
기업 내의 모든 사람들이 디지털 이니셔티브와 관련된 대화에 참여할 수 있는 기회를 지니고 있다.	
조직을 동원하는 데 도움이 되는 '진정한 지지자들'을 파악해두었다.	
단기 성공과제를 통해 공감대를 구축하고 있다.	
총점	

채점: **16점 초과**: 조직 내에 충분한 공감대를 구축했다. / **8-16점**: 참여 중 어떤 부분이 부족한지를 파악하고, 개선 조치를 취해야 한다. / **8점 미만**: 전면적인 참여 프로그램을 설계하고 실시할 필요가 있다.

디지털 문화로의 전환을 적극적으로 장려하고 있는가?	점수
고위 경영진은 새로운 행동의 채택과 관련하여 롤 모델 역할을 한다.	
디지털 이니셔티브에서 발생하는 실패를 용인하고, 실패를 통해서 배운다.	
디지털 트랜스포메이션에 필요한 문화적 변화를 장려하고 있다.	
총점	

채점: **16점 초과**: 조직의 행동과 문화를 전환하기 시작한 단계이다. / **7-16점**: 우려사항의 근본 원인을 파악하고, 팀과의 협력을 통해 개선 조치를 취하라. / **7점 미만**: 문화적 전환을 이끌어내기 위해 행동에 착수할 필요가 있다.

CHAPTER 12

디지털 트랜스포메이션을 유지하기

대규모의 트랜스포메이션 프로그램은 추진력이 사라지게 되면 목표 달성에 실패하곤 한다. 디지털 트랜스포메이션도 마찬가지다. 티셔츠, 야구 모자, 정기적인 비디오 커뮤니케이션, 가시적인 참여 프로그램, 단기 성공과제, 우수사례 공유, 새로운 리더십 역할 등이 활용되는 초창기에는 동기를 부여하고 유지하기가 수월하다. 그러나 시간이 흐름에 따라, 변화에 따른 피로감이 나타나며 새로운 업무 방식은 점차 예전의 처리 방식에 굴복하게 된다.

이 시기가 되면 스킬의 격차가 뚜렷하게 드러난다. 연계되지 않은 기준과 인센티브가 올바른 일을 하는 데 있어서 방해가 되는 지점이다. 또한 경영진은 다음 전략적 움직임을 준비하느라 바쁜 나머지, 디지털 이행이 저절로 완성될 것이라고 착각하는 경우가 많다.

이 시기는 위험한 고비가 될 수도 있다. 새로운 디지털 규준이 고객 경험, 운영 및 업무방식에 깊이 뿌리를 내리기 전까지는, 디지털 트랜스포메이션의 추진력이 흔들릴 수 있다는 실질적인 위험이 존재한다. 트랜스포메이션 프로그램을 유지하기 위한 공동의 노력이 없다면, 여러분의 비전과 비즈니스의 목표가 위험에 처할 수 있다. 알리안츠 그룹의 조 그로스는 이렇게 말한다. "알리안츠의 가장 큰 도전과제는 우리가 이미 만들어낸 추진력을 유지하고 가속화하는 것입니다. 여전히 진화하고 있는 과정이며, 즉각적인 성과를 얻기를 기대할 수는 없습니다. 또한 조직은 기존의 익숙한 패턴으로 다시 돌아가기 쉽습니다. 우리의 도전과제는 안일하게 다시 요령을 피우지 않고 새로운 디지털 기회를 지속적으로 찾아내는 것입니다."[1]

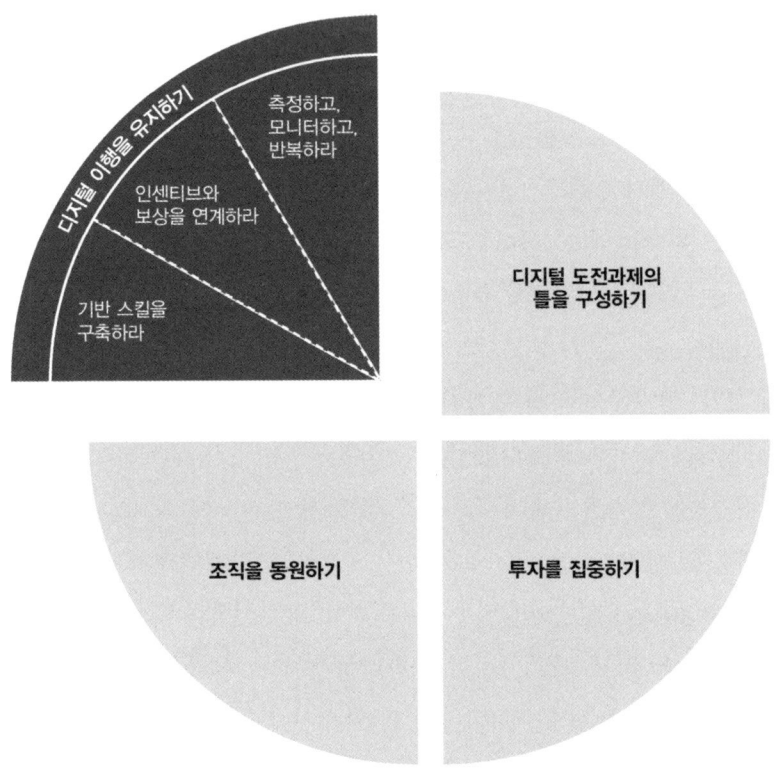

[그림 12.1] 디지털 트랜스포메이션 나침반: 디지털 트랜스포메이션을 유지하기

디지털 트랜스포메이션을 유지하는 것과 관련하여, 우리는 디지털 마스터들에게서 무엇을 배울 수 있을까? 여러분이 디지털 이행의 세 가지 측면을 잘 관리한다면 트랜스포메이션의 추진력을 유지하는 데 도움이 될 것이다. 스스로에게 다음과 같은 질문들을 던져보라.

- **기반 역량을 구축하기**: 조직 내에서 디지털 능력을 증대할 계획을 보유하고 있는가? 잘 짜여진 디지털 플랫폼을 확보하고 있는가? IT-비즈니스 관계가 탄탄한가?
- **보상 구조를 연계하기**: 인센티브, 보상 및 인정이 트랜스포메이션의 목표들과 연계되어 있는가?
- **측정하고, 모니터하고, 반복하기**: 디지털 트랜스포메이션의 진전 상황을 측정하고 모니터할 수 있는 관리 프로세스를 보유하고 있는가? 필요할 경우 진행 방향을 조정할 수 있도록 충분한 가시성을 확보하고 있는가?

✚ 여러분은 기반 역량을 구축하고 있는가?

많은 기업들이 조직 역량을 구축할 수 있는 능력에 비해 더욱 빠른 속도로 기술의 혁신이 일어나고 있다. 앞서 제8장에서, 디지털 마스터들이 디지털 트랜스포메이션을 지속하기 위해서 세 가지 기반을 탄탄하게 구축하는 것에 관해 살펴보았다. 디지털 마스터들은 디지털 스킬을 구축한다. 사람들의 경험과 지식을 뜻한다. 그리고 훌륭하게 구성된 디지털 플랫폼을 구축한다. 이는 비즈니스 프로세스를 뒷받침하는 기술의 총합이다. 또한 강력한 IT-비즈니스 관계를 구축한다. 기술 및 비즈니스 담당자들 간에 서로 신뢰하고, 공유하고, 통합된 상호작용이 이루어진다.

스킬 확충을 조직하라

디지털 스킬을 구축하는 것은 점진적인 과정을 거친다. 묘책 같은 건 없기 때문에, 하룻밤 사이에 성과를 얻을 수는 없다. 여러분은 채용, 훈련, 파트너링, 인수, 인큐베이팅 등 상호보완적인 다양한 접근방식을 활용하여 역량 구축 및 조직 개발 계획을 수립해야 한다.

하지만 그보다 먼저, 스킬의 격차가 어떠한지를 이해해야 한다. 여러분은 일단 스킬 재고 평가를 실시하고, 핵심 기능 부서에 어떤 개편이 필요한지를 파악해야 한다. 현재 보유하고 있는 스킬은 무엇인지, 디지털 트랜스포메이션에 필요한 스킬은 무엇인지, 그리고 스킬의 격차가 어떠한지를 알아야 한다. 이와 관련하여 인사 담당 조직이 앞장서도록 지시하라. 그리고 여러분이 활용할 수 있는 모든 전략을 고려하라.

채용

훌륭한 인재를 채용하는 능력은 가장 확실한 도구다. 외부 채용은 고위 임원급의 디지털 리더십 스킬을 확보하고, 운영 관련 직위에 특정한 역량을 얻는 데 효과적이다.

위에서부터 시작하라. 여러분이 기업 내의 디지털 스킬을 확충하고자 한다면, 이사회에 디지털 인식 및 경험을 도입하는 것이 유용하다. 예를 들어 2012년에 코카콜라는 게임 회사인 액티비전 블리자드Activision Blizzard의 CEO인 로버트 코틱Robert Kotick을 이사회 임원으로 영입했다. 회장 겸 CEO인 무타르 켄트Muhtar Kent는 이렇게 설명한다. "로버트는 우리 회사에 기업가적인 사고방식, 높은 수준의 금융 지식financial literacy과 디지털 지식을 가져다주었습니다. 그의 글로벌 브랜드 관련 전문지식과 통찰력은 우리 회사가 앞으로 사업을 확장하고 전 세계의 소비자들 및 고객들과의 디지털 참여를 향상하기 위해 투자하는 데 귀중한 도움이 될 것입니다."[2] 또한 많은 기업들이 경험을 쌓은 임원들을 영입함으로써 고위 경영진에 디지털 리더십을 투입한다. 세계적인 식품업체인 네슬레는 2011년에 피트 블랙쇼Pete Blackshaw를 영입하고, 디지털 및 소셜 미디어 담당 총괄직을 맡겼다. 디지털 마케팅 전략을 조화롭게 추진하고 가속화하기 위해서다.[3]

 채용 전략을 혁신하라. 전통적인 채용 방식뿐만 아니라 소셜 미디어, 온라인 채용 업체, 기타 온라인 커뮤니티 등 디지털 기술을 통한 모든 채용 관련 채널을 활용하라. 예를 들어 로레알은 경영 게임 형태의 채용 웹사이트인 '리빌Reveal'을 개발했다.[4] 디지털에 관해 잘 알고 있는 Y세대의 지원자들은 디지털 수단을 통해 참여하는 편을 선호했다. 지원자들 중 49%는 혁신적인 방식으로 홍보되는 일자리를 고려해볼 가능성이 더욱 크다.[5]

 차별화된 스킬을 찾아내기 위해 폭넓게 고려하라. 직접 찾아가서 인재를 확보하라. 차별화된 스킬을 확보하기 위해 자신이 속한 업계 바깥으로 눈을 돌려라. 아니면 초기 노출을 위해 학술 기관과 파트너십을 구축하라. 시저스는 양적인 스킬을 확장해야 할 때 이러한 방법을 활용했다. 시저스는 애널리틱스 스킬과 관련하여 그 당시 기준으로 가장 앞서 나가는 기업들을 파악했는데, 대다수는 금융서비스 분야에 속했다. 시저스는 이러한 기업들에서 지원자들을 끌어모았고, 핵심 애널리틱스 스킬을 구축했다.

훈련

훈련은 기업 내부에서 역량을 키우는 데 있어서 필수적이다. 기존 직원들의 상당수는 자신의 스킬을 확대하기 위해 개인적인 디지털 여정을 떠날 준비가 되어 있다. 디지털 인식 프로그램, 구체적인 디지털 스킬 훈련 및 인증, 직원 교환 프로그램, 역 멘토링, 또는 기업 내부의 디지털 유니버시티 등 다양한 훈련 방안이 존재한다.

디지털 인식을 제고하라. 일례로 로레알은 마케팅, 리서치, 생산, 커뮤니케이션, 판매 등 여러 기능 부서의 디지털 인식을 제고하고자 했다. 따라서 관리자들을 포함하여 5천 명을 대상으로 2년에 걸쳐 디지털 능력 향상digital fluency 프로그램을 실시했다.[6]

특정 디지털 기술에 관해 직원들에게 알려주어라. 인텔은 디지털 IQ 훈련 프로그램을 도입함으로써, 소셜 미디어 측정에서 브랜드 아이덴티티에 이르기까지 다양한 분야에 관한 60개의 온라인 강좌를 제공했다. 강좌의 성공에 힘입어 인텔은 '디지털 IQ 500'이라는 내부 인증을 도입했다. 인증에 통과한 직원들은 회사를 대표해서 소셜 미디어에서 활동할 수 있다.[7]

직원 교환 프로그램을 조직하라. 이러한 프로그램 또한 여러분의 기업이 디지털 스킬을 향상하기 위해 핵심 파트너들을 최대한 활용할 수 있는 좋은 방안이 된다. 예를 들어 P&G는 구글과의 직원 교환 프로그램을 시작했다. 두 회사의 직원들은 상대방의 훈련 프로그램과 비즈니스 미팅에 참여한다.[8] 이 프로그램을 통해 P&G 직원들은 디지털 및 검색 마케팅에 관한 전문지식을 얻을 수 있었다. 한편 검색어 광고 지출의 74%를 차지하는 구글은 이러한 직원 교환 프로그램을 통해 세계 최대 광고주의 업무 규준 및 문화에 대해 배울 수 있었다.[9]

역 멘토링 프로그램을 도입하라. GE가 처음 실시한 역 멘토링은 디지털에 관해 잘 알고 있는 직원들과 경영진을 격의 없이 연결해주는 좋은 방안이 된다. 인도의 통신기업인 바르티 에어텔Bharti Airtel의 HR 책임자인 크리쉬 샹카Krish Shankar는 이렇게 설명한다. "젊은 사람들이 기술의 미래를 정의할 것입니다. 우리가 젊은 세대에게 말을 건네고 이들을 주의 깊게 관찰하지 않는다면, 그들이 요구하는 바를 알 수 없을 것입니다. 역 멘토링 프로그램은 여러분이 얼마나 높은 직위에 있든지 배움에는 나이가 없다는 것을 알려줍니다."[10]

디지털 유니버시티 구축을 고려하라. 명품 브랜드의 지주 회사인 케링Kering은 전 세계적으로 디지털 스킬을 늘리기 위해 회사 내부에 디지털 아카데미를 설립했다. 이와 관련하여 케링은 다음 세 가지에 중점을 두었다. 브랜드 혁신을 개발하고, 관리자들의 디지털 인식을 구축하고, 그룹 전체에 걸쳐 디지털 트랜스포메이션에 관한 국제적인 커뮤니티를 구축하는 것이었다.[11]

파트너링

생태계 파트너들이 이미 지니고 있는 핵심 스킬이 여러분의 기업에는 없는 경우에, 파트너십은 매우 효과적일 수 있다. 버버리의 CEO인 안젤라 아렌츠는 이렇게 설명한다. "우리는 생태계에 대한 비전을 기술 파트너들과 공유하기 시작했습니다. '버버리는 글로벌하고 다이내믹하며, 명확한 비전을 가지고 있다'고 말했지요. 우리는 대단한 CTO와 민첩하고 신속하게 움직이는 IT 부서를 보유하고 있습니다. 따라서 '우리가 여러분의 R&D 역할을 담당하겠습니다. 함께 실험해봅시다.' 이렇게 제안했지요."[12]

또한 파트너십은 제품 또는 서비스 혁신에 중요한 구체적인 스킬에 접근하는 데 효과적이다. 일례로 GE는 소셜 제품개발 회사인 쿼키Quirky와 파트너십을 구축했다. 이를 통해 쿼키의 제품개발 커뮤니티는 GE의 특허에 접근하고, 생산과 관련하여 혁신을 가속화할 수 있다. 한편 구글은 잠재적인 침해에 관해 우려할 필요 없이, GE가 보유한 기술을 활용한 제품의 혁신을 장려할 수 있다.[13] 적절한 스킬 이전$^{skill-transfer}$ 메커니즘만 있다면, 파트너링은 상당한 효과를 발휘할 수 있다.

인수/인재 인수$^{Acqui-Hires}$

순수하게 인재를 확보하기 위해 소규모 기업을 인수할 수도 있다. 월마트 랩스$^{Walmart\ Labs}$가 모바일 및 소셜 미디어 채널을 강화하고자 했다. 이를 위해서 제품 개발에 중점을 둔 모바일 관련 업체들을 인수했다.[14] 다른 방안의 진전이 너무 느리거나 스킬이 드물 경우에는 인수가 해결책이 될 수도 있다. 하지만 사람을 기반으로 한 인수가 그렇듯이, 실행에 위험이 따를 수 있다.

인큐베이팅

인큐베이션을 통해서 민첩한 스타트업에 투자하고, 기업의 기술 및 경영 지원을 제공할 수 있다. 여러분의 자원을 스타트업에 제공함으로써, 구하기 어려운 특별한 인재를 확보할 수 있게 된다. 글로벌 제과 업체인 몬델레즈^{Mondelez}는 모바일 마케팅 스타트업 역량을 활용하기 위해서 2011년에 모바일 퓨처$^{Mobile\ Futures}$ 인큐베이터를 도입했다. 몬델레즈는 이러한 프로세스를 통해 모바일에 중점을 둔 기술 기업들을 론칭하고 싶어 한다. 그러나 더욱 중요한 것은, 혁신을 추진하기 위해 인스토어$^{in-store}$ 마케팅, 위치 기반 광고, 소셜-TV 애플리케이션 등 새로운 역량을 얻고자 한다.[15] 만약 여러분이 기업가 정신을 불어넣고 최첨단 디지털 기술에 접근하고 싶다면, 인큐베이터 모델은 매우 유용할 것이다. 하지만 성공하기 위해서는 강력한 프로그램 관리가 필요하다.

강력한 디지털 스킬을 구축하는 것은 디지털 트랜스포메이션 프로그램의 지속가능성을 확보하는 데 필수적이다. 어떤 영역에서는 대규모로 역량을 구축해야 하고, 또 다른 영역에서는 매우 제한된 스킬을 겨냥해야 할 것이다. 목표를 이루기 위해서 수많은 방법을 활용할 수 있다. 중요한 것은 실행에 대한 영향이다. 여러분은 명확한 계획과 투자를 갖춰야 하며, 기능 및 사업 부서들과 협력하여 실행해야 한다. 혼자 힘으로만 하려고 하지 마라. 이렇게 복잡한 역량의 변화를 이끌어내기 위해서는 인사 및 조직개발 부서의 지원을 받아야 한다.

디지털 플랫폼을 구축하라

이 책의 앞부분에서 우리는 강력한 디지털 플랫폼을 보유하는 것의 중요성에 관해 살펴본 바 있다. 그 이유는 무엇일까? 제대로 정의되고 관리되는 플랫폼은 여러분에게 의사 결정에 필요한 정보를 제공하며, 최대한 효과적으로 프로세스를 지원하는 데 필요한 조율을 제공하기 때문이다. 또한 훌륭한 디지털 플랫폼은 고객과 연결되는 다리이자, 내부 및 제3자 프로세스로 향하는 관문이다. 훌륭한 플랫폼은 고객 상호작용을 개인화하고, 애널리틱스를 수행하고, 내부 프로세스를 최적화하고, 여러 채널에 걸쳐 매끄럽게 관리하고, 고객에 대한 단일한 관점을 가질 수 있도록 해준다.

디지털 플랫폼은 일관된 비즈니스 프로세스의 집합이다. 이를 뒷받침하는 인프라, 애플리케이션, 데이터와 더불어 핵심 거래의 품질과 예측가능성을 확보하고자 한다.[16] 디지털 플랫폼은 제대로 정의되고 관리되어야 하며, 꼭 필요한 만큼만 복잡해야 한다. 훌륭한 디지털 플랫폼은 비즈니스 프로세스의 효율성을 높이고 위험을 낮추며 민첩성을 높인다.[17] 그런데 안타깝게도 많은 대기업의 경우에 플랫폼은 복잡하게 얽힌 스파게티처럼 엉망진창이다. 지나치게 복잡하고, 운영 경비가 많이 들고, 변화하기 어려우며, 실패하기 쉽다.

고객 참여 또는 운영을 혁신하고자 한다면, 먼저 플랫폼의 혁신에서부터 시작해야 한다. 버버리의 안젤라 아렌츠가 디지털 트랜스포메이션 프로그램을 도입할 때도, 로이드 뱅킹 그룹이 새로운 디지털 뱅킹 역량을 위한 기반을 구축할 때도 이런 방식을 택했다. 아마 여러분도 이처럼 플랫폼의 혁신에서부터 시작해야 할 것이다.

적절한 디지털 플랫폼을 구축하기 위해서는 어떤 것이 필요할까? 기업 아키텍처의 관점에서 생각해보는 것도 유용한 접근방안이 될 수 있다. 기업 아키텍처는 비즈니스 프로세스와 이를 뒷받침하는 기술을 바람직하게 구성하는 논리가 포함되어 있는 로드맵이다.[18] 많은 사람들이 기업 아키텍처를 세 가지 층위로 나누어서 생각한다. 이 층위들은 제각기 다르지만 서로 조율되어 있다. 첫째, 프로세싱, 저장 및 커뮤니케이션을 뒷받침하는 인프라 및 기존 애플리케이션과 새로운 애플리케이션으로 구성된 기술 아키텍처가 필요하다. 이 중에는 여러분이 직접 관리하는 기술도 있겠고, 여러분의 파트너 또는 서드 파티 공급자들이 관리하는 클라우드 기반의 기술도 있을 것이다. 또한 기업의 여러 부문에 걸쳐 여러분이 원하는 통합과 표준화 수준을 이해하고, 비즈니스 프로세스가 기업의 활동을 어떻게 지원하는지를 이해하기 위해서는 비즈니스 프로세스 아키텍처가 필요하다. 여러분은 기업의 현황과 미래의 상황을 연계하고, 여기에 필요한 기술적 및 조직적 변화들을 고려해야 한다. 점점 더 많은 기업들이 데이터 아키텍처를 구축하고 있다. 이것은 정보가 어떻게 생산되고 분배되는지 등 콘텐츠에 대한 이해와 관련된다. 정형 데이터인가 비정형 데이터인가? 거래 및 애널리틱스에 데이터가 어떻게 활용되는가? 보안, 프라이버시, 데이터 유지를 위한 요구사항들은 어떻게 관리할 것인가? 어떻게 하면 고객과 프로세스, 성과에 대한 통합적인 관점을 얻을 수 있을까?

플랫폼이 올바른 방향으로 발달하도록 하기 위해서는 강력한 디지털 거버넌스가 필요하다. 효과적인 거버넌스 모델은 불필요한 복잡함을 배가하는 요청을 거부하며, 플랫폼의 역량을 향상하는 이니셔티브를 촉진한다. 제8장에서 살펴본 약국 체인 CVS의 플랫폼과 마찬가지로, 거버넌스는 효율성을 제공하고 기업 전체에 영향을 미칠 수 있는 표준화된 플랫폼을 구축하는 데 있어서 필수적이다. 또한 시저스 엔터테인먼트의 기업 웹 플랫폼을 로컬 호텔들이 자유롭게 활용하는 것처럼, 각기 다른 부서들이 플랫폼의 일부분을 맞춤형으로 바꾸거나 더 나아가 혁신할 수 있는 방안을 제공할 필요가 있다.

세계적인 수준의 디지털 플랫폼을 구축하는 것은 CIO와 기술 담당 부서만의 과제가 아니다. 그들의 힘만으로는 불가능하며, 여러분을 비롯한 경영 담당 임원들이 IT 리더들과 함께 발맞추어 일해야 한다. 여러분은 기준을 따르고 불필요한 예외를 피하는 절제력을 지녀야 하며, 훌륭한 플랫폼과 새로운 기술을 활용해서 새로운 업무 방식을 구상할 수 있는 지식을 갖춰야 한다. 여러분이 적극적으로 다가간다면, IT 리더들은 이러한 플랫폼을 구축하는 데 있어서 귀중한 파트너가 될 수 있다.

긴밀한 IT – 비즈니스 관계를 발전시켜라

아주 오래전에 우리는 'IT는 기술의 관리자이며, IT 리더들은 기업의 다른 부문에 서비스를 제공하는 역할을 한다.'고 배웠다. 이들은 비즈니스 부문의 지시 아래 새로운 시스템을 만들어내고, 자신의 업무를 비즈니스 전략에 연계시켰다. 시스템이 계속 작동하고 프로젝트가 기한 내에 완성될 수 있게만 해준다면 아무런 문제가 없었다. 그런데 이제 그런 시절은 끝났고, 여러 해가 흘러갔다.

효과적인 디지털 트랜스포메이션을 위해서는 IT와 비즈니스 스킬이 융합되어야 한다. 상호 신뢰와 이해 공유, 그리고 새로운 업무 방식이 필요하다. 빠르게 변화하는 고객 응대 관련 혁신에 발맞추기 위해서는 민첩한 실행에 의한 학습이 필요하며, 더욱 중요하고 오래 지속되는 프로젝트에 대한 체계적인 방안이 필요하다. 그리고 이러한 방안들을 적절하게 혼합할 수 있는 지혜를 지녀야 한다.

IT와 비즈니스는 수년간 분리되어 있었기 때문에, 여러분이 필요로 하는 강력한 관계를 구축하는 데 어려움을 겪을 수 있다. 여러 조직에서 이 둘 간의 상호작용은 자연스럽게 일어나지 않을 것이다. 그러나 IT와 비즈니스 리더들의 관계를 개선하고 진정한 파트너십을 구축하는 것이 결코 불가능한 과제는 아니다. 전 세계의 여러 기업들이 이러한 일을 해냈고, 여러분이 이러한 파트너십을 구축할 수 있도록 참고할 만한 사례가 많다.[19] 그런데 이렇게 새로운 파트너십을 구축하는 데는 시간과 노력이 필요하다. 여러분이 속한 조직의 IT 및 비즈니스 리더들 간의 관계와 문화를 완전히 변화시키기 전에 디지털 트랜스포메이션에 착수해야 할 것이다. 디지털 마스터들은 IT-비즈니스 관계를 개선하기 위해 다양한 접근방안을 활용한다. 탑다운 방식, 프로젝트 기반 방식, 정부 주도형, 조직적 방식 등 다양한 노력이 필요하다.

탑다운

버버리의 CEO인 안젤라 아렌츠는 CIO가 고위 경영진의 일원으로 참여하도록 지시했다. 그러나 CIO를 경영진에 합류시키는 것만으로는 충분하지 않았다. 아렌츠는 CIO와 긴밀하게 협력했고, 그가 새로운 역할을 담당할 수 있도록 도와주었다. 또한 아렌츠는 자신의 팀원들이 경영 중심적인 측면에서 벗어나 IT-비즈니스 관계를 향상할 필요가 있다는 것을 명확하게 이해하고 있었다.[20] 회사의 최고위급 임원인 CEO가 앞장서서 IT와 비즈니스의 융합을 추진한 덕분에 성공을 거둘 수 있었다.

프로젝트 기반

어떤 기업들은 비밀 실험실Skunk Works(국가나 기업이 극비리에 추진하는 프로젝트 - 역주)을 활용하여 디지털 혁신 프로젝트를 진행하기도 한다. 비즈니스와 IT에서 필요한 자원을 끌어와서, 한정된 기간 동안 구체적인 이니셔티브를 추진한다. 이러한 방식은 준비과정이 수월하다는 장점이 있다. 하지만 프로젝트 기반 방식이 커뮤니케이션을 개선함에도 불구하고, 시간이 흐름에 따라 두 커뮤니티가 적극적으로 협업에 참여하지 않게 된다.

거버넌스 기반

강력한 거버넌스 프로세스에서는 프로젝트를 심사하고 실시하기 위해 IT와 비즈니스를 통합하는 접근 방식이 필요하다. 통합적인 방안을 활용하면 IT와 비즈니스 담당 임원들이 함께 시간을 보내고 이니셔티브를 달성할 방법을 함께 모색하는 데 도움이 된다. 기술 프로젝트로 인한 재무적 결과에 대해 비즈니스 리더들이 책임을 지도록 하는 것도 IT와 비즈니스가 서로 조화를 이룰 수 있도록 하는 좋은 방안이 된다. 예를 들어 대형 의류업체의 어느 부서에서 디지털 이니셔티브를 추진하기 위한 자금이 필요하다면, 비즈니스 부서의 장이 임원 운영위원회에서 직접 이러한 의견을 피력해서 설득해야 한다. 또한 구체적이고 측정 가능한 수익 목표를 제시해야 한다. 이렇게 실행을 거친 다음에는 부서장이 동료들 앞에서 수익 달성 여부와 그 이유를 설명해야 한다. 이렇게 책임성을 강화하면 기술과 비즈니스 담당 임원들 사이의 관계가 더욱 탄탄해진다. IT와의 긴밀한 협력을 통해 성과를 이루어냈는지에 비즈니스 임원에 대한 신뢰성이 달려 있기 때문이다.

조직적

조직적 변화를 통해 IT와 비즈니스 부서 간의 거리를 좁힐 수 있다. 예를 들어 테트라팩^{TetraPack}(세계적인 포장재 업체 – 역주)은 강력한 비즈니스 프로세스 오너십을 중심으로 IT와 비즈니스 담당자들을 연계한다. 비즈니스 프로세스의 오너는 프로세스를 어떻게 변화시킬지를 관리하며, 이를 달성하기 위해서 IT와 비즈니스 담당자들을 조율한다. 다른 기업들은 기술 및 운영 담당자들이 같은 고위급 임원에게 보고하도록 한다. 한편 디지털 로드맵을 추진하기 위해서 조직적 부서를 설치하는 기업들도 있다. 나이키 디지털 스포츠나 로이드 뱅킹 그룹의 경우처럼, 이러한 부서는 자체적으로 자원을 보유하거나 소유 자원과 공유 자원을 두루 갖추고 있다. 또는 제8장에서 살펴본 것처럼 이중 속도 IT 방식을 활용할 수도 있다.

어떤 모델을 활용하건 간에, 여러분의 IT와 비즈니스 리더들이 신뢰와 이해, 협업을 바탕으로 더욱 긴밀하게 협력하도록 해야 한다. 이것이 트랜스포메이션을 유지하고 디지털 마스터의 디지털 우위를 확보하는 전제조건이 된다.

✚ 여러분의 보상 구조는 트랜스포메이션 목표에 연계되어 있는가?

기업의 트랜스포메이션 목표와 추진방안은 불가분의 관계로 연결되어 있으며, 보상 구조가 이 둘을 이어주는 접착제가 된다. 트랜스포메이션 과정에서 '변화에 대한 저항'은 실제로는 보상과 추진방안 사이의 갈등인 경우가 많다. 그렇기 때문에 설문 조사 결과에 따르면 디지털 마스터의 2/3가 보상 구조를 디지털 트랜스포메이션 목표에 명시적으로 연동시켰다.[21] 디지털 트랜스포메이션은 기업의 목표를 달성하는 데 가장 효과적인 금전적 및 비금전적 인센티브의 조합을 재평가할 수 있는 기회를 비즈니스 리더들에게 제공한다. 갈등을 극복하고 디지털 트랜스포메이션을 유지하기 위해 보상 구조를 수정할 필요가 있다.

고위 경영진부터 시작하라

우리는 앞서 프레임워 단계에서, 비전을 중심으로 고위 경영진을 연계하는 것의 중요성에 관해 살펴본 바 있다. 또한 디지털 트랜스포메이션의 교차 기능적 속성에 관해서도 이 책 전반에 걸쳐서 다룬 바 있다. 디지털 트랜스포메이션의 성공이나 진전을 바탕으로 고위 경영진 전체에 인센티브를 제공하는 것도 효과적인 방안이라 할 수 있다.

처음부터 끝까지 순조로운 운영

디지털 트랜스포메이션 목표를 연계하는 과정에서 운영 관련 문제가 발생할 수 있다. 어떻게 하면 핵심 프로세스가 처음부터 끝까지 잘 진행되고, 기능 및 비즈니스 부서들 간의 인터페이스가 순조로워질 수 있을까? 초기 단계에서부터 보상 구조와 관련된 갈등이 뚜렷하게 나타날 수 있는데, 여러분은 이 문제를 해결해야 한다. 그런데 초기에는 드러나지 않다가 디지털 전환이 심화됨에 따라 나타나는 문제들도 많다. 이런 문제들은 트랜스포메이션을 추진하기 위한 노력을 둔화시키는 걸림돌이 되거나 핑계거리가 될 수 있으므로 경각심을 가질 필요가 있다. 인터뷰를 실시했을 때, 변화에 대한 직원들의 저항이 디지털 트랜스포메이션을 실행하는 데 있어서 가장 큰 장애물 중 하나라는 답변을 들었다.[22]

온라인 채널이 빠르게 성장하고 있는 소매유통업계를 예로 들어보자. 오늘날 소매유통업계가 겪고 있는 가장 큰 문제들 중 하나는 온라인 및 오프라인 채널을 통합하는 것이다. 2011년에 월마트는 점장과 직원들에 대한 새로운 인센티브를 발표했다. 이제 이들은 매장 내에서와 마찬가지로 온라인에서도 자신의 담당 부문에 대한 판촉 활동을 해야 했다. 이렇게 보상을 연계하자, 직원들은 매주 매장을 찾는 1억 4천만 명의 고객들에게 월마트 홈페이지, 아이패드용 신규 앱, 마이 로컬 월마트My Local Walmart 페이스북 앱을 홍보하기 시작했다.[23]

이와 마찬가지로, 영국의 백화점 체인인 존 루이스John Lewis는 고객들이 온라인에서 구입한 물건을 실제 매장에서 찾아갈 수 있도록 하는 클릭 & 컬렉트Click and Collect 전략을 선보였다. 오프라인 및 온라인 매장 간의 효과적인 협력을 도모하기 위해서, 존 루이스는 온라인 판매를 고객의 로컬 매장으로 돌린다. 점장들은 매장 내 판매뿐만 아니라 해당 지역의 전반적인 인터넷 판매까지도 책임지게 되었다. 이러한 변화가 이루어지면서 점장들은 고객들이 웹사이트에서 제품을 구입하는 데 적극적인 영향을 주게 되었다. 클릭 & 컬렉트 전략을 도입한 이후에 존 루이스에서는 온라인 채널을 통한 판매가 상당히 증가했다. 이제 모든 온라인 주문의 1/3이 존 루이스 또는 이 회사의 식품 부문인 웨이트로즈Waitrose에서 수령된다.[24]

금전적인 측면을 넘어서는 보상을 제공하라

디지털 트랜스포메이션을 유지하기 위한 보상 구조는 금전적인 부분에만 신경을 써서는 안 된다. 지위, 평판, 인정, 전문지식, 특권 등 무형의 인센티브는 직원들의 동기부여와 생산성을 향상시키고 궁극적으로 트랜스포메이션 목표를 달성할 수 있게 해주는 훌륭한 경영 관련 수단이 된다.[25] 실제로 직원의 참여를 증진하는 데 있어서 비금전적 동기 부여 수단이 금전적인 보상보다 더 효과적이라는 연구 결과도 있다.[26] 예를 들어 앞에서 살펴본 칠레의 광산 기업인 코델코와 기술 기업인 EMC는 기업 내부적으로 혁신 상을 수여함으로써 새로운 아이디어를 장려하고 직원들의 혁신을 독려하며, 결과적으로 문화의 변화를 이끌어냈다.

또한 디지털 기술 덕분에 게임화 등 새로운 형태의 인센티브를 제공할 수 있게 되었다.[27] 게임화 이니셔티브를 통해서 인정 및 실시간 피드백 등 무형의 보상을 제공하게 되면 긍정적인 결과를 얻을 수 있다. 일례로 어느 중소기업이 영업 인력을 위해 새로운 이벤트 로깅event-logging 시스템을 도입했는데, 직원들의 수용률이 매우 낮았다. 이 문제를 해결하기 위해 이 회사는 영업 대회를 개최했다. 이벤트를 로깅할 때마다 포인트가 부여되고, 가장 많은 포인트를 쌓은 직원에게 100달러에 달하는 레스토랑 상품권을 주기로 한 것이다. 그 결과, 이벤트의 수가 750%나 상승했다. 대회가 시작된 이래로 4주가 지나자 로깅된 이벤트의 수는 이전에 비해 6배나 늘어났다.[28]

기업의 경계 밖까지 보상 구조를 확대하라

디지털 트랜스포메이션을 추진하다 보면 공급업체, 파트너, 심지어 고객 등 기업의 경계 밖으로 보상 구조를 확대해야 하는 경우도 있다. 삼성은 자사 홈페이지에서 고객 지원customer advocacy을 확대하기 위해, 게임화 기술을 활용한 소셜 인센티브 프로그램을 선보였다. 삼성 제품을 홍보할 수 있는 핵심 고객 옹호자를 평가하고 인정하고 이들을 위한 보상을 제공하기 위해서였다. 회사 바깥에까지 내다봄으로써, 삼성은 수동적인 웹사이트 방문자들을 적극적인 브랜드 옹호자로 변화시켰다. 삼성의 웹사이트에는 리뷰가 500% 증가하고 댓글이 200% 늘어났다.[29]

디지털 트랜스포메이션 프로그램을 유지하는 것은 보상 및 인정 구조를 목표에 연계시키는 여러분의 능력에 의해 좌우된다. 이것은 복잡하고 다차원적인 도전과제다. 초기에는 잘못 연계된 부분이 명확하게 드러나지 않을 수도 있기 때문에, 단계별로 대응할 필요가 있다. 쉽지 않은 과정이겠지만 어려운 만큼 많은 혜택을 얻게 될 것이다. 좋은 쪽이든 나쁜 쪽이든 보상은 행동을 촉진한다. 사람들의 행동을 변화시켜야만 궁극적으로 조직 문화의 변화가 일어날 것이다.

✚ 디지털 관련 진전 상황을 측정하고 모니터하고 있는가?

다른 비즈니스 활동과 마찬가지로, '측정할 수 없는 것은 관리할 수도 없다(You can't manage what you can't measure).'는 말은 디지털 트랜스포메이션에도 유효하다. 고위 경영진의 신념에 찬 행동만으로는 디지털 트랜스포메이션을 유지할 수 없다. 적절한 측정 및 모니터링 시스템을 갖추게 되면 투자 및 비즈니스 관련 변화가 여러분의 기업에 진정한 혜택을 줌을 확신하게 될 것이다. 더 나아가, 설문 결과에 따르면 2/3 이상의 임원들이 조직 문화를 바꾸는 데 있어서 측정이 핵심적인 역할을 담당한다.[30] 그렇기 때문에, 측정 기준이 트랜스포메이션 프로그램의 중추가 되어야 하며, 트랜스포메이션을 이끄는 계기판이 되어야 한다.

측정은 어떻게 이루어지는가? 진전 상황을 적절하게 측정하고 모니터링하기 위해서는 전략적 평가표 관리, 디지털 이니셔티브의 진전 상황을 측정하기 위한 이니셔티브 수준의 경영 사례 및 KPI 추진, 탑다운 방식과 이니셔티브 수준의 방식의 연결, 반복적인 검토 프로세스 개발의 네 가지 기본 단계를 거친다.

전략적 평가표 관리하기

전략적 평가표의 추이를 파악하는 것은 고위 경영진의 업무다. 앞서 투자를 집중하는 단계에서도, 비전을 여러분이 달성하고자 하는 최종적인 모습을 반영하는 전략적 목표로 바꾸어놓는 것의 중요성을 살펴본 바 있다. 금전적인 수단도 큰 부분을 차지하겠지만, 전략적 평가표에는 고객 경험과 운영 프로세스, 조직 역량을 위한 디지털 목표도 포함되어야 한다. 평가표는 디지털 트랜스포메이션과 관련된 여러분의 노력에 대한 기본 틀을 제공해야 한다.

트랜스포메이션이 균형 있게 진행될 수 있도록 평가표의 개별 구성 요소들을 적극적으로 관리해야 한다.

다양한 브랜드를 보유한 어느 글로벌 기업이 디지털 트랜스포메이션 프로그램의 진전 상황을 검토하고 싶었다. 이에 경영진은 올바른 목표에 집중하고 전사적인 트랜스포메이션을 감독하기 위해서 디지털 대시보드(중요 성과에 관한 그래프와 차트를 보여주는 소프트웨어)를 실행했다. 더 나아가 이 회사는 그룹 전체의 모든 온라인 활동을 포함하는 가상 디지털 손익계산서$^{Digital\ P\&L}$을 구축했다. 실제로 매출이나 비용이 발생하는 것과는 별개였다. 또한 경영진은 개별 사업부서의 진전 상황을 모니터하기 위한 수단으로 디지털 트랜스포메이션 지수를 만들어냈다. 그렇지만 모든 것이 탑다운 방식으로 이루어지는 것은 아니다.

이니셔티브 수준의 경영 사례 및 이와 관련된 핵심 성과 지표를 추진하라
앞서 제10장에서 우리는 적절한 전문지식으로 직원들의 참여를 이끌어냄으로써 디지털 로드맵의 혜택을 양으로 환산하고 모니터할 필요성을 강조한 바 있다. 또한 명확한 경영 사례는 사람들이 비즈니스를 혁신할 수 있도록 하는 훌륭한 동기 부여제 역할을 한다.

핵심 평가 지표는 고차원적인 것에서부터 아주 구체적인 것에 이르기까지 다양하다. 일반적으로 프로세스와 관련된 성과는 몇 가지 핵심 평가기준으로 측정할 수 있다. 일례로 온라인 신용카드 신청에서 발급까지 걸리는 시간을 들 수 있다. 또한 페이스북에서의 온라인 광고 캠페인의 영향을 측정하는 등 실험 및 개념의 증명과 관련된 기준도 있다. 장기적인 트랜스포메이션 관련 목표를 달성하는 데 핵심적인 평가기준을 선정하는 것이 중요하다.

탑다운 및 이니셔티브 수준의 측정 방안을 연계하라
여러분은 탑다운 및 이니셔티브 수준의 측정 방안을 연계함으로써 일관성 있는 비즈니스 관리 프로세스를 구축하게 된다. 각각의 디지털 이니셔티브가 트랜스포메이션 목표 및 전략적 평가표에 어떻게 기여하는지를 명확하게 밝혀야 한다. 또한 각 이니셔티브의 원인과 결과를 이해해야 한다. 이렇게 단계적인 측정 방안을 구축함에 따라 각각의 팀은 비전을 달성하는 데 집중할 수 있고, 비즈니스 리더들은 비즈니스 임팩트에 대한 가시성을 확보하게 된다.

반복적인 검토 프로세스를 개발하라

여러분은 반복적인 검토를 통해 진전 상황을 모니터하고 필요하면 궤도를 수정할 수 있다. 검토는 엄격하게, 자주 실시되어야 하며 디지털 프로그램에 필요한 유연성을 지녀야 한다. 새로운 기술이 등장하고, 여러분의 팀이 개선을 위한 새로운 기회를 발견하고 시도함에 따라 디지털 트랜스포메이션에는 끊임없는 적응이 필요하다. 전통적인 부문들은 태생부터 디지털인 기업들에게서 신속하게 배워나가고 있다. 예를 들어 영국 정부는 최근 디지털 바이 디폴트Digital by Default 프로그램을 시작했다. 영국 정부의 디지털 서비스 책임자인 마이크 브래컨Mike Bracken은 디지털 공간에서의 새로운 반복적인 접근 방식에 대해 이렇게 말한다. "신속하게 실시하고, 빨리 실패하고, 교훈을 통해 배우고 지속적으로 변화해야 합니다. 그렇기 때문에 조직 내에서 스킬이 필요한 것입니다."[31]

경영진 차원에서, 반복적인 검토 프로세스는 여러분이 새로운 이니셔티브를 선택하고 우선순위를 결정할 수 있도록 도와줄 것이다. 어떤 것들이 여러분의 트랜스포메이션 목표를 진전시키며, 어떤 것들이 지엽적인지를 알려준다. 또한 실질적인 혜택으로 이어지지 않는 것들은 없앨 수 있도록 도와준다. 운영 차원에서는, 핵심적인 디지털 이니셔티브가 계획대로 진행되도록 해준다. 또한 조직에 장애물이 발생할 때 조기 경보를 울린다.

디지털 트랜스포메이션의 추진력을 유지하는 것은 장기적인 성공에 매우 중요하다. 이를 위해서는 변화를 가능하게 할 새로운 기반 스킬을 구축해야 한다. 직원들에게 동기가 부여되고 조직의 장애물이 제거될 수 있도록 보상 구조를 연계하고, 진전 상황을 빈번하게 측정하기 위해 반복적인 검토 프로세스를 실시해야 한다. 열정이 점차 줄어들고 조직 내의 저항은 점점 심해질 때, 이렇게 지속을 위한 개입 조치를 실시하면 여러분이 계속 버틸 수 있도록 도움이 될 것이다.

그렇다면 디지털 세상에서 트랜스포메이션을 유지하는 것은 무엇이 새로운가? 예전보다도 더욱 더, 기술과 비즈니스 역량을 진정으로 통합하는 것이 매우 중요하다. 경쟁기업에 비해 신속하게 디지털 역량을 늘린다면 우위를 확보할 수 있다. 일관성 있는 디지털 플랫폼을 구축하면 트랜스포메이션이 가속화될 것이다. 디지털 트랜스포메이션은 IT와 비즈니스 스킬의 새로운 융합을 필요로 한다. 온라인 및 오프라인의 인센티브와 보상을 연계하는 것은 그 어느 때보다도 중요하며, 장애물을 없앨 수 있다. 디지털 기술은 게임화 등 새로운 형태의 인센티브의 제공을 가능하게 했다. 탑다운 및 이니셔티브 차원의 디지털 기준을 연계하게 되면 디지털 이니셔티브가 트랜스포메이션 목표에 어떻게 도움이 되는지를 분명하게 보여줄 것이다.

그러면 이것이 여정의 끝일까? 결코 아니다. 여러분과 여러분이 속한 조직이 디지털 마스터들에게 디지털 우위를 안겨준 접근방안들을 적용한다 하더라도, 트랜스포메이션은 결코 끝나지 않는다. 여러분이 디지털 마스터가 된다 해도 그 자리를 유지하기 위해서 계속 노력해야 할 것이다. 그 이유에 관해서는 에필로그에서 설명하도록 하겠다.

✚ 여러분의 조직은 디지털 트랜스포메이션을 얼마나 잘 유지하고 있는가?

[표 12.1]은 어떻게 디지털 도전과제를 유지할 수 있는지를 세 가지 핵심 단계를 통해 요약적으로 보여준다. 각 단계마다 핵심 질문을 살펴보고, 여러분의 기업의 진전 상황을 솔직하게 평가해보라(1 = 전혀 그렇지 않음 / 4 = 보통 / 7 = 매우 그러함). 그리고 각 단계마다 개별 문항에 대한 점수를 합산해보라.

각 단계마다 디지털 마스터가 되기 위한 목표 점수를 제시해두었다. 또한 여러분이 현재의 상황을 개선하기 위해 당장 행동에 착수해야 할 기준치를 제시했다. 만약 여러분의 점수가 디지털 마스터의 범위에 든다면, 여러분은 계속 나아갈 준비가 되어 있는 것이다. 중간 단계라면 그 이유를 고민해보라. 디지털 트랜스포메이션 유지 단계에서 몇 가지 부분을 개선할 필요가 있을 것이다. 하위 단계에 해당한다면 이제는 개선 조치를 취할 때다. 만약 점수가 지나치게 낮다면, 초기에 번 아웃 burnout 리스크가 존재한다. 여러분의 트랜스포메이션 프로그램을 유지할 수 있도록 역량, 보상 및 측정과 관련하여 조치를 취하기를 바란다.

[표 12.1] 여러분의 조직은 디지털 트랜스포메이션을 얼마나 잘 유지하고 있는가?

각 문항에 1~7점의 범위로 답변하고, 자신의 점수에 해당하는 권고 지침을 참고하라(1 = 전혀 그렇지 않음 / 4 = 보통 / 7 = 매우 그러함).

필요한 기반 역량을 보유하고 있는가?	점수
조직은 필요한 스킬에 투자하고 있다.	
가능하면 일반적인 디지털 플랫폼을 활용한다.	
IT-비즈니스 관계가 탄탄하다.	
총점	

채점: **16점 초과**: 디지털 트랜스포메이션에 필요한 기반 역량을 갖추고 있다. / **8-16점**: 역량 개발을 목표로 프로젝트를 실행하기 시작했으나, 더욱 분발할 필요가 있다. / **8점 미만**: 기반 역량을 개선하기 위한 구체적인 프로그램의 실시를 고려할 필요가 있다.

보상 구조가 트랜스포메이션 목표에 연계되어 있는가?	점수
보너스 등 금전적 인센티브가 디지털 트랜스포메이션의 목표와 연계되어 있다.	
보상 및 인정 메커니즘이 디지털 트랜스포메이션의 목표와 연계되어 있다.	
성과 리뷰, 승진 등 개인적인 보상이 디지털 트랜스포메이션의 목표와 연계되어 있다.	
총점	

채점: **14점 초과**: 현행 보상 구조가 디지털 목표에 연계되어 있다. / **6-14점**: 디지털 트랜스포메이션과 연계된 보상 전략에 대한 합의를 구축하라. / **6점 미만**: 디지털 목표를 달성하는 구체적인 보상 구조를 실행하라.

디지털 관련 진전 상황을 측정하고 모니터하고 있는가?	점수
일련의 핵심 성과 지표를 통해 디지털 이니셔티브를 평가한다.	
프로젝트 수준의 핵심 성과 지표와 전략적 평가표 상의 목표가 서로 명확하게 이어진다.	
고위 경영진과 더불어 디지털 트랜스포메이션의 진전 상황을 정기적으로 검토한다.	
총점	

채점: **15점 초과**: 필요한 KPI를 갖추고 있다. / **7-15점**: 구체적인 측정 파라미터를 따로 파악하고, 진전 상황을 측정하는 데 이를 활용하라. / **7점 미만**: KPI를 개발하기 위한 프로세스를 구축하고, 현재의 측정 수준을 파악하고, 진전 상황을 반복적으로 추적하라.

에필로그
지금까지는 시작에 불과하다

이 책에서 우리 저자들은 왜 여러분의 기업이 디지털 마스터가 되어야 하는가에 관해 설명했다. 디지털 마스터는 급진적으로 성과를 향상시키거나 비즈니스의 범위를 확대하기 위해 매번 새로운 기술을 활용할 수 있는 기업을 뜻한다. 우리들은 연구를 통해 디지털 마스터가 월등한 성과를 올리고 있다는 것을 보여주었다. 이 책에서 제시한 개념들에 경영진이 관심을 가져야 할 이유가 충분하다. 그런데 또 다른 더욱 근본적인 이유가 존재한다. 다시 말해서, 비즈니스 업계에서 디지털 기술의 영향에 관해 말하자면 지금까지는 시작에 불과하다.

기술: 비즈니스 업계의 끝없는 선동가

소셜 네트워크, 모바일 기기, 애널리틱스, 스마트 센서, 클라우드 컴퓨팅 등 이 책에서 다룬 혁신들은 분명히 파워풀하고 심오하다. 이러한 것들은 고객 경험, 운영 및 비즈니스 모델을 재편하고 있다. 이러한 혁신의 속도와 영향은 정말 충격적일 정도였지만, 앞으로 일어날 일들에 비하면 전주곡에 불과하다.

비즈니스 업계의 끝없는 선동가로서 기술의 역할은 앞으로도 지속될 뿐 아니라 상당히 가속화될 것이다. 무어의 법칙$^{Moore's\ Law}$(반도체 집적회로의 성능이 18개월마다 2배로 증가한다는 법칙 - 역주)은 디지털 미래에도 지속될 것이다.[1] 같은 비용으로도 기술은 5년 안에 지금보다 10배나 더 파워풀해질 것이며, 10년 안에는 100배까지 올라가게 될 것이다. 만약 여러분이 최근 몇 년간 변화의 흐름을 따라가는 데 어려움을 겪었다면, 앞으로 험난한 길이 예상된다. 여러분이 디지털 마스터의 스킬을 갖추지 않는다면, 앞으로 기술의 변화에 발맞추기란 훨씬 더 어려워질 것이다.

다행스럽게도 다음 단계의 기술 트랜스포메이션이 이미 우리 가까이 다가오고 있으며, 앞으로도 지속적으로 고객 경험과 운영을 근본적으로 재편할 것이다. 디지털 마스터들은 이미 이러한 변화에 대처하기 위해 부지런히 준비해왔다.

가장 중요한 혁신은 데이터와 애널리틱스가 지속적으로 비즈니스에 미치는 영향이다. 디지털 형태의 정보가 폭발적으로 증가하고 있으며, 기업들은 새로운 인사이트를 활용하여 더욱 스마트한 결정을 내릴 수 있다. 이는 근본적으로 매우 중요한 발전이다. 데이터는 과학의 핵심 요소이기 때문이다. 우리는 데이터를 통해서 무엇이 무엇을 야기하는지, 그 이유는 무엇인지, 어떤 상황 아래에서 그러한지에 대해 더욱 잘 이해할 수 있다. 앞으로 스마트한 기업들은 여러 핵심 활동을 보다 훌륭하게, 스마트하게, 철저하게 실시하기 위해서 빅 데이터를 활용할 것이다. 이러한 핵심 활동에는 예측 및 전망, 채용 및 승진, 제품 속성 결정, 내부 프로세스 최적화, 마케팅 및 광고, 제품 및 서비스 맞춤화 등이 포함된다. 이러한 활동을 개선하기 위해 빅 데이터를 활용하는 기업들은 그렇지 않은 기업들에 비해 앞서 나가게 될 것이다. 마치 직감에만 의존하는 사람들에게는 승산이 없다는 사실을 알고 있는 도박사처럼 말이다.

새로운 분석 스킬을 확보하는 것은 충분히 신속하게 이루어질 수가 없다. 기업이 고객과 운영에 대해 더욱 풍부한 데이터를 수집하고, 비정형 데이터 분석 테크닉을 통해 소셜 미디어를 조사하고, 더 많은 기기들이 '사물 인터넷internet of things'을 통해 데이터를 보고하고 있다. 여러분이 프로세스와 제품의 전체 성능에 대한 구체적인 정보를 실시간으로 확보한다면 내부 프로세스가 어떻게 변화할까? 직원들에 관해서도 이러한 측정을 실시할 수 있다면 채용 및 인사 프로세스는 어떻게 변화할까? 고객의 니즈와 행동에 대한 더욱 구체적인 인사이트를 통해 여러분은 얼마나 더 훌륭하게 서비스를 개인화할 수 있을까?

이 밖에 다른 기술 혁신 또한 중요해질 것이다. 로보틱스, 적층 가공additive manufacturing(3D 프린팅에서처럼 원료를 여러 층으로 쌓거나 결합시켜서 3차원 물체를 만들어내는 방식 – 역주), 증강 현실, 웨어러블 기술 등은 비즈니스의 운영 방식을 근본적으로 변화시킬 것이다. 운영과 고객 경험, 심지어 비즈니스 모델의 속성까지도 혁신할 것이다.

최근까지만 해도 산업용 로봇은 비싸고 유연성이 부족하고, 사람들 가까이에서 함께 작업하기에는 위험했다. 하지만 이 모든 것이 변화하고 있다. 이제 여러 공장에서 사람들과 오토마톤automaton(자동기계 – 역주)이 함께 일하며, 인간과 로봇의 협업은 더욱 더 긴밀해지고 있다. 로봇의 시각, 촉각 및 환경을 감지하는 감각은 급속도로 발달하고 있으며, 이를 통해서 로봇은 더 많은 일을 맡고 있다. 또한 로봇은 공장을 벗어나 경제 속으로 이동하고 있다. 무인 자동차 및 기타 자율주행 차량은 로봇이며, 앞으로 제조업뿐만 아니라 물류 및 교통 업계를 변화시킬 것이다. TV 퀴즈쇼 〈제퍼디Jeopardy!〉에서 우승한 컴퓨터인 왓슨

Watson이 법조계와 의학계에 진출한다면, 이러한 분야는 어떻게 다뤄지게 될까? 산업용 로봇은 여러분의 공급망과 물류 관리를 어떻게 변화시킬까?

3D 프린팅이라고도 불리는 적층 가공은 더 많은 사업 기회를 제공할 것이다. 이 기술을 활용하면 말 그대로 문서를 프린트하듯이 쉽게 부품을 프린트할 수 있게 된다. 아직은 문서만큼 빠르게 프린트할 수 있는 것은 아니지만 말이다. 플라스틱, 금속 등 다양한 재료로 부품을 만들 수 있다. 적층 가공은 기존의 성형 가공fabrication 프로세스와 같은 방식으로 제한을 받지 않는다. 이미 시제품을 제작하거나 특별한 부품을 소량 생산할 때 3D 프린팅이 활용되고 있으며, 앞으로는 이보다 훨씬 폭넓은 분야에 적용될 것이다. 소량 부품을 보관할 필요가 없다면 여러분의 재고 관리 프로세스가 어떻게 변화할까? 주문형 방식으로 부품을 프린트할 수 있다면 디자인 및 판매 활동이 어떻게 변화할까?

증강 현실은 실제 환경과 추가적인 데이터를 합쳐서 사운드, 그래픽, 영상 등 컴퓨터로 만들어낸 감각 형태와 함께 수정된 환경을 제시한다. 이러한 기술을 통해서 고객들은 여러분의 제품이나 서비스가 제공하는 것을 이전과는 완전히 다른 방식으로 경험할 수 있게 된다. 가상의 탈의실에서 새로운 옷을 입어보고, 색상을 변화시키고, 장신구를 추가해서 꾸며보고, 페이스북 친구들에게 댓글을 남겨달라고 부탁할 수 있다. 이 모든 것이 일상적으로 이루어질 것이다. 앞으로는 실제로 매장을 방문할 때처럼 온라인 쇼핑이 실감날 것이다.

또한 증강 현실은 여러분의 내부 프로세스를 변화시킬 것이다. 예를 들어 현장 유지·보수 엔지니어는 태블릿을 활용하여 인프라의 각 부분을 시각적으로 파악하고, 모든 유지·보수 기록 및 절차를 자동으로 겹치게overlay 보여준다. 어느 전자제품 대기업의 제품 디자이너들은 3D

증강 현실을 활용하여, 배선 다발이 다른 부품에 계속 닿아서 다발이 빨리 끊어진다는 사실을 발견해냈다. 2D 디자인 소프트웨어로는 이러한 상황을 파악할 수 없었다. 여러분은 이 기술을 어떻게 활용해야 고객들의 구매 전 경험pre-purchase experience을 확대할 수 있을까? 운영 생산성을 대폭 향상하는 데도 도움이 될까?

웨어러블 기술은 실시간 모니터링과 피드백 기술을 디자인 및 모빌리티와 함께 합쳐낸다. 이 책의 앞부분에서 다루었던 나이키의 퓨얼밴드를 예로 들 수 있다. 웨어러블 아이템은 수면 패턴에서 심장 박동의 리듬에 이르기까지 무엇이든 추적할 수 있다. 스마트 양말은 달리기 기술을 모니터링할 것이다. 여러분은 티셔츠의 색상이나 열 특성thermal properties을 마음대로 바꿀 수 있다. 구글 글래스 등 디지털화된 안경은 흥미롭고 새로운 가능성을 열어줄 것이다. 예를 들어 내부 기계의 영상 이미지가 기술자의 안경에 직접 스트리밍되고, 기계 사양 관련 데이터가 겹쳐지도록 함으로써 정확한 진단을 내릴 수 있다. 또한 작업자의 손은 자유롭게 움직일 수 있으므로 기계를 수리할 수 있다. 고객들이 여러분의 제품과 서비스를 어떻게 활용하는지를 지속적으로 모니터링한다면 새로운 성장 동력을 발견할 수 있을까? 웨어러블 기술을 통한 새로운 데이터 스트림을 활용해서 돈을 벌 수 있을까? 핵심 운영에 웨어러블 기술을 적용한다면 엔지니어와 기술자들의 생산성이 얼마나 더 향상될 수 있을지 생각해보라.

또한 빠르게 이동하는 기술은 여러분이 조직하고 혁신하는 방법을 변화시킬 수도 있다. 소위 공유 경제는 고정자산의 크기가 중요한 영향을 지닌 대규모 산업의 비즈니스 모델을 재정의하고 있다. 열린 혁신을 통해 이익 공동체를 구축하고, 새로운 인재를 확보할 수 있다. 또한 어떤 문제들에 관해서는 내부 자원과 중앙집중형 계획에 의존하는 것에 비해서 더욱 저렴한 비용으로 더욱 신속하게 진전을 이루어낼 수 있다.[2] 소셜 미디어 및 끊김 없는 데이터의 흐름은 조직의 경계를 이어주고 위계질서를 평평하게 만들 수 있다. 디지털 트랜스포메이션을 이룬 기업에서 중간 관리자의 역할은 무엇인가? 어떻게 하면 전통적인 조직 모델의 한계를 극복할 수 있을까?

디지털 마스터가 되기 위한 노력을 지금 당장 시작하라

기술은 모든 업계, 기업, 프로세스, 결정 및 일자리에 이르기까지 비즈니스 업계의 모든 부분에 영향을 미치고 있다. 기업을 어떻게 구성하고 이끌어나가는지, 기업이 어떻게 성과를 내고 경쟁하는지와 관련하여 심도 있는 변화를 일으키고 있다. 시간이 흐름에 따라 기술은 새로운 기준과 함께 새로운 경쟁의 장을 형성할 것이며, 새로운 승자와 패자가 등장할 것이다.

이 책에서 우리가 논의한 혁신들이 어떻게 진전될지, 얼마나 폭넓고 심도 있는 영향을 미칠지는 아직 확실하지 않다. 다만 우리는 이러한 혁신들 하나하나가 비즈니스 업계에서 중요하게 작용할 것이라고 생각한다. 이 모든 혁신들이 한데 모이면 그 효과가 상당히 혁신적일 것이다.

또한 우리는 다른 기술들이 더욱 더 혁신적일 것이라고 믿는다. 단지 그 기술들이 어떤 것들인지 아직 모를 뿐이다. 기술 진보의 역사, 특히 디지털 기술의 진보는 놀라운 일들의 끊임없는 연속이다. 한 세대 만에 퍼스널 컴퓨터가 거의 모든 지식 근로자에게 꼭 필요한 도구가 되리라는 것을 과연 누가 알았겠는가? 멀티미디어 인터페이스 덕분에 인터넷이 괴짜의 네트워크에서 전 세계를 연결하는 조직으로 변화하리라는 것을 누가 알았겠는가? 전화기가 완전히 새로운 컴퓨팅 기기가 되리라는 것을 과연 누가 알았을까? 10년 전만 해도 그저 오락거리에 불과했던 소셜 미디어가 수십 억 명의 사람들을 연결해주고, 정부를 전복시킬 수도 있는 활발한 조직력을 지니게 되리라는 것을 과연 누가 상상이나 했겠는가?

이렇게 혁신적인 놀라움은 언제까지나 지속될 것이다. 세상에는 그 어느 때보다도 많은 혁신가, 기업가, 발명가, 괴짜들이 존재한다. 또한 이들은 점점 더 낮은 가격 포인트에 점점 더 파워풀한 컴퓨팅 기술을 언제든지 활용할 수 있다. 이렇게 기술에 대해 잘 알고 있는 사람들은 비즈니스 업계와 세계를 변화시킬 수 있는 것들을 고안해내고 있다. 어떤 기술적 진전이 일어날지 전부 예측할 수는 없겠지만, 진전이 일어날 것이라는 사실은 분명하다. 지금까지는 시작에 불과하다.

이러한 변화에 대비하는 최상의 방법이자 아마도 유일한 방법은 지금 당장 디지털 마스터가 되기 위한 노력을 시작하는 것이다. 기술에 적대적인 경우는 말할 것도 없고 기술에 무관심한 기업들, 또는 어떻게 하면 기술이 기업의 핵심적인 부분이 될 수 있을지 파악하지 못한 기업들은 점차 많은 혁신이 일어나고 경영 관련 돌파구가 계속 나타남에 따라 점점 더 어려움을 겪게 될 것이다.

우리는 독자 여러분에게 디지털 마스터리에 대한 지침을 제공하기 위해서 이 책을 집필했다. 이 책이 기술적으로 능숙한 기업을 만드는 데 필요한 모든 것이 완벽하게 수록되어 있는 청사진은 아니다. 그런 청사진은 존재하지 않기 때문이다. 모든 기업은 제각기 다르며, 디지털 마스터리에 이르는 길 또한 다르다. 하지만 우리가 확인한 패턴들, 즉 디지털 마스터의 DNA는 그 어떤 디지털 트랜스포메이션에도 도움이 될 것이다.

이 책을 통해 우리가 공유한 사례, 설명 및 프레임워크가 독자 여러분에게 유용하게 쓰이기를 바란다. 그리고 디지털 트랜스포메이션이 일어난 새로운 세상에서 여러분의 기업이 성공가도를 달리기를 바란다.

부록
디지털 마스터리 — 자가 진단

디지털 트랜스포메이션 여정을 시작하기 위해서는 일단 자신의 시작점을 알아야 한다. 여러분의 기업은 이미 디지털 마스터인가? 아니면 초보자, 패셔니스타, 보수주의자 그 어디쯤에 위치하고 있는가? 여러분이 속한 기업의 디지털 마스터리 수준을 이해하는 데 도움이 될 만한 간단한 퀴즈를 준비했다. 첫째, 여러분의 기업이 소셜 미디어, 모바일, 애널리틱스, 임베디드 기기 등 디지털 기술을 어떻게 활용하는지에 관해 생각해보라. 고객 경험이나 운영 측면에서 디지털 역량을 구축하고 있는가? 디지털 기술을 활용하여 기존의 비즈니스 모델을 개선하고 있는가, 아니면 새로운 비즈니스 모델을 선보이고 있는가? [표 A.1]은 여러분의 디지털 역량을 평가하는 데 도움이 될 것이다. 다음으로는 여러분의 기업이 디지털 트랜스포메이션을 얼마나 잘 이끌어가고 있는지에 관해 생각해보라. 여러분은 직원들의 참여를 이끌어내는 공유 트랜스포메이션 비전을 보유하고 있는가? 트랜스포메이션을 제대로 관리하고 있는가? 탄탄한 기술 리더십 역량을 보유하고 있는가? [표 A.2]는 여러분의 리더십 역량을 평가하는 데 도움이 될 것이다. 이제

[표 A.1] 여러분의 기업은 디지털 역량을 얼마나 잘 구축하고 있는가?

각 문항에 1~7점의 범위로 답변하고(1 = 전혀 그렇지 않음 / 4 = 보통 / 7 = 매우 그러함), 디지털 역량 점수를 합산하라.	점수
고객에 대한 이해를 높이기 위해서 (애널리틱스, 소셜 미디어, 모바일, 임베디드 기기 등) 디지털 기술을 활용하고 있다.	
(온라인, 소셜 미디어, 모바일 등) 디지털 채널을 활용하여 제품 및 서비스를 마케팅한다.	
디지털 채널을 통해 제품과 서비스를 판매한다.	
디지털 채널을 활용하여 고객 서비스를 제공한다.	
기술 덕분에 고객 응대 및 운영 프로세스를 새로운 방식으로 연계하고 있다.	
핵심 프로세스가 자동화되어 있다.	
핵심 운영 및 고객 정보에 대한 통합적인 관점을 보유하고 있다.	
애널리틱스를 활용하여 운영 관련 결정을 향상한다.	
디지털 기술을 활용하여 기존 제품 및 서비스의 성능을 향상시키거나 부가가치를 늘린다.	
디지털 기술을 바탕으로 새로운 비즈니스 모델을 도입했다.	
총점	

디지털 역량과 리더십 역량 점수를 활용하여 [그림 A.1]의 디지털 마스터리 매트릭스에서 여러분의 위치를 파악해보아라. 그러면 여러분이 어디서 여정을 시작하고 있는지를 대략적으로 알 수 있을 것이다.

디지털 역량 점수의 범위는 10~70점이다. 10~41점은 아래쪽 절반에 해당하며, 42~70점은 위쪽 절반에 해당한다.

리더십 역량 점수의 범위도 10~70점이다. 10~42점은 왼쪽 절반에 해당하며, 43~70점은 오른쪽 절반에 해당한다.

동료들도 똑같은 자가 진단을 하도록 권하고, 여러분의 답변과 비교해보아라. 여러분은 어떤 부분을 잘 하고 있는가? 어떤 부분이 미흡한

[표 A.2] 여러분의 기업은 리더십 역량을 얼마나 잘 구축하고 있는가?

각 문항에 1~7점의 범위로 답변하고(1 = 전혀 그렇지 않음 / 4 = 보통 / 7 = 매우 그러함), 리더십 역량 점수를 합산하라.	점수
고위 경영진은 기업의 디지털 미래에 대한 트랜스포메이션 비전을 보유하고 있다.	
고위 경영진과 중간 관리자들은 디지털 트랜스포메이션에 대한 공통의 비전을 공유한다.	
기업 내의 모든 구성원이 디지털 트랜스포메이션에 관한 논의에 참여할 수 있다.	
여러분의 기업은 디지털 트랜스포메이션에 필요한 문화적 변화를 장려하고 있다.	
여러분의 기업은 필요한 디지털 스킬에 투자하고 있다.	
기능, 지역 등 사일로들에 걸쳐서 디지털 이니셔티브가 조율된다.	
디지털 이니셔티브의 관리에 대한 역할과 책임이 명확하게 정의되어 있다.	
공통된 핵심 성과 지표를 활용하여 핵심 디지털 이니셔티브를 평가한다.	
IT 및 비즈니스 리더들이 파트너로서 서로 협력한다.	
IT 부서의 성과가 기업의 니즈를 충족시킨다.	
총점	

가? 서로 다른 부서 또는 조직의 다른 단계에 위치한 사람들이 어느 지점에서 동의하고 동의하지 않는가?

여러분과 여러분의 동료들은 여러분이 경쟁기업과 비교할 때 어떠한지를 보다 깊이 있게 살펴보아야 할 것이다. 제1장에서 언급한 것처럼, 어떤 업계는 다른 업계에 비해 더 멀리까지 진전을 이루고 있다.

시간이 흐름에 따라 모든 업계가 앞으로 나아가겠지만, 이러한 자가 진단은 여러분의 강점과 약점을 판단하는 데 도움이 될 것이다.

이제 자신의 시작점을 알게 된 여러분은 여정을 계획할 수 있다. 매트릭스에서 위쪽으로 올라가고 싶은가? 그렇다면 이 책의 제1부에서 살펴본 디지털 역량에 집중하라. 매트릭스에서 오른쪽으로 이동하고 싶은가? 이 책의 제2부에서 살펴본 리더십 역량에 집중하라. 그런 다음, 이제 모든 준비를 갖췄다면 제3부의 플레이북을 활용하여 여러분의 여정을 시작하라.

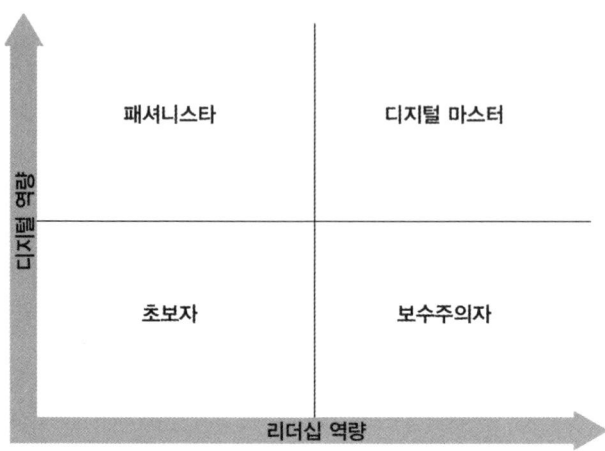

[그림 A.1] 디지털 마스터리의 4단계

출처: George Westerman, Maël Tannou, Didier Bonnet, Patrick Ferraris, and Andrew McAfee, "The Digital Advantage: How Digital Leaders Outperform Their Peers in Every Industry," Capgemini Consulting and MIT Center for Digital Business, November 2012.

감사의 말

이 책을 쓴 우리 세 사람이 2010년에 처음 만났을 때는 책을 집필해야겠다는 생각은 하지 않았다. 그런데 이 만남이 이루어지자 우리는 의기투합하게 되었다. 우리 모두는 모바일 기기, 애널리틱스, 임베디드 기기, 소셜 미디어 등 새로운 형태의 디지털 혁신이 비즈니스와 경영의 혁신에 상당한 영향을 미칠 것이라고 굳게 확신했다. 또한 우리는 기술을 업으로 삼는 기업들 이외에도, 전 세계의 대기업들이 디지털 기술을 활용하여 흥미로운 일들을 추진하고 있으며 이를 통해서 비즈니스에 상당한 혜택을 얻고 있을 것이라고 생각했다. 하지만 이러한 기업들에 관해서는 아무도 이야기하지 않았다. 그래서 우리는 이러한 기업들을 찾아 나서기로 했다. 이들에 관해 조사하고, 경영진과 교류했다. 우리가 연구 결과를 공유하자 전 세계의 경영진은 열의를 보였고 피드백을 해주었다. 우리는 이 과정에서 확신을 얻을 수 있었고, 디지털 트랜스포메이션에 관한 책을 집필해야겠다고 결심했다.

늘 그렇듯이 이러한 속성의 책이 탄생하기까지는 많은 사람의 노력이 필요하다. 특히 이 책을 집필하는 데는 진정한 글로벌 운영이 필요했다. 이 책에 기여한 수많은 사람들에게 감사의 말을 전하기란 쉽지가 않다. 이 책이 출간되기까지 자신의 시간과 통찰력을 할애해준 모든 사람들을 호명할 수는 없을 것이다. 하지만 여러분 모두가 충분히 인정받을 만하며, 우리 저자들은 여러분 모두에게 진심으로 감사드린다.

그중에서도 특별히 언급하고 싶은 분들이 있다. 캡제미니의 CEO인 폴 에르믈랑[Paul Hermelin]은 언제나 저자들을 격려해주었고, 기술이 비즈니스 혁신에 미치는 영향에 대해 조언해주셨다. 클레어 캘머쟌[Claire Calmejane], 마엘 타누[Maël Tannou], 마이크 웰치[Mike Welch]는 각각 1년간 연구를 도와주었고, 연구 결과를 토대로 이 책이 집필되었다. 클레어는 초창기 인터뷰와 프레임워크 개발을, 마엘은 설문조사 및 핵심 아이디어에 관한 심층 논의를, 마이크는 또 다른 설문조사를 도와주었고 이 책의 초고를 집필할 때 도움을 주었다. 닉 캐리어[Nick Carrier]는 수정, 편집 및 허가를 거쳐 이 책이 완성되는 과정을 총괄하고 관리했다. 캡제미니 컨설팅의 패트릭 페라리스[Patrick Ferraris], 프랭크 맥크로리[Frank MacCrory], 제롬 뷔바[Jerome Buvat], 그리고 MIT 디지털 비즈니스 센터[MIT Center for Digital Business]의 그레고리 김펠[Gregory Gimpel], 데보라 술[Deborah Soule]은 집필 과정 전체에 걸쳐서 조언과 지원을 아끼지 않았다.

캡제미니 컨설팅의 CEO인 자비에 오쉐[Xavier Hochet]와 캡제미니의 그룹 개발 책임자인 피에르-이브 크로스[Pierre-Yves Cros]는 연구 자금을 지원했을 뿐만 아니라 자유롭게 자신의 시간과 아이디어를 할애하여 연구를 향상하기 위해 노력했다. MIT 디지털 비즈니스 센터장인 에릭 브린욜프슨 덕분에 이러한 공동 연구 프로젝트를 수행할 수 있었다. 센터의 전무 이사[Executive Director]인 데이비드 베릴[David Verrill]은 지속적으로 저자들을 격려했으며 차분하게 연구 활동을 관리해주었다.

캡제미니 컨설팅의 모든 부사장들과 컨설턴트들에게 무한한 감사를 전하고 싶다. 자신의 통찰을 공유해주었고, 아이디어를 실험할 수 있도록 저자들과 자신의 고객들을 연결해주었다. 디지털 트랜스포메이션의 사람 관련 측면에 관해 보람 있는 대화를 나누어준 마크 버거Marc Burger, 애덤 걸스타인Adam Gerstein, 임케 카이셔Imke Keicher, 스테판 파올리니Stephan Paolini, 바바라 슈피처Barbara Spitzer에게 감사드린다. 또한 디지털 전략과 고객 경험에 대한 전문지식을 공유해준 스캇 클라크Scott Clarke, 제프 헌터Jeff Hunter 및 라부스 큐키Ravouth Keuky에게도 감사드린다. 이 책의 초고를 읽고 귀중한 제안을 해준 미히엘 보릴Michiel Boreel, 래니 코헨Lanny Cohen, 필립 그랑종Philippe Grangeon, 피에르 헤슬러Pierre Hessler, 밥 스캇Bob Scott, 올리비에 세비아Olivier Sevilla, 사이먼 숏Simon Short, 론 톨리도Ron Tolido, 켄 툼즈Ken Toombs에게도 감사의 마음을 전한다.

아울러 설문 조사, 사례 연구, 인터뷰를 도와주고 주제에 관한 논의에 자발적으로 참여해준 MIT 슬론 매니지먼트 리뷰의 마이클 피츠제럴드Michael Fitzgerald, 데이비드 키런David Kiron, 마사 망겔스도르프Martha Mangelsdorf에게도 감사를 전하고 싶다. 또한 자신이 이끄는 기업의 디지털 트랜스포메이션에 관해 함께 논의하고 귀중한 시간을 할애해준 카말 버르와니Kamal Bherwani, 카트리나 레인Katrina Lane, 장-피에르 레미를 비롯한 경영인들에게 감사하다.

출판 에이전트인 캐롤 프랑코Carol Franco는 우리의 아이디어를 명확한 내러티브로 구성할 수 있도록 도와주었고, 훌륭한 출판사인 하버드 비즈니스 리뷰 프레스와 연결시켜 주었고, 출판 과정에서 힘든 고비를 겪을 때 곁에서 격려해주었다. 아나히드 바스마지안Anahid Basmajian과 저스틴 로켄위츠Justin Lockenwitz는 이 책의 시장 진출 전략을 훌륭하게 조율해주었다.

마지막으로 출판사의 담당 팀에게 깊은 감사의 말을 전하고 싶다. 선임 편집자인 제프 케호Jeff Kehoe는 처음부터 우리를 믿어주었고, 출판 과정 전체에 걸쳐 훌륭한 동반자이자 멘토 역할을 해주었다. 이 책의 출간을 독려해주었을 뿐 아니라, 수록된 내용을 향상할 수 있도록 유용한 피드백을 제공해준 익명의 리뷰어 네 명에게도 감사한다. 또한 편집, 제작 및 마케팅 업무를 담당한 샐리 애쉬워스Sally Ashworth, 리즈 볼드윈Liz Baldwin, 에린 브라운Erin Brown, 줄리 데볼Julie Devoll, 스테파니 핑크스Stephani Finks, 에리카 트럭슬러Erica Truxler, 사라 위버Sarah Weaver, 트레이시 윌리엄스Tracy Williams를 비롯한 출판사의 모든 분들께 감사의 인사를 전한다.

개인적인 감사 인사를 떠나서, 우리는 자신의 디지털 트랜스포메이션 경험에 관해 들려주고 우리의 끊임없는 질문 공세에도 너그럽게 대해준 수많은 글로벌 비즈니스 리더들에게 갚을 수 없을 만큼 큰 빚을 졌다. 그중에는 디지털 마스터들도 있었고, 이제 막 여정을 시작하는 사람들도 있었다. 모두가 이 책의 출간에 커다란 공헌을 했다. 여러분이야말로 디지털 트랜스포메이션의 진정한 영웅이다. 우리는 여러분이 우리에게 나아갈 길을 보여준 것에 감사하며, 여러분의 여정을 헤쳐 나가는 과정에서 건승하기를 빈다.

주석

서문

1. Quentin Hardy, "Just The Facts. Yes, All of Them," *New York Times*, March 24, 2012, www.nytimes.com/2012/03/25/business/factuals-gil-elbaz-wants-to-gather-the-data-universe.html?pagewanted= all& _r=0.
2. Marc Andreessen, "Why Software Is Eating the World," Wall Street Journal, August 20, 2011, http://online.wsj.com/news/articles/SB10001424053111903480904576512250915629460.

CHAPTER 1

1. "Nike's Just Getting Going: CEO Parker," *Bloomberg*, October 9, 2013, www.bloomberg.com/video/nike-s-just-getting-going-ceo-parker-OdYc8j3aRr2fiNMbiNvpfg.html.
2. Vignette built from public sources and from Maël Tannou and George Westerman, "Nike: From Separate Level Initiatives to Firm Level Transformation," white paper, Capgemini Consulting, 2012, www.capgemini-consulting.com/nike.
3. "Nike's Just Getting Going: CEO Parker."
4. Erica Swallow, "How Nike Outruns the Social Media Competition," Mashable.com, September 22, 2011, http://mashable.com/2011/09/22/nike-social-media/.
5. Asian Paints, "Corporate Information," www.asianpaints.com/company-info/about-us/corporate-information.aspx; currency conversion by oanda.com, accessed May 8, 2014.
6. Capgemini Consulting, "Building a World Leader Through Digital Transformation: An

Interview with Manish Choksi," *Digital Transformation Review*, no. 2, January 1, 2012, www.capgemini-consulting.com/digital-transformation-review-ndeg2, 42–47.
7. Ibid.
8. Ibid.; George Westerman et al., "Digital Transformation: A Roadmap for Billion Dollar Organizations," white paper, Capgemini Consulting and MIT Center for Digital Business, November 17, 2011, www.capgemini-consulting.com/digital-transformation-a-road-map-for-billion-dollar-organizations, 14–15.
9. Asian Paints, "About Us," www.asianpaints.com/company-info/about-us/corporate-information.aspx, accessed May 8, 2014.
10. George Westerman et al., "The Digital Advantage: How Digital Leaders Outperform Their Peers in Every Industry," white paper, Capgemini Consulting and MIT Center for Digital Business, November 2012, http://ebooks.capgemini-consulting.com/The-Digital-Advantage/index.html, 9.
11. George Westerman et al., "Digital Transformation," 61.
12. Westerman et al., "The Digital Advantage."
13. Tannou and Westerman, "Nike: From Separate Level Initiatives."
14. Michael Welch and Jerome Buvat, "Starbucks: Taking the 'Starbucks Experience' Digital," Capgemini Consulting, October 4, 2013, www.capgemini.com/resources/starbucks-taking-the-starbucks-experience-digital.
15. Northwestern Mutual case study, interview with author; interviewee has asked to remain anonymous.
16. Interview with author; interviewee has asked to remain anonymous.
17. Westerman et al., "The Digital Advantage," 6.
18. Ibid.

CHAPTER 2

1. George Westerman et al., "Digital Transformation: A Roadmap for Billion Dollar Organizations," white paper, Capgemini Consulting and MIT Center for Digital Business, November 17, 2011, www.capgemini-consulting.com/digital-transformation-a-road-map-for-billion-dollar-organizations.
2. As of spring 2014, Ahrendts is senior vice president for retail and online sales at Apple. Capgemini Consulting, "Burberry's Digital Transformation," *Digital Transformation Review*, no. 2, January 2012, www.capgemini-consulting.com/digital-transformation-review-ndeg2. Austin Carr, "Apple Hires Burberry CEO Angela Ahrendts to Rejuvenate Retail Stores," *Fast

Company, October 15, 2013, www.fastcompany.com/3019981/apple-hires-burberry-ceo-angela-ahrendts-to-rejuvenate-retail-stores.
3. Ibid. Burberry's founder, Thomas Burberry, invented an original design for a coat originally sold to the British Army. The coat was made of a special type of fabric for comfortable, rain-resistant wear.
4. Capgemini Consulting, "Burberry's Digital Transformation."
5. www.burberry.com.
6. http://kisses.burberry.com.
7. Capgemini Consulting, "Burberry's Digital Transformation."
8. Perry Manross, "Three Tenets of a Best Run Business," SAP.info, May 15, 2012, http://en.sap.info/hana-in-memory-sapphirenow-orlando-2012/72972/3.
9. Capgemini Consulting, "Burberry's Digital Transformation."
10. "Burberry Goes Digital," *Economist*, September 22, 2012, w w w.economist.com /node /21563353; "How Fashion Retailer Burberry Keeps Customers Coming Back For More," *Forbes.com*, October 28, 2013, w w w.forbes.com /sites /sap /2013/10 /28/how-fashion-retailer-burberry-keeps-customers-coming-back-for-more.
11. Capgemini Consulting, "Burberry's Digital Transformation."
12. For L2 Thinktank ranking, see www.l2thinktank.com/research/fashion-2013. For *Fast Company* ranking, see www.fastcompany.com/most-innovative-companies/2014/industry/retail and www.fastcompany.com/most-innovative-companies/2013/industry/retail. For Interbrand ranking, see www.interbrand.com/en/best-global-brands/2013/Best-Global-Brands-2013.aspx.
13. Michael Welch and George Westerman, "Caesars Entertainment: Digitally Personalizing the Customer Experience," white paper, Capgemini Consulting, April 25, 2013, www.capgemini.com/resources/caesars-entertainment-digitally-personalizing-the-customer-experience.
14. Capgemini Consulting, "Allianz: Creating a Digital DNA," *Digital Transformation Review*, no. 4, May 2013, www.capgemini-consulting.com/digital-transformation-review-4.
15. Michael Fitzgerald, "How Starbucks Has Gone Digital," *MIT Sloan Management Review*, April 4, 2013, http://sloanreview.mit.edu/article/how-starbucks-has-gone-digital/.
16. Martha Heller, "How Vail Resorts Uses IT to Profile Skiers," Cio.com, June 26, 2013, www.cio.com/article/734940/How_Vail_Resorts_Uses_IT_to_Profile_

Skiers_.
17. Personae are clusters of users who exhibit similar patterns of behavior in their customer experience. These behavioral patterns are common to a personae type, regardless of age, gender, education, location, or other typical demographic data.
18. Heller, "How Vail Resorts Uses IT to Profile Skiers."
19. Megan Burns, "The State of Customer Experience 2011," Forrester Research, February 17, 2011, 1, 3, www.forrester.com/The+State+Of+Customer+Experience+2011/-/E-RES58635?objectid=RES58635.
20. Fitzgerald, "How Starbucks Has Gone Digital."
21. James Wester, "Starbucks Still Feeling a Buzz from Mobile Payments," Mobilepaymentstoday.com, January 28, 2013, www.mobilepaymentstoday.com/article/207367/Starbucks-still-feeling-a-buzz-from-mobile-payments.
22. Square, Inc., "Starbucks Accelerates Mobile Payments Leadership by Choosing Square for Payments," Square web page, August 8, 2012, https://squareup.com/news/releases/2012/square-starbucks.
23. Starbucks, "Starbucks Coffee 2013 Annual Meeting of Shareholders: Adam Brotman," Starbucks, March 20, 2013, http://media.corporate-ir.net/media_files/IROL/99/99518/asm13/ASM_SHOW_FINAL_AdamBrotman.pdf.
24. Sarah Vizard, "P&G Invests 30% of Media Spend in Digital," *Marketing Week*, January 24, 2014, www.marketingweek.co.uk /sectors/fmcg/pg-invests-30-of-media-spend-in-digital/4009256.article.
25. Gartner, "US Digital Marketing Spending Survey 2013," Gartner, March 6, 2013, www.gartner.com/technology/research/digital-marketing/digital-marketing-spend-report.jsp.
26. "My Starbucks Idea," http://mystarbucksidea.force.com/.
27. Ashton D, "Introducing Starbucks Runner Reward," *My Starbucks Idea* blog, August 27, 2012, http://blogs.starbucks.com/blogs/customer/archive/2012/08/27/introducing-starbucks-runner-reward.aspx.
28. Starbucks, "Starbucks CEO Hosts 2013 Annual Meeting of Shareholders," transcript, *Yahoo Finance*, March 21, 2013, http://finance.yahoo.com/news/starbucks-ceo-hosts-2013-annual-055406090.html.
29. Andrew McAfee, "Big Data: The Management Revolution," Massachusetts Institute of Technology, Center for Digital Business, Conference, Cambridge, MA, December 12, 2012, https://www.youtube.com/watch?v=T5AkD9gzchs #t= 40.
30. Welch and Westerman, "Caesars Entertainment," 3.

31. Liz Benston, "Harrah's Launches iPhone App; Caesars Bypasses Check-In," *Las Vegas Sun*, January 8, 2010, www.lasvegassun.com/news/2010/jan/08/harrahs-launches-iphone-app-caesars-bypasses-check /.
32. Capital One, "News Release," http://phx.corporate-ir.net/phoenix.zhtml?c=70667& p =irol-newsArticle& ID =1080986& highlight=.
33. Trefis Team, "Capital One Buys Data Analytics Firm to Tap Spending Trends at Local Businesses," *Forbes*, December 6, 2012, www.forbes.com/sites/greatspeculations/2012/12/06/capital-one-buys-data-analytics-firm-to-tap-spending-trends-at-local-businesses/.
34. Julie Shicktanz, "One Year After Its FinovateSpring 2011 Demo, Bankons Inks Deal with Capital One," *Finovate* blog, May 7, 2012, http://finovate.com/2012/05/one-year-after-its-finovatespring-demo-bankons-is-acquired-by-capital-one.html.
35. John Adams, "Cap One's Jamison Discusses Issuer's New Digital Innovation Lab," PaymentSource.com, November 28, 2011, www.paymentssource.com/news/cap-one-jamison-digital-innovation-lab-3008658-1.html.
36. nGenera, "Business Analytics: Six Questions to Ask About Information and Competition," SAS.com, 2008, www.sas.com/offices/europe/uk /businessanalytics/research-report.pdf.
37. Data from www.google.com/finance; a 2000 net income equaling $467 million and a 2010 net income equaling $2,743 million provide a CAGR of 19.32 percent over ten years.
38. Michael Welch and Jerome Buvat, "Starbucks: Taking the 'Starbucks Experience' Digital," Capgemini Consulting, October 4, 2013, www.capgemini.com/resources/starbucks-taking-the-starbucks-experience-digital.
39. Fred Bernstein, "Technology That Serves to Enhance, Not Distract," *New York Times*, March 20, 2013, www.nytimes.com/2013/03/21/arts/artsspecial/at-cleveland-museum-of-art-the-ipad-enhances.html?pagewanted= all& _r=2& .
40. RightNow/Harris Interactive, Customer Experience Impact Report, RightNow/Harris Interactive, 2011.
41. Forrester, North American Technographics Customer Experience Online Survey, 2010, www.forrester.com/North+American+Technographics+Customer+Experience+Online+Survey+Q4+2010 +US/-/E-SUS805.

CHAPTER 3

1. Codelco information based on author interviews with CIO Marco Orellana, 2011, and published sources.
2. Marco Orellena, "Digital Codelco," PowerPoint presentation, 2013, http://tinyurl.com/mn8csbq.
3. Christina Torode, "Codelco CIO Transforms Business with Business Process Automation," video interview, SearchCIO, June 15, 2011, http://searchcio.techtarget.com/news/2240036877/Codelco-CIO-transforms-business-with-business-process-automation.
4. Orellena, "Digital Codelco," 30.
5. Torode, "Codelco CIO Transforms Business."
6. Alexei Barrionuevo and Simon Romero, "Trapped 68 Days, First Chilean Miners Taste Freedom," *New York Times*, October 12, 2010, www.nytimes.com/2010/10/13/world/americas/13chile.html?pagewanted=all&_r=0 ; Faaiza Rashid, Amy Edmondson, and Herman Leonard, "Leadership Lessons from the Chilean Mine Rescue," *Harvard Business Review*, July–August 2013, http://hbr.org/2013/07/leadership-lessons-from-the-chilean-mine-rescue/ar/1, 113–119.
7. Orellana, "Digital Codelco."
8. Torode, "Codelco CIO Transforms Business."
9. Ibid.
10. James P. Womack, Daniel T. Jones, and Daniel Roos, *The Machine That Changed the World* (New York: Free Press, 2007); Steven Spear and H. Kent Bowen, "Decoding the DNA of the Toyota Production System," *Harvard Business Review*, September 1999, http://hbr.org/1999/09/decoding-the-dna-of-the-toyota-production-system/ar/1.
11. Erik Brynjolfsson and Andrew McAfee, *The Second Machine Age: Work, Progress, and Prosperity in a Time of Brilliant Technologies* (New York: W. W. Norton & Company, 2014).
12. See, for example, Zeynep Ton, *The Good Jobs Strategy: How the Smartest Companies Invest in Employees to Lower Costs and Boost Profits* (Boston: New Harvest, 2014).
13. J. March, "Exploration and Exploitation in Organizational Learning," *Organization Science* 2 (1991): 71–87; M. Benner and M. Tushman, "Exploitation, Exploration, and Process Management: The Productivity Dilemma Revisited," *Academy of*

Management Review 28, no. 2 (2003): 238–256.
14. Erik Brynjolfsson and Adam Saunders, *Wired for Innovation: How Information Technology Is Reshaping the Economy* (Cambridge, MA: MIT Press, 2010), chap. 3.
15. Brynjolfsson and McAfee, *The Second Machine Age*, chap. 9. Recent research shows that over the past thirty years, technology has led to a hollowing-out of labor demand, with some routine manual tasks (such as patient care or housecleaning) still performed by people, but middle-skilled routine tasks, such as paper processing or accounting, rapidly being replaced by computers. Nonroutine cognitive tasks such as teaching and financial analysis have traditionally been safe from computerization, but this is changing rapidly.
16. Capgemini Consulting, "UPS: Putting Analytics in the Driver's Seat—Interview with Jack Levis," *Digital Transformation Review*, no. 5, *Gearing Up for Digital Operations*, January 2014, www.capgemini-consulting.com/digital-transformation-review-5.
17. Nadira A. Hira, "The Making of a UPS driver," *CNN Money*, November 7, 2007, http://money.cnn.com/magazines/fortune/fortune_archive/2007/11/12/101008310/.
18. Capgemini Consulting, "UPS: Putting Analytics in the Driver's Seat."
19. Ibid.
20. Ibid.
21. Ibid.
22. Interview with author; interviewee has asked to remain anonymous.
23. Asian Paints vignette adapted from George Westerman et al., "Digital Transformation: A Roadmap for Billion Dollar Organizations," white paper, Capgemini Consulting and MIT Center for Digital Business, November 2011, 14–15, and Capgemini Consulting, "Building a World Leader Through Digital Transformation: An Interview with Manish Choksi," *Digital Transformation Review*, no. 2, January 1, 2012, 42–47.
24. Capgemini Consulting, "Building a World Leader Through Digital Transformation."
25. Michael Welch and George Westerman, "Caesars Entertainment: Digitally Personalizing the Customer Experience," white paper, Capgemini Consulting, April 25, 2013, www.capgemini.com/resources/caesars-entertainment-digitally-personalizing-the-customer-experience.
26. Capgemini Consulting, "Building a World Leader Through Digital Transformation," *Digital Transformation Review*, no. 2, July 1, 2011, www.capgemini.com/resources/digital-transformation-review-no-1-july-2011, 42.

27. Ibid.
28. Association of Certified Fraud Examiners, *Report to the Nations on Occupational Fraud and Abuse: 2012 Global Fraud Study* (Austin TX: Association of Certified Fraud Examiners, 2012).
29. G. Collins, "Safeguarding Restaurants from Point-of-Sale Fraud: An Evaluation of a Novel Theft Deterrent Application Using Artificial Intelligence," *Journal of Hotel Business Management* 2 (2013): 105.
30. Lamar Pierce, Daniel Snow, and Andrew McAfee, "Cleaning House: The Impact of Information Technology Monitoring on Employee Theft and Productivity," MIT Sloan Research Paper No. 5029-13, August 24, 2013.
31. Lamar Pierce and Michael Toffel, "The Role of Organizational Scope and Governance in Strengthening Private Monitoring," *Organization Science* 24, no. 5 (October 2013): 1558–1584.
32. Michael Schrage, "Q& A: The Experimenter," *MIT Technology Review*, February 18, 2011, www.technologyreview.com/news/422784/qa-the-experimenter/.
33. K. Nagayama and P. Weill, "7-Eleven Japan, Inc: Reinventing the Retail Business Model," MIT Center for Information Systems, January 2004.
34. Dan Siroker, *A /B Testing: The Most Powerful Way to Turn Clicks into Customers* (New York: Wiley, 2013).
35. James A. Cooke, "Kimberly-Clark Connects Its Supply Chain to the Store Shelf," *Supply Chain Quarterly*, Q1, 2013, www.supplychainquarterly.com/topics/Strategy/20130306-kimberly-clark-connects-its-supply-chain-to-the-store-shelf/?utm_medium= email& utm_campaign=Preview+-+Q1+2013+-+2013+Mar+15& utm_content=Preview+-+Q1+2013+-+2013+Mar+15+CID_3581e3c0e4a6dd35057267737b0b40fc& utm_source =Email%20marketing%20software& utm_term=Kimberly-Clark%20connects%20its%20supply%20chain%20to%20the%20store%20shelf.
36. "Zara: A Case of Rapid-Fire Fast Fashion Strategy," IPR Plaza, December 2012. http://ipr-plaza.com/state2/flow14950.
37. Sebastien Veigneau of Air France, interview with authors.
38. Ibid.

CHAPTER 4

1. Mark W. Johnson, *Seizing the White Space: Business Model Innovation for Growth and Renewal* (Boston: Harvard Business Press, 2010).

2. Michael Fitzgerald, Nina Kruschwitz, Didier Bonnet, and Michael Welch, "Embracing Digital Technology: A New Strategic Imperative," *MIT Sloan Management Review*, October 8, 2013.
3. Tom Kaneshige, "Hailo Picks Up Speed as a Digital Disrupter for Taxis," *CIO.com*, March 7, 2013, www.cio.com/article/729877/Hailo_Picks_up_Speed_as_a_Digital_Disrupter_for_Taxis.
4. Capgemini Consulting, "Hailo: Digitally Disrupting a Traditional Market—An Interview with Ron Zeghibe, Co-Founder and Executive Chairman," July 26, 2013, www.capgemini-consulting.com/hailo-digitally-disrupting-a-traditional-market.
5. Ibid.
6. C. Zott, R. Amit, and L. Massa, "The Business Model: Theoretical Roots, Recent Development and Future Research," working paper WP-862, IESE Business School, University of Navarra, Madrid, June 2010.
7. Alexander Osterwalder and Yves Pigneur, *Business Model Generation: A Handbook for Visionaries, Game Changers and Challengers* (New York: John Wiley & Sons, 2010); Mark W. Johnson, *Seizing the White Space: Business Model Innovation for Growth and Renewal* (Boston: Harvard Business Press, 2010); Constantinos C. Markides, *Game-Changing Strategies: How to Create New Market Space in Established Industries by Breaking the Rules* (San Francisco: Jossey-Bass, 2008); Henry W. Chesbrough, *Open Business Models: How to Thrive in the New Information Landscape* (Boston: Harvard Business Press, November 2006).
8. Henning Kagermann, Hubert Osterle, and John Jordan, *IT-Driven Business Models: Global Case Studies in Transformation* (New York: John Wiley & Sons, 2011); James McQuivey and Josh Bernoff, *Digital Disruption: Unleashing the Next Wave of Innovation* (Amazon Publishing, 2013).
9. Thomas Eisenmann, Geoffrey Parker, and Marshall W. Van Alstyne, "Strategies for Two-Sided Markets," *Harvard Business Review*, October 2006, http://hbr.org/2006/10/strategies-for-two-sided-markets/ar/1. Geoff Parker and Marshall Van Alstyne, our colleagues at the MIT Center for Digital Business, have done pioneering work to understand the theory of two-sided platform strategy. See also Andrei Hagiu and Julian Wright, "Multi-Sided Platforms," working paper 12-024, Harvard Business School, Boston, October 12, 2011; Andrei Hagiu, "Strategic Decisions for Multisided Platforms," *MIT Sloan Management Review*, winter 2014, http://sloanreview.mit.edu/article/strategic-decisions-for-multisided-platforms/.
10. Sangeet Paul Choudary, Geoffrey Parker, and Marshall Van Alstyne, "Outlook

2014: Platforms Are Eating the World," *Wired*, December 26, 2013, www.wired.com/insights/2013/12/outlook-2014-platforms-eating-world/.
11. Tomio Geron, "Airbnb and the Unstoppable Rise of the Share Economy," *Forbes*, January 23, 2013, www.forbes.com/sites/tomiogeron/2013/01/23/airbnb-and-the-unstoppable-rise-of-the-share-economy/.
12. Thomas Friedman, "Welcome to the 'Sharing Economy,'" *New York Times*, July 20, 2013, www.nytimes.com/2013/07/21/opinion/sunday/friedman-welcome-to-the-sharing-economy.html?_r= 0.
13. Marriott Hotels, "Welcoming the Collaboration Generation into More Marriott Hotels: Workspace on Demand Expands," press release, *Market Watch*, September 23, 2013, www.marketwatch.com/story/welcoming-the-collaboration-generation-into-more-marriott-hotels-workspace-on-demand-expands-2013-09-23.
14. Zipcar, "Zipcar Reports Fourth Quarter and Full Year 2012 Results," press release, *GlobeNewswire*, February 15, 2013, http://globenewswire.com/news-release/2013/02/15/523986/10021911/en/Zipcar-Reports-Fourth-Quarter-and-Full-Year-2012-Results.html.
15. Beth Gardiner, "Jump In and Drive: Car Hire by the Minute Pulls on to UK Roads," *Guardian*, August 22, 2013, www.theguardian.com/environment/2013/aug/22/on-street-car-hire.
16. Tim Worstall, "Explaining the Avis Takeover of Zipcar," *Forbes*, February 2, 2013, www.forbes.com/sites/timworstall/2013/01/02/explaining-the-avis-takeover-of-zipcar/; Hagiu, "Strategic Decisions for Multisided Platforms."
17. Eisenmann, Parker, and Van Alstyne, "Strategies for Two-Sided Markets"; see also Hagiu and Wright, "Multi-Sided Platforms"; Hagiu, "Strategic Decisions for Multisided Platforms."
18. "The Last Kodak Moment," *Economist*, January 14, 2012, www.economist.com/node/21542796.
19. Australia Post, Annual Report 2012, auspost.com.au, 2012, http://auspost.com.au/media/documents/australia-post-annual-report-2011-12.pdf.
20. Ibid.
21. eBoks, "70-årig er e-Boks-bruger nummer fire million," e-boks.com, November 13, 2013, www.e-boks.com/dk /news.aspx?articleid=337.
22. eBoks, "Save at Least 80 % on Postage—and Save Paper," eBoks home page, accessed April 25, 2014, www.e-boks.com/international/default.aspx.
23. Maël Tannou and George Westerman, "Nike: From Separate Level Initiatives

to Firm Level Transformation," white paper, Capgemini Consulting, 2012, www.capgemini-consulting.com/nike.
24. Mark McClusky, "The Nike Experiment: How the Shoe Giant Unleashed the Power of Personal Metrics," *Wired*, June 22, 2009, archive.wired.com/medtech/health/magazine/17-07/lbnp_nike?currentPage = all.
25. Austin Carr, "Nike: The No. 1 Most Innovative Company of 2013," *Fast Company*, February 11, 2013, www.fastcompany.com/most-innovative-companies/2013/nike.
26. Trefis Team, "Why Nike Will Outpace the Sports Apparel Market's Growth," Forbes.com, May 3, 2013, www.forbes.com/sites/greatspeculations/2013/05/13/why-nikes-growth-will-outpace-the-sports-apparel-markets/.
27. Maël Tannou and George Westerman, "Volvo Cars Corporation: Shifting from a B2B to a 'B2B+B2C' Business Model," Capgemini Consulting, June 22, 2012, www.capgemini.com/resources/volvo-cars-corporation-shifting-from-a-b2b-to-a-b2bb2c-business-model.
28. Bertrand Dimont, "Mobile Insurance: Are You Well Positioned for This Emerging Channel? " Capgemini Consulting, 2012, http://ebooks.capgemini-consulting.com/Mobile-Insurance/files/assets/basic-html/page5.html.
29. Tokio Marine Holdings, "Evolving to Drive Growth," annual report, Tokio Marine Holdings, 2013, http://ir.tokiomarinehd.com/en/AnnualReport/IRFilingDataDownPar/0/IRFilingDownPar/0/PDFile/AR13_e_All%20pages.pdf.
30. Franklin Rios, "How Analytics Can Transform Business Models," interview by Renee Boucher Ferguson, *MIT Sloan Management Review*, April 16, 2013.
31. Renee Boucher Ferguson, "Luminar Insights: A Strategic Use of Analytics," *MIT Sloan Management Review*, February 2014.
32. Entravision Q4 2013 Analyst Call Transcript from SeekingAlpha, http://seekingalpha.com/article/2057273-entravision-communications-management-discusses-q4-2013-results-earnings-call-transcript.
33. Ibid.

CHAPTER 5
1. Case vignette based on interviews conducted by George Westerman with Jean-Pierre Remy and Nicolas Gauthier in 2011, 2013, and 2014. Information used with permission.
2. Hugh Schofield, "Minitel: The Rise and Fall of the France-Wide Web," *BBC News Paris*, June 27, 2012, www.bbc.co.uk /news/magazine-18610692.
3. Based on author interviews with CEO Jean-Pierre Remy. Used with permission.

4. George Westerman et al., "Digital Transformation: A Roadmap for Billion Dollar Organizations," white paper, Capgemini Consulting and MIT Center for Digital Business, November 17, 2011, www.capgemini-consulting.com/digital-transformation-a-road-map-for-billion-dollar-organizations, 63.
5. Didier Bonnet, George Westerman, and Michael Welch, "The Vision Thing: Developing a Transformative Digital Vision," white paper, Capgemini Consulting and MIT Center for Digital Business, 2013, www.capgemini.com/resources/the-vision-thing-developing-a-transformative-digital-vision.
6. Ibid.
7. Jennifer Van Grove, "How Starbucks Is Turning Itself into a Tech Company," VentureBeat, June 12, 2012, http://venturebeat.com/2012/06/12/starbucks-digital-strategy/.
8. Salesforce, "Burberry's Social Enterprise," video, Salesforce YouTube Channel, uploaded April 7, 2012, www.youtube.com/watch?v=XErGxMYuF2M.
9. Capgemini Consulting, "Beauty and Digital: A Magical Match—An Interview with Marc Menesguen," Capgemini Consulting Digital Leadership Series, 2012, http://ebooks.capgemini-consulting.com/Marc-Menesguen-Interview/index.html.
10. Michael Welch and George Westerman, "Caesars Entertainment: Digitally Personalizing the Customer Experience," Capgemini Consulting, April 25, 2013, www.capgemini.com/resources/caesars-entertainment-digitally-personalizing-the-customer-experience.
11. Commonwealth Bank of Australia, Annual Report, 2012, 5, https://www.commbank.com.au/about-us/shareholders/pdfs/annual-reports/2012_Commonwealth_Bank_Annual_Report.pdf.
12. Michael Schrage, *Who Do You Want Your Customers to Become?* " (Boston: Harvard Business Review Press, 2012).
13. Novartis, Annual Report, Novartis, 2012, www.novartis.com/investors/financial-results/annual-results-2012.shtml.
14. Proctor & Gamble, Annual Report, 2012, 5, www.pginvestor.com/Cache/1001174630.PDF?Y= & O =PDF&D = &fid=1001174630 &T= & iid= 4004124.
15. Boeing, "The Boeing Edge," Boeing Company website, accessed April 25, 2014, www.boeing.com/boeing/commercial/aviationservices/integrated-services/digital-airline.page.
16. Ibid.

17. See, for example, Alexander Osterwelder and Yves Pigneur, *Business Model Generation: A Handbook for Visionaries, Game Changers and Challengers* (New York: John Wiley & Sons, 2010); and Mark W. Johnson, *Seizing the White Space: Business Model Innovation for Growth and Renewal* (Boston: Harvard Business Press, 2010).
18. Banco Santander, Annual Report, 2012, www.santanderannualreport.com/2012/en/, 7.
19. General Electric, Annual Report, 2011, 7, https://www.ge.com/sites/default/files/GE_AR11_EntireReport.pdf.
20. Progressive, "Progressive Background," Progressive Company website, accessed April 25, 2014, www.progressive.com/newsroom/press-kit/progressive-background/.
21. Ian Ayres, *Super Crunchers* (New York: Bantam Dell, 2007), 33.
22. Progressive, "Innovative Auto Insurance Discount Program to Be Available to 5,000 Minnesotans," Progressive, August 8, 2004, www.progressive.com/newsroom/article/2004/August/TripSense/.
23. Progressive, "Good Drivers Finally Get the Savings They Deserve as Progressive Unveils Snapshot Discount Country wide," Progressive Company Website, March 14, 2011, www.progressive.com/newsroom/article/2011/March/snapshot-national-launch/.
24. J. Barney, "Firm Resources and Sustained Competitive Advantage," *Journal of Management* 17, no. 1 (1991): 99–120.
25. Westerman et al., "Digital Transformation"; Didier Bonnet, Andrew McAfee, and George Westerman, "Companies Must Use Digital Technologies to Transform, Not Substitute," *Financial Times*, March 29, 2012, www.ft.com/cms/s/0/4fc3a520-79d4-11e1-9900-00144feab49a.html.
26. To perform this analysis, two expert coders jointly identified prototypical examples of substitution, extension, and transformation in each of four technologies: social media, mobile, analytics, and embedded devices. Subsequently, they independently coded interviews for each company to identify the most transformative initiative in each company by technology type. Where coding differed for a company, the two coders met to discuss the differences and identify a single answer for each technology for that company.
27. Westerman et al., "Digital Transformation," 63.
28. "Prisa Grasps Liberty Lifeline," Variety.com, November 29, 2010, http://variety

.com/2010/biz /news/prisa-grasps-liberty-lifeline-1118028069/.
29. Westerman et al., "Digital Transformation," 56.
30. Capgemini Consulting, "Building a World Leader Through Digital Transformation: An Interview with Manish Choksi," *Digital Transformation Review*, no. 2, January 1, 2012, www.capgemini-consulting.com/digital-transformation-review-ndeg2, 42–47.
31. Ibid.

CHAPTER 6
1. Frederick F. Reichheld and Rob Markey, *Loyalty Rules: How Today's Leaders Build Lasting Relationships* (Boston: Harvard Business School Press, 2001).
2. See, for instance, Michael Beer, *High Commitment, High Performance: How to Build a Resilient Organization for Sustained Advantage* (San Francisco: Jossey-Bass, 2009).
3. Rosabeth M. Kanter et al., *The Challenge of Organizational Change: How Companies Experience It and Leaders Guide It* (New York: Free Press, 1992).
4. For individual and team renewal, see Francis J. Gouillart and James N. Kelly, *Transforming the Organization: Reframing Corporate Direction, Restructuring the Company, Revitalizing the Enterprise, Renewing People* (New York: McGraw Hill, 1995). For psychological alignment, see Beer, *High Commitment, High Performance*.
5. Andrew McAfee, *Enterprise 2.0 : New Collaborative Tools for Your Organization's Toughest Challenges* (Boston: Harvard Business Press, 2009).
6. Capgemini Consulting, "Conviviality Goes Digital at Pernod Ricard," unpublished case study, 2014.
7. Ibid.
8. Pernod Ricard, "87% of Pernod Ricard's Employees Recommend Their Company," press release, 2013, http://pernod-ricard.com/8931/press/news-press-releases/headlines/87-of-pernod-ricard-s-employees-recommend-their-company.
9. Capgemini Consulting, "Conviviality Goes Digital at Pernod Ricard."
10. Ibid.
11. Ibid.
12. Ibid.
13. Ibid.
14. Ibid.
15. Ibid.

16. McAfee, *Enterprise 2.0*.
17. Interview with authors, interviewee asked to remain anonymous.
18. Apple, "Serving Up Innovation," 2014, www.apple.com/iphone/business/profiles/kraft-foods/.
19. Mark Fidelman, "The World's Top 20 Social Brands," *Forbes*, November 20, 2012, www.forbes.com/sites/markfidelman/2012/11/20/the-worlds-top-20-social-brands/.
20. Stuart Elliott, "Coke Revamps Web Site to Tell Its Story," *New York Times*, November 11, 2012, www.nytimes.com/2012/11/12/business/media/coke-revamps-web-site-to-tell-its-story.html?_r= 0.
21. David F. Carr, "Coca-Cola on Chatter: Beyond the Secret Formula," *Information Week*, September 20, 2012, www.informationweek.com/social-business/social_networking_private_platforms/coca-cola-on-chatter-beyond-the-secret-f/240007735?pgno =1.
22. Nestlé, "Digital Acceleration Team II," video, uploaded June 13, 2013, www.youtube.com/watch?v=b2KjwoxhvAs.
23. L'Oréal, "Digital for All: Sustainable Development," L'Oréal website, April 17, 2012, www.loreal.com/news/digital-for-all.aspx.
24. Popsi'it, "Management: Innovation Participative: Vos Idées Valent de l'OR," *Popsi' it* blog, February 2014, http://blog.popsiit.com/wp-content/uploads/2014/02/19022014_art__001.pdf, 36–39.
25. George Westerman and Deborah Soule, "Learning to Foster Breakthrough Innovation: The Evolution of EMC's Innovation Conference," MIT Center for Information Systems Research, November 18, 2010.
26. EMC, "EMC Unites Thousands for Fourth Annual Innovation Conference," press release, October 20, 2010, www.emc.com/about/news/press/2010/20101020-01.htm.
27. Westerman and Soule, "Learning to Foster Breakthrough Innovation."
28. See, for instance, Henry William Chesbrough, *Open Innovation: The New Imperative for Creating and Profiting from Technology* (Boston: Harvard Business School Press, 2006).
29. Bruce Brown and Scott Anthony, "How P&G Tripled Its Innovation Success Rate," *Harvard Business Review*, June 2011, http://hbr.org/2011/06/how-pg-tripled-its-innovation-success-rate/ar/1.
30. Procter and Gamble, "What Is Connect and Develop?" Procter and Gamble website, 2014, www.pgconnectdevelop.com/home/pg_open_innovation.html.

31. Brown and Anthony, "How P&G Tripled Its Innovation Success Rate."
32. The remaining quotes in this chapter are from interviewees who asked to remain anonymous.

CHAPTER 7

1. P&G Corporate Video, YouTube, "QA with Bob McDonald—Investing in Digital Technologies at P&G," March 2011, https://www.youtube.com/watch?v=8m5LgZX27c4.
2. Jennifer Reingold, "Brainstorm Tech Video: P&G's Bob McDonald Talks Tech," *Fortune,* July 19, 2011, http://fortune.com/2011/07/19/brainstorm-tech-video-pgs-bob-mcdonald-talks-tech/.
3. Peter Weill and Stephanie L. Woerner, "The Future of the CIO in a Digital Economy," *MIS Quarterly Executive*, June 2013, http://cisr.mit.edu/locker/WeillWoernerMISQE2013FutureofCIO.pdf.
4. I CIO, "Creating the World's 'Most Tech-Enabled Corporation,'" April 2012, www.i-cio.com/big-thinkers/filippo-passerini/item/creating-the-world-s-most-tech-enabled-corporation.
5. Ken McGee, "Interview with Filippo Passerini," Gartner Fellows Interviews, January 2012, https://www.gartner.com/doc/1901015.
6. Heller Search Associates, "The Anticipator CIO: Procter & Gamble's Filippo Passerini," April 2014, http://blog.hellersearch.com/Blog/bid/196094/The-Anticipator-CIO-Procter-Gamble-s-Filippo-Passerini.
7. I CIO, "CEO & CIO United," April 2012, www.i-cio.com/features/april-2012/p-and-g-ceo-bob-mcdonald-and-cio-filippo-passerini.
8. Ibid.
9. "P&G's Global Business Services Organization Earns Praise," P&G Corporate Newsroom, September 21, 2011, http://news.pg.com/blog/innovation/pgs-global-business-services-organization-earns-praise.
10. Filippo Passerini, "Transforming the Way of Doing Business via Digitization," slideshare, November 2, 2011, www.slideshare.net/ericakirichenko/filippo-passerini-goind-digital.
11. Techweb, "Procter & Gamble CIO Filippo Passerini: 2010 Chief of the Year," December 3, 2010, www.techweb.com/news/228500182/procter-gamble-cio-filippo-passerini-2010-chief-of-the-year.html.
12. Passerini, "Transforming the Way of Doing Business via Digitization."

13. TechWeb, "Procter & Gamble CIO Filippo Passerini."
14. I CIO, "Creating the World's 'Most Tech-Enabled Corporation.'"
15. Ibid.
16. Ibid.
17. *Information Week*, "2010 CIO of the Year," December 2010.
18. McGee, "Interview with Filippo Passerini."
19. *Information Week*, "2010 CIO of the Year."
20. *Wikipedia*, s.v. "governance," last updated March 14, 2014, http://en.wikipedia.org/wiki/Governance.
21. Capgemini Consulting, "Burberry's Digital Transformation," *Digital Transformation Review*, no. 2, January 2012, 10, www.capgemini-consulting.com/resource-file-access/resource/pdf/Digital_Transformation_Review Edition_2.pdf.
22. Additional analysis of 2012 global survey data to gain descriptive insights. Difference of 25.9 versus 17.2 on a summed composite of five survey items.
23. Interviewees in our study reported that the pace of business is much faster than five years ago (5.6 on a scale from 1 = much slower to 7 = much faster) and that it continues to accelerate.
24. Maël Tannou and George Westerman, "Volvo Cars Corporation: Shifting from a B2B to a 'B2B+B2C' Business Model," Capgemini Consulting, June 22, 2012, www.capgemini.com/resources/volvo-cars-corporation-shifting-from-a-b2b-to-a-b2bb2c-business-model.
25. Printed with company permission; interviewee asked to remain anonymous.
26. Ibid.
27. Jennifer Van Grove, "How Starbucks Is Turning Itself into a Tech Company," *Venture Beat*, June 12, 2012, http://venturebeat.com/2012/06/12/starbucks-digital-strategy/.
28. Pete Blackshaw, "How Digital Acceleration Teams Are Influencing Nestlé's 2000 Brands," interview by Michael Fitzgerald, *MIT Sloan Management Review*, September 22, 2013.
29. George Westerman et al., "Digital Transformation: A Roadmap for Billion Dollar Organizations," white paper, Capgemini Consulting and MIT Center for Digital Business, November 17, 2011, www.capgemini-consulting.com/digital-transformation-a-road-map-for-billion-dollar-organizations.
30. Ibid.

CHAPTER 8

1. See, for example, Rosabeth M. Kanter, Barry A. Stein, and Todd D. Jick, *The Challenge of Organizational Change: How Companies Experience It and Leaders Guide It* (New York: Free Press, 1992).
2. Ashley Machin and Zak Mian, Lioyd's vignette written from author interviews. Used with permission.
3. D. Preston and E. Karahanna, "Antecedents of IS Strategic Alignment: A Nomological Network," *Information Systems Research* 20, no. 2 (2009): 159–179.
4. In our analysis: 22.97 versus 17.37 on a summed measure.
5. In our analysis, Digital Masters averaged 5.72, and nonmasters averaged 4.74 on a seven-point scale, in response to the question, "We are in control of our destiny for digital transformation."
6. George Westerman, "IT Is from Venus, Non-IT Is from Mars," *Wall Street Journal*, April 2, 2012, http://tinyurl.com/n6xu7p7.
7. Richard Hunter and George Westerman, *The Real Business of IT: How CIOs Create and Communicate Value* (Boston: Harvard Business Press, 2008), 13.
8. Capgemini Consulting, "Burberry's Digital Transformation," *Digital Transformation Review*, no. 2, January 2012, www.capgemini.com/resources/talking-bout-a-revolution, 12.
9. Westerman, "IT Is from Venus."
10. Hunter and Westerman, *The Real Business of IT*.
11. John Allspaw and Paul Hammond, "10 Deploys Per Day: Dev and Ops Cooperation at Flickr," *Slideshare*, 2009, www.slideshare.net/jallspaw/10-deploys-per-day-dev-and-ops-cooperation-at-flickr
12. Damon Edwards, "What Is DevOps? " Dev2Ops, February 23, 2010, http://dev2ops.org/2010/02/what-is-devops/.
13. Christina Farr, "An Idiot's Guide to DevOps," *Venture Beat*, September 30, 2013, http://venturebeat.com/2013/09/30/an-idiots-guide-to-devops/.
14. Charles Bobcock, "DevOps: A Culture Shift, Not a Technology," *Information Week*, April 14, 2014, www.informationweek.com/software/enterprise-applications/devops-a-culture-shift-not-a-technology/d/d-id/1204425.
15. George Westerman et al., "Digital Transformation: A Roadmap for Billion Dollar Organizations," white paper, Capgemini Consulting and MIT Center for Digital Business, 2011, 39, www.capgemini-consulting.com/digital-transformation-a-road-map-for-billion-dollar-organizations.

16. Average survey responses of Digital Masters and non-masters on a seven-point disagree-agree Likert scale for questions of the form "We have the necessary skills in . . ."
17. Capgemini Consulting, "Burberry's Digital Transformation."
18. Average survey responses of Digital Masters and nonmasters on a seven-point disagree-agree Likert scale for questions of the form "We have the necessary skills in . . ."
19. Capgemini Consulting, "Digital Leadership: An Interview with Markus Nordlin, CIO of Zurich Insurance," 2013, http://ebooks.capgemini-consulting.com/Digital-Leadership-Zurich-Insurance/.
20. Nick Clayton, "E.U. 'Grand Coalition' to Fight IT Skills Shortage," *Wall Street Journal*, March 6, 2013, http://blogs.wsj.com/tech-europe/2013/03/06/e-u-grand-coalition-to-fight-it-skills-shortage/.
21. Gartner, "Gartner Reveals Top Predictions for IT Organizations and Users for 2013 and Beyond," Gartner, October 24, 2012, www.gartner.com/newsroom/id/2211115.
22. Marianne Kolding, Mette Ahorlu, and Curtis Robinson, "Post-Crisis: e-Skills Are Needed to Drive Europe's Innovation Society," *IDC*, November 2009, http://ec.europa.eu/enterprise/sectors/ict/files/idc_wp_november_2009_en.pdf.
23. Gartner, "Key Findings from US Digital Marketing Spending Survey," Gartner, March 6, 2013, www.gartner.com/technology/research/digital-marketing/digital-marketing-spend-report.jsp
24. Barbara Spitzer et al., "The Digital Talent Gap," Capgemini Consulting, 2013, www.capgemini.com/resources/the-digital-talent-gap-developing-skills-for-todays-digital-organizations.
25. Jeanne W. Ross, Peter Weill, and David Robertson, *Enterprise Architecture as Strategy: Creating a Foundation for Business Execution* (Boston: Harvard Business Review Press Books, 2006).
26. Interview with authors; interviewee asked to remain anonymous.
27. Ross et al., *Enterprise Architecture as Strategy;* George Westerman and Richard Hunter, *IT Risk: Turning Business Threats into Competitive Advantage* (Boston: Harvard Business School Press, 2007).
28. Westerman and Hunter, *IT Risk*.
29. Brad Stone, *The Everything Store: Jeff Bezos and the Age of Amazon* (New York: Little, Brown and Company, 2013), 133.

30. Average survey responses of Digital Masters and nonmasters on a seven-point disagree-agree Likert scale for questions of the form "We have an integrated view of . . ."
31. Erik Brynjolfsson and Andrew McAfee, "Investing in the IT That Makes a Competitive Difference," *Harvard Business Review*, July–August 2008, 98–107.
32. Hunter and Westerman, *The Real Business of IT*.
33. P. Weill, C. Soh, and S. Kien, "Governance of Global Shared Solutions at Procter & Gamble," MIT Center for Information Systems Research, Research Briefings vol. VII, no. 3A (December 2007).
34. John Furrier, "Google Engineer Accidentally Shares His Internal Memo about Google+ Platform," *Silicon Angle*, October 12, 2011, http://siliconangle.com/furrier/2011/10/12/google-engineer-accidentally-shares-his-internal-memo-about-google-platform/.
35. Hunter and Westerman, *The Real Business of IT*.
36. Capgemini Consulting, "Building a World Leader Through Digital Transformation," *Digital Transformation Review*, no. 2, July 2011, www.capgemini.com/resources/digital-transformation-review-no-1-july-2011, 42.

CHAPTER 9

1. Michael Fitzgerald et al., "Embracing Digital Technology: A New Strategic Imperative," *MIT Sloan Management Review*, 2013, http://sloanreview.mit.edu/projects/embracing-digital-technology/.
2. Ibid.
3. Ibid.
4. Andy Grove, *Only the Paranoid Survive: How to Exploit the Crisis Points That Challenge Every Company* (New York: Crown Business, 1999).
5. Didier Bonnet and Jerome Buvat, "Digital Leadership—Hailo: Digitally Disrupting a Traditional Market," An Interview with Ron Zeghibe, 2013, http://www.capgemini-consulting.com/digital-leadership-hailo-digitally-disrupting-a-traditional-market.
6. Fitzgerald et al., "Embracing Digital Technology."
7. Joe Gross, "Allianz: Creating a Digital DNA," in *Digital Transformation Review*, no. 4, *Accelerating Digital Transformation*, Capgemini Consulting, May 2013, www.capgemini-consulting.com/digital-transformation-review-4.
8. See, for example, Michael D. Michalisin, Robert D. Smith, and Douglas M.

Kline, "In Search of Strategic Assets," *International Journal of Organizational Analysis* 5, no. 4 (1997): 360–387.

9. American Bankers Association, "ABA Survey: Popularity of Online Banking Explodes," American Bankers Association, September 2011, www.ababj.com/197-new-products-a-services/tech-topics-plus5/3250-aba-survey-popularity-of-online-banking-explodes.

10. Kevin S. Travis et al., "U.S. Muti-Channel Customer Research 2012: The Rise of the Virtually Domiciled," Novantas Research, 2012, http://novantas.com/wp-content/uploads/2014/01/Novantas_US_Multi_Channel_Research_2012.pdf.

11. Rupert Jones, "Barclays to Sell Customer Data," *Guardian*, June 24, 2013, www.theguardian.com/business/2013/jun/24/barclays-bank-sell-customer-data.

12. To analyze your current business model, use the business model canvas concept in Alexander Osterwelder and Yves Pigneur, *Business Model Generation: A Handbook for Visionaries, Game Changers and Challengers* (New York: John Wiley & Sons, 2010).

    There are also useful approaches to help you structure your business model thinking in Joseph V. Sinfield et al., "How to Identify New Business Models," *MIT Sloan Management Review*, winter 2012; Raphael Amit and Christoph Zott, "Creating Value Through Business Model Innovation," *MIT Sloan Management Review*, spring 2012. To generate new business model options, see Alexander and Pigneur, "Business Model Generation"; Mark W. Johnson, *Seizing the White Space: Business Model Innovation for Growth and Renewal* (Boston: Harvard Business Press, 2010); Constantinos C. Markides, *Game-Changing Strategies: How to Create New Market Space in Established Industries by Breaking the Rules* (San Francisco: Jossey-Bass, 2008), 23–54; W. Chan Kim and Renée Mauborgne, *Blue Ocean Strategy: How to Create Uncontested Market Space and Make the Competition Irrelevant* (Boston: Harvard Business School Press, 2005); Clayton M. Christensen, *The Innovator's Dilemma: When New Technologies Cause Great Firms to Fail* (Boston: Harvard Business Review Press, 1997). To defend and respond to a new business model, see Markides, *Game-Changing Strategies*, 121–141.

13. George Westerman et al., "The Vision Thing: Developing a Transformative Vision," Capgemini Consulting, June 11, 2013, http://www.capgemini-consulting.com/the-vision-thing-developing-a-transformative-digital-vision; Morten T. Hansen, *Collaboration: How Leaders Avoid the Traps, Build Common Ground, and Reap Big Results* (Boston: Harvard Business Press, 2009), chapter 4.

14. Michael Fitzgerald, "How Starbucks Has Gone Digital," *MIT Sloan Management Review*, April 4, 2013, http://sloanreview.mit.edu/article/how-starbucks-has-gone-digital/.
15. Fitzgerald et al., "Embracing Digital Technology" (unpublished survey data).
16. Gross, "Allianz: Creating a Digital DNA."

CHAPTER 10

1. Michael Fitzgerald et al., "Embracing Digital Technology: A New Strategic Imperative," *MIT Sloan Management Review*, 2013, http://sloanreview.mit.edu/projects/embracing-digital-technology/.
2. Robert S. Kaplan and David P. Norton, *The Balanced Scorecard: Translating Strategy into Action* (Boston: Harvard Business School Press, 1996).
3. Tim Kastelle, "Is Your Innovation Problem Really a Strategy Problem? " *Harvard Business Review*, February 11, 2014, http://blogs.hbr.org/2014/02/is-your-innovation-problem-really-a-strategy-problem/.
4. Jeff Gothelf, "How We Finally Made Agile Development Work," *Harvard Business Review*, October 11, 2012, http://blogs.hbr.org/2012/10/how-we-finally-made-agile-development-work /.
5. Michael Fitzgerald, "How Starbucks Has Gone Digital," *MIT Sloan Management Review*, April 4, 2013, http://sloanreview.mit.edu/article/how-starbucks-has-gone-digital/.
6. A control group within an experiment is a group that doesn't receive the treatment being tested. This isolates the treatment's effects on the outcomes and can help rule out alternate explanations of the experimental results. Aim to use a control group wherever possible. If you need to conduct an experiment without a control group, be very careful in using the results. Many other factors besides the treatment you were testing may explain the results. A /B testing (or split-testing) has become a standard real-time testing method for digital experiments. It works by diverting a portion of users to a slightly different version of a given web page or mobile app, for example. The users' behavior is compared with the mass of users on the standard site or app. If the new version shows better results—e.g., more clicks, longer visits, more purchases—it may replace the original; if the new version has inferior results, you can phase out the test, sparing most users from ever seeing it. A /B testing is used in many leading internet firms such as Google and Amazon.com. It allows you to put some data-driven rationale on seemingly subjective questions of design—color, layout,

image selection, text, and so forth.
7. Jeanne W. Ross, Peter Weill, and David Robertson, *Enterprise Architecture as Strategy: Creating a Foundation for Business Execution* (Boston: Harvard Business Press, 2006).
8. George Westerman and Richard Hunter, *IT Risk: Turning Business Threats into Competitive Advantage* (Boston: Harvard Business Press, 2007).
9. George Westerman and Michael Welch, "Caesars Entertainment: Digitally Personalizing the Customer Experience," white paper, Capgemini Consulting, April 25, 2013, www.capgemini.com/resources/caesars-entertainment-digitally-personalizing-the-customer-experience.
10. A. G. Lafley and Roger Martin, *Playing to Win: How Strategy Really Works* (Boston: Harvard Business Review Press, 2013).
11. Fitzgerald, "How Starbucks Has Gone Digital."
12. See, for example, Bryan Maizlish and Robert Handler, *IT Portfolio Management Step-by-Step: Unlocking the Business Value of Technology* (New York: John Wiley & Sons, 2005); Robert J. Benson, Tom L. Bugnitz, and William B. Walton, *From Business Strategy to IT in Action* (New York: John Wiley & Sons, 2004); Catherine Benko and F. Warren McFarlan, *Connecting the Dots: Aligning Projects with Objectives in Unpredictable Times* (Boston: Harvard Business Review Press, 2003).
13. See, for example, George Westerman and Garrett Dodge, "Vendor Innovation as a Strategic Option," MIT Sloan School of Management, Research Briefing, March 2008, http://cisr.mit.edu/blog/documents/2008/03/14/2008_03_1c-vendorinnoasstrategicop-westerman.pdf/.
14. CFO Research Services, "Uncrossing the Wires: Starting—and Sustaining—the Conversation on Technology Value," CFO Research Services, March 2012, http://docs.media.bitpipe.com/io_10x/io_101990/item_457981/Cisco_CFO_SearchCIO_UncrossingTheWires_031312.pdf.
15. The translation problem for metrics is common in many areas, especially information technology. Doing this correctly can change the nature of the IT–business relationship and improve the value your company gets from IT. For examples and advice on how to do this, see Richard Hunter and George Westerman, *The Real Business of IT: How CIOs Create and Communicate Value* (Boston: Harvard Business Press, 2008).

CHAPTER 11

1. Michael Fitzgerald et al., "Embracing Digital Technology: A New Strategic Imperative," *MIT Sloan Management Review*, 2013, http://sloanreview.mit.edu/projects/embracing-digital-technology/.
2. George Westerman et al., "Digital Transformation: A Roadmap for Billion Dollar Companies," white paper, Capgemini Consulting and MIT Center for Digital Business, November 17, 2011, www.capgemini.com/resources/digital-transformation-a-roadmap-for-billiondollar-organizations.
3. Marc Menesguen, "Beauty and Digital: A Magical Match," *Digital Transformation Review*, no. 1, July 2011, www.capgemini.com/resources/digital-transformation-review-no-1-july-2011.
4. John Young and Kristin Peck, "Pfizer: Think Digital First," *Digital Transformation Review*, no. 3, November 2012, http://ebooks.capgemini-consulting.com/Digital-Transformation-Review-3/index.html#/1/.
5. David F. Carr, "Coca-Cola on Chatter: Beyond the Secret Formula," *Information Week*, September 20, 2012, www.informationweek.com/social-business/social_networking_private_platforms/coca-cola-on-chatter-beyond-the-secret-f/240007735?pgno=1.
6. Ninon Renaud, "La Société Générale phosphore sur la transition numérique," *Les Echos*, July 9, 2013, www.lesechos.fr/09/07/2013/LesEchos/21474-120-ECH_la-societe-generale-phosphore-sur-la-transition-numerique.htm.
7. Ibid.
8. Alison Boothby, "The End of the Workplace as We Know It?" *Simply-communicate*, January 25, 2013, www.simply-communicate.com/news/event-reviews/engagement/end-workplace-we-know-it.
9. Jorgen Sundberg, "Social Media from the Top: Influential CEO Leadership," Enviableworkplace.com, September 27, 2013, http://enviableworkplace.com/ceos-and-social-media/.
10. Jacob Morgan, "ING Direct CEO Gives Employees 'the Right to Bitch,'" CloudAve, March 19, 2013, www.cloudave.com/27297/ing-direct-ceo-gives-employees-the-right-to-bitch/.
11. Mark Fidelman, "How This CIO Helped Bayer Become Social," *Forbes*, May 28, 2012, www.forbes.com/sites/markfidelman/2012/05/28/how-this-cio-helped-bayer-become-social/.
12. "Video: What Digital Transformation Means for Business," *MIT Sloan*

Management Review, August 06, 2013, http://sloanreview.mit.edu/article/video-what-digital-transformation-means-for-business/.
13. Laura Snoad, "The Vital Connection Between Staff and the Bottom Line," *Marketing Week*, November 10, 2011, www.marketingweek.co.uk/analysis/essential-reads/the-vital-connection-between-staff-and-the-bottom-line/3031707.article.

CHAPTER 12

1. Joe Gross, "Allianz: Creating a Digital DNA," *Digital Transformation Review*, no. 4, *Accelerating Digital Transformation*, Capgemini Consulting, May 2013, www.capgemini-consulting.com/digital-transformation-review-4, 13.
2. Coca Cola, "The Board of Directors of the Coca-Cola Company Elects Robert A. Kotick as Director," press release, February 16, 2012, www.coca-colacompany.com/press-center/press-releases/the-board-of-directors-of-the-coca-cola-company-elects-robert-a-kotick-as-director.
3. Jack Neff, "Nestle Hires Pete Blackshaw as Global Digital Chief," *Ad Age*, February 4, 2011, http://adage.com/article/news/nestle-hires-nielsen-s-blackshaw-global-digital-chief/148679/.
4. L'Oréal, "Reveal," home page, accessed April 25, 2014, www.reveal-thegame.com.
5. Joshua Bjurke, "HR Must Step Up Recruitment/Motivation Game to Keep Employees," Recruiter, June 19, 2013, www.recruiter.com/i/hr-must-step-up-recruitment-motivation-game-to-keep-employees/.
6. Capgemini Consulting, "Beauty and Digital: A Magical Match—An Interview with Marc Menesguen," Capgemini Consulting Digital Leadership Series, 2012, http://ebooks.capgemini-consulting.com/Marc-Menesguen-Interview/index.html.
7. Jeanne C. Meister and Karie Willyerd, "Intel's Social Media Training," *HBR Blog Network*, February 3, 2010, http://blogs.hbr.org/2010/02/intels-social-media-employee-t/.
8. Bryon Ellen, "A New Odd Couple: Google, P&G Swap Workers to Spur Innovation," *Wall Street Journal*, November 19, 2008, http://online.wsj.com/news/articles/SB122705787917439625.
9. Ibid.
10. Warc, "Reverse Mentoring Popular in India," Warc, December 21, 2012, www.warc.com/LatestNews/News/Reverse_mentoring_popular_in_India.news?ID=30801.
11. Kering, "Digital Academy," Kering.com, 2012, www.kering.com/en/talent

/digital-academy.
12. Capgemini Consulting, "Burberry's Digital Transformation," *Digital Transformation Review*, no. 2, January 2012, http://www.capgemini-consulting.com/digital-transformation-review-ndeg2.
13. Heather Clancy, "GE, Quirky Collaborate on Sustainable Innovations via M2M," *Business Green*, April 16, 2013, www.greenbiz.com/blog/2013/04/16/ge-quirky-collaborate-sustainable-innovations-m2m.
14. Ryan Kim, "Walmart Labs Buys Mobile Agency Small Society," Gigaom, January 2012, http://gigaom.com/2012/01/04/walmart-labs-buys-mobile-developer-small-society/.
15. Dale Bus, "Mondelez Pairs Brands with 2013 Class of Mobile Futures Startups," January 8, 2013, Brandchannel.com, www.brandchannel.com/home/post/2013/01/08/Mondelez-Mobile-Futures-2013-Class-010813.aspx.
16. Jeanne Ross, Peter Weill, and David Robertson, *Enterprise Architecture as Strategy: Creating a Foundation for Business Execution*, (Boston: Harvard Business Press, 2006).
17. George Westerman and Richard Hunter, *IT Risk: Turning Business Threats into Competitive Advantage* (Boston: Harvard Business Press, 2007).
18. Ross et al., *Enterprise Architecture as Strategy*
19. Richard Hunter and George Westerman, *The Real Business of IT: How CIOs Create and Communicate Value* (Boston: Harvard Business Press, 2008).
20. Capgemini Consulting, "Burberry's Digital Transformation."
21. Michael Fitzgerald et al., "Embracing Digital Technology: A New Strategic Imperative," *MIT Sloan Management Review*, 2013, http://sloanreview.mit.edu/projects/embracing-digital-technology/.
22. George Westerman et al., "Digital Transformation: A Roadmap for Billion Dollar Companies," Capgemini Consulting, November 27, 2011, www.capgemini-consulting.com/digital-transformation-a-road-map-for-billion-dollar-organizations.
23. Jack Neff, "Walmart Brings Bricks and Mortar to Battle with Amazon," *Ad Age Digital*, November 2011, http://adage.com/article/digital/walmart-brings-bricks-mortar-battle-amazon/230986/.
24. Ruddick Graham, "'Success Online? It's All About Shops Actually,'" *Telegraph*, April 20, 2013, www.telegraph.co.uk/finance/newsbysector/retailandconsumer/10007746/Success-online-Its-all-about-shops-actually.html.
25. Andrew McAfee and Michael Welch, "Being Digital: Engaging the

Organization to Accelerate Digital Transformation," *Digital Transformation Review*, no. 4, May 2013, www.capgemini-consulting.com/digital-transformation-review-4.

26. John Gibbons, "Employee Engagement: A Review of Current Research and Its Implications," Conference Board, November 2006, www.conferenceboard.ca/e-library/abstract.aspx?did=1831.
27. Gamification helps businesses measure and influence user behavior through the application of game mechanics to reward systems.
28. Mario Herger, "Gamification Facts and Figures," Enterprise Gamification Consultancy, August 23, 2013, http://tinyurl.com/ksnnrsd.
29. McAfee and Welch, "Being Digital: Engaging the Organization to Accelerate Digital Transformation."
30. Fitzgerald et al., "Embracing Digital Technology."
31. Rory Cellan-Jones, "Fail Fast, Move On: Making Government Digital," *BBC News*, July 18, 2013, www.bbc.com/news/technology-23354062.

에필로그

1. Over the years, experts sometimes argue that Moore's Law is coming to an end. However, over the past decades, these predictions have proven to be untrue. See, for example, Rebecca Henderson, "Of Life Cycles Real and Imaginary: The Unexpectedly Long Old Age of Optical Lithography," *Research Policy* 24, no. 4 (July 1995): 631–643. However, even if Moore's Law slows, digital technology's growth trajectory will not screech to an abrupt stop. It will continue to advance powerfully into the future, bringing new business practices, capabilities, and customer demands with it.
2. See, for example, Henry William Chesbrough, *Open Innovation: The New Imperative for Creating and Profiting from Technology* (Boston: Harvard Business School Press, 2006).

디지털 트랜스포메이션

초판 1쇄 발행 | 2017년 1월 20일
초판 6쇄 발행 | 2021년 4월 30일

지 은 이 | 조지 웨스터먼, 디디에 보네, 앤드루 맥아피
옮 긴 이 | 최경은
감　　수 | 김형택
펴 낸 이 | 이은성
펴 낸 곳 | e비즈북스
편　　집 | 이가진
디 자 인 | 백지선

주　　소 | 서울시 동작구 상도동 206 가동 1층
전　　화 | (02) 883-9774
팩　　스 | (02) 883-3496
이 메 일 | ebizbooks@hanmail.net
등록번호 | 제 379 2006 000010호

ISBN 979-11-5783-065-7 93320

e비즈북스는 푸른커뮤니케이션의 출판브랜드입니다.